全国高等医学院校教材

中医康复学

(供中医类、中西医结合、康复治疗学专业、康复治疗技术专业用)

主　编　胡幼平

副主编　金红姝
　　　　李胜涛
　　　　余　瑾
　　　　何光远

上海科学技术出版社

图书在版编目(CIP)数据

中医康复学 / 胡幼平主编. — 上海：上海科学技术出版社，2008.6（2024.1重印）
全国高等医学院校教材. 供中医类、中西医结合、康复治疗学专业、康复治疗技术专业用
ISBN 978-7-5323-9266-7

Ⅰ.①中… Ⅱ.①胡… Ⅲ.①中医学：康复医学－医学院校教材 Ⅳ.①R247.9

中国版本图书馆 CIP 数据核字（2008）第 024109 号

中医康复学
主编 胡幼平

上海世纪出版（集团）有限公司 出版、发行
上海科学技术出版社
（上海市闵行区号景路159弄A座9F-10F）
邮政编码 201101   www.sstp.cn
常熟市兴达印刷有限公司印刷
开本 787×1092 1/16 印张 17.25
字数：408 千字
2008 年 6 月第 1 版 2024 年 1 月第 12 次印刷
ISBN 978-7-5323-9266-7/R·2482
定价：30.00 元

本书如有缺页、错装或坏损等严重质量问题，
请向工厂联系调换

全国高等医学院校教材
康复系列教材编审委员会名单

主任委员 余曙光（成都中医药大学）

委　　员（以姓氏笔画为序）
　　　　方剑乔（浙江中医药大学）
　　　　朱　江（北京中医药大学）
　　　　刘旭光（成都中医药大学）
　　　　孙忠人（黑龙江中医药大学）
　　　　李万瑶（广州中医药大学）
　　　　吴　强（福建中医药大学）
　　　　陈以国（辽宁中医药大学）
　　　　陈邦国（湖北中医药大学）
　　　　胡　玲（安徽中医药大学）
　　　　高树中（山东中医药大学）
　　　　郭　义（天津中医药大学）
　　　　崔　瑾（贵阳中医学院）
　　　　彭楚湘（湖南中医药大学）
　　　　葛林宝（上海中医药大学）
　　　　褚立希（上海中医药大学）

《中医康复学》编委会名单

主　　编　胡幼平（成都中医药大学）

副 主 编　金红姝（辽宁中医药大学）
　　　　　李胜涛（成都中医药大学）
　　　　　余　瑾（广州中医药大学）
　　　　　何光远（安徽中医药大学）

编　　委　（以姓氏笔画为序）
　　　　　马巧琳（河南中医学院）
　　　　　田　辉（辽宁中医药大学）
　　　　　朱天民（成都中医药大学）
　　　　　杨孝芳（贵阳中医学院）
　　　　　李　宁（四川大学华西医院）
　　　　　张喜林（上海中医药大学）
　　　　　黄　安（山西中医学院）
　　　　　傅贵平（井冈山大学医学院）

学术秘书　朱天民（兼）

前　言

康复医学是一门新兴的医学科学，它主要通过医学手段防止残疾产生，减轻残疾对人的个体活动能力和社会参与能力的影响，最终达到提高生活质量和回归社会的目的。

随着社会经济发展、老龄化社会进程加快和疾病谱改变，医学模式发生了两个重大转变，即从生物医学模式向"生物—心理—社会"医学模式转变，从疾病治疗医学模式向"预防—保健—治疗—康复"医学模式转变。人们对疾病、功能、残疾和健康等概念有了全新的认识，患者和医务人员不再满足于单纯的治疗疾病、稳定病情，而是要求人体功能和能力得到最大限度的保存和恢复，以使患者能获得较高的生活质量并重返社会。上述改变和需求对康复医学的发展起到了有力的推动作用。

康复医学创始于20世纪40年代，至20世纪80年代传入我国并得到较大发展，尤其是在沿海地区和经济发达地区。90年代中期，国家卫生部明确提出了在二级以上医院必须建立康复医学科的要求，并明确康复医学科为临床科室。由于康复医学的快速发展，对康复医学专门人才的培养也提出了急迫的要求，根据中医学、针灸推拿学独特的康复理念与技术特色，90年代末期国内一些中医院校开始探索培养具有中西医知识和技能的复合型康复医学专门人才，先后在中医专业、针灸推拿专业设立了康复医学方向，经过10多年的发展和完善，部分院校已经开办了康复治疗学专业，建立了康复治疗学硕士授位点，为我国康复医学的发展和人才培养做出了积极贡献。

但与康复专业发展和人才培养不相称的是，中医院校一直没有统一的康复医学专业教材，成为影响人才培养质量和制约中医康复医学教育发展的重要瓶颈。因此，整合全国中医院校康复医学教育资源和教育经验，编写一套具有中医特色的康复医学教材，对于建立有中国特色的康复医学体系和促进我国康复医学事业发展具有十分重要的意义。

本系列教材综合了全国主要中医院校康复医学专业培养计划和教学大纲要求,由《康复医学基础》、《康复评定学》、《康复疗法学》、《临床康复学》、《康复工程学》、《中医康复学》和《康复医学》七本教材组成,涵盖康复医学的基础理论、基本治疗技术及其临床应用等主要内容,坚持"系统全面、简明实用、内容精炼、突出特色"的编写原则,注重把握"科学、严谨、知识公认"等教材编写特点。在编写方法上,尝试在每个章节前引入精炼的"导学",概括各章节的主要内容和重要知识点,以帮助学生更好地理解和掌握教材内容,提高教学质量和教学效果。

本系列教材除了供中医院校康复治疗学专业、康复治疗技术专业学生使用外,还可供中医、中西医结合、针灸推拿、中医骨伤等专业必修(或选修)课使用,也可作为参考书,供相关学科专业的医师、治疗师、教师参考。

由于编写者知识和水平的限制,教材中难免有不当之处,敬请广大读者指正,以便不断修正和完善。

全国高等医学院校康复系列教材编审委员会

2007 年 9 月

编写说明

《中医康复学》是"全国高等医学院校教材",是康复治疗学专业或康复医学方向的主干课程之一,是为适应21世纪高素质创新人才的培养和高等医学院校的改革和发展的需要编写而成。可供全国高等医学院校中医类、中西医结合、康复治疗学专业、康复治疗技术专业使用,亦可供中医康复临床医师参考之用。

本教材主要系统介绍中医康复医学的基础理论、基本观点、临床常用疗法和临床实际运用,注意汲取国内外最新的研究成果,结合近年来中医康复学的研究成果和中医院校的教学实际,使学生通过本教材的学习,能系统掌握中医康复学的基本理论、基本知识、基本技能,了解中医康复学的研究主要成果,以培养学生的创新能力和临床应用能力,力求体现教材的思想性、时代性、科学性、先进性和实用性。

全书分为上、下两篇。上篇论述中医康复学的基础理论、基本观点、中医康复疗法;下篇论述病残、伤残、老年、慢性及其他病证共26个病证的中医临床康复。每个病证的内容包括概述、康复疗法、康复护理、康复预防等方面内容。概述阐述了疾病的概念、流行病学、病因病机和辨证要点,康复疗法则注重临床操作性,按适合度排列。整个临床康复部分突出中医康复特色,着力阐述各个疾病中医康复治疗的特点,以提高康复临床疗效,帮助患者早日重返生活,重返社会为目标。

本书第一、第二章由胡幼平编写,第三章由李胜涛编写,第四章由金红姝、黄安、张喜林、田辉编写,第五章由田辉编写,第六章由余瑾、杨孝芳、傅贵平编写,第七章由何光远、李宁、朱天民、金红姝编写,第八章由马巧琳编写。

由于我们的水平有限,教材中疏漏和不足之处在所难免。敬请使用同道提出宝贵意见,以便再版时修订提高。

《中医康复学》编委会

2007 年 12 月

目 录

上篇 基础理论与基本方法

第一章 概 论

—— 3 ——

第一节 中医康复学的概念和学科特点 ·· 3
  一、中医康复学的概念 ·· 3
  二、中医康复学的学科特点 ·· 4
第二节 中医康复学的基本内容 ··· 5
  一、中医康复学的基础理论 ·· 5
  二、中医康复学的基本观点 ·· 6
  三、中医康复疗法 ·· 6
  四、临床康复 ·· 6
第三节 中医康复学的发展简史 ··· 7
  一、远古时期 ·· 7
  二、先秦时期 ·· 7
  三、两汉魏晋时期 ·· 8
  四、隋唐时期 ·· 9
  五、宋金元时期 ·· 10
  六、明清时期 ·· 11
  七、近现代时期 ·· 12

第四节　中医康复学的学习要求和方法 ………………………………………………… 13

第二章　中医康复学的基础理论

——— 14 ———

第一节　阴阳五行论 …………………………………………………………………… 14
第二节　脏腑经络论 …………………………………………………………………… 15
第三节　精、气、神论 ………………………………………………………………… 16
第四节　情志论 ………………………………………………………………………… 17

第三章　中医康复学的基本观点

——— 19 ———

第一节　整体康复观 …………………………………………………………………… 19
　　一、人与自然一体观 ……………………………………………………………… 19
　　二、人自身的形神一体观 ………………………………………………………… 20
　　三、人与社会一体观 ……………………………………………………………… 21
第二节　辨证康复观 …………………………………………………………………… 22
　　一、康复辨证的原则 ……………………………………………………………… 23
　　二、康复辨证的运用 ……………………………………………………………… 24
第三节　功能康复观 …………………………………………………………………… 25
　　一、恢复脏腑组织功能 …………………………………………………………… 26
　　二、恢复生活及职业能力 ………………………………………………………… 26
　　三、功能补偿 ……………………………………………………………………… 27
第四节　综合康复观 …………………………………………………………………… 27
　　一、综合康复的优选原则 ………………………………………………………… 27
　　二、综合康复的意义 ……………………………………………………………… 28
第五节　康复预防观 …………………………………………………………………… 29
　　一、未病先防 ……………………………………………………………………… 29
　　二、既病防变 ……………………………………………………………………… 30
　　三、瘥后防复 ……………………………………………………………………… 31

第四章　中医康复疗法

——— 32 ———

第一节　中医心理康复法 ……………………………………………………………… 32

	一、情志相胜法	33
	二、情志引导法	34
	三、行为疗法	39
	四、色彩疗法	40
第二节	中药康复法	42
	一、中药内治法	42
	二、中药外治法	44
第三节	针灸康复法	47
	一、针刺疗法	48
	二、艾灸疗法	49
	三、其他针灸疗法	49
	四、针灸康复机制	51
	[附]现代研究	52
第四节	推拿康复法	53
	一、推拿手法	53
	二、推拿疗法在中医康复中的应用	59
第五节	传统体育康复法	60
	一、八段锦	60
	二、太极拳	66
	三、洗髓易筋经	68
	四、五禽戏	72
第六节	气功康复法	74
	一、放松功	74
	二、内养功	75
	三、强壮功	76
	四、站桩功	77
	五、保健功	78
	六、五行掌	80
	七、六字诀	81
第七节	饮食康复法	82
	一、饮食疗法	82
	二、药膳疗法	87
第八节	自然康复法	88
	一、矿泉疗法	89
	二、日光疗法	91

　　　　三、空气疗法 ·· 92
　　　　四、砂浴 ·· 92
　　　　五、海水浴 ·· 94
　　　　六、森林浴 ·· 94
　　　　七、洞穴浴 ·· 95
　　　　八、泥浴 ·· 96
第九节　传统物理康复法 ·· 97
　　　　一、冷疗法 ·· 97
　　　　二、热疗法 ·· 98
　　　　三、蜡疗法 ·· 99
　　　　四、磁疗法 ··· 100
　　　　五、芳香疗法 ··· 101
第十节　娱乐康复法 ··· 102
　　　　一、音乐疗法 ··· 103
　　　　二、歌咏疗法 ··· 106
　　　　三、舞蹈疗法 ··· 107
　　　　四、影视戏剧疗法 ··· 107
　　　　五、琴棋书画疗法 ··· 108
　　　　六、游戏疗法 ··· 109

第五章　康　复　护　理

111

第一节　中医康复护理的基本特点 ······································· 111
　　　　一、整体护理 ··· 111
　　　　二、辨证护理 ··· 112
　　　　三、综合护理 ··· 113
第二节　中医康复护理的基本内容 ······································· 114
　　　　一、起居护理 ··· 114
　　　　二、饮食护理 ··· 115
　　　　三、情志护理 ··· 115
　　　　四、功能护理 ··· 116
　　　　五、褥疮护理 ··· 117
　　　　六、外治护理 ··· 117

下篇 临床康复

第六章 病残、伤残诸证
———— 121 ————

第一节　偏瘫 ··· 121
第二节　截瘫 ··· 128
第三节　脑瘫 ··· 133
第四节　脑外伤后遗症 ··· 137
第五节　烧烫伤后遗症 ··· 140
第六节　骨折 ··· 145
第七节　软组织损伤 ·· 151

第七章 老年、慢性病证
———— 155 ————

第一节　慢性阻塞性肺病 ·· 155
第二节　高血压病 ··· 159
第三节　冠心病 ·· 163
第四节　糖尿病 ·· 167
第五节　高脂血症 ··· 172
第六节　肥胖症 ·· 177
第七节　血管性痴呆 ·· 183
　　　　［附］阿尔茨海默病 ··· 188
第八节　类风湿关节炎 ··· 189
第九节　强直性脊柱炎 ··· 194
第十节　恶性肿瘤 ··· 200
第十一节　颈椎病 ··· 207
第十二节　肩关节周围炎 ·· 213
第十三节　腰椎间盘突出症 ··· 218
第十四节　退行性骨关节病 ··· 225
第十五节　原发性骨质疏松症 ·· 231

第八章 其 他

第一节 亚健康状态 …………………………………………………… 236
第二节 慢性疲劳综合征 ……………………………………………… 240
第三节 睡眠障碍 ……………………………………………………… 246
第四节 抑郁症 ………………………………………………………… 250
　　　［附］焦虑症 ……………………………………………………… 254

上篇
基础理论与基本方法

第一章
概　　论

导学

本章介绍中医康复学的概念、学科特点、基本内容、发展简史及学习要求和方法。学习本章应重点掌握中医康复学的概念，熟悉中医康复学发展简史，了解学习要求和方法。

第一节　中医康复学的概念和学科特点

一、中医康复学的概念

中医康复学是在中医学理论指导下，研究中医康复学基本理论、治疗方法及其应用的一门学科。

中医康复学是中医学的重要组成部分，是随着中医学发展而逐渐形成的一门新兴的综合性学科。它是以中医基础理论为指导，运用中医心理、中药、针灸、推拿、传统体育、气功、饮食、自然、传统物理、娱乐等多种方法，针对病残、伤残诸证和老年、慢性病证等的病理特点，进行辨证康复的综合应用学科。

中医学中最早使用了"康复"一词。《尔雅·释诂》谓："康，安也。"《尔雅·释言》又谓："复，返也。"故康复的含意为恢复平安或健康。明代龚廷贤的《万病回春》载一老人病残三十多年，"膝趾肿痛，不能动履"，已成"痼病"，经"复沉潜诊视，植方投剂，获效如响，不旬日而渐离榻，又旬日而能履地，又旬日而康复如初"。清代魏之琇的《续名医类案·带下》载："妇人罹患带下病，如法调理，康复如常。"此外，"康复"还包含有重新恢复参加社会生活能力的意思，宋代江少虞的《宋朝事实类苑·卷第九》载："仁宗服药，久不视朝。一日，圣体康复，思见执政，坐便殿，促召二府。"

在古代，中医学古籍中的"康复"主要是指疾病的治愈和恢复、精神情志的康复及正气的复原。随着社会的发展，现代康复医学与中医康复医学相互渗透、相互补充，使中医学中"康复"概念的内涵发生了变化。现在康复是指综合地、协调地应用医学、社会、职业等措施，减轻各疾病、损伤和年老体衰所带来的后果。康复的对象为伤残者、老年病、慢性疑难病患者,目标是全面康复、整体康复。整个康复治疗,要求尽量帮助患者能够恢复到最佳状态,尽量提高患者的活动功能,以改善生活自理能力,使之重返生活,更好地回归社会。

二、中医康复学的学科特点

中医康复学与中医临床医学、中医养生学的概念虽然不同,但相互之间又存在着密切的关系,虽然研究的对象、适应范围及其学科的名称有所不同,但在学术渊源、理论基础、方法技能等方面,却有着内在的联系,它不仅是中医临床医学的继续和发展,而且又有着自己的学科特点。

(一) 预防与康复结合

预防,即"治未病"。中医康复学始终坚持综合的防治思想和方法,进行着预防、治疗、康复于一体的实践。在中医学的历史长河中,康复学这个支系的发展始终与民间的医疗实践有着密切关系,具有深厚的生活基础。在人们日常生活保健及医家的临床实践中,预防、治疗、康复常融为一体,同时进行,所采用的方法都具有祛病延年的多重作用,如气功导引、食物调养、药物调摄、泉水饮浴、日光沐浴、情志调适等方法,既能施于未病之先又能用于既病之后,既可用于养生防病又可用于医疗康复。正因为如此,中医康复学长期以来未能取得独立的地位,而康复学的思想和方法也散在地见于历代医籍及养生著作中,由此构成了中医康复学的学科特点。

(二) 长于功能康复

在功能康复方面,中医康复学的思想和方法具有特色、优势。由于在对人体生理、病理的认识上,中医具有详于脏腑功能而略于人体解剖结构的特点,故在治疗上强调功能的恢复。因此,在中医康复学方法中,无论药疗、食疗、针灸、推拿等,其作用的发挥均在于扶持正气,重建脏腑、经络功能的平衡协调。即使是文娱、音乐、气功等也是通过调理七情而协调脏腑、经络功能,恢复体内阴阳平衡,以使气血通畅、营卫通达、形与神俱,达到康复如初的目的。

(三) 注重利用自然

自然界的变化,春夏秋冬、昼夜寒暑等无一不影响人体的生理功能,而人体在脏腑阴阳失调之时,又可以利用自然阴阳的变化来调节。因此,广泛运用自然环境、充分利用自然物质是中医康复学的又一特点。作为康复治疗的重要方法和手段,大自然为人类提供了丰富的物质环境,而自然中的空气、阳光、泉水、高山、森林、天然药、食物等,均可用来为康复服务,这是中医康复学历来所强调的。如对温泉的医疗作用,北魏郦道元的《水经注·易水·滱水》中即载"……又东合温泉水,水出西北暄谷,其水温热若汤,能愈百疾"。对于日光的作用,清代曹庭栋的《老老恒言·晨兴》指出"背日光而坐……脊梁得有微煖,能使遍体和畅"等,足见利用自然物质进行康复医疗具有较悠久的历史。

(四) 外治与内治结合

中医康复学突出外治方法,强调充分调动人体自然康复能力,也适当地结合内治法,培补元气,调整脏腑功能。从目前众多的中医康复疗法,如中医心理康复法、中药康复法、针灸康复法、推拿康复法、传统体育康复法、气功康复法、饮食康复法、自然康复法、传统物理康复法和娱乐康复法中可以看出,外治法在中医康复学中仍占主要地位,但并不偏废也没有忽略内治法,而是注重两者的有机结合,取外治和内治之所长,综合运用,灵活施治。

(五) 药疗与食治并举

中医学认为"药食同源",在中医康复学内治方面,往往药食并举,参合运用,或首重食治,然后药之。食治包括食疗、食补、食养,具有使患者坚持长期服用而不厌恶的优点,有利于逐步调补阴阳气血,使功能恢复。药治则倾向于"无毒"性平,做到既能愈疾,又不伤正,使祛邪、扶正两者兼顾,其中孰主孰次,又当视具体情况而定。总之,在临床运用中,常常药食并用,以取得理想的效果。

(六)提倡形神共养

"形神共养",是指在中医康复中,不仅注意形体的保养,而且还要注意精神的调摄,使形体健康、精神健旺,身体和精神得到均衡发展。这是在形神统一观指导下所产生的中医康复学理论和实践,对临床康复至关重要。

形体与精神存在着对立统一的关系,欲使形体健全必当养神,《素问·疏五过论篇》曰:"精神内伤,身必败亡。"健全的形体是精力充沛、聪明智慧的物质保证,而精力充沛、乐观舒畅的精神状态又是形体强健的根本条件。中医康复理论认为,人体的一切疾患,都可概括成形神失调的结果。因此,中医康复学临床离不开从形与神两方面进行调理。多种疾患导致的机体不得康复,不外乎重在伤形,或重在伤神,或由形及神,或由神及形,故必须善于调整破坏了的形神关系。金代刘完素《素问病机气宜保命集》曰:"全生之术,形气贵乎安,安则有伦而不乱;精神贵乎保,保则有要而不耗。故保养之道,初不离乎形气精神。"因此,中医康复学在具体康复方法上,除运用康复训练、传统体育、针灸、按摩、食疗、药疗等治形的康复方法外,还突出了情志、心理娱乐、音乐等康复疗法,充分体现了形神共养的特色。

(七)强调动静结合

在中医康复学中,强调心神宜静,形体宜动,即养心调神以静为主,形体保养以动为主,动静兼修,方收康复之效。这里"静"并非绝对静止,而是指"精神专一",屏除杂念,也即指正常用心而无使太过。"动"也是相对概念,即运动当以促进精气流通、提高人体的气化作用为目的,从而加速康复,但应"劳而不倦",免生他变。因此,在中医康复医疗中,无论精神康复、功能康复和各种慢性疾病的康复,都突出动静结合这一特点,如具有民族风格的锻炼运动项目太极拳、气功、五禽戏、八段锦、保健按摩等,都要求动静结合,强调"外动内静"、"以静御动"等。中医康复学的动静结合特点,是辩证法思想的又一体现。

第二节 中医康复学的基本内容

中医康复学既以中医基本理论为指导,又有自身独特的理论、观点和技术体系。它的基本内容主要包括中医康复学的基础理论、基本观点、中医康复疗法和临床康复。

一、中医康复学的基础理论

中医康复学的基础理论主要包括阴阳五行论、脏腑经络论、精气神论、情志论。阴阳论,是通过康复治疗措施,使患者身心恢复阴阳平衡的理论。中医康复学主要以阴阳理论来认识和概括整个理论体系,如康复患者的生理、病理、诊断和常见疾病的康复措施、治疗方法等。阴阳理论贯穿于中医康复的全过程,包括制订康复方案、选择康复治疗方法和善后处理。五行论旨在从整体观出发,根据五行归类的方法,利用生克乘侮、亢害承制的规律,重新调节五行系统之间的协调平衡,以期达到康复的目的。脏腑经络论以五脏为中心,以经络为联络途径,阐述脏腑与脏腑之间、经络与经络之间、脏腑与经络之间的相互联系和影响,阐释疾病的病理变化、指导临床诊断和康复治疗。精气神论阐述了精气神三者之间的关系,精是产生神的基础,气为化精的动力,神是精气的外在表现,三者不可缺一,是人体生命活动的根本,也是中医康复学中常见疾病发生的根本机制。因而,中医康复治疗措施重视调摄精、气、神。情志论主要阐述情志与脏腑气血、康复病机、康复疗法的关系,在精气神论的基础上,强调在治疗上重视患者的精神调摄、怡心养神、调畅情志。

二、中医康复学的基本观点

中医康复学具有五个基本观点,即整体康复观、辨证康复观、功能康复观、综合康复观和康复预防观。

整体康复观认为,人的形体与精神、人与自然、人与社会之间都是密切联系、相互影响的,康复医疗中必须利用形体与精神以及人与自然、人与社会之间的这种相互联系,通过顺应自然、适应社会、整体调治等手段,来达到人体的形神统一、整体康复的目的。其内容包括人体各部分相统一、形体与精神康复相统一、人体康复与自然环境相统一、人体康复与社会环境相统一。

辨证康复观是建立在中医学辨证论治观念基础之上的,它认为辨证与康复之间有着密切的关系,辨证是决定康复的前提和依据,康复则是根据辨证的结果确定相应的康复原则和方法。病同证异则康复亦异,病异证同则康复亦同,以及辨证与辨病相结合指导康复医疗,是辨证康复观的主要内容。

功能康复观是建立在中医学恒动观基础之上的,它要求中医康复医生不单着眼于脏腑组织具体生理功能的恢复,更重要的是通过功能训练,从总体上促使患者日常生活和职业工作能力的恢复。其内容包括恢复脏腑组织生理功能及恢复生活和职业工作能力。

综合康复观是以辨证论治为基础的,针对不同的体质和病情,综合运用多种康复方法,使患者全面康复,回归社会,是中医康复学独具特色而历经实践检验的重要康复观点之一,亦是"杂合以治"的具体体现。

预防康复观是以中医学"治未病"思想为基础的,是中医康复重要的特点之一,其基本观点主要包括"未病先防"、"既病防变"和"瘥后防复"三个方面的内容。康复预防不同于一般意义上的疾病预防,其着眼点在于预防可导致残疾病变的发生以及将残疾降低到最低限度。

以上五个基本观点是中医康复学的理论核心,对临床康复具有重要的指导作用。

三、中医康复疗法

中医康复疗法内容丰富,各具特色,临床疗效肯定,具有简、便、廉、验的特点,不仅适合在大、中城市综合性医院、康复医院运用,而且适用于基层的医疗康复工作,特别受到基层医生的欢迎。中医心理康复法、中药康复法、针灸康复法、推拿康复法、传统体育康复法、气功康复法、饮食康复法、自然康复法、传统物理康复法、娱乐康复法等都是中医康复临床中经常使用的方法,它们有各自的适应范围,为在康复治疗中选择一组最佳治疗方案提供了可能。

四、临床康复

临床康复应用范围广泛,如偏瘫、截瘫、脑瘫、脑外伤后遗症、烧烫伤后遗症、骨折、软组织损伤等病残、伤残诸证患者的康复，慢性阻塞性肺病、高血压病、冠心病、糖尿病、高脂血症等老年、慢性病证患者的康复，恶性肿瘤患者的康复，以及现代社会常见的亚健康状态、慢性疲劳综合征、睡眠障碍、抑郁症、焦虑症等患者的康复，在中医康复学临床上都有着较好的疗效。本教材所论26个病证的中医康复临床治疗，是中医康复理论、观点和疗法临床运用的范例。

第三节 中医康复学的发展简史

中国医学源远流长，数千年的中医学史记载了中国人民与疾病作斗争的大量丰富的实践经验和前辈医家在中医康复学方面的学术成就。中医康复学是中医学的重要组成部分，随着历代中医学的发展，中医康复学不断地得到充实和发展，积累了大量的理论知识，形成了独特的理论体系。从中医康复学学术的发展来看，大致可以分为如下几个历史阶段。

一、远古时期

中医康复学的起源，可以追溯到春秋时期以前。虽然远古社会生产力低下，但是作为人的一种本能需要，人类已经开始探求却病延年的方法，在已出土的殷商甲骨文中，已有"沫"（洗脸）、"浴"（洗澡）个人求清爱洁和"寇帚"（大扫除）等集体卫生的文字。在原始社会末期，人们已经知道用宣导、运动等方法来防病治病，如《吕氏春秋·仲夏纪·古乐》记载："昔陶唐之始，阴多滞伏而湛积……筋骨瑟缩不达，故作以舞以宣导之。"所谓"舞"就是活动关节，使气血通畅的一种导引雏形。

在自然条件恶劣、生产力水平低下的远古时期，人们在寻找食物的过程中发现食用某些食物后体力增强、疾病减少了，经过相当长一段时间的经验积累，特别是有了火以后，人们开始了食物调养这种原始而简单的方式，医学史称之为"医食同源"。在春秋时期以前，完整的中医学体系尚未形成，治疗手段也很原始，中医康复学尚处于萌芽阶段。这一时期的特点是顺应自然，以饮食调养和宣导为主。史载商朝的宰相伊尹精于烹饪技术，擅长食物调治，但《伊尹汤液经》由于年代久远已失传，仅在某些早期古籍可见到他的相关记载。《吕氏春秋·孝行览》载："时疾时徐，火腥去臊除膻，必以其胜，无失其理，调和之事，必以甘、酸、苦、辛、咸。"商代殷墟出土的甲骨文，记载了"疾言"（言语障碍或失语症）、"疾耳"（耳鸣或听力障碍等）、"疾首"（头痛）等属于康复学的内容，并开始使用针灸、按摩、导引、热熨等方法进行治疗，说明中医康复学已经开始萌芽。

二、先秦时期

战国至秦汉时期，我国已迈入封建社会，生产关系和生产力变更发展，社会经济繁荣，文化教育普及，出现"诸子蜂起，百家争鸣"的局面，这对医学领域也产生了巨大影响。

马王堆汉墓出土的古代医学帛书画，均有中医康复方法治疗疾病的记载。帛画《导引图》是最早的气功导引图，记载了几十种呼吸与引挽肢体的运动姿势，既有徒手运动，也有借助器械的导引方法，并注明它们的名称和主治疾病，这说明运用康复方法治疗疾病已相当普遍。帛书《足臂十一脉灸经》、《阴阳十一脉灸经》中有采用针灸治疗脏腑或肢体疾病的记载。竹简医书《十问》亦记载有"是故道者发明唾手，循辟（臂）靡（摩）腹，从阴从阳，必先吐陈"，"息必探（深）而久，新气易守，宿气为老，新气为寿。善治气者，使宿气夜散，新气朝聚"。此为气功吐纳在医籍中的最早记载。由此可见,中医康复疗法在《内经》成书之前,就已有详细的记载和广泛的临床应用。

成书于战国至秦汉时期的《内经》确立了中医基础理论的体系,为中医学的发展奠定了基础。同时。它全面吸收、反映了秦以前的康复学成就,对中医康复学的有关理论、原则、方法,进行了全面而系统的论述,从而奠定了我国康复学的基础。《素问·上古天真论篇》提出了许多重要的原则,如"法于阴阳,和于术数","食饮有节,起居有常,不妄作劳"。《灵枢·阴阳二十五人》提出的体质类型学说,对康复也具有重要意义。

总结《内经》对中医康复学的贡献,主要有以下几方面。第一,强调精气神为人生三宝,如"夫精者身之本也"(《素问·金匮真言论篇》),"五藏皆虚,神气皆去,形骸独居而终矣"(《灵枢·天年》),"得神者昌,失神者亡"(《素问·移精变气论篇》)。由此,后世医家多注重养精、益气、治神。第二,划分了人体生长、发育、衰老的不同时期。《灵枢·天年》把人的生长、发育、衰老分为十个阶段,每个阶段10年。《素问·上古天真论篇》则以男七、女八为期,这些都为以后中医康复学发展提供了借鉴。第三,确立了"天人相应"、"形神合一"的整体观念,并成为中医康复学的理论核心。第四,创立了经络学说,为针灸、气功、导引、按摩的发展奠定了基础。第五,总结出"杂合以治,各得其所宜"(《素问·异法方宜论篇》)的康复治疗原则,广泛应用针灸、按摩、温熨,以及阳光、空气、饮食、时序、色彩、音乐、体育等方法于康复治疗中。《内经》阐述的中医康复理论和方法,对后世产生了深远的影响。

三、两汉魏晋时期

这一时期中国封建社会处于一个相对稳定的局面,在这种历史背景下,医学也得到了长足的发展。汉代宫廷内设置了"暴室"、"隐宫",收治妇女疾病,进行康复治疗,类似具有康复性质的宫廷医疗机构。这一时期,随着佛教传入我国,僧侣又多精通医术,患者前往就诊,行动不便的伤残者常留住寺院,于是一些寺院就成为民办性质的康复机构,后来称为"疾馆"或"老残疾馆"。可以认为,这些就是中国古代早期的康复医疗机构。同时,一些著作如华佗《太上老君养生诀》、陶弘景《养性延命录》等也收录了气功、按摩、食疗及情志等康复疗法。

东汉末年的大医家张仲景在《伤寒论》的辨证论治法则中,也提到了病后康复调养的问题,不仅提出了康复调养的原则,而且还根据病证的不同情况,提出了具体的病后康复措施。其总的原则是调和阴阳,包括胃气调养、饮食宜忌、饮水调护等内容。

张仲景在《伤寒论》中将"保胃气"的原则贯彻在各方面,强调在病后康复中,以调养饮食、扶养胃气为主要措施。原文第391条指出:"吐、利、发汗,脉平,小烦者,以新虚不胜谷气故也。"第398条指出:"病人脉已解,而日暮微烦,以病新差,人强与谷,脾胃气尚弱,不能消谷,故令微烦,损谷则愈。"这两条经文充分反映了仲景"保胃气"的精神。

《伤寒论》对诸病证的治疗都考虑到津液的存亡,在病初愈阶段也十分重视调养津液,将津液变化情况与疾病发展趋势紧密联系,这是仲景治法又一大特色。《伤寒论·伤寒例》指出:"凡得时气病,至五六日,而渴欲饮水,饮不能多,不当与也,何者?以腹中热尚少,不能消之,便更与人作病也。至七八日,大渴,欲引水者,犹当依证而与之,与之常令不足,勿极意也。言能饮一斗,与五升……"将饮水的原则、方法及预后讲得十分清楚,这对临床康复护理有非常实际的指导意义。

张仲景所著的《金匮要略》是一部研究杂病的专著,其中也包含不少康复学的内容,对于康复的指导思想和措施,书中提倡"立足整体,重视预防,强调扶正,重视食疗,突出辨证"。作为中医学核心思想的"天人相应"整体观,也是仲景学术思想的重要组成部分,书中《脏腑经络先后病脉证第一》指出:"夫人禀五常,因风气而生长,风气虽能生万物,亦能害万物,如水能浮舟,亦能覆舟。"说明自然界气候对人体的影响具有两面性。同时仲景也十分重视杂病的预防,《脏腑经络先后病脉证第一》说:"夫治未病者,见肝之病,知肝传脾,当先实脾,四季脾旺不受邪,即勿补之……"即是从五行生克制化理论阐述"上工治未病"的原则和已病防变的预防性治法。在《金匮要略》中,张仲景还提出了"初病即治"的早期康复理论,把导引、吐纳、针灸、温熨、按摩等手段综合运用,成为后世中医康复学"杂合而治"理论的典范运用。在书中的《禽兽鱼虫禁忌并治第二十四》、《果实菜谷禁忌并治第二十五》等经文中,提出了具有较高实践价值的食疗思想。《妇人产后并脉证并治第二十》记载了胎产保健与优生的内容。同时,张仲景也开创了药物康复的先河。

皇甫谧在《针灸甲乙经》中,从实践出发,系统总结了晋代以前医家有关针灸疗法和热熨、导引、按蹻等康复手段,丰富了中医康复学内容。该书把《精神五脏论》列为卷首第一篇,详论精神神志的致病机制和表现,表明他已充分认识到社会、情志因素在病因和康复中的重要性。该书还对许多需要进行康复治疗的病种给出了有效穴位,且经常把肢体病残与情志伤残联系在一起考虑,十分可贵。如《阳受病发风》篇说"偏枯,四肢不用,善惊,大巨主之","大风逆气,多寒善悲,大横主之"。

四、隋唐时期

唐代为我国封建社会鼎盛时期,中医康复学在这一时期得到了进一步发展,对康复手段的认识得以提高,对康复方法得到较系统的整理和应用,并积累了较为丰富的临床康复经验。

隋代巢元方的《诸病源候论》记载了大量的导引术势,对气功、按摩也有较详细的论述,如八段锦、易筋经、太极拳等,至今仍为中医康复的有效手段,该书对中医康复学的发展产生了较大的影响。

唐代著名医学家孙思邈,史书记载102岁,这与他重视老年康复保健关系密切,在《千金要方》中,专列养生一章,名之曰"养性",强调"德行不克,纵服玉液金丹,未能延寿"。其著述突出了人的寿命长短主要决定于自身修养的观点,养生原则是以摄护心神为主,录入的养生方法为"十二少",即"少思,少念,少欲,少事,少语,少笑,少愁,少乐,少喜,少怒,少好,少恶",并指出:"古养性者,不但药饵餐霞,其在兼于百行,百行周备,虽绝药饵,足以遐年。"说明古代的养性不但指服药和饮食,更要兼修"百行"。"百行"修行完备,就可以不服长寿之药而延年。相反,如果德行品质不加克制,即使服用"玉液金丹"也不能长寿。此外,对衣食住行、个人卫生保健,孙思邈也做了系统整理,《千金要方·道林养性》说:"每食不用重肉,喜生百病;常须少食肉,多食饭,及少俎菜,并勿食生菜、生米、小豆、陈臭物;勿饮浊酒面食,使塞气孔;勿食生肉伤胃;一切生肉惟须煮烂,停冷食之。食毕当漱口数过,令人牙齿不败、口香……"这些仍具有现实意义。在老年养生保健方面,孙思邈亦多有涉及,并从饮食治疗等各方面做了详细论述。《千金翼方·养老大例》说:"人年五十以去,皆大便不利,或常苦下痢,有斯二疾,常须预防。若秘涩,则宜数食葵菜等冷滑之物。如其下痢,宜与姜韭温热之菜……夫善养老者……非其食勿食……"《千金翼方·养老食疗》说:"人子养老之道,虽有水陆百品珍馐,每食必忌于杂,杂则五味相挠,食之不已,为人作患。是以食敢鲜肴,务令简少。饮食当令节俭,若贪味伤多,老人肠胃皮薄,多则不消。彭亨短气,必致霍乱……"在他的著作中,除了重视调摄情志、饮食治疗外,还使用针灸、按摩和药物熨、熏、洗、敷、贴、吹、摩、灌等多种传统的康复疗法,同时还首创了"药枕"治病。

王焘的《外台秘要》总结记载了前世诸家经验,其中也有大量的康复疗法,如光疗:卷二十九所载小儿蚀疮,以"燃烛照疮,使烛热气相及疮,即愈",这便是采用烛光照射治病。如熨法:"延年疗腰痛熨法",用菊花、芫花、羊踯躅,以醋拌蒸布包,适寒温熨痛处,取温热及药气透达局部而产生效果。如精神疗法:书中介绍治疟法,云"未发前抱大雄鸡一只著怀中,时时惊动,令鸡怀中作大声,无不瘥",即是以转移患者注意力达到截疟的目的。此外,书中还有广泛应用的药熏法、贴敷法、泥疗法、泉水疗法等丰富内容。

五、宋金元时期

宋代,五代十国割据局面结束,国家统一,生活安定,中医康复学有了相当大的发展。宋代朝廷重视医疗设施的建设和医疗教育的发展,政府设立了安济坊、养济院等康复医疗机构,专门收养和治疗孤寡废疾、病困无依之人。政和四年(1114年),建于宫城西北的保寿粹和宫则是专供宫人疗养的康复机构。淳祐九年(1249年),在杭州建立的慈幼局、医药局、病因院、福田院等医疗与济贫相结合的康复机构,则是为了收治弃婴、军残、病因和孤贫而设。此外,政府还组织医家整理古籍,编著方书,于淳化三年(992年)集成的《太平圣惠方》百卷,1670门,16834方,记载了不少可用于康复医疗的方剂。书中专列"食治门",针对中风、脚气、产后、脾胃不足和诸般虚损等,选列药粥方129首,这是康复食疗的一大发展。其后,又编成《太平惠民和剂局方》,全书五卷,21门,载方297首,收录了青娥丸、四君子汤等著名康复养生方剂。在《太平圣惠方》的基础上,官方组织医家广泛收集历代方书及民间验方,编成《圣济总录》,收载药方近两万首,记载了汉代以后官府所藏和民间流传的延年益寿、强身驻颜单方验方。如康复养生名方菟丝子丸就有16种不同组成,鹿茸丸有15种不同组成,书中还对服用金石药后的毒副作用,如目昏刺痛、口舌生疮等症状及治疗方药做了详细记载。而书末所载咽津、导引、服气三部分,是对气功锻炼的总结。此外,严用和的《济生方》、苏轼的《苏沈良方》都记载了大量药物康复养生的内容,不胜枚举。

这一时期金元四大家的学术成就,对中医康复学的发展有较大的贡献。刘完素编著的《素问玄机原病式》,运用天人相应原则和五行生克理论,对临床康复辨证治疗有一定的指导意义。其所制"壮阳丹"以专治五劳七伤、四肢无力、下元虚冷、阳痿不举等,被誉为慢性阳虚患者的康复佳剂。刘完素强调康复调养之要是"以神为本,以气为用,神气相合,可以长生",强调精神的重要性与心肾的关系,提出"补泻六腑,陶炼五精,可以固形,可以全生",认为调息、导引、内视、咽津以及起居适时、情志和畅等均是调气、补精养神的方法。

张子和长于把许多康复疗法应用于临床,在治疗疑难杂病上有所发展。采用阳光疗法、空气疗法、文娱疗法、泥疗、浴疗、冷疗、热疗、食疗、针灸、导引、按摩、情志疗法等治疗疾病的案例,在其著作中均有记载,尤其在运用情志疗法、文娱疗法等在前人的基础上有所发挥和创造。朱丹溪主张"阳有余,阴不足",以滋阴潜阳的治法,在临床康复中广泛应用,特别是为阴虚证的康复确立了指导原则。他在临床中注重食药并重,提出"人生诸病,多生于郁"的观点,并十分强调色欲对人体的危害,倡远帏幕、自珍重,以"保全天和"。其宁心保精思想对身心康复有较大意义。李东垣著的《脾胃论》重视后天之本,倡导"安养心神,调治脾胃"。认为治疗心气阻滞而神气离形的病变,以及安养心神,使七情不伤,必须调治脾胃。其方法是启发患者的乐观情绪,或使其经常心情愉快,或使其接触喜闻乐见的事物,于是可取得心情开朗、清爽愉快而不患病的效果,可谓巧用脾胃调理身心,别树一帜。李东垣还认为,脾胃不虚要顾脾,脾胃已虚要重在健脾,已成为临床康复过程中必须遵循的原则。

宋金元时期的中医康复学在总结前人经验的基础上,不断进行新探索,有了新的经验和认识,使中医康复理论与实践日臻完善。

六、明清时期

明清两代是中医学术的鼎盛时期,中医康复学在理论和方法上也获得了引人注目的提高。

这一时期,诸多医家对情志在发病与康复中的重要意义有了更深刻的认识。著名医家张景岳对情志疗法有着深入的研究,明确提出"身心"概念,把情绪郁滞为病概括为"怒郁"、"思郁"和"忧郁",而喜悦开怀则能除病,故提出调节情绪是情志疾病最有效的康复措施。其名著《景岳全书》中收载了大量的康复疗法。

李时珍的《本草纲目》,虽为药学专著,但其中收录康复方法众多。"水部"中详尽论述了各种不同来源水的性能,阐明了泉水疗法的应用和选择。如饮清泉之水可以疗疾,冷泉水浴对某些顽症有康复作用,温泉外浴可治皮肤及关节疾病等。他还善用热砂疗法主治风湿顽痹等诸证,用热汤疗法治疗冷风气痹、四时暴泻痢,用火针治疗痹痛、瘫痪,用灯火治抽搐。在《本草纲目》中还收录了许多有关食养方面的内容,对食养、食治的作用和"饮食禁忌"、"服药食忌"等均有论述,其书中选载药粥62方。

龚廷贤,明代太医院官吏,应用康复方法也很有成就,他对呼吸吐纳、气功锻炼、老年养生都有精辟的见解。其《寿世保元》中记载的康复疗法极为丰富,所指"长春不老丹"、"扶桑至宝丹"、"八仙长寿丸"都具有较好的康复和延缓衰老作用。他提倡"诗书悦心,山林逸兴"(《寿世保元·老人》),倡导书画疗法和森林疗法的康复作用,也力劝"每把戏言多取笑,常含乐意莫生嗔"(《寿世保元·老人》),认识到喜笑疗法是健身和康复的良方。他在该书列有"附睡法",认为良好的睡眠,能使"气海深满,丹田常暖,肾水易生,益人多宏",深知睡眠疗法对于人体健康的重要作用。他还用水浴疗法治"胎肥"、"胎怯",把蒸气疗法作为"出汗良法",用于需发汗的患者。

龚居中注重自身调摄与康复治疗的配合,在《红炉点雪》中,把已病而善用康复调养者,譬为"物品已损,必爱惜护持,乃可恒用而不敝。若不爱惜而颠击之,宁有不坏者乎……治之愈与不愈,亦在人之调摄如何尔"。他在序中甚至强调"善服药,不如善保养",把保养康复提到相当重要的地位。他总结的《却病延年一十六句之术》,将气功、导引、情志、饮食、体育等多种疗法融于一体,系列有序,易学易行,易见功效,针对性强。同时,也明确指出"歌咏所以养性情,舞蹈所以养血脉",对轻歌曼舞的娱乐康复作用做了较为正确的评价。

外科医家陈实功著的《外科正宗》,专列"调理须知"一节,论述外科患者的临床康复,要注重饮食调摄、对应四时气候变化适时御寒防暑、戒喜怒、节房事等全面康复措施,这对临床各科患者的康复同样具有参考价值。

清代沈金鳌在《杂病源流犀烛》中将康复方法列在卷首,其中包括气功、按摩等,并提出使用导引、针灸诸法,以行一身之气,而不单纯依赖药物。

俞根初在《通俗伤寒论》的"调理诸法"中,全面阐述了对于热性病的康复医疗,包括瘥后药物调理、食物调理、起居调理等,内容系统详尽。

尤乘所辑《寿世新编》的"病后调理服食法"一节中,专门讨论饮食康复,其所列各种疾病的饮食康复注意事项和各种粥、糕等食疗品种,均有较高的实用价值。

著名外治专家吴师机对康复理论也有精辟解释,他所谓的外治法,包括熏、洗、熨、敷、贴、坐、吹,都属于康复方法之类。由于康复方法大多是外治法,他的许多解释实际就是对康复理论的阐释和发展。在《理瀹骈文》中,他明确指出"外治之理,即内治之理","虽治在外,无殊治在内也"。他认为疾病虽千变万化,治法也是多种多样,但要掌握要领,则"一通字赅之"。

明清时期,温病学说逐渐趋于成熟,形成了独立的温病学体系。温病医家对病后的康复调理也有许多卓识高论。吴瑭《温病条辨》主张"预防温病,养精第一","下后调理,养阴为要","下后热退,缓缓饮食","后期调理,复阴为常","痉后调理,温阳为变","饮食调理,清淡为宜"。书中理法方药,面面俱到。

叶天士在药物康复上别开生面,运用"血肉有情"之品,填精补髓,益气壮阳,对虚损及病后调养提出了药物康复的方法。其"久病入络"、"虚久及肾"的理论及力戒烟酒的主张,对中医康复理论具有积极意义。

这一时期论述中医康复原则的专著有沈子复《养病庸言》,论述食疗与药膳的专著有王孟英《随息居饮食谱》、曹庭栋《老老恒言》、黄云鹄《粥谱》等。这些著作中介绍的方法简便,使药粥、药膳盛行,蔚然成风。

七、近现代时期

清朝末年,中国进入半封建半殖民地社会,西方医学传入我国并迅速发展,在这种历史背景下,一部分人主张废除中医,国民党政府甚至通过了废除中医的法案,在这股逆流的冲击下,中医受到了前所未有的打击,中医康复学也处于停滞不前的状态。

中华人民共和国建立后,随着社会制度的变革,经济文化的发展,中医学事业得到了恢复和发展,中医康复学也开始复兴。特别是近年来,随着科学的进步,社会经济的蓬勃发展,人民生活水平不断提高,医学模式正由"治疗医学"向"健康医学"逐步转变,中医康复学开始受到越来越多人的关注和重视,中医康复理论和疗法研究不断取得进展。

现在全国各地建立了不同层次的具有我国特色的康复医疗机构,如在综合性医院中设立康复部或康复中心,在社区卫生中心设立康复科,在各级民政部门建立康复中心,为伤残病患者康复提供了较好的条件。在这些不同层次、不同规模的康复机构内,中医康复学的理论和方法得到广泛的应用。目前,在医疗资源充足的地区,已逐步建立了社区康复医疗中心,中心运用专业的技术和设备,以防残、治残、助残为原则,宣传康复保健知识,为伤残病患者提供医疗服务,提高其生活质量,为其回归社会打下了基础。

目前,各地广泛培养康复医学人才。1987年,国家教委决定在中医院校开设养生康复专业,并将"中医养生康复学概论"等列为中医高校的课程之一,逐步培养了一批中医康复学人才。与此同时,学术活动亦日益活跃,1983年成立了"中国康复医学研究会"。1984年在石家庄召开了全国首届康复医学学术讨论会,1989年又在北京召开了第一届国际传统康复医学学术会议,1986年《中国康复学杂志》公开发行。有关中医康复学的专著相继出版,如20世纪八九十年代,郭子光等主编的《中医康复学》,以及作为高等医药院校试用教材,如傅世垣主编的《中医康复学》、张子游等主编的《中医康复学》、孟景春主编的《中医养生康复学概论》等，促进了中医康复学的理论及临床水平的不断提高。进入21世纪以来，由于国际交流的日益频繁，既有中英文对照的《中医养生康复学》（王旭东主编），也有分科康复著作如《老年病中医康复学》（王承明主编）等教材、专著问世。

20世纪以来，中医康复学面临前所未有的机遇和挑战，回望中医康复学走过的艰难历程和取得的辉煌成就，如何使它在新的形势下进一步完善和提高，需要广大中医康复学研究者积极的探索。

第四节 中医康复学的学习要求和方法

"中医康复学"作为一门专业学科，其特点决定了学习、掌握本课程的要求和方法。本课程系统地介绍了中医康复学的基础理论、基本观点、中医康复疗法的方法及临床应用，内容比较丰富，与临床实践联系紧密。但要学好本课程，在学习方法上要注意以下方面。

首先，学好中医基础理论课程，如中医基础理论、中医诊断学、中药学、方剂学等基础课程。中医康复学的理论基础是建立在中医基础理论之上的，其基本观点、康复方法、临床辨证都是中医基础理论的具体体现。

其次，要以教材为纲，构建中医康复学的学科知识框架。本教材内容丰富，将中医康复学的发展简史、基础理论、基本观点、临床康复方法及临床应用实践都做了系统的阐述，条理清晰，方法全面。对教材的学习要前后联系，全面理解，牢固掌握。中医康复学基础理论、基本观点、临床康复方法及临床应用相互依存，是一个有机的整体。学习好教材内容，是今后不断提高和完善中医康复理论知识和临床技能的前提。

第三，学以致用，提高中医康复临床能力。中医康复学是一门实践性极强的临床学科，在学习中必须密切联系临床实际，充分利用见习、实习机会，在教师的指导下，运用所学理论知识，为患者服务。通过不断的实践和认识，逐步提高中医康复的临床能力。

（胡幼平）

第二章
中医康复学的基础理论

导学

本章介绍阴阳五行论、脏腑经络论、精气神论及情志论。学习本章应重点掌握概念、主要内容，熟悉基础理论在康复临床上的应用，了解基础理论的形成。

第一节 阴阳五行论

阴阳，属中国古代的哲学范畴，是对天地间相互关联的万事万物、每种状态中存在的两种对立组成形式的概括。阴阳学说认为，万物均为阴阳二气相互作用的结果，阴阳的内在联系、相互作用和不断运动，是自然界的普遍规律，是万物生长壮老消亡的根本原因。阴阳的对立制约、依存互根、消长平衡与相互转化是阴阳学说运用于中医康复学的立论基础。

《内经》运用阴阳学说的理论来阐明人体的生理、病理、诊断和治疗的规律，创立了许多重要的康复学理论原则和学术观点。如人体的生理现象，就是人体阴阳两方面彼此消长运动的过程，即由平衡到不平衡，再由不平衡求得新的平衡，正如《素问·生气通天论篇》说："阴平阳秘，精神乃治。阴阳离决，精气乃绝。"说明阴阳平衡，是保持健康的必要条件，是身心健康的正常状态。但这种阴阳平衡的状态不是静止不变的，它们之间互相消长，在一定条件下互相转换，处于相对的动态平衡。这种动态平衡被破坏后，就表现为病理变化，如《素问·阴阳应象大论篇》说："阴胜则阳病，阳胜则阴病。阳胜则热，阴胜则寒。"正因为一切疾病发生的根本原因是阴阳失调，故《内经》提出"治病必求于本"，而这个"本"就是指阴阳。因此，在康复治疗方面，就必须维持和促进阴阳之间的这种动态平衡，必须"法于阴阳"。《素问·至真要大论篇》说："谨察阴阳所在而调之，以平为期。"调和阴阳是中医康复学的重要法则，通过中医康复疗法的临床运用，以期达到阴阳平衡的目的。

阴阳学说在中医康复学的应用主要有以下方面。首先，调和阴阳，以平为期，恢复阴阳平衡。这是中医康复学基础理论的核心，中医康复学众多疗法中均贯穿了这一思想。如针灸康复疗法，"用针之要，在于知调阴与阳"（《灵枢·根结》），即临床上上病取下、下病取上、从阴引阳、从阳引阴、左病刺右、右病刺左。食疗康复中也提出"饮以养阳，食以养阴"，治养结合。而其他各种中医康复疗法皆以阴阳立论，通过整体治疗，使阴阳平衡，恢复常态。其次，重视阳气。"阳气者，精则养神，柔则养筋"（《素问·生气通天论篇》）。阳气代表了人体功能，在疾病康复中起主导作用，贯穿于临床康复的全过程，阳气密固才能实现功能康复。第三，强调阴阳转化。中医康复学在临床中运用不同的康复方法来创造条件，促进阴阳转化。但由于康复患者的病证特点，其阴阳转化的过程较长，康复过程也较长。

五行学说认为宇宙间一切事物，都是由木火土金水五种基本物质组成。五行学说还认识到，人体的生命活动既不是内在脏腑的孤立活动，也不是与外在环境毫不相关的，而是人体中的各种脏器，具有相生相克的联系和控制关系，并与周围有关事物，特别是自然界四时节气的变化，也同样存在着资生、制约的联系和控制关系，这就为创立"天人相应"的人体内外环境统一的整体观提供了理论基础。

正因为如此，五行学说为中医康复学奠定了理论基础。人体五脏在生理上必须是既有相互间的资生，又有相互间的制约，方能"生化"，从而维持正常的生命活动。如果是有生而无制，就要亢而为害，发生病变。由于五脏之间的制约规律，因而在病变上就会出现"气有余，则制己所胜，而侮所不胜；其不及，则己所不胜侮而乘之，己所胜轻而侮之"（《素问·五运行大论篇》）的疾病传变规律。掌握了这个规律，就为治疗或防止疾病的传变指出了治疗的方向，如"见肝之病，知肝传脾，当先实脾"，就是根据这个规律而制订出的防治传变的治疗措施，是预防康复观的体现。《素问·五藏生成篇》以五行理论说明了疾病的传变："是故多食咸，则脉凝泣而变色；多食苦，则皮槁而毛拔；多食辛，则筋急而爪枯；多食酸……"又如《素问·玉机真藏论篇》以五行理论说明疾病的预后："五藏受气于其所生，传之于其所胜。气舍于其所生，死于其所不胜。病之且死，必先传行至其所不胜，病乃死。此言气之逆行也，故死。"这就告诉人们，掌握疾病传变规律的目的在于取得防治疾病的主动权。根据病情予以适当的治疗，在康复预防方面可以做到既病防变、病后防残。

运用五行理论进行中医康复治疗，在康复临床应用较广，如针灸、药物、情志疗法、音乐疗法等。针灸、药物宜扶土抑木、培土胜金、滋水涵木、壮水制火、益火补土等。情志疗法中则利用情志之间的相互制约关系进行治疗。音乐疗法中，五音（角徵宫商羽）配五行，即肝木在音为角，心火在音为徵，脾土在音为宫，肺金在音为商，肾水在音为羽。五音与人气相接，感动于心，动荡血脉，流通精神，调节情志，达到康复治疗的目的。

第二节 脏腑经络论

脏腑学说是研究人体各脏器组织及其在水谷运化、气血运行、水液代谢、精神神智活动等方面的生理活动和病理变化的规律，以及这些活动规律与外在环境之间相互关系的学说。而经络学说是研究人体经络系统的组成内容、生理功能、病理变化及其与脏腑关系的学说，它与脏腑学说一样，皆为中医学基础理论的重要组成内容，是中医康复学的基础理论。许多重要的中医康复学观点、原则皆是在脏腑经络学说基础上发展起来的。

脏腑学说认为，五脏是人体的核心。生理情况下，五脏六腑之间相互联系，相互为用，共同协调地维持体内的气机升降出入，使人体健康无病。一旦某种病因使脏腑这种协调关系遭到破坏，就会导致气机升降失常，阴阳失去平衡，发生疾病。因此，中医康复学重在维持脏腑的这种协调关系。若脏腑功能偶尔或稍有不调，就应设法进行微调，使之归复协调，从而阻止向疾病阶段发展。五脏又是脏腑的中心，故康复治疗协调脏腑，重在促进五脏之间的功能协调。五脏之中又以脾肾为本，中医学认为，肾为先天之本，主藏精，为阴阳水火的根本，人体的生长发育与肾的关系最为密切，人的衰老取决于肾气的强弱，由肾衰而后导致其他脏器的相继衰退。故欲使幼儿生长发育正常，壮年后延缓衰老的到来，培补肾阳，顾护肾精，实为重要的环节。脾居中焦，运化水谷精微，化生的物质无不来源于脾，故脾为气血生化之源，称为后天之本。只有脾的运化功能正常，才能保证人体各脏腑器官所需的营养物质。脾肾先后天之间又存在相互资助的关系，肾为先天之本，所藏的肾精禀受于父母，是五脏六腑化生的源泉，而先天之精必须依赖后天水谷的滋养，才能充分发挥其功能。正因为脾肾二脏在人类生命活动中的作用特别重要，故五脏之中脾肾犹重。

五脏功能正常，特别是脾胃功能健全是健康的重要保证，故而康复治疗应重在协调五脏，以脾肾为本。由于中医康复的对象多处在疾病的恢复期、缓解期，或是慢性疾病、老年疾病久病难愈者；或是意外损伤及手术、放疗、化疗后出现的损伤、脏腑亏损，其病理变化主要方面是气血衰少、津液不足，故调补虚损是中医康复的重要原则。此外，调补脾肾亦是重要的一环。一般慢性病久延不愈，从疾病性质来说多属不足，从病位来说大多久损及肾，这就决定了调补脾肾为慢性病治疗大法。在慢性病康复中，除了重点调补脾肾外，还应协调五脏，补虚泻实；协调六腑，以通为用。

经络是人体重要组织，它内属脏腑，外络于肢节，遍布全身，沟通表里。经络也是气血运行的通道，只有经络通畅，才能使脏腑相合，阴阳交贯，生命活动顺利进行。所以，中医康复学的基本要求就是保证经气流通，气血调和。许多康复疗法适应证的产生、发展，都与经脉有关。生理功能上，经脉沟通表里内外，联系脏腑组织，运行气血，协调阴阳；病理上则相互影响，如外邪内传脏腑、内在脏腑间的病变相互传变、内在病变反映于体表等。邪气羁留不去，"久病入络"，经络受阻，经络不通，则气血不合，运行迟滞，从而产生诸多病证，如各种痹证、痿厥瘫痪、关节不利等，均与经气失调、血脉不通有一定关联。特别是痛症，经络不通表现更为突出，故有"不通则痛"之说；而通畅经络，使气血运行流畅，则痛症得到缓解或消失，故有"通则不痛"的论点。

脏腑经络论运用于中医康复临床，重在指导康复辨证诊断与治疗。抓住脏腑经络病机，或补虚或补虚泻实，或利用母子生克关系，或结合经络循行与脏腑的联系，或循经辨证等，采用针灸康复法、中药康复法、气功康复法、饮食康复法等，对于身体康复、精神康复、职业康复、老年康复都有重要意义。

第三节　精、气、神论

中医学认为，精、气、神是人体三宝。对一个健康人来说，三者缺一不可，中医康复学的精髓就在于调理这三种人体生命活动的基本物质。

形体是生命存在的基础，精是构成形体和形体赖以生长发育的物质。《素问·金匮真言论篇》说："夫精者，身之本也。"《灵枢·决气》说："两神相搏，合而成形，常先身生，是谓精。"《灵枢·经脉》还指出："人始生，先成精，精成而脑髓生。"说明精是人体的原始物质，与生俱来，故称之为先天之精,具有生殖繁衍作用,因而谓之生身之本。精不仅是构成形体、产生生命的原始物质,同时也是维持生命活动、促进人体生长发育的基本物质。人出生后不断从外界摄取水谷,在脾胃的作用下化生为水谷之精,输布全身,营养脏腑官窍、筋骨肌肉,充养脑髓,促进生长发育,维持生命活动,此称为后天之精。而先后天之精均藏于肾,源源不断供给脏腑组织器官,但肾精随着年龄渐盛而衰。精与人的生长壮老已关系极为密切,是构成形体产生生命并使生命活动不息的本源物质。

气,原属于哲学范畴,古代哲学家认为宇宙间一切事物都是气的运动变化产生的。《周易·系辞》说:"天地氤氲,万物化醇,男女媾精,万物化生。"《素问·宝命全形论篇》指出:"天地合气,命之曰人。"中医学认为人的生命活动,是由气的运动变化产生的,气的运动形式不外乎升降出入。《素问·六微旨大论篇》说:"出入废,则神机化灭;升降息,则气立孤危。故非出入,则无以生长壮老已;非升降,则无以生长化收藏。是以升降出入,无器不有。"从生命一开始,气无时无刻不在升降出入运动,人体的呼吸、消化、吸收等都通过气的升降出入运动而产生。气升降不止,出入不息,相互配合,才能吸清呼浊,升清降浊,不断进行新陈代谢,维持人体的生命活动。由此可见,气化是生命存在的特征,气是生命活动的原动力。

中医学中的神既是指精神意识思维活动,又概括了复杂的生命活动。神依附于形体而存在,随形体发育从无到有,从弱到强,形神合一即谓之人。《灵枢·天年》说:"血气已和,荣卫已通,五藏已成,神气舍心,魂魄毕具,乃成为人。"神是生命活动的外在表现,唯有神在,才能有人体的一切生命活动现象,故李东垣的《脾胃论·省言箴》说:"积气以成精,积精以全神。"只有精充、气足、神全,才能健康长寿。正如《素问·移精变气论篇》所说:"得神者昌,失神者亡。"

精、气、神三者之间也存在相互关系,精能生神,无精则神无以生;气能生神,无气则神无以生;精气同源,互相转化,精、气、神三位一体,三者相互资生,是维持人体正常生理功能的保证。

中医康复学以养精、益气、调神为原则。在形体功能康复方面,精、气、神发挥各自的特点,促进疾病的康复。精、气是构成和营养形体、脏腑功能活动、神之外在表现的物质基础。应用传统体育康复法、气功康复法等,可外练筋骨皮、内养精气神;自然康复法如空气疗法、森林浴、海水浴等,可吸大自然之精气,充实于形体;饮食康复法则于食养、食疗中滋养精气;传统体育康复法中八段锦、太极拳、五禽戏等,使人体气血流畅,养精益气静神,"三宝"不散乱,有益于精气神的保养。在情志康复方面,情志为病,首先伤神,调摄情志是保养精气神的重要途径。中医心理康复法、气功康复法、娱乐康复法等可使平素性情急躁、易于紧张焦虑的患者涵养精神,安神逸态,患者自我调节,松弛精神,以避免焦虑和紧张情绪的产生;力求形体健康,促进精神充沛,精气神健旺;促进形体功能康复,使形体功能和精神情志协调平衡,达到形与神俱,实现整体康复的目的。可见,精、气、神论在中医康复基础理论中占有重要地位。

第四节 情 志 论

情志是指"七情五志"。喜、怒、忧、思、悲、恐、惊为七情,喜、怒、忧、思、恐为五志,均属于精神活动范畴。

在中医康复学发展史上,历代医家都非常重视精神因素的影响。强烈的精神刺激,不仅是造成精神疾病的重要因素,也会影响脏腑气血运行,引起许多疾病。心、肝、脾、肺、肾五脏,功能各不同,但其共同功能是藏精而化神。《灵枢·本藏》说:"五藏者,所以藏精神血气魂魄者也。"而五脏所藏精气不一,与五神的关系也各异。《灵枢·本神》说:"肝藏血,血舍魂……脾藏营,营舍意……心藏脉,脉舍神……肺藏气,气舍魄……肾藏精,精舍志。"五脏功能正常,精气充足,人即精神充沛。

七情五志生于五脏,如《素问·阴阳应象大论篇》说:"人有五藏化五气,以生喜怒悲忧恐。"五脏虽分主魂意神魄志的"五神志"与怒喜思悲恐的"五情志",但心为五脏六腑之大主,五脏所主的"五神志"和"五(七)情志"均受心神调节与控制。《素问·灵兰秘典论篇》说:"心者,君主之官,神明出焉……故主明则下安……主不明则十二官危,使道闭塞而不通,形乃大伤,以此养生则殃……"所以,古代养生康复摄神,调节情志,首先注重保养心神。

情志由五脏所分主,情志太过则分别损害相应的五脏,如"怒伤肝"、"喜伤心"、"思伤脾"、"忧伤肺"、"恐伤肾"。怒为肝志,暴怒则伤肝,导致肝气上逆,气血上冲,出现头胀眩晕,甚至昏仆,如《素问·生气通天论篇》说:"大怒则形气绝,而血菀于上,使人薄厥。"《灵枢·本神》还叙述了各脏因情志不节的影响所发生的病证,"心怵惕思虑则伤神,神伤则恐惧自失,破䐃脱肉,毛悴色夭,死于冬。脾愁忧而不解则伤意,意伤则悗乱,四肢不举,毛悴色夭,死于春……"因此,预防情志所伤,当以调节七情为主。

同时,情志变化可使人体气机失调,影响脏腑功能。《素问·举痛论篇》说:"怒则气上,喜则气缓,悲则气消,恐则气下……惊则气乱……思则气结。"情志异常也使人体阴阳平衡失调,损形伤神,导致形体精神俱病。

疾病也可以改变人的精神状态,疾病的痛苦可以使某些患者产生忧郁、恐惧、烦躁、易怒等不良情绪,这些无疑是不利于疾病的康复的。因此,保持患者良好的精神状态,增强患者战胜疾病的信心,能起到一般药物治疗所起不到的作用,这既有利于药物发挥功效,也有利于脏腑功能恢复,可促使疾病好转,加速痊愈,缩短病程。

中医康复在临床治疗中以中医心理康复法为主,既有情志相胜法又有情志导引法治疗情志病变,如"喜胜悲"、"悲胜怒"、"恐胜喜"、"思胜恐"、"怒胜思"。也采用心理治疗和语言劝导、劝说开导,"告之以其败"、"语之以其善"、"导之以其所便"、"开之以其所苦"(《灵枢·师传》)。同时,重视患者的精神调摄、怡心养神、调畅情志,提倡清心少欲、远名利、少私欲、节财欲、节色欲、保真精,有利于疾病康复。

中医康复除运用情志康复法以外,还采用娱乐康复法来调畅情志。音乐疗法可开郁、安神、制怒、减轻疼痛,使人振奋;歌咏疗法可怡情养性、改善情绪、除忧郁、去悲伤,增强患者抗病信心和勇气;舞蹈疗法既可娱情畅志,又可舒筋活血;琴棋书画疗法则使人心境恬愉、遣情益智、陶冶性情、寄托情怀、抒发郁气、愉心畅志。临床上,娱乐康复法是情志康复的重要手段。

(胡幼平)

第三章
中医康复学的基本观点

> **导学**
>
> 本章介绍整体康复观、辨证康复观、功能康复观、综合康复观、康复预防观的概念及主要内容。本章是中医康复学的重要内容,学习本章应重点掌握基本观点中的概念、主要内容,熟悉基本观点在康复临床上的应用,了解基本观点的形成。

第一节 整体康复观

整体康复观是建立在中医学整体观基础之上,是中医康复学理论体系的重要内容,其基本观点包括人与自然一体观、人自身的形神一体观、人与社会一体观三方面的内容。整体观认为,人体是一个完整统一的有机整体,人体与自然环境及社会因素有着密切的关系。因而中医康复学的主要作用是指导或帮助康复对象顺应自然,适应社会,整体调治,使构成人体的各个组成部分之间协调统一、形体与精神协调统一。这种通过顺应自然,适应社会,整体调治,达到人体形神统一的思想,称之为整体康复观。

一、人与自然一体观

人类生活在大自然中,人类漫长的自身发展过程与自然界的变化紧密联系,并相互影响。人类在适应自然和改造自然的过程中,形成了适应自然的能力,并随自然界的变化,维持和调整着机体正常的生命活动,这就是人与自然一体的观点,又称为天人相应。

(一) 人与自然关系密切

中医整体观强调人的生理活动、病理变化均受自然界的影响。人类作为自然界的产物及其组成部分,其生理活动、病理变化均受自然环境的影响。如《灵枢·岁露论》指出:"人与天地相参也,与日月相应也。"《素问·六节藏象论篇》也指出:"天食人以五气,地食人以五味。"自然界中对康复患者生理、心理、病理诸方面可以产生影响的因素甚多,如日月星辰、五运六气、山川风土、金石草木、昆虫禽鱼、寒暑燥湿,以及它们按自然法则的运动变化等,其中最主要的是季节气候的变化和地理条件的差异。

(二) 重视因时因地而异的康复原则

1. 顺应时序变化

(1) 四季之变：人体功能与自然界气候变化相适应，随四时阴阳之气的升降和寒热温凉的变化，脏腑功能、气血运行、精神活动等都随之做出适应性的调节。因而在康复医疗过程中，因时制宜是一个重要原则，要顺应自然界的春生、夏长、秋收、冬藏的规律，依据四时气候的变化，调理脏腑，调畅气血，调摄精神，保持和恢复人体脏腑功能，使阴平阳秘，气血流畅，从而达到康复的目的。《素问·四气调神大论篇》专门论述了"春夏养阳，秋冬养阴"的顺时养生康复规律，指出对慢性阳虚患者，当借助春夏自然界阳气升发之际以培扶阳气；对慢性阴虚患者，应借秋冬阴气敛藏之际而滋养阴精。

由于康复患者均为老弱病残损，正气亏虚，精血耗损，脏腑虚弱，阳不能固护于外，阴不能营守于内，人体生理调节功能失常，对自然界变化的适应性调节功能比正常人差。若自然环境或气候变化过于急剧，更容易加重病情或并发其他疾病。例如，春季精神病的复发率较高，在临床康复医疗中就应特别注意春季的精神调摄；又如某些慢性疾患，往往在气候剧变或季节交替的时候发作或加剧，痹证、喘证患者的临床症状就常随气候剧变而加重。

(2) 一日之变：天地有五运六气的节律性周期变化，不但有年节律、月节律，而且还有日节律。人体的气血阴阳不仅随着季节气候的变化而变化，而且也随着昼夜的变化而发生节律性的变化。《灵枢·顺气一日分为四时》指出："以一日分为四时，朝则为春，日中为夏，日入为秋，夜半为冬。"这种一日之内的天气变化不仅对人体的生理功能、病理变化有一定的影响，而且对人体的康复也有一定影响。正如《灵枢·顺气一日分为四时》所说："夫百病者，多以旦慧、昼安、夕安、夜甚。"因此，在康复医疗过程中同样要顺应一日四时的变化。如近年来对高血压病的研究发现，约80%高血压病患者的动态血压曲线呈勺型，即血压昼高夜低，夜间血压比昼间血压低10%～20%。在康复治疗时应根据这一特点，不仅要重视高血压病患者昼间血压控制的情况，还应注意是否存在夜间血压过低的情况，以保障心脑血管等重要脏器的血流灌注。

2. 顺应地理环境差异　地理环境也在一定程度上对人体生命活动产生影响。地域不同，因而有地势高下的差异、气候的区别，这些因素直接或间接地影响疾病的康复。如南方湿热，腠理疏松，湿邪易流注筋骨，而多病挛痹；北方燥寒，腠理致密，寒邪易伤阳气，而多病脏寒等。因此，对疾病的康复医疗也应因地制宜，采取不同的康复措施。正如《素问·异法方宜论篇》所说："医之治病也，一病而治各不同，皆愈，何也？岐伯对曰：地势使然也。"即使是同一种病证，由于患者所处地域的差异、气候的不同，也需采取不同的康复医疗方法始能奏效。例如，同是痹证后期肢体功能轻度障碍，西北方地势高，冬季气候寒冷而干燥，可采用舞蹈疗法以促使其肢体功能的康复；而东南方地势低，夏季气候温暖而湿润，则可采取游泳的康复方法来进行康复。

二、人自身的形神一体观

中医理论认为，人体是由脏、腑、经、络、皮、肉、津、血、脉、筋、骨、髓及精、气、神等构成的一个有机的整体。人体的"形"与"神"在生理状态下是相互资生、相互依存的统一整体，以维持正常而协调的生理活动。人体各部分之间在病理上往往也相互影响，人体某一部分的病理变化与身体各部，甚至全身脏腑功能、气血阴阳的盛衰密切相关。形体与精神康复相统一，是中医康复整体观的又一体现,又称为形神一体观。

（一）形与神关系密切

所谓形,是人体一切有形之质的概括,即皮肤、肌肉、血脉、筋骨、脏腑等组织器官,是生命活动的物质基础;所谓神,是人体一切精神活动的概括,即情志、意识、思维等精神活动,又指生命活动的全部外在表现,是人体功能的反映。战国时期荀况的《荀子·天论》说:"形具而神生。"南朝范缜的《神灭论》说:"形者,神之质;神者,形之用。"形是神的物质保证,神又是形的功能表现。形与神之间相互资生,相互制约,相互影响。明代张景岳的《类经·一卷摄生类》:"盖精能生气,气能生神……精盛则气盛,气盛则神全,神全则身健,身健则病少。神气坚强,老而益壮,皆本乎精也。"人的形体与精神之间这种相互依存、协调统一的关系是生命存在的重要保证。正如《素问·上古天真论篇》指出:"形体不敝,精神不散,亦可以百数。"南朝范缜的《神灭论》指出:"形存则神存,形谢则神灭也。"而当这种关系被破坏时,就可能导致疾病,甚至危及性命。正如明代周之干的《慎斋遗书·阴阳脏腑》说:"故病于形者,不能无害于神;病于神者,不能无害于形。"《素问·移精变气论篇》所言:"得神者昌,失神者亡。"

积极、乐观的精神状态可使人体脏腑功能协调,阴平阳秘,气血通畅,有助于健康,既病之后也有助于康复。而厌世、悲观、焦虑、暴躁等不良的情志活动,一方面可削弱人体的抗病能力,直接或间接引发疾病;另一方面,亦不利于疾病的康复。在康复临床中,必须时时注意调整形与神之间的关系,使之恢复统一协调的状态,而促进患者的全面康复。

（二）重视形神共养的康复原则

中医康复学注重形神功能,强调两者的统一,从形体和精神两方面进行调理,即"形神共养"。人体疾病,或重在伤形,或重在伤神,或由形伤及神,或由神伤及形。其康复的原则就是恢复形与神的协调统一关系,只有形的康复与神的康复相统一,才能使形与神协调平衡,促进全面康复,益寿延年。正如《素问·上古天真论篇》所说:"故能形与神俱,而尽终其天年。"中医康复学在这方面有其独到之处,既有一套以"养形"作用为主的康复疗法,又有一套以"调神"作用为主的精神康复疗法,结合应用可达到形神共养、形与神俱的目的。如中风偏瘫后遗症患者,在具体康复方法的运用时,除运用中药、针灸、推拿、传统体育、饮食康复法等以治形作用为主的康复疗法外,还应结合中医心理康复法、音乐疗法等以养神作用为主的康复疗法,充分体现形神共养的特色,以收到更好的康复疗效。

三、人与社会一体观

人除了有自然属性外,社会性更是其根本属性,人与社会是密不可分的整体,复杂的、不断变迁的外部社会因素会直接或间接地影响人的性格、思想、嗜好和一些疾病的发生及其康复过程。因此,人与社会一体观认为,人与社会是一个统一的整体。康复临床时必须注意社会环境的各种因素对患者的影响,根据患者的情况,有针对性地运用社会环境因素的影响来调和情志,促进脏腑功能的恢复,调畅气血,进而使机体渐趋康复。

（一）人与社会的关系密切

构成社会环境的各种因素,包括地位、经济、思想、文化、职业、语言、行为和家庭、朋友、同事的关系等,这些都可以给人们心理上和精神上以不同的刺激,影响着人体的生理功能和病理变化。良好的、和谐的社会环境,有利于促进身心健康与疾病的康复。不良的社会环境,则可成为致病因素,且不利于疾病的康复。

在社会环境中,个人地位的高下、经济状况贫富的变化、个人欲望的满足与否,以及人际之间的关系,都直接影响着人体精神活动,产生喜怒哀乐等情志变化,进而影响脏腑气血的变化。如《素问·疏五过论篇》指出:"故贵脱势,虽不中邪,精神内伤,身必败亡。始富后贫,虽不伤邪,皮焦筋屈,痿躄为挛。"

在康复临床中应注意观察患者地位高下、家境贫富、人际关系变化等社会因素对人体的影响,采取不同的康复治疗措施,方能取得更佳的疗效。正如《素问·疏五过论篇》指出:"圣人之治病也……从容人事,以明经道,贵贱贫富,各异品理。"《素问·著至教论篇》指出:"而道上知天文,下知地理,中知人事。"明代李中梓更是明确地提出针对患者的不同社会环境常采取的相应治法,《医宗必读·富贵贫贱治病有别论》曰:"大抵富贵之人多劳心,贫贱之人多劳力;富贵者膏粱自奉,贫贱者藜藿苟充;富贵者曲房广厦,贫贱者陋巷茅茨。劳心则中虚而筋柔骨脆,劳力则中实而骨劲筋强。膏粱自奉者脏腑恒娇,藜藿苟充者脏腑恒固。曲房广厦者,玄府疏而六淫易客;茅茨陋巷者,腠理密而外邪难干。故富贵之疾,宜于补正,贫贱之疾,利于攻邪。"

(二) 重视社会康复的康复原则

社会康复措施在中医康复学中亦占有十分重要的地位。社会康复是指利用有益的社会环境因素,在促进患者身心疾病康复的同时,提高其适应社会生活的能力。不良的社会因素可导致精神和形体疾病,如清代王燕昌的《王氏医存·卷十》载:"伶俐子弟,授读严师;敏慧童妇,归奉恶姑,诟责日甚,则变为痴呆。"阐述因错误教育方法的社会因素可导致小儿的心智残障,如过于严责授读,致使小儿情志不畅,心理压抑,反而"心智"受损,智窦不开,导致"是非之情为害"。因此,构建和谐的社会环境,如社会制度、经济条件、职业环境、家庭关系、邻里关系等,有益于人类的健康长寿,正如东汉王充的《论衡·气寿篇》所载:"气和为治平,故太平之世多长寿人。"

利用积极的、有利的社会因素促进残疾者康复涉及教育、职业、经济、福利、生活条件改善等方面内容,其中以职业和教育的康复更为重要。通过综合的职业康复训练,帮助患者恢复和提高受损的功能,使之获得就业的能力。社会康复是中医康复学横向跨科发展的方向,两者合作,有利于中医康复事业的发展,实现康复的最终目的——让伤残病疾患者功能和能力得以协同恢复,最后重返社会生活。

综上所述,整体康复观通过人与自然环境相统一、人自身的形与神相统一、人与社会环境相统一,来认识中医康复对象的病理变化,确定相应的中医康复原则,指导中医康复的临床实践。

第二节 辨证康复观

辨证康复观是建立在中医学辨证论治基础上,是中医康复学理论体系中又一重要内容。它既是中医康复学认识和治疗疾病的基本原则和基本方法,也是中医康复学的重要特点,其基本观点包括康复辨证的基本原则、康复辨证的运用。中医辨证康复观认为,康复辨证应遵循全面分析病情、掌握病证病机的特点、辨病与辨证相结合的原则,才能得出正确的辨证结果,从而确立相应的康复目标、康复治疗原则和康复治疗疗法。这种通过辨证,做出正确的辨证结论,确立个体化的康复目标、康复治疗原则和康复治疗疗法,从而促进康复对象全面康复的认识论和方法学,称之为辨证康复观。

辨证是中医学认识疾病的重要手段,是论治的前提和依据,而论治是辨证的目的,是治疗疾病的重要方法。所谓"证",又称证候,是机体在致病因素作用下,机体与周围环境之间以及机体内部各系统之间相互关系紊乱的综合表现,是一组特定的、具有内在联系的、全面揭示疾病本质的症状和体征。辨证是指在通过望、闻、问、切四诊全面收集辨证素材的基础上,对所得资料进行分析与综合,以判别疾病,探求病因,确定病位,预测疾病发展趋势的一种诊断方法,是为临床治疗提供依据的。辨证的方法主要包括八纲辨证、病因辨证、气血津液辨证、脏腑辨证、经络辨证、六经辨证、卫气营血辨证、三焦辨证等。辨证康复观是根据中医辨证论治的基本特点,在充分考虑地域和个体差异基础上确立的康复治疗总原则。它要求康复必须与临床辨证结合起来,辨证是确定康复总体方案、选择具体康复疗法的根本前提和依据。只有辨证结果准确,才能确定正确的康复目标、康复治疗原则和康复疗法,而提高康复疗效。

一、康复辨证的原则

(一) 全面分析病情

首先,要收集符合实际的"四诊"材料,参考相关理化检查结果,取得对疾病客观情况的完整认识,这是全面分析病情、确保辨证正确的前提。然后,将中医的整体观运用到中医康复的临床辨证,不仅要看到病证,还必须重视患者的整体和不同患者的特点,以及自然环境、社会因素对人体的影响。只有从整体观念出发,全面考虑问题,分析问题,才能取得比较符合实际的辨证结论。

(二) 掌握病证的病机特点

中医康复辨证要抓住病机特点。康复病证有其各自的临床特点和病机变化规律,掌握不同病证的特点和病机,有利于辨证准确。中医康复病证主要包括病残、伤残诸证和老年、慢性病证及亚健康状态、慢性疲劳综合征等其他病证。病残诸证主要包括偏瘫、截瘫、脑瘫,其共同的临床表现是肢体运动功能的障碍,根据肝主筋、脾主肌肉、肾主骨生髓的中医理论,此类疾病以肝脾肾功能失调、痰浊瘀血阻滞、肌肉筋骨失养等为共同的病机特点。伤残诸证主要包括脑外伤后遗症、烧烫伤后遗症、骨折、软组织损伤,其病因均有因外伤所致的特点,病机的特点是与外伤所致瘀血的关系尤为密切。老年、慢性病证主要包括慢性阻塞性肺病、高血压病、冠心病、糖尿病、高脂血症等证,这类疾病常有起病缓、病程长、恢复慢的发病特点,其病因与衰老机体的阴阳失衡、气血衰少关系密切,其病机特点是以脾肾亏虚为主,波及多脏受累,阴阳两虚,多痰多瘀。亚健康状态、慢性疲劳综合征等病证,其发生与生活方式不良、精神压力较大等关系密切,虽然在不同的个体其临床表现复杂多样,但都以自主神经功能紊乱、内分泌功能紊乱和器官功能性改变为主。根据中医肾为先天之本,藏元阴与元阳;脾为后天之本,乃气血生化之源;肝为疲极之本,主疏泄而调达情志的基本理论,此类疾病的病机常以脾肾亏虚、肝失疏泄为特点,运用中医康复疗法进行调治具有明显的优势和特色。睡眠障碍、抑郁症、焦虑症等身心疾病,其病因常与所愿不遂、情志不舒关系密切,根据中医心为君主之官、主神明和肝主疏泄、调达情志的理论,此类疾病的病机特点主要表现为肝失疏泄,气机郁滞;或心神被扰或心失所养。

(三) 辨证与辨病相结合

"病"即疾病,是指有特定的发病原因、发病形式、病理、发展规律和转归的一种完整过程,如冠心病、糖尿病、类风湿关节炎等。"证",即证候,是指在疾病发展过程中某一阶段的病机概括,它包括病因、病位、病性以及邪正盛衰变化等病理要素的状态。病和证的关系,表现在同一疾病可以有不同的证,而不同的疾病又可以有相同的证,前者称为"同病异证",后者称为"异病同证"。辨病而施治,是认识和解决每一疾病的基本矛盾;辨证而施治,是认识和解决疾病过程中的主要矛盾。例如,类风湿关节炎是一种以关节滑膜为主要靶组织的慢性系统性自身免疫性结缔组织病,主要侵犯手足小关节,其他器官或组织如肺、心、神经系统等亦可受累。由于关节炎症反复发作,导致关节结构的破坏、畸形和功能障碍,根据其临床表现属于中医"痹证"范畴。中医康复辨证时,一方面要重视类风湿关节炎基本的病因病机规律,即禀赋不足,正气亏虚,感受风寒湿热之邪,痹阻于骨节、经络之间,气血运行不畅,邪气羁留日久,则正虚邪恋,痰瘀互结,关节畸形;另一方面,应在详细收集四诊资料的基础上,结合患者年龄、性别、职业、病程、治疗经过、四时气候、地方水土等具体情况,辨清类风湿关节炎患者的主要病因、病性、病位、邪正之间的关系等,经过周密的综合分析,归纳概括为某种性质的证候。或辨证为类风湿关节炎风寒湿阻证,或类风湿关节炎风湿热郁证,或类风湿关节炎肝肾亏虚证等。又如,骨折、软组织损伤、颈椎病等虽然是不同的康复病证,但均可以出现"气血瘀滞"的相同证候。

一般来说,疾病在进行中医康复时,其西医辨病大多已经明确,故临床康复时应在辨病明确的基础上进行辨证,以制订更切合患者个体实际的个体化治疗方案,选择正确的康复治疗疗法。即在充分了解某种疾病其特定的发生原因、发病机制、治疗经过和发展转归的基础上进行辨证,制订康复计划,确定治疗方案,拟订康复目标,这将会更好地取得患者和家属的合作,避免人力、物力上的浪费,并能最大限度地减少失误,取得更为满意的康复治疗效果。

二、康复辨证的运用

在上述康复辨证原则的指导下,康复医师对每一位康复患者所做出的正确的康复辨证结果是确定康复治疗目标、确立康复治疗原则、拟订康复治疗疗法的重要依据,是康复治疗中最核心、最关键的内容,也是实现康复疗效的根本保障。

(一)确定康复治疗目标

康复的根本目标是使病残、伤残、老年和慢性病等患者,经过综合的康复治疗,最大限度地恢复功能,回归社会。然而,就每一位康复患者而言,即使是相同的疾病,由于病情程度、治疗经过、禀赋强弱、年龄性别、居处环境、饮食结构、地理环境、社会环境等诸方面的不同,其康复治疗的目标也有所差异。因此,必须在辨证观的指导下,根据每一位康复患者个体的辨证结果,在不同的康复治疗阶段确定一个合理的康复治疗目标,使患者了解每一个康复治疗阶段可能有什么样的结果,这样患者才能够摆正心态,积极配合好各方面的康复治疗。

(二)确立康复治疗原则

中医康复学既重视辨病,也重视辨证,主张辨病与辨证相结合。辨病可以从总体上把握疾病的发展规律和转归、预后,以确定总体上的康复治疗方案和最终目标。辨证则是在辨病明确的基础上,对疾病现阶段病变本质的把握,并以此确定现阶段的康复治疗原则和疗法。

就康复治疗的实质而言,中医康复不仅注重病的异同,而且重视证的异同。中医"同病异治"、"异病同治"的治则,对康复而言,更能体现出疗效上的优势。同为中风偏瘫后遗症的患者,由于患者素体体质、正邪盛衰、治疗情况、疾病所处阶段等的不同,临床上表现为不同的证候,其中以气虚血瘀、脾虚痰湿、肝肾亏虚等证候为多见。在康复治疗时,应分别以益气活血通络、健脾益气化痰、补益肝肾为治则,以促进患者康复。而不同的疾病,如果在疾病发展的某一阶段具有相同的证候,即辨证证型相同时,则可以用相同的康复原则指导康复的进行,如中风偏瘫后遗症与退行性骨关节病,虽然是两种不同的疾病,但在康复阶段都可以出现肝肾亏虚的证候,均可以采取补益肝肾为康复治疗原则进行康复。但是要注意不同的疾病其发生发展、转归预后仍具有各自的特殊规律。

(三) 拟订康复治疗疗法

康复辨证的结果是确立康复治疗原则,进而指导康复治疗疗法的重要依据。康复辨证观是指导康复疗法的准则和基础,康复辨证观贯穿于康复疗法的具体运用中,以期取得最佳的康复疗效。这是中医学三因制宜、辨证论治理论在康复中的具体体现和实践,如康复疗法中中药的辨证施治、针灸的辨证取穴、药膳的辨证施膳等。例如,骨折患者辨证为气血不足,康复治疗原则为补益气血,在此康复原则的指导下所选择的各个具体的康复治疗疗法,都要贯穿和体现益气养血的康复治疗思想。例如,中药康复法采用八珍汤补益气血;针灸康复法在局部取穴和循经取穴的基础上,加用脾俞、气海、足三里等穴位,针灸并用,以补气养血;饮食康复法不仅可根据"以脏补脏"的食疗原理,令患者多食动物骨骼类食品,还可配合具有益气养血的药膳,以促进骨折愈合与康复。

综上所述,辨证康复观强调遵循辨证原则,根据中医康复对象个体的具体病情处理,并把康复对象放在自然、社会的联系中去考察疾病的病因和病机,做出准确的病机概括,从而确定个体化的康复治疗目标、康复治疗原则和康复治疗疗法,充分体现了中医康复学"以人为本"的人文关怀思想。

第三节 功能康复观

功能康复观是建立在中医学整体观和恒动观的基础上,是中医康复学的重要原则之一,也是康复治疗的主要目的之一,其基本观点包括恢复脏腑组织功能、恢复生活及职业能力、功能补偿三方面内容。功能康复观重视加强或恢复脏腑组织功能,强调以加强或恢复生活和职业能力为目标的康复治疗。这种根据中医学的整体观和恒动观,重视神形合一,注重运动形体,促进气血流通,以恢复患者脏腑组织功能和生活、工作能力的思想,称之为功能康复观。

中医学用运动的、变化的、发展的,而不是静止的、不变的、僵化的观点,来认识和分析研究生命、健康和疾病等医学问题,这种观点称之为恒动观念。元代朱丹溪的《格致余论·相火论》说:"太极,动而生阳,静而生阴……天主生物,故恒于动,人有此生,亦恒于动。"《素问·六微旨大论篇》说:"出入废,则神机化灭;升降息,则气立孤危。"说明生物体不断运动是绝对的。《素问·六微旨大论篇》说:"故非出入,则无以生长壮老已;非升降,则无以生长化收藏。是以升降出入,无器不有。"说明运动是生物体生存、发展的方式。人体是一个处在阴阳运动状态的整体,人生历程是一个阴阳运动的过程。阴阳运动的盛衰是决定寿命长短的关键,保持阴阳运动的平衡状态是延年益寿的根本,也是康复治疗力求达到的目标。《素问·至真要大论篇》说:"谨察阴阳所在而调之,以平为期。"《素问·生气通天论篇》说:"阴平阳秘,精神乃治。"均阐明人体要健康必须调节阴阳运动规律,实现人体内的阴阳平衡。在这种阴阳平衡中,阳动是绝对的、永恒的,阴静是相对的、暂时的。功能康复观正是在整体观和恒动观的指导下,发掘、提高、加强功能障碍者的潜在能力和残存功能,减轻或消除因伤残病等带来的身心障碍,最大限度地恢复受损的各种功能,恢复生活和职业能力。

一、恢复脏腑组织功能

人体是一个以脏腑为中心的完整统一整体,任何外在组织器官的生理功能,都是整体功能的组成部分;任何外在组织器官的功能失常,也都是内在脏腑功能失调的外在表现。因此,维护或调整脏腑功能,使其保持或恢复正常的生理活动,是中医康复学的首要任务。

疾病是一个动态的过程,应当仔细观察病情的演变,抓住关键病机,进行恰当的综合康复治疗,治病求本,才有可能恢复受损的脏腑组织功能,正如《素问·至真要大论篇》所说:"谨守病机,各司其属。有者求之,无者求之,盛者责之,虚者责之。必先五胜,疏其血气,令其调达,而致和平。"例如,某慢性阻塞性肺病的患者,中医辨证为肺肾两虚,其功能障碍主要表现为心、肺功能的下降。康复时一方面要重视改善心肺功能,令患者采取缩唇呼吸、腹式呼吸等呼吸训练、呼吸体操、太极拳等多种有效提高心肺功能的康复疗法,通过持之以恒的训练,以改善和提高肺主呼吸、朝百脉、心主血的功能。另一方面,由于该病例的病机为肺肾气虚,应配合中药八味肾气丸以温肾摄纳;针太渊、太溪、足三里等腧穴用补法,灸肺俞、脾俞、肾俞、膏肓、大椎等穴,以补益肺肾;施以蜜酒蛤参散等药膳补肺温肾纳气。通过上述综合的治疗措施,治病求本,提高肺主气司呼吸、朝百脉,以及心主血、肾主纳气的功能,从而达到改善患者心肺功能障碍的目的,延缓病情,提高生存质量。

二、恢复生活及职业能力

康复医学的最终目标,在于减轻或消除伤残病患者功能上的缺陷,帮助其在身体条件许可的范围内,最大限度地利用和强化残存的功能(包括经过训练而恢复的部分功能),以提高日常生活和劳动能力,重返社会。因此,功能恢复是中医康复的重要内容。

生活及职业功能恢复主要包括以下几个方面:①器官组织生理水平上的恢复,如中风偏瘫患侧肢体运动功能的恢复。②个体生活能力,如梳头、洗脸、穿衣服等。③家庭生活能力,如做饭、扫地等。④社会生活能力,如参观展览、郊游等。⑤职业工作能力,如打字等。

中医康复学在恒动观的指导下,重视运动形体对功能恢复所起的重要作用,早在战国时期吕不韦的《吕氏春秋·尽数》中就有"流水不腐,户枢不蠹"的观点。人体的精、气、血处于不断的运动状态之中,"运行不休"是其显著特点。如《灵枢·脉度》说:"气之不得无行也,如水之流,如日月之行不休。"精、气、血的流行,除了依赖于脏腑之气的推动之外,与形体动静的关系亦非常密切。运动形体,一方面可以直接作用于气血,促进气血的流动;另一方面由于气血的流动增强,脏腑得以濡养,可以提高脏腑的功能,同时还可间接地起到流通气血的作用。因此,要达到功能恢复的目的,除辨证康复治疗外,还要进行生理、心理、智能、体力、运动技巧等方面的功能训练,如衣、食、住、行及个人卫生等基本动作和技巧训练,以及职业工作所必需的体力、技能、智能和心理等方面的训练等。

在进行功能训练时,要坚持因人制宜的原则。对青少年要重视学习能力、职业工作能力和参与社会生活能力的训练,老年人则应加强日常生活能力的训练,对体力劳动者则重在肌力、肌肉耐力和关节活动能力的训练,脑力劳动者则重在判断力、理解力、记忆力等智能方面的训练,对下肢瘫痪者要加强上肢功能的训练,对偏瘫者要加强健侧肢体功能的训练。这些代偿性和适应性措施,可以使患者灵活地利用和强化残存的能力,充分参与社会生活。

三、功能补偿

当患者身体组织结构或功能出现重度缺损,严重影响日常生活能力和职业工作能力,而这些缺损既不可能通过训练恢复,又不可能由其他残存能力代偿时,则需要功能补偿,常用的补偿方法有装配和使用假肢、矫形器、轮椅、手杖及生活辅助器等。如交通意外所致的双下肢截肢,需要安装假肢来进行双下肢功能补偿,但就康复技术而言这是中医康复学的薄弱环节。

中医功能康复观关于功能补偿的特点在于运用中医康复整体观中的形神一体的观点,重视形体功能补偿与精神康复两者的相互影响。因病或因伤肢体残疾者,首当重形体康复,最大限度地促进其功能康复,以提高其适应社会活动的能力,如糖尿病足截肢的患者,应辅以支具代偿;同时,由于形体获得一定程度的康复,又可促进因残疾所致的职业、家庭、外形等方面的精神创伤的康复,改善患者悲观失望、烦躁易怒等不良情绪,提高康复的疗效。

综上所述,功能康复观在整体观尤其是形神一体观和恒动观的指导下,重视神形合一,注重运动形体,以提高患者生活质量,恢复生活和职业能力。

第四节 综合康复观

综合康复观以中医整体观、辨证论治为基础,是中医康复学独具特色而历经实践检验的重要康复观点之一,其基本观点包括综合康复的优选原则、综合康复的重要意义。这种针对不同的体质和病情,综合运用中医心理康复法、中药康复法、针灸康复法、推拿康复法、传统体育康复法、气功康复法、饮食康复法、自然康复法、传统物理康复法、娱乐康复法等多种康复疗法,使患者全面康复,回归社会的康复治疗思想与方法,称之为综合康复观。

康复病证常由多因素所致,多脏腑受累,病机复杂,不是单一疗法或一方一药能毕其功于一役,而应采取"杂合以治"。《素问·异法方宜论篇》说:"故圣人杂合以治,各得其所宜。故治所以异而病皆愈者,得病之情,知治之大体也。"明代张景岳的《类经·论治类》注解此条说:"杂合五方之治而随机应变,则各得其宜矣。"即是针对疾病多因素、多脏腑、复杂病机的特点,综合不同的治法进行适宜的治疗。所谓"杂合以治"、"随机应变",还意味着从整体上把握病机变化,把各种具体方法有机地结合起来,进行全面治疗,方能取得良好的治疗效果。

一、综合康复的优选原则

综合康复不能理解为多种康复疗法简单的堆砌,而应是遵循综合康复的优选原则制订综合康复方案。制订综合康复方案的关键在于根据疾病的规律、患者的证候、各种康复疗法的特点综合分析筛选,选择一组最佳的综合康复治疗疗法,分期或分阶段进行康复。

(一)标本结合

综合康复方案中,有些疗法侧重治其标,以解除患者突出的痛苦为目的;有些疗法则侧重治其本,以消除病因、疏导郁滞、补其不足、缓图治本为目的。如功能康复观一节中所列举的慢性阻塞性肺病辨证属肺肾气虚的患者,康复疗法中的缩唇呼吸、腹式呼吸等呼吸训练、呼吸体操、太极拳等主要为治标之法;而中药、针灸、药膳等康复疗法,补益肺肾,则为治本之法。

(二) 动静互涵

康复疗法中,有的疗法以动为主,如传统体育康复法的步行、游泳等;有的疗法则以静为主,如气功康复法。综合康复方案在选择具体的康复疗法时亦应做到动静结合,如针对神欲静而体欲动的患者,应在选择"静心"、"安神"康复疗法的同时,配合以活跃情绪、转移注意的治法,力求静中有动,动中有静,以达到动静结合、平衡协调的目的。正如唐代白居易的《动静交相养赋》谓:"天地有常道,万物有常性。道不可以终静,济之以动;性不可以终动,济之以静。养之则两全而交利,不养则两伤而交病。"

(三) 内外兼治

中医康复疗法形式多样,中药内服康复法、饮食康复法等主要通过摄入有治疗作用的中药和食物,从而调节和恢复脏腑功能;而针灸疗法、中药外治康复法、自然康复法等主要借助针、灸、中药、矿泉、日光等治疗器具、药物或物理因子作用于体表,以达到祛风散寒、行气活血、舒筋通络等功效。内外兼治,具有良好的协同作用,以期获得更佳的疗效。例如,糖尿病足患者的康复,应选用饮食、中药内服、中医心理康复等内治康复疗法,同时配合中药外洗、推拿等外治康复法。

(四) 医患配合

根据康复对象在康复疗法中所处的被动或主动的地位,可以将康复疗法分为两类。一类是医师对康复对象实施的康复疗法,如用中药、针灸、推拿、物理等康复疗法。在这一类康复治疗中医师是康复治疗中的主体,同一病例的康复疗效更多的取决于医师的治疗水平、经验、责任心等,患者是康复疗法被动的接受者。另一类康复疗法,是康复患者在医师指导下,由患者来实施的,如中医心理康复法、气功康复法中的自我心理调节以及传统体育康复法的完成情况等。对于此类康复疗法而言,患者是康复疗法主动的执行者。由于患者是康复治疗中的主体,这一类康复治疗的疗效则更多地与患者康复信心的强弱、主观能力性的大小等关系密切。因此,综合康复方案应尽可能选择以上两类康复疗法相结合,既要充分发挥康复医师在康复治疗中的重要作用,也要让康复患者接受康复教育,树立战胜病残、伤残的信心,充分发挥主观能动性,积极配合各种康复治疗,改进不良的生活方式,医患密切配合,共同提高康复的疗效。

二、综合康复的意义

(一) 综合康复更切合康复对象个体的实际状态

基于中医康复辨证观的认识,康复治疗非常注重个体差异,要求因时、因地、因人制宜。康复的对象往往个体差异较大,如年龄的长幼、体质的强弱、形体的肥瘦、生活经历的差异和精神状态、伴随疾病等均有不同,固定而单一的方法缺乏针对性,难以符合患者个体的具体情况。"杂合以治"的综合康复疗法不仅可针对伤残病患者疾病、病机的不同选择康复疗法,还可根据季节、气候条件、地理环境、风俗、饮食习惯、心理素质等全方位地、有针对性地进行有机的组合,集"五方之法",选用中医心理康复法、中药康复法、针灸康复法、推拿康复法、传统体育康复法等康复疗法,"杂"中选优,针对性强,最能切合病残、伤残者的实际情况。

(二) 综合康复有利于整体康复

基于中医康复整体观的认识,强调人体是一个有机的整体,包括人体与自然、神与形、人与社会三个层次的有机统一。因此,康复的对象也不应该仅仅局限于局部的器官、肢体、骨骼或皮毛,而应着眼于整个人体,否则就可能犯"头痛医头,脚痛医脚"之弊。

一方面,病残或伤残所表现出来的功能障碍可能是局部的,但在整体观指导下应该看到局部功能障碍的形成及局部功能障碍所产生的影响往往不是局部的,需要以综合康复疗法来进行整体康复。例如,中风偏瘫所致的患侧肢体运动功能障碍,其病位不仅在患侧肢体,关键还在于脑,是由血溢脑脉或痰瘀痹阻脑脉所致。同时,由于疾病本身的影响和患侧肢体运动功能障碍,还可影响患者的心理状态,产生焦虑、抑郁、悲观等不良情绪,影响其生活及工作能力,使其社会适应能力下降。因此,只有配合中医心理康复法、传统体育康复法、针灸康复法、推拿康复法、中药康复法、传统物理康复法等杂合而治,才有可能使患者达到整体康复,促进身心全面康复,提高生活和工作能力,早日回归社会。另一方面,某些康复病证可表现为多种功能的障碍,如老年慢性病残患者常表现为病程缠绵,正虚邪恋,病机演变复杂,并发症多,且往往身患多种疾病,互相影响,单一的康复方法多难以奏效。而"杂合以治"的综合康复疗法从整体观念出发,充分注意伤残病患者的整体状态,运用综合性康复治疗手段,可形神兼顾,标本同治。以阿尔茨海默病患者为例,典型的临床表现为记忆障碍、认知障碍、语言障碍、视空间技能障碍、失认及失用,并伴有主动性减少、情感淡漠或失控、抑郁、不安、幻觉、妄想等精神症状,要以一方一法来对上述诸多的功能障碍进行康复显得势单力薄。因此,应综合中医心理康复法、中药康复法、针灸康复法、传统体育康复法、娱乐康复法等康复疗法,才有可能取得全面康复的疗效。

综上所述,综合康复观是在中医整体观和辨证观的指导下,强调在全面分析和归纳康复对象的疾病、病机、各种康复疗法的特点的基础上,以优先的原则制定个体化的综合康复治疗方案,从而促进患者的全面康复。

第五节 康复预防观

中医康复预防观以中医学"治未病"的思想为基础,是中医康复学重要的特点之一,其基本观点包括未病先防、既病防变和瘥后防复。"治未病"是中医预防疾病的重要原则,一直为历代医家所强调和重视,正如《素问·四气调神大论篇》说:"是故圣人不治已病治未病,不治已乱治未乱,此之谓也。夫病已成而后药之,乱已成而后治之,譬犹渴而穿井,斗而铸锥,不亦晚乎!"对于未病先防、既病防变和瘥后防复三个方面的内容,以往主要强调前两者,但由于中医从整体的、动态的观点出发,把疾病看成是一个动态的过程,对疾病初愈之后的预防复发问题也极为重视,故瘥后防复也应是"治未病"范畴中的一个重要内容。康复预防不同于一般意义上的疾病预防,其着眼点在于预防可导致残疾病变的发生以及将残疾降低到最低限度。这种以治未病为指导,采取医学、社会、法律、教育等综合措施,以预防可能导致残疾的各种伤病的发生,或将病残减低到最低程度的康复治疗思想与方法,称之为康复预防观。

一、未病先防

未病先防是中医预防疾病的重要措施之一,即在疾病尚未发生时就通过调畅情志、合理饮食、运动锻炼等综合措施,减少疾病的发生。中医康复预防观的"未病先防",强调通过扶持正气,葆养真气,以减少致残性疾病的发生,正如《素问·刺法论篇》说:"正气存内,邪不可干。"《素问·评热病论篇》说:"邪之所凑,其气必虚。"元代朱丹溪《丹溪心法·不治已病治未病》谓:"今以顺四时,调养神志,而为治未病者,是何意邪?盖保身长全者,所以为圣人之道;治病十全者,所以为上工术。"扶持正气、葆养真气主要从以下五个方面着手:畅情志,加强精神修养,注意心理卫生,保持平和舒畅的情绪;适寒温,顺应四时气候变化,适时增减衣物、被褥,避免病邪的侵袭;慎起居,注意生活的调适,起居有常,劳逸适度;调饮食,饮食有节,力戒偏嗜;勤锻炼,增强体质,从而提高机体的适应能力和抗病能力,以减少疾病的发生,进而减少病残的发生。

我国已于2000年进入老龄化社会,目前是世界上老年人口最多的国家,中国老年人口约占全球老年人口总数的五分之一,老年慢性疾病如高血压病、冠心病、糖尿病等发病率呈上升趋势。从未病先防的理念出发,对广大人民群众积极进行健康宣传和教育,重视预防,减少这些疾病的发病率,减少病残,具有极为重要的意义。例如,我国糖尿病发病率约为5%,糖尿病可导致心、脑、肾、视网膜、神经等多个靶器官的损害,从而造成一系列的功能障碍,降低患者生存质量,严重者甚至危及生命。应对广大人民群众进行广泛的糖尿病健康知识教育,力求做到畅情志、调饮食、勤锻炼等,以降低糖尿病的发病率,从而减少糖尿病所致的各种病残。再如,中医学很早就观察到胎儿的某些精神或形体上的残疾与母体孕期的精神状态、身体健康情况关系密切。如小儿癫痫的发病,《素问·奇病论篇》说:"帝曰:人生而有病巅疾者,病名曰何?安所得之?岐伯曰:病名为胎病,此得之在母腹中时,其母有所大惊,气上而不下,精气并居,故令子发为巅疾也。"因此,应宣传教育孕妇谨守礼仪,尽量减少各种不良的精神刺激,慎起居,适寒温,调饮食,从而避免或减少由于母体的精神或身体的原因造成胎儿精神及形体上的残疾。同时,古人认为在恶劣环境、情绪不良或酒后受孕,常常导致胎儿精神或形体上的残疾。其中特别强调"男女同姓,其生不蕃",这对于优生优育、预防先天性残疾有十分重要的意义。

二、既病防变

既病防变指对疾病要积极地进行早期治疗,防止疾病的发展与传变。在疾病发展的过程中,都有其一定的发展传变规律,如伤寒的六经传变、脏腑辨证中的脏腑传变和卫气营血辨证中的卫分、气分、营血分传变等。掌握了这些基本的传变规律,在治疗疾病的时候,就要积极预防,阻断病邪的深入。如东汉张仲景的《金匮要略·脏腑经络先后病脉证》所说:"夫治未病者,见肝之病,知肝传脾,当先实脾。"既病早治,注意防变,对于控制或减少疾病的发展与恶化具有重要的意义。中医康复预防观的"既病防变"包括两个层次的涵义,一是强调通过早期医疗及介入综合康复干预与治疗,促进伤病痊愈或好转,预防并发症,防止功能受限,预防残障。例如,脑血管意外的致残率甚高,中风偏瘫是康复医学的主要对象之一。古人总结眩晕等病证可引起中风,平素要治疗眩晕,且一旦出现中风的先兆症状,要及时采取综合性的预防措施,以减少中风的发生,从而减少中风所致的残障,如清代李用粹的《证治汇补·中风》曰:"平人手指麻木,不时眩晕,乃中风先兆,须预防之,宜慎起居,节饮食,远房帏,调情志。"医学实践证实,早期治疗高血压、动脉粥样硬化、高脂血症、糖尿病等,对于减少脑血管意外的发生进而减少其引起的残障具有十分重要的意义。二是强调对已出现的残障要通过中医心理康复法、传统体育康复法、中药康复法、针灸康复法等综合康复治疗,改善功能,最大限度地减轻残障的程度。例如,中风偏瘫后遗症、糖尿病足的综合康复治疗。

三、瘥后防复

瘥后防复是指疾病经过治疗,证候基本解除至完全康复的一段时间内要注意密切观察病情,配合必要的治疗与康复治疗措施,以避免疾病的再次加重,甚至诱发新的病变。中医康复预防观的"瘥后防复"主要包括三个方面——祛邪务尽、防止复发、和谐体用。

1. **祛邪务尽** 通过综合治疗和康复手段阻断疾病的进程,减少病残的发生。疾病初愈之时,正气尚亏,脏腑气化功能未复,痰、瘀等各种内生之邪可能留恋不去。这种正虚邪恋的状态,若失于顾护调治,可延续相当长的时期,并耗伤气血阴阳,影响脏腑功能。清代周学海《读医随笔·病后调补须兼散气破血》云:"盖凡大寒大热病后,脉络之中,必有推荡不尽之瘀血,若不驱除,新生之血不能流通,元气终不能复,甚有传为劳损者。又有久病气虚,痰涎结于肠胃,此宜加涤痰之品。"故病后虽大邪已去,恶候皆平,然每有留恋之邪尚存,为防病复,当尽除余邪。

2. **防止复发** 疾病初愈,因余邪未尽,或调养不当,可致疾病在一定条件下复发。疾病的复发常使病情日渐严重,复发次数愈频,预后愈险恶。因此,控制病后复发问题,向来为历代医家所重视。南宋郭雍《伤寒补亡论·第十五卷》曰:"盖大病之后,脏腑血气不与平日同也……盖一劳复后,必困于前病时,再之后,又困于一复时,况有三复、四复,殆不甚其困矣,是以往往以疾复而死。"目前,如何预防中风患者的复中是中西医康复学均极为重视的研究课题。

预防复发之法,主要包括防风复、防劳复、防食复、防药复、防志复、防房复等。①防风复:初愈之人,正气不足,藩篱不固,常易因感受六淫之邪而引起疾病复发。故应特别注意顾护卫气,避免时邪的侵袭。②防劳复:大病初愈,可因形体劳逸失度而致病复,过劳或过逸均可导致复发。过劳致复,如工作繁重,奔波劳累,致"久行伤筋"、"久视伤血";过逸致复,如过于久卧、久坐,致"久坐伤肉"、"久卧伤气"。故量力而行,劳逸结合,可防劳复。③防食复:疾病初愈之体,脾胃气虚,若饮食不当,也可致疾病复发。瘥后食养,当注意食品清洁卫生,易于消化,避免可能伤正或助邪的饮食。如热病瘥后应忌温燥辛辣之品,水肿瘥后应忌多盐,皮肤病瘥后应忌鱼虾海腥等。④防药复:疾病瘥后,当缓缓调治,以求彻底康复,不可急于求成。如叠进大补而壅滞助邪之剂,或不辨寒热致药证相悖,常使病情复发。⑤防志复:瘥后患者常有急躁、焦虑等各种不良情绪,积久不解,则可致病情复发。预防之法当注意调畅患者情志,以防因情志原因引起脏腑功能失调,气血津液病变。⑥防房复:瘥后应避免房劳,以防致肾精亏虚,疾病复发。

3. **和谐体用** 促进身心全面康复。体者,躯体脏腑;用者,功能活动。疾病之后,脏腑、躯体虽无形质损害,但其功能活动尚未恢复到正常水平,甚至废而不用。如长期疾病折磨,虽经治疗形体虽无异常,但精神仍委弱不振,意志消沉;某些形体伤残者,其伤残治愈后,功能恢复尚需一段较长时间等。故当注重调神以复形,治形以全神,从而达到形神合一,体用相谐。

综上所述,中医康复预防观以中医学"治未病"的思想为基础,强调康复应贯穿于疾病的全过程,即疾病发生之前的未病先防、疾病进展过程中的既病防变和疾病初愈阶段的瘥后防复,通过对疾病全程的康复干预和治疗,预防残疾的发生,减轻残疾的程度,减少残疾的复发。

(李胜涛)

第四章
中医康复疗法

导学

本章介绍临床常用的中医康复疗法,包括中医心理康复法、中药康复法、针灸康复法、推拿康复法、传统体育康复法、气功康复法、饮食康复法、自然康复法、传统物理康复法、娱乐康复法等。本章是中医康复学的主要内容,学习本章应重点掌握中医康复疗法的概念、主要内容,熟悉中医康复疗法在康复临床上的应用,了解中医康复疗法的历史沿革和研究现状。

第一节 中医心理康复法

中医心理康复法,传统称之为情志疗法,是康复工作者运用中医心理学的理论和方法,通过语言或非语言因素,影响或改善伤残病给患者带来的不良认知和异常情志、行为反应,使形神调和,以减轻功能障碍,促进患者全面康复的一类康复方法。

中医学对心理现象的认识,集中在情志学说之中。感物而动于心者曰情,"意已决而卓有所立者曰志"(《类经·三卷·本神》)。情志是人对感受到的客观事物是否符合自身需求而产生的内心体验和意志过程,即包括认知、情绪、情感、意志在内的心理过程。关于心理康复,我国古代医家早已有了深刻的认识并付诸临床实践,所提出的形神统一理论正是世界上最早的身心医学概念。中医学认为,人体是一个形、神相互为用、相互制约的统一体。在病理状态下,形伤可引起情志失调,精神情志的失调又可加重形体损伤。正如《景岳全书·郁证》中所述"凡五气之郁,则诸病皆有,此因病而郁也;至若情志之郁,则总由乎心,此因郁而病也"。情志和疾病之间存在着"因病而郁"和"因郁而病"的相互关系。

在躯体遭受伤病致残后,患者的心理通常要经历震惊、否认、悲痛、抑郁或愤怒、过分依赖,直至适应等几个阶段。而在慢性康复期,由于长期的病痛折磨和社会适应困难,其心理状态更是复杂多样。这些心理反应直接影响着患者的康复,若不能到达最后的适应阶段,则必然导致病损残疾的加重,甚至危及生命。因此,心理康复在整个康复医疗过程中都具有举足轻重的作用。自古以来中医学即强调,医者必须充分重视心理因素才能有效地帮助患者康复,正所谓"医者意也,善于用意,即为良医"(《千金翼方·针灸》)。

中医心理康复法主要包括情志相胜法、情志引导法、行为疗法和色彩疗法等。

一、情志相胜法

情志相胜法是根据阴阳五行的制约关系,用一种情志纠正其所制约的另一种情志的异常活动,从而改善或消除这种异常情志所导致的身心障碍,又称以情制情疗法,这是中医心理治疗中最系统、最具特色的心理康复法。按其所依据的理论不同,情志疗法可具体分为五志相胜疗法和阴阳情志制约法两类。

(一)五志相胜法

根据五行制约关系确立的情志相胜法,即五志相胜法。五志归属五行,构成了悲——金、怒——木、思——土、恐——水、喜——火的对应关系。情志相胜的思想源于两千多年前《素问·阴阳应象大论篇》,曰:"怒伤肝,悲胜怒……喜伤心,恐胜喜……思伤脾,怒胜思……忧伤肺,喜胜忧……恐伤肾,思胜恐。"金元医家张子和在《儒门事亲·九气感疾更相为治衍二十六》中又做了进一步的详细阐述:"悲可以制怒,以怆恻苦楚之言感之;喜可以治悲,以谑浪亵狎之言娱之;恐可以治喜,以遽迫死亡之言怖之;怒可以治思,以污辱欺罔之言触之;思可以治恐,以虑彼忘志此之言夺之。"使之广泛应用于临床。

1. 悲胜怒 通过引发患者的悲忧情绪来纠正其愤怒太过的方法。本法常用于兼有情绪亢奋的病证,如眩晕、狂证、痫证等。

2. 喜胜悲(忧) 通过语言、影视等方法使患者喜笑颜开来克制其悲哀太过的方法。临床上各种悲哭证、脏躁证和由悲哀过度所致的病证都可以使用喜法治疗。《儒门事亲·内伤形》记载:"息城司侯,闻父死于贼,乃大悲哭之。罢,便觉心痛,日增不已,月余成块状,若覆杯,大痛不住。药皆无功,议用蟠针炷艾,病人恶之,乃求于戴人。戴人至,适巫者在其旁,乃学巫者,杂以狂言,以谑病者,至是大笑不忍,回面向壁。一二日,心下结块皆散。戴人曰:《内经》言,忧则气结,喜则百脉舒和。又云喜胜悲。"

此外,凡心理障碍表现为抑郁、低沉等病证也可应用此法。但表现为亢奋、狂躁的病证禁用;出血证、疝气、脱肛、妊娠等,均不宜用喜法引起大笑。

3. 恐胜喜 通过危言使患者恐惧来收敛其因过喜而耗散的心神,恢复心神功能的方法。常用于喜笑不休、心气涣散的病证和因过喜而致的情志失调。

4. 思胜恐 通过使患者深思明辨来克制其过于惊恐的方法。常用于惊恐证的康复医疗,以消除患者的恐惧情绪。

5. 怒胜思 通过激发患者大怒来解除其思虑太过、气机郁滞的方法。适用于长期忧思不解、气结成痰或情绪异常低沉,或用喜法治疗无效的病证,如郁证、失眠、癫痫等。《儒门事亲·内伤形》曾记载:"一富家妇人,伤思虑过甚,二年不寐,无药可疗。其夫求戴人治之,戴人曰:两手脉俱缓,此脾受之也,脾主思故也。乃与其夫以怒而激之,多取其财,饮酒数日,不处一法而去。其人大怒汗出,是夜困眠,如此者,八、九日不寤,自是而食进,脉得其平。"

但怒法只能是权宜之法,不可久用,且要用喜法来善后。凡表现为肝阳上亢、肝火易升、心火亢盛和阴虚阳亢等证禁用怒法。

情志相胜法的治疗原理与情志对人体气机的影响有关,"怒则气上,喜则气缓,悲则气消,恐则气下……惊则气乱……思则气结"(《素问·举痛论篇》)。如气之消沉可抑制气之上逆,故悲可胜怒;气之下夺可抑制神气的涣散不收,故恐可胜喜。现代神经心理学认为,情绪反应属于神经系统的暂时性联系,它可以被新的暂时性联系所取代。因此,以情制情疗法是具有积极治疗意义的,但临床运用时应注意灵活掌握,不可简单照搬。

(二)阴阳情志制约法

根据阴阳对立统一原理,将阴阳属性相对立的情志进行组合,选择一种情志反向调节原有过激的情志,从而治愈疾病的方法,称为阴阳情志制约法。

人类的情志活动是相当复杂的,往往多种情感互相交错,很难明确区分其五脏所主及五行属性,然而情志活动可用阴阳属性来分,如喜与悲、喜与怒、怒与恐、惊与思、怒与思、喜乐与忧愁、喜与恶、爱与恨等,此亦即现代心理学所称的"情感的两极性"。性质彼此相反的情志,对人体阴阳气血的影响也正好相反。因而相反的情志之间,可以互相调节控制,使阴阳平衡。即喜可胜悲,悲也可胜喜;喜可胜恐,恐也可胜喜;怒可胜恐,恐也可胜怒等。《古今图书集成·医部全录》记有明代医家徐迪"以笑制怒"医案。现代心理学则将笑视作一种愉快心境或轻松情绪的体现,对改善抑郁、焦虑、恐惧等情绪状态十分有益。

《奇症汇·卷四》记载一患者由于儿子步步高升大笑不已,开始还是偶尔发作,后来通宵达旦不能停止,历时十年。治疗者让其儿子捎信回去说自己死了。患者大悲,悲属阴,正好用来调节喜,但大悲是阴盛于阳,于是儿子又捎信回来说病治好了。患者又喜,使阴阳平和,疾病痊愈。

二、情志引导法

情志引导法是指通过语言或其他方式来启发患者,使其逐渐认识到原有的认知、情绪表现的错误,从而建立起健康的认知,能够用以克服情绪、行为等方面不良表现的方法。

情志中的"思"是情绪和认知的混合体,不局限于七情。"思"既有认知上的"思考"之义,又含有情感上的"思念"之义,而在思虑致病的中医案例中,思虑兼有认知和情绪两种成分,说明中医早已认识到人的认知和情绪是相互作用的。"思"的运用是通过比较、提问、观念移植、实景验证、祝由、语言疏导等具体方法,作用于患者理性(认知)和非理性(情绪)心理层面,治疗认知不当引发的身心障碍,相当于西方心理学中的认知疗法。

(一)顺情疗法

顺情疗法是指顺从患者的某些意愿,满足其一定的身心需求,以释却患者心理病因,改善其不良情感状态的一类心理疗法,又称顺情从欲法,相当于现代心理学的支持疗法。主要适用于由于外界条件所限,或因个人过分压抑、胆怯、内向而情志意愿不遂所引起的身心疾病。

张景岳曾强调,"若思虑不解而致病者,非得情舒愿遂,多难取效"。清代医家程文囿治疗某患呕吐之症的室女时,亦认为其症必待婚嫁后,求偶意愿得遂方会自愈。在客观条件及伦理道德许可的前提下,尊重、同情、体谅、迁就患者的情绪,创造条件,适当满足患者的愿望,包括正常的求偶婚配意愿,被压抑的求知和社交意愿,某些生理性欲望如食欲、性欲,以及提高儿童的安全感等,都具有明显的正性心理效应,有助于疾病的治疗。

运用此疗法,要求医生具有敏锐的判断力,能察颜观色地洞悉患者的各种意愿,正确地分析其合理与否、利弊怎样、客观条件允许与否,对于患者某些不合理或者客观条件尚不允许的意愿要求等,则又要配合疏导说服工作。

在临床上，医生常常会遇到偏执、多疑、不明事理的患者，或某些精神病患者，采用解释、说理、分析等方法，犹如对牛弹琴。例如，癔病患者，总是顽固地认为身体上的不适是因为体内有水、有虫、有鬼，或者其他常人意想不到的东西。如果医生简单地批评他们无知，或是苦口婆心地向他们宣传科学道理，其结果必然适得其反。在临床时，不妨顺水推舟，用患者的"歪理"来实施医生的"正治"，这也是顺情疗法的灵活运用。又如"奔豚气"是一种典型的癔病，很多患者将其描述为"有老鼠在内乱跑"，并固执地认为是真的老鼠钻进了体内。此时医生不能简单地斥之为荒诞，应该顺其思路，告诉患者，医生的中药或针灸是专门驱逐（或杀死）体内老鼠的，非常有效，云云。待其痊愈后再告知其真正病因，或向其家人说明原委。

（二）移情疗法

移情疗法即转移注意力疗法，是通过语言、行为，或改变所处的环境因素等方法，转移患者对病痛的注意力，改变患者思想焦点的指向性，排遣负性情绪，借以调整气机，使精神内守、疾病痊愈的一种心理疗法。

在身心疾病病理过程中，一些导致或影响疾病的情境，常成为患者身心功能相对稳定的刺激灶，它反复地作用于身心功能，使之日趋紊乱，而这种紊乱又强化着这类刺激作用，形成恶性循环，使病证迁延难愈。对此，可有意识地转移患者的病理性注意中心，以消除或减弱它的负性刺激作用。凡患者过分关注自己的病痛，以至这一心理活动有碍于疾病治疗和康复时都可选用。

如《续名医类案·目》曾记载："杨贲亨治一贵人，患内障（眼疾）性暴躁，时时持镜自照，计日责效，数医不愈。召杨诊，曰：'公目疾可自愈。第服药过多，毒已流入左股，旦夕间当发毒，窃为公忧之。'既去，贵人日夕视左股抚摩，惟恐其发也。久之目渐愈而毒不作。贵人以杨言不验，召诘之。对曰：'医者意也。公性躁欲速，每持镜自照，心之所属，无时不在于目，则火上炎，目何由愈。故诡言令公凝神于足，则火自降，目自愈矣'。"这样的患者急躁焦虑，治疗者用巧妙的言语，将其对目疾的病理性过分关注，转移到其他部位，促进了目疾的痊愈。"古之治病，惟其移精变气"（《素问·移精变气论篇》），其关键在于使患者"心机一转"、"乐此而忘彼"。对待患者因生理疾病产生的焦虑反应，采用移情疗法是比较有效的心理康复方法。但在使症状转移或症状转换时，要注意转内病为外病，转重症为轻症，转要害部位的症状至非要害部位。

除利用巧妙的语言转移患者的注意力之外，医者还可引导患者采用琴棋书画等行为方式，影响情感，转移情志，陶冶性情，起到移情易性的作用。古代医家归纳出读义理书、学法贴字、澄心静坐、与良朋益友交谈、看山水花木、浇花种竹、听琴玩鹤、登城观山、寓意弈棋等，皆有助于移易性情，修养身心。情绪不佳时，听适宜的音乐，观赏幽默的相声或喜剧，均可使苦闷顿消，精神振奋。

在疾病康复过程中，临床医生更要有针对性地改变患者的心态，对愤怒者要疏散其怒气，对悲痛者要使其脱离产生悲痛的环境和气氛，对屈辱者要增强其自尊心，对有迷信观念者要用科学知识消除其愚昧的偏见等。应鼓励患者用意志战胜身体的功能障碍，促进康复。

（三）语言疏导法

语言疏导法是针对患者的病情及其心理状态、情感障碍等，采取语言交谈方式进行分析劝导，以此来缓解或解除不良情绪和情感活动状态的一种疗法，或称为说理开导法。对患者而言，当出现不良情绪时，向朋友、家人、医生倾诉，宣泄心中郁闷，主动接受劝解疏导，可以借此化解或排遣不良情绪;临床医务人员则常常自觉或不自觉地运用此法,故其应用范围极广,是中医心理康复的重要方法之一。解释、鼓励、安慰、保证是一般语言疏导法最常用的方法。

《灵枢·师传》曰:"人之情,莫不恶死而乐生,告之以其败,语之以其善,导之以其所便,开之以其所苦,虽有无道之人,恶有不听者乎?"即提出了此法的基本原则,并说明了疏导法的四项主要内容:一是"告之以其败",即以广泛搜集完整、可靠的病史为前提,为患者实事求是地分析病因及发病机制、病情的轻重,以引起患者对疾病的注意,使患者有认真对待疾病的态度。至于真实病情应告知到什么程度,应视疾病的性质、患者的个性特点而定,不可一视同仁。对于不配合治疗的患者,应抓住"人之情,莫不恶死而乐生"这一心理状态,"告之以其败",使其重视疾病,以达到积极主动配合治疗的目的;对那些敏感、心理压力极大的患者,则应指明其消极心理状态对疾病康复的不利影响;对那些通情达理者,应适当地说明病情,使之更能自觉地配合医生的工作。二是"语之以其善",即提出对患者有利的观点,启发患者自我分析,指出只要措施得当,调节及时,可以避免不利的情况,恢复正常的状态。三是"导之以其所便",即讲明调养的具体措施。四是"开之以其所苦",即帮助患者解除紧张、恐惧等消极的心理状态,调整情绪,从而达到康复疾病的目的。

人类的词汇和语言是对大脑皮质发生影响,并通过大脑皮质而作用于躯体的强有力的刺激信息,是心理治疗最为有力的工具。患者常由于不了解自身病证的关键所在,总是被动地接受医生的治疗,若及时积极地加以说明,则其每能主动地从心理、行为上配合治疗,故此疗法对于身心病证治疗具有普遍的意义。而医生在进行劝说开导时,应掌握语言的技巧,取得患者的信任,以便针对不同性格、不同病证的患者采取不同的疏导方法,争取获得最佳的治疗效果。

《儒门事亲·指风痹痿厥近世差互说二》记载:"项西华季政之病寒厥,其妻病热厥,前后十余年,其妻服逍遥十余剂,终无寸效。一日命余诊之。二人脉皆浮大而无力。政之曰:吾手足之寒,时时渍以热汤,渍而不能止。吾妇手足之热,终日以冷水沃而不能已者,何也?子和曰:寒热之厥也。此皆得之贪饮食,纵嗜欲。遂出《内经·厥论》证之。政之喜曰:《内经》真圣书也,十余年之疑,今而释然,纵不服药,愈过半矣。"这对夫妇的"渍以热汤,渍而不能止"、"以冷水沃而不能已"的温觉障碍,都是属于心因性的,故起初用药不愈,疑释后纵不服药也愈过半矣。张子和让患者明白病因,用经典文献使患者信服,让患者建立起健康的信心,治疗了10年难治的心病。在这个案例中患者很好地理解了病因,医者用开导劝慰法就可以取得很好的效果。

在施行此方法过程中,医者要斟酌自己的语言,多用明确果断的语气,避免模棱两可、含糊不清、迟疑不决的词汇,以免给患者造成没有把握的错觉。

(四)暗示引导法

暗示引导法是指采用含蓄、间接的方式,对患者的心理状态施加影响信息,诱导患者不经过充分的理性思考和判断,无抵抗地接受医生(包括本人)的治疗性意见和信念,并做出相应反应,从而达到治疗目的的一种心理康复疗法。本疗法可采用言语,也可通过手势、表情、动作和环境进行。

暗示有着惊人的力量,"望梅止渴"的故事,正是曹操利用语言暗示收到止渴之效的范例。早在先秦时期,古代医家已能有意识、有目的地应用本疗法来提高治疗效果。《素问·调经论篇》就载述了通过暗示的方法以获取最佳针刺效应的实例:"按摩勿释,出针视之曰,我将深之,适人必革,精气自伏,邪气散乱,无所休息,气泄腠理,真气乃相得。"医者暗示要深刺,患者集中注意力,使针刺疗效得到提高。

1. 暗示引导的基本条件　在医疗过程中,暗示的成功要具备两方面条件:一方面,患者有尽快解除病痛折磨的迫切需求,所谓"病急乱投医",这就给外来影响留出了心理空间,使得其受暗示性增强,为医者的暗示提供了机会;另一方面,医者的高明医术、地位和威望,亲和而又自信的态度,则打开了医患之间暗示的通道。这两方面的条件必须正相吻合,也就是说,只有当患者觉得医师比自己高明,自己应该接受对方的影响时,他才会在不知不觉中用自认为比自己强的医者的智慧,取代自己的思维和判断,从而达到暗示的成功。暗示与说理的区别就在于某种观念进入意识是否经过理性思考,如果说理劝导是从正面通过理性思考后进入意识,那么暗示则是未经理性思考而直接进入意识的。

一般说来,个性不强、随和者及女性和儿童易受暗示。当然,任何人都会存在某一方面"主见"的缺乏,为弥补这一缺欠而接受暗示。因此,找到患者主见的缺乏点,甚至可利用其固执己见那部分心理内容为突破口,顺其情而导之,施加积极暗示,则正是暗示引导法的实施技巧所在。

同时,医者的举止言行对患者都有潜移默化的影响,历代医家都十分注重医生这方面的修养。《内经》中强调医生当"诊有大方,坐起有常,出入有行,以转神明"(《素问·方盛衰论篇》)。后世医家也认为"凡为医之道,必先正己,然后正物。正己者,谓能明理以尽术也"(《小儿卫生总微论·医工论》),包括"性存温雅,志必谦恭,动须礼节,举乃和柔","疾小不可言大,事易不可云难",以及"言无轻吐,目无乱视"(《医宗必读·行方智圆心小胆大论》)等。因此,医护人员除了必须注重品行医德修养外,在诊疗疾病时神态端庄、亲切热情、言行审慎,不但可避免某些消极的不良暗示,而且可由此产生患者的信任感而获得充分合作。运用此法的医生必须具备一定的权威性和影响力,以及较强的分析推理能力,掌握相当的社会学和心理学知识,方能使暗示更有趋正性、稳固性、持久性和巧妙性。

2. 暗示引导法的分类　根据施术者的不同,暗示可分为他人暗示和自我暗示两类。他人暗示法主要是由医生施予暗示以达到治疗目的。自我暗示法则是由自己通过意念活动,塑造某种意识形象,或进入某种情景,以心理影响其生理,从而达到防病治病、保健强身等目的。如《道枢·枕中》中引孙思邈所述"瞑目内视,使心生火,想其疾之所在,以火攻之,疾则愈矣",就是借助于入静存想的方法,以意念导引治病的一种自我暗示疗法。在肿瘤和免疫系统疾病的康复中,自我暗示法是有效的辅助康复疗法。

按照作用结果的性质,暗示可分为积极暗示和消极暗示,即产生积极结果、正面效应的暗示称为积极暗示,产生消极结果、负面效应的暗示称为消极暗示。在医疗上,积极暗示可使疾病向愈;相反,医务人员不慎的言语和行为带给患者的消极暗示,或患者的自我消极暗示,则会加重病情。

按照实施的形式,暗示引导法包括语言暗示、借物暗示、祝由、催眠四种类型。

(1) 语言暗示:语言传递思维,医生的思想可以通过语言暗示患者,甚至可以设计使患者"无意中"了解到疾病的有关情况,从而消除疑虑,树立起战胜疾病的信心,改善不良的情绪状态。语言暗示不仅包括词句语言,而且还包括行为语言,如医者的神态、表情、动作等均具有暗示作用。若能巧妙而综合地加以运用,每可取得更为理想的疗效。如《儒门事亲·九气感疾更相为治衍二十六》记载:"庄先生治某喜乐之极为病者,切其脉,为之失声,伴曰:我取药去。数日更不来。病者悲泣,辞其亲友曰:病属不治,吾不久矣。庄知此情,再予慰之,喜乐所致之病遂愈。"这是行为语言暗示的例子。

（2）借物暗示：借物暗示指借助于一定的药物或物品，暗示出某些现象或事物，以解除患者心理症结的方法，中国古代有"假借针药疗心病"的暗示医案。对于某些顽固性疑心病患者，用语言开导说明道理往往无效，甚至引起反感，此时应顺意假用药物或针灸来治疗他所疑心的"病灶"，解除患者的疑团则可治愈疑心病。如《名医类案·卷七·诸虫门》曾载："一人在姻家过饮，醉甚，送宿花轩，夜半酒渴，欲水不得，遂口吸石槽中水碗许，天明视之，槽中俱是小红虫，心徒然而惊，郁郁不散，心中如有蛆物，胃脘便觉闭塞，日想月疑，渐成痿膈，遍医不愈。吴球往视之，知其病生于疑也。用结线红色者分开，剪断如蛆状，用巴豆（峻泻药）两粒同饭捣烂，入红线丸十数丸，令病人暗室内服之。置宿盆内放水。须臾欲泻，令病人坐盆，泻出前物荡漾如蛆，然后开窗，令亲视之，其病从此解，调理半月而愈。"这是借物暗示的典型病例。进行此术的医家必须认清病情，谨慎从事，切不可令患者看出任何破绽，否则难以收到理想效果。

再如，北宋名医王况曾治一豪商，因见新颁布的盐税法而失惊吐舌，遂致舌伸不得复入，多日食不下咽，羸瘦日加，虽遍请京师名医而不能治。王氏应诊，心知常法断难奏功，忽然大笑不已。家人怪诘之，王以"可笑京师之大，竟无人能治此些微小恙"相对，并请家人取来《针经》漫检之，恰有一穴主治要应，便对家人说：你们须立契约给我，万一不治不得责怪，我一针见分晓。家人无奈，具立契约。王氏急针舌底，抽针之际，病舌已伸缩自如。王氏先以调侃哂笑方式暗示其病并非不治之症；复以取《针经》、立契约等行为暗示其治疗有据，以坚定其信心；随即进针病所，一针而瘥。此医案虽兼暗示和针刺两法，但其中精心设计的医疗情景起到了重要的暗示治疗作用。

（3）祝由："祝由"一词语出《素问·移精变气论篇》，曰："黄帝问曰：余闻上古之治病，惟其移精变气，可祝由而已。"自《内经》成书至明代，祝由一直为中医学的主要学科，即古代的"十三科"之一。在历代衍变过程中，祝由可归纳为两种基本类型，即符咒式祝由和病由告知。

符咒式祝由是指由一定权威性的人物（在古代通常由巫医担任），在祈祷神灵等仪式中，讲述患者发病的原由，使患者绝对信从，以至精神内守，情感改善，病态得以调整。"祝，咒同。由，病所从生也。故曰祝由"（《类经·论治类·祝由》），此即将祝由理解为"咒由"。《灵枢·贼风》中有"因鬼神"而猝然发病者治以祝由之说，"其所从来者微，视而不见，听而不闻，故似鬼神……先巫，因知百病之胜，先知其病之所从生者，可祝而已也"，就是对此法的叙述。

世界各地的一些传统医学，如印度医学、拉丁美洲医学等，都存在着与中医学祝由、占梦等相类似的疗法，它的存在是有一定社会文化背景的，这种文化具有渗透性，不可能人为地在短时期内消灭。现在必要采用时可以先从心理上抓住患者的某些信念，并加以利用来治愈患者。这样做常有较强的心理效应，往往能够调动起患者的抗病意志。

病由告知简称"告由"。清代取消了祝由科，而此期的吴鞠通则扬弃了祝由中的玄奥成分，提取出其中的"告知病由"的成分，即患者向医生倾诉病情。在其《医医病书·治内伤须祝由论》中明确指出："祝，告也。由，病之所以出也……吾谓凡治内伤者，必祝由。详告以病之所由来，使病人知之，而不敢再犯，又必细体变风变雅，曲察劳人思妇之隐情，婉言以开导之，壮言以惊觉之，危言以悚惧之，必使之心悦情服，而后可以奏效如神。""详告以病之所由来"，即搞清病因并予以解释，此处的病由多为缺乏理性认知之由。吴鞠通提出以"婉言"、"壮言"、"危言"等不同语言方式，引发患者不同的心理效应，从而获得疗效。

（4）催眠疗法：催眠疗法是应用一定的催眠技术使人进入催眠状态，并用积极的暗示控制患者的身心状态和行为，以解除和治愈患者躯体疾病或心理疾病的一种心理治疗方法。这种疗法运用暗示施加对人体心理、生理的影响，是在催眠状态下进行的，这是有别于其他暗示疗法的地方。对于那些长期患有慢性疾病的患者，采用激发想像的手段，可以促使其病态心理向良性方面转化，增强与疾病作斗争的积极性，对康复有一定的疗效。

三、行为疗法

中医行为疗法是指采用中医治疗手段帮助患者消除或建立某些适应性行为，从而达到治疗目的的一种康复方法。人们的情志心理活动与外在的行为密切相关，病态心理往往出现异常行为。由于病伤残疾本身以及由此而造成的对社会生活环境不适应，很容易导致患者各种病态、不良行为的产生，如自责、自戕、自杀、厌食、厌世、烟瘾、酒瘾、药瘾等。医者针对患者的不同身心状态，可按康复计划，分别采用奖惩、厌恶、习见习闻、劳动等措施，校正其异常行为，康复其身心。

1. 奖惩法　这是对患者能坚持强化某种正常行为进行奖励、对不良病态行为予以某种"惩罚"，以达到强化良性行为、康复机体目的的治疗方法。主要适用于情志心理失常、智残或弱智以及染有某些恶习者的康复医疗。对于伤残、小儿和老年患者，尤宜多采用奖励方法，以增强康复信心，促进康复计划的顺利实施。

2. 厌恶法　现代行为治疗中的厌恶疗法是一种通过惩罚来消除不良行为的治疗方法。中医行为疗法的厌恶疗法把可以令患者产生厌恶情绪的感觉刺激与其病态行为紧密结合起来，使之产生强烈的躲避倾向及明显的身体不适的感觉，从而矫正其病态行为的方法。本法主要适用于嗜烟酒、吸毒、嗜异症等沾染恶习者的康复医疗。

《世医得效方·怪疾》记载一个嗜酒如命的酒鬼，家人把他手脚捆绑起来，放一坛酒在酒鬼口边，"其酒气冲入口中，病者急欲就饮，坚不与之"。一会儿患者吐出一块癖血。家人将癖血放入酒中烧煮。癖血形状难看，又散发出恶臭味。这个嗜酒如命的人"自后虽滴酒不能饮也"。

3. 习见习闻法　中医行为疗法中的习见习闻法，是通过反复练习使受惊、敏感的患者对刺激习惯而恢复常态的心理疗法，相当于现代行为治疗中的系统脱敏疗法。《素问·至真要大论篇》中提到"惊者平之"，张子和治疗受惊患者的案例就是使用系统脱敏疗法的典型例子。

《儒门事亲·内伤形》记载："卫德新之妻，旅中宿于楼上，夜值盗窃入烧舍，惊堕床下。自后每闻有响则惊倒不知人。家人辈蹑足而行，莫敢冒触有声，岁余不痊。诸医作心病治之，人参、珍珠及定志丸皆无效。戴人见而断之曰：惊者为阳，从外入也，恐者为阴，从内出也。惊者为自不知故也，恐者自知也。乃命二侍女执其两手按高椅之上，当面前下置一小几。戴人曰：娘子当视此。一木猛击之，其妇人大惊。戴人曰：我以木击几，何以惊乎？伺少定击之，惊也缓。又斯须连击三五次，又以杖击门，又暗遣人击背后之窗。徐徐惊定而笑曰：是何治法？戴人曰：《内经》云惊者平之。平者，常也。平常见之，必无惊。是夜使人击其门窗，自夕达曙……一二日，虽闻雷而不惊。"

该医案体现了系统脱敏疗法的三个基本步骤：首先，了解到患者的焦虑和恐惧是由精神突然遭受刺激所致；其次，指导患者在引发焦虑的刺激出现时，做出抑制焦虑恐惧的放松反应；其三，由弱到强，击茶几、击门窗，使之逐步适应引起其焦虑恐惧的刺激，即"平常之见，必无惊"之意。患者从开始时"大惊"到习惯了不再对木棒猛击茶几的声音感到恐惧,疗效迅捷。

4. **劳动疗法** 劳动疗法是让患者参加有医疗意义的工作或劳动来治疗疾病的一种行为疗法。劳动疗法不仅能减轻或纠正病理状态,为将来重返工作岗位做准备,而且可以恢复和加强患者参与社会活动的能力,学习一定的生产技能,帮助患者建立一个良好的社会环境,使患者感到生活丰富多彩,心情愉快,从而增进健康,促进疾病康复。

劳动内容可分为室内劳动和室外劳动两种,室内作业如编织、刺绣、雕塑、油漆、缝纫、做花、糊纸盒、糊纸袋、做家具、做儿童玩具、磨豆腐、做糕点等,室外作业如种植树木、花草、蔬菜和饲养鸡、兔、牛、羊,及作田间劳动等。采用劳动疗法,应根据患者的性别、年龄、爱好、职业、体力、志趣、文化水平等具体情况,确定具体的、符合病情需要的生产劳动。在劳动疗法中,医生和亲友要做好精神鼓励和思想工作,并注意劳动安全。

《四川医林人物》曾记载:"肖文鉴,南充人。一室女患郁症,形消骨立,鉴嘱女结伴锄菜园蔓草,日刈草二背。女初不耐,久习为常。如是一百日,体渐强壮,面生华泽。"文中患者是个室外活动极少的"室女",需要加强户外活动,故医生采用结伴割草来治疗抑郁症。

四、色彩疗法

我国古代把黑、白、玄(偏红的黑)称为色,把青、黄、赤称为彩,合称色彩。色彩疗法是根据中医五色配五脏理论,让患者目睹各种相应颜色,从而发挥治愈疾病、康复身心作用的疗法,简称为色疗。

中医学认为各种色彩对人体脏腑功能均有影响,《素问·金匮真言论篇》曰:"东方青色,入通于肝……南方赤色,入通于心……中央黄色,入通于脾……西方白色,入通于肺……北方黑色,入通于肾。"多年来,五色配五脏理论一直卓有成效地指导着临床实践。近年国外专家对色彩疗法的研究也很重视,前联邦德国学者认为,色彩具有治疗功效,如红色可治小肠和心脏部位的疾病,蓝色可以治大肠和肺部的疾病,黄色可治胰脏疾病,绿色可治肝胆疾病,与中医五色配五脏理论异曲同工。

(一)色彩疗法的作用机制

色彩对人的神情影响,一方面是色彩本身直接作用于视觉器官,经过神经—内分泌系统影响身心功能;另一方面则是通过定型性联想来影响人体的心理、生理功能,如太阳、炉火为红色,让人感到温暖;月光呈银白色,使人感到清冷、静谧;森林为绿色,海洋为蓝色,让人觉得心胸宽广、心情舒畅等。

(二)色彩疗法的处方原则

色彩疗法使用简单,对某些疾病疗效较好,临床反应较好。处方时当依据两个原则,一是生化助益,即取不同的颜色对相应脏腑的助益功效,以加强相应脏腑的功能,如用青(蓝、绿)色疏肝解郁、用黄(橙、茶)色培益脾土等。二是制约平衡,即根据五行生克理论,通过调配不同的颜色,以调节五脏之间的失衡,如脾虚者用青色以抑其肝郁之强;肝虚病证者可用黑色补其母,以滋水涵木等。常用的色彩处方及其适应证如下:

1. **暖色方** 以橙色为主,包括红色、黄色系列。给人以温暖、愉快、健康、活力之感,具有驱寒、养血、使人兴奋的功效。适用于慢性虚寒证、气血不足证及郁证、癫证、痿证、嗜睡、痴呆等疾病。具体而言:

橙色——能产生活力感,具有诱发食欲的作用。

粉红色——给人以温柔之感。据研究,粉红色能使人体的肾上腺激素分泌减少,从而使情绪趋于稳定。因此,发怒之人观看粉红色,情绪会很快冷静下来。孤独症、精神压抑者也适宜经常接触粉红色。

红色——是一种较具刺激性的颜色,它给人以火热之感。但过多凝视大红颜色,不仅会影响视力,而且易产生头晕目眩之感。因此,心肝火旺、虚火上炎之证的患者宜避免过多注视红色。

2. 冷色方　以蓝色系为代表,包括绿色、青色、紫色。给人以清凉、理智、深邃之感,具有清热、镇静安神、松弛紧张情绪的功效。适用于阴虚阳亢、阳热内实诸证及吐血、咳血、烦躁、失眠、易怒、低热、狂热、惊恐等病证。具体而言:

蓝色——是最冷的色,但纯净的蓝色并不意味着情感的冷漠,而是给人以平静、理智和纯净之感。但应注意的是患有精神衰弱、忧郁病的患者不宜接触蓝色,以防加重病情。

绿色——给人以稳重、舒适之感,具有镇静神经、降低眼压、解除眼疲劳等作用。自然的绿色还对晕厥、疲劳、恶心和消极情绪有一定的作用。但长时间在绿色的环境中,易使人感到冷清,影响胃液的分泌,使食欲减退。

淡雅的蓝、绿色除了具有上述的基本功能以外,还可以使人感受到恩惠、慈善的启迪,这种意识很有利于患者的康复,医院、诊所适宜采用此色调来装饰医疗空间。

3. 喜色方　红色、粉红色。具有养心、怡情,使人喜悦、抑怒制悲的功效,主要用于情绪低落、抑郁不乐、易悲泣、易怒及血虚证等。

4. 悲色方　黑色为主,亦可用白色,或兼少许黄色。具有克制过喜的功效,用于过喜、易怒等。

5. 恐色方　黑色。具有抑制过度喜乐的功效,主要用于狂证、喜笑不休等。

6. 思色方　黄色、浅蓝、淡绿。有利于思维,用于脾虚、精神不集中、思虑过度。

7. 化瘀色方　绛红、枣红、紫色、黄色。具有促进血液循环的功效,主要用于瘀血阻滞的经脉诸证。

具体应用时可据病情需要适当配伍,单色、复色、淡色、浓色,灵活选择。

(三) 色彩疗法的操作方法

(1) 色彩疗法的实施,主要是对患者接触的居所、环境的颜色加以科学设计、合理调配,如居室、墙壁、家具、用具、陈设、衣被、窗帘、灯光以及与患者接触的康复医护人员的衣着,均按病情所需的治疗颜色布置和穿戴。

(2) 在医院或疗养院设置色彩疗法康复室,进行"色光浴"。根据病情需要,室内设置冷色光或暖色光,让患者沐浴在色彩之中,同时可配合音乐疗法。每日 2 次,每次 30～60 min,进行色彩治疗,10 d 为 1 个疗程。

(四) 色彩疗法的注意事项

(1) 应用色彩疗法应根据五色配五脏理论,注意补虚泻实原则。深浅不同的同类色彩,称为类色。色较浅淡者起补的作用,色较深浓者起泻的作用。在临床应用时,可根据病情需要适当配伍,或用单色,或用复色,或用浅淡色,或用深浓色,灵活搭配。

(2) 运用色彩疗法进行康复时,忌颜色过多或杂乱无章,否则会使患者过度兴奋、烦躁。此外,除了以病情为主要依据外,还应考虑到患者的年龄、喜好等其他因素,如儿童喜欢鲜艳生动的色彩,老人喜欢素净的色彩等。

(3) 有的色彩有二相性,具体应用因人而异。如黄色,具有双重特性,对健康者具有稳定情绪、增进食欲的作用;对情绪压抑、悲观失望者则会加重这种不良情绪。

(金红姝)

第二节 中药康复法

中药康复法是指在疾病康复过程中,采用制成各种剂型的中药进行内服、外用,以减轻和消除患者形神功能障碍,促进其身心康复的方法,是中医康复技术中最常用、内容最丰富的方法之一。在康复医学领域,合理使用中药和方剂,是不可或缺的重要内容。临床以辨证康复观为指导,正确运用中药、方剂,减轻和消除患者心理和生理的功能障碍,促进其身心康复。

中药在康复医学中的应用,主要体现在疾病的预防、疾病发展过程中对脏腑功能失调及疾病后期的功能障碍的改善方面。通过中医的整体观念和辨证施治,并结合西医学对疾病的认识,对某些疾病的前期表现或危险因素进行中药干预,可以预防这些疾病的发生和发展,起到未病先防、"不治已病治未病"的作用;在疾病发展期,可以调整脏腑功能,促使疾病有一个良好的转归;在疾病的后期,通过培补正气、活血化瘀等,使正气恢复,邪去正安,促进神形的早日康复。

中药康复法分为内治法和外治法,两者在药物的吸收方式上有所差异,内服的药物通过消化道吸收,而外用的药物则是通过体表的渗透作用吸收。两者都是以中医理论为指导,恰当地选择药物和用药方式,以达到调理阴阳、协调脏腑功能、促进机体功能障碍尽快恢复的目的。

一、中药内治法

中药内治法是根据患者的具体情况,辨证处方,形神兼顾,合理选用汤、丸、散、膏等剂型内服,以达到协调阴阳、恢复脏腑经络气血功能目的的一种中药康复方法。

(一) 中药内治的主要疗法

1. 汗法 汗法是通过开泄腠理、调畅营卫、宣发肺气等作用,使在表的外感六淫之邪随汗而解的一类治法。汗法不以汗出为目的,主要是通过出汗,使腠理开、营卫和、肺气畅、血脉通,从而能祛邪外出,正气调和。所以,汗法除了主要治疗外感六淫之邪所致的表证外,凡是腠理闭塞、营卫郁滞的寒热无汗,或腠理疏松,虽有汗但寒热不解的病证,皆可用汗法治疗。

2. 吐法 吐法是通过涌吐的方法,使停留在咽喉、胸膈、胃脘的痰涎、宿食或毒物从口中吐出的一类治法。适用于中风痰壅,宿食壅阻胃脘,毒物尚在胃中;痰涎壅盛之癫狂、喉痹,以及霍乱吐泻不得等,属于病位居上、病势急暴、内蓄实邪、体质壮实之证。因吐法易伤胃气,故体虚气弱、妇人新产、孕妇等均应慎用。

3. 下法 下法是通过泻下、荡涤、攻逐等方法,使停留于胃肠的宿食、燥屎、冷积、瘀血、结痰、停水等从下窍而出,以祛邪除病的一类治法。凡邪在肠胃而致大便不通、燥屎内结,或热结旁流,以及停痰留饮、瘀血积水等形症俱实之证,均可使用。由于病情有寒热,正气有虚实,病邪有兼夹,下法又有寒下、温下、润下、逐水、攻补兼施之别,并与其他治法结合运用。

4. **和法** 和法是通过和解或调和的方法,使半表半里之邪,或脏腑、阴阳、表里失和之证得以解除的一类治法。《伤寒明理论·诸药方论·小柴胡汤方》说:"伤寒邪在表者,必渍形以为汗;邪在里者,必荡涤以为利;其于不内不外,半表半里,既非发汗之所宜,又非吐下之所对,是当和解则可矣。"所以,和解是专治邪在半表半里的一种方法。至于调和之法,戴天章的《广瘟疫论·和法》说:"寒热并用之谓和,补泻合剂之谓和,表里双解之谓和,平其亢厉之谓和。"可见,和法是一种既能祛除病邪,又能调整脏腑功能的治法。它无明显寒热补泻之偏,性质平和,全面兼顾,适用于邪犯少阳、肝脾不和、肠寒胃热、气血营卫失和等证。和法的应用范围较广,分类也多,其中主要有和解少阳、透达膜原、调和肝脾、疏肝和胃、分消上下、调和肠胃等。

5. **温法** 温法是通过温里祛寒的方法,以治疗里寒证的一类治法。里寒证的形成,有外感内伤的不同,或由寒邪直中于里,或因失治、误治而损伤人体阳气,或因素体阳气虚弱,以至寒从中生。同时,里寒证有部位浅深、程度轻重的差别,故温法又有温中祛寒、回阳救逆和温经散寒的区别。由于里寒证形成和发展过程中,往往阳虚与寒邪并存,故温法又常与补法配合运用。

6. **清法** 清法是通过清热、泻火、解毒、凉血等方法,以清除里热之邪的一类治法。适用于里热证、火证、热毒证和虚热证等里热病证。由于里热证有热在气分、营分、血分、热壅成毒和热在某一脏腑之分,因而在清法之中,又有清气分热、清营凉血、清热解毒、清脏腑热等不同。热证最易伤阴,大热又易耗气,故清热剂中常配伍生津、益气之品。

7. **消法** 消法是通过消食导滞、行气活血、化痰利水、驱虫等方法,使气、血、痰、食、水、虫等渐积形成的有形之邪渐消缓散的一类治法。适用于饮食停滞、气滞血瘀、癥瘕积聚、水湿内停、痰饮不化、疳积虫积和疮疡痈肿等病证。消法与下法虽同是治疗内蓄有形实邪的方法,但在适应证上有所不同。下法所治病证,大抵病势急迫,形症俱实,邪在肠胃,必须速除,且是可以从下窍而出者。消法所治,主要是病在脏腑、经络、肌肉之间,邪坚病固而来势较缓,属渐积形成,且多虚实夹杂,尤其是气血积滞而成的癥瘕痞块、痰核瘰疬等,不可能迅即消除,必须渐消缓散。消法也常与补法、下法、温法、清法等其他治法配合运用,但仍然是以消为主要目的。

8. **补法** 补法是通过补益人体气血阴阳的方法,主治各种虚弱证候的一类治法。补法的目的,在于通过药物的补益,使人体气血阴阳虚弱或脏腑之间的失调状态得到纠正,复归于平衡。此外,在正虚不能祛邪外出时,也可用补法扶助正气,并配合其他治法,达到扶正祛邪的目的。虽然补法有时可收到间接祛邪的效果,但一般是在无外邪时使用,以避免"闭门留寇"之弊。补法的具体内容甚多,既有补益气、血、阴、阳的不同,又有分补五脏的侧重,但较常用的治法分类仍以补气、补血、补阴、补阳为主。

上述八种治法,适用于表里、寒热、虚实等不同的证候。对于多数疾病而言,病情往往是复杂的,不是单一治法能够符合治疗需要的,常需数种治法配合运用,才能治无遗邪,照顾全面,故虽为八法,配合运用之后则变化多端。正如程钟龄《医学心悟·医门八法》中说:"一法之中,八法备焉;八法之中,百法备焉。"为此,临证处方必须针对具体情况,灵活运用八法,使之切合病情,方能收到满意的疗效。

(二) 中药内治的常用剂型

1. **汤剂** 把药物混合,放入砂锅,加水浸泡后(有时根据需要加黄酒或白酒浸泡透),煎煮一定时间,去渣取汁,作内服用。特点是吸收快,作用较迅速,针对性强。适用于各种慢性疾病的康复,如中风后遗症常用的补阳还五汤。

2. 散剂　有内服、外用两种。内服散剂,是将药物研细成细末调服。服散剂,有用茶汤、米饮或酒、醋调服等,根据病情的需要和药物的作用而定。散剂对胃肠发生直接作用,且服用方便,如五苓散、行军散等。外用散剂是将药物研成极细末,撒布或调敷患处,如外科的生肌散、金黄散等,多用于烧伤等疾病的康复。

3. 丸剂　丸剂分蜜丸、水丸、糊丸、浓缩丸数种,是将药物研成细末,用蜜、水,或米糊、面糊或药汁等作为赋型剂制成的圆形固体型。特点是药力持久、吸收缓慢,体积小,易贮存,服用方便。适用于长期虚弱疾患,宜于久服缓治者的康复,如六味地黄丸、肾气丸等。

4. 膏剂　是将药物用水或植物油煎熬浓缩而成的剂型,分内服和外用两种。内服膏剂有流浸膏、浸膏、煎膏三种,特点是质稠味甘,药性和缓,服用方便。

(1)流浸膏、浸膏:这两种膏剂是采用提取药物的有效成分,通过低温蒸发的办法,将液体浸出后制成。特点是浓度高,体积小,剂量小。浸膏可以制成片剂、丸剂或装入胶囊后使用。

(2)煎膏:又称膏滋,是将药材反复煎煮到一定程度后,去渣取汁,再浓缩,加入适当的辅料,煎熬成膏。

5. 药酒　是以酒作为主要溶剂,再加入具有滋补、保健等治疗功用的食用药物,经过一定时间的浸泡后服用,以达到防治疾病、保健强身、延缓衰老、益寿延年功效的一种疗法,可内服或者外用,多用于风寒湿痹证、血瘀等疾病的治疗和康复,如红兰花酒等。

二、中药外治法

中药外治法是指针对患者的具体病情,选择适当的中药,经一定的炮制加工后,对患者全身或病变局部,进行体外治疗的方法。中药外治法的应用在我国历史悠久,积累了丰富的经验。马王堆汉墓出土的成书于战国时期的《五十二病方》记载了熏洗疗法的临床应用。《仙授理伤续断秘方》介绍了外治疗法在骨关节损伤中的应用,《千金要方》记载了中药蒸气熏蒸法、淋洗法、浴洗法、坐浴法、浸洗法等多种外治法,宋代《太平圣惠方》、《圣济总录》全面系统地介绍了中药外治的方药,《太平圣惠方》中载熏洗方剂163首。直至清代,吴尚先完成了中药外治疗法专著——《理瀹骈文》,提出"外治之理,即内治之理;外治之药,即内治之药,所异者法耳"。从古至今,中医一直将中药外治法作为疾病的治疗和康复的重要手段。中药外治的主要疗法有如下。

1. 膏药疗法　古称"薄贴",是将药粉配合香油、黄丹或蜂蜡等基质炼制而成的硬膏,再将药膏摊涂在一定规格的布、皮、桑皮纸等上面而成。膏药黏性较好,使用方便,药效持久,便于贮存和携带,适合治疗多种疾病。

(1)分类:外用膏剂又分为软膏和硬膏两种。

1)软膏:又称药膏、油膏,系用适当的基质与药物混合制成一种容易涂于皮肤、黏膜的半固体外用制剂,具有一定的黏稠性,涂于皮肤或黏膜上能渐渐溶化,有效成分可被缓慢吸收,持久发挥疗效。

2)硬膏:又称膏药,系用油类将药物煎熬到一定程度,去渣后再加入黄丹、白蜡等收膏。呈暗黑色的膏药,涂布于布或纸等裱褙材料上,是供贴敷于皮肤的外用剂型,亦称黑膏药。常温下呈固体态,36～37 ℃时,则溶化而释放药力,起到局部或全身治疗作用,同时亦起机械性保护作用。

(2)作用:膏药应用于中医康复医学,根据其功效可分为两类。

1) 改善形体功能类：这类膏药具有祛风除湿、温经通络、消肿止痛、坚骨续筋、活血化瘀的功能，能消除肢体、关节、筋骨的运动功能障碍。主要用于痹证、痿证、骨折、伤筋等病证的恢复期，以促进其功能的恢复。例如，风寒湿痹、肢体拘挛麻木、关节屈伸不利者，可选用万应膏、宝珍膏、狗皮膏、温经通络膏、舒筋活络药膏及麝香追风膏等。跌打损伤而致伤筋者，可选用伤药膏、损伤风湿膏、损伤膏、消肿止痛膏、跌打风湿膏药等。损伤与风湿合并出现，可选用伤湿止痛膏、麝香止痛膏。骨折恢复期，可选用乌龙膏、接骨续筋膏、万灵膏及坚骨壮筋膏等。风瘫、肢体痿废不用者，可选用风痰膏、祛风愈瘫膏及健步膏等。陈旧性损伤所致血脉郁滞、筋膜粘连、软组织硬化者，可选用化坚膏、膜韧膏等。

2) 调理脏腑虚实类：这类膏药具有补虚扶弱或祛除病邪，以协调脏腑气机，消除阴阳偏盛偏衰而恢复脏腑功能的作用。例如，肺热咳嗽，可用清肺膏；心虚有痰火，神志不安者，可用养心安神膏；脾阳不运，饮食不化，或噎塞饱闷者，可用健脾膏；胃寒不纳，呕吐泄泻，痞胀疼痛者，可用温胃膏；男子阴虚火旺，妇人骨蒸潮热者，可用滋阴壮水膏；元阳衰耗，脾胃寒冷者，可用扶阳益火膏。

2. 熏蒸疗法　是利用中药煎煮后所产生的温热药气熏蒸患者身体，以达到康复目的的一种方法。其通过温热与药气共同作用于患者体表，致毛窍疏通，腠理开发，气血调畅，使郁者得疏，滞者得行，而起到散寒、活血通络、化瘀消肿、宣水利湿的功效。

临床应用时根据不同症状、不同部位选取不同方药，灵活应用。如风寒湿痹证，可选用风湿痹痛方。痿证、瘫证、痹证、伤筋等，可选用活血化瘀方。若周身多处疼痛痿软可熏蒸全身，某一肢体或局部为患则宜选蒸局部。凡有心脏病、高血压病、肺结核、肝炎、肿瘤，或孕妇、妇女月经期间，均不宜采用熏蒸疗法。

3. 烫洗疗法　是指选配某些中草药制成煎剂，乘热进行局部或全身浸洗，以促进患者康复的方法，又称药浴疗法，古称浸渍法。它既具有热水浴的作用，又包括了药物的作用。

其浸洗、沐浴方式与矿泉浴基本相同，但以坐浴和局部浸浴为主。常趁药液温度高，蒸气多时，先予熏蒸，然后当温度下降到能浸浴的温度时(一般为 37～44 ℃)再烫洗。一旦药液温度低于体温，则应停止。一剂药液通常可反复加温使用 5～6 次。烫洗时间可视具体病情而定，一般以 20～25 min 为宜。常用烫洗方及适应证如下。

(1) 蠲痹止痛类：主要用于慢性风湿病、类风湿关节炎、慢性腰痛等。如八仙逍遥汤、防风根汤，可用于风寒湿痹、软组织损伤后肿痛；乌附麻辛草姜汤、腰伤二方，可用于风寒湿痹及慢性腰痛；五宝浴液，可用于风湿性关节炎、坐骨神经痛等。

(2) 和血理伤类：主要用于软组织损伤所致瘀肿疼痛、筋肉拘挛，骨折或关节脱位后期筋肉挛痛等。如散瘀和伤汤、海桐皮汤，可用于跌打损伤瘀痛；骨伤科外洗一方，可用于损伤后筋肉拘挛，关节活动不利，肢体酸痛麻木；骨伤科外洗二方，可用于损伤后期肢体冷痛，关节功能欠佳；化坚汤，可用于陈旧性损伤所致的局部软组织粘连，筋膜增厚，或软组织钙化，或骨质增生而出现的筋膜板硬，拘挛不舒，关节僵硬，摩擦弹响，运动障碍等。此外，还有风瘫方，可用于瘫证、痿证；罗布麻叶方，可用于高血压病。

4. 熨敷疗法　是指用中草药熨敷于患部或一定的穴位，在热气和药气的作用下，以温通经脉，畅达气血，协调脏腑，达到康复目的的一种方法。

使用方法有两种，一是直接将加热的中草药敷于患部或穴位，外加包扎，如变凉则用热熨斗熨之;二是以两个布袋盛蒸热或炒热的药物,一袋温熨之,待冷则换另一袋,两袋交替加热使用。一般每日1~2次,半月左右为1个疗程。常用的熨敷方药及适应证有:熨风散,可用于风寒湿痹所致的筋骨疼痛;保元熨风方,可用于寒痹麻木肿痛,或遍身肩背骨节痛;御寒膏,可用于风冷肩背腰膝痛证;葱白方,可用于小便不通;韭菜叶方,可用于胁痛等。

此外,还可采用葱熨法、蚕砂熨法、盐醋熨法等。①葱熨法:取新鲜大葱白500 g,捣烂炒热,用布包熨患处或脐、腹、胸等部位。适用于癃闭及痹、痿等疾病。②蚕砂熨法:取蚕砂适量,分2~3袋,蒸热,以布袋盛装外熨患处,冷即易之。适用于手足不遂、关节不利诸症。③盐醋熨法:先将青盐500 g放入锅内爆炒,再将陈醋一碗洒入盐内,边洒边炒均匀,乘热用布包好,外熨患处或脐下。适用于跌打损伤,寒湿痹痛,尤其对烧伤后遗症、筋骨拘挛、肢体不遂者有较好的辅助医疗作用。少腹冷痛、癃闭等亦可用之。

5. 药枕疗法　是中医学一种传统治病方法,是将具有芳香开窍、活血通络、镇静安神、益智醒脑等作用的药物碎断成块状或研粗末装入布袋内作枕头,用以防治疾病和延年益寿的一种自然疗法。

药枕疗法融芳香醒神、辟秽行气于一体,将治疗融入日常生活中,既经济又无痛苦,适用于各种经络阻滞、气血不通、瘀血内停等病证,如颈椎病、失眠、郁证、胸痹、心痛等。

(1) 药枕疗法的作用机制

1) 调理经络:经络是"内属于府藏,外络于肢节",沟通内外上下表里的通路。不仅大部分经络在颈项部循行、经过,而且还有许多腧穴分布于此。药枕疗法就是利用机械和药物等多种刺激,以激发经络之气,促进感传,使经络疏通,气血流畅,从而起到补虚泻实、调整阴阳、防病保健的目的。

2) 调节血管神经:颈项部位分布着极其丰富的血管、神经。药枕直接作用于血管、神经的分支区域内,能够对其产生良性影响。所以,药枕疗法在调理经络的同时,通过机械刺激和药物作用,刺激颈部的皮肤感受器或神经干,使之处于活跃、兴奋或抑制状态,藉以调节血管、神经,使局部微循环改善,血流加快,肌肉松弛,促使机体内环境得以保持相对的稳定。

3) 药物作用:药枕疗法不仅具有机械刺激的治疗作用,而且还可通过药物芳香走窍、镇静止痛等作用直接作用于官窍、皮肤,渗入血脉之中,沿血循环而达病所,以调节气机,协调脏腑功能而发挥防病治病的作用。如药枕中许多药物含大量挥发油,或磁性成分,可直接作用于局部皮肤黏膜,起到镇静止痛、扩张血管、醒脑健脑等作用。

此外,药枕疗法还能对改变患者身心状态和居处环境起到良性的心理调节作用,并具有提高机体免疫力、调节内分泌等功能。

(2) 药枕的制作:药枕的制作方法因其种类不同而稍有差异。一般而言,根蔓、木本、藤类药物多需晾晒或烘干,再粉碎成粗末即可;花、叶类药物多于晾晒后搓碎即可;矿石类、角质类药物多需打碎成小块和米粒大小,或制成粉类,再装入枕芯;冰片、麝香等贵重和易挥发类药物多混入药末之中,不需另加炮制。诸药混匀后,装入由纱布或棉布缝制的枕芯中,底层枕芯可加塑料布一块,防止药物渗漏而遗失。枕芯多选用松、柔、薄、透气良好的棉布、纱布,忌用化纤、尼龙类。枕形有圆柱、方柱、扁柱、三角柱等多种。一般枕长以60~90 cm,枕宽20~35 cm为宜,如需要可做成特殊形状的高枕。清代曹庭栋《养生随笔·枕》有云:"侧卧耳必着枕,其长广如枕,高不过寸,中开一孔,卧时加于枕,以耳纳入。耳为肾窍,枕此并杜耳鸣耳塞之患。"此外,硬式药枕外面多套以棉质薄布料,以减少硬枕副作用并保护药枕,延长使用时间。

(3)注意事项:药枕疗法由于制作方法和使用上的局限性,在临床应用时,必须注意以下几点。

1)药枕不使用时最好用塑料包封,防止有效成分散发,并置于阴凉干燥处,防止霉变。一般使用2～3周后,当置于阳光下晾晒1h,以保持药枕形状及药物的干燥度。

2)药枕在枕前一般多要求患者松衣,饮温开水,以防止芳香类药物耗伤阴津。并要求患者全身放松,息心宁神。

3)对在使用药枕过程中,原发病加重或无改善者,应及时到医院诊治,采用其他行之有效的中、西医疗法,严格防止单用药枕而延误病情。

6.中药离子导入疗法 利用直流电使中药离子进入人体以达到治疗目的的方法,称为中药离子导入疗法。它是一种操作简便、作用独特、行之有效的治疗方法,中药离子导入疗法多应用具有疏通经络、活血止痛作用的中药,同时结合临床辨证,配以具有补气血、益肝肾、祛风湿、强筋骨之类的中药,针对症状和证候来治疗。

(1)中药离子的作用机制:中药离子导入疗法的治疗作用是由直流电和中药离子两部分的作用综合而成。直流电具有镇静和兴奋,扩张血管、促进局部血液循环,改变组织含水量,改善局部营养和代谢的作用;中药具有自身独特的性味和功效,当中药离子被导入人体后,可在局部或全身发挥中药本身的治疗作用。具体机制如下。

1)在局部直接与组织发生反应。

2)在皮肤内形成离子堆,与直流电共同构成对皮肤感受器的刺激物,引起轴突反射及皮肤内脏反射,对人体产生一定的作用。

3)被血液或淋巴液带到全身而引起反应。

4)集中在对该离子有亲和力的器官,发挥特殊的治疗作用。

5)当中药离子导入于腧穴部位时,可以通过腧穴来激发经气从而发挥调节阴阳、扶正祛邪、活血止痛等治疗作用。

(2)中药离子导入疗法的作用特点

1)导入体内的中药离子是有治疗作用的化学成分,而不是混合物。

2)中药离子直接导入治疗部位,使局部有较高的药物浓度,适合于浅部治疗。

3)离子导入不损伤皮肤,不引起疼痛或胃肠刺激。

4)本法有一定局限性,导入药物量小,不能精确计算导入剂量,作用较慢,不易深达。

(3)中药离子导入疗法的临床应用:中药离子导入疗法主要适用于关节炎等疾患的康复。常用于离子导入的药物有红花、当归、川草乌、独活、威灵仙等药物。高热、心力衰竭、恶性肿瘤、湿疹、有出血倾向和对直流电不能耐受者,禁用本法。

(田 辉)

第三节 针灸康复法

针灸学是中医学重要的组成部分,常用的针灸疗法主要有针刺法、灸法、拔罐及其他特种治疗方法,广泛应用于脑血管意外后遗症、痛症、神经系统疾病、关节病等领域的康复治疗中。针灸康复重在调节失常的气血津液及脏腑经络功能,纠正机体阴阳偏盛偏衰,使之建立新的平衡,恢复缺失的功能。

针灸康复主要用于慢性病、残疾病、精神病、老年病,以及许多急性病愈后的康复治疗,如中风偏瘫、面瘫、截瘫、退行性骨关节病、骨折后期、软组织损伤、高血压病、冠心病、遗尿、尿失禁等疾患。

一、针刺疗法

针刺疗法是采用不同的针具刺激体表的穴位,运用各种方法激发经气,以调整人体功能,达到防治疾病的常用疗法。针刺疗法方法多样,诸如毫针、耳针、头针、颈针、火针、手针、足针疗法等。近年来针刺疗法与其他治法相结合,又创造出许多新的针法,如针刺与电刺激相结合而成为电针疗法,与药液相结合而成为穴位注射疗法等。

(一) 毫针疗法

毫针是临床应用最为广泛的一种针具,是针刺疗法的主体。为了适应不同穴位和病情的需要,毫针有长有短,有粗有细;施治时,强调辨病证而取穴,注重采用相适应的手法,以增强疗效。毫针疗法具有调理全身气血阴阳、疏通经络、扶正祛邪等作用,操作方便,起效迅速。

毫针操作时,持针之手称为"刺手",另一手爪切、按压所刺部位或辅助针身称为"押手"(又称"压手")。刺手的作用主要是掌握针具,施行手法操作。进针时将臂、腕、指之力集于刺手,使针尖快速透入皮肤,然后行针。押手的作用,主要是固定腧穴的位置,夹持针身,协助刺手进针,使针具能够有所依附,保持针身垂直,不致摇晃和弯曲,力达针尖,以利于进针、减少疼痛和协助调节、控制针感。进针时,刺手与押手配合得当,动作协调,可以减轻痛感,行针顺利,并能调整和加强针感,提高治疗效果。

在针刺操作中,正确掌握针刺角度、方向和深度,是获得针感、施行补泻、发挥针刺效应、提高针治疗效、防止针刺意外发生的重要环节。

针刺作用的基础首先要得气,即使患者产生针刺感应。得气,古称气至,近称针感,是指毫针刺入腧穴一定深度后,施以提插或捻转等行针手法,使针刺部位获得"经气"感应,谓之得气。行针得气并施以或补或泻手法后,将针留置在腧穴内者称为留针。留针是毫针刺法的一个重要环节,对于提高针刺治疗效果有重要意义。通过留针,既可以加强针刺感应和延长刺激作用,还可以起到候气和调气的目的。针刺得气后留针与否以及留针时间的长短,应视患者体质、病情、腧穴位置等而定。如一般病证只要针下得气并施以适当补泻手法后,即可出针,或留针 10~20 min。但对一些特殊病证,如慢性、顽固性、痉挛性疾病,可适当延长留针时间。

(二) 电针疗法

电针是在针刺入腧穴得气后,在针具上通以接近人体生物电的微量脉冲电流,利用针与电两种刺激相结合,以防治疾病的一种疗法。电针能比较准确地掌握刺激参数,代替手法运针,节省人力,并提高对某些疾病的疗效。

电针的选穴与毫针刺法治疗大致相同,但应选取两个穴位以上,一般以取用同侧肢体 1~3 对穴位为宜。电针的选穴,既可按经络选穴,又可结合神经的分布,选取有神经干通过的穴位及肌肉神经运动点。电针的适应证基本与毫针刺法相同,故其治疗范围较广。临床常用于各种痛证,痹证,痿证,心、胃、肠、胆、膀胱、子宫等器官的功能失调,癫狂,肌肉、韧带、关节的损伤性疾病等,并可用于针刺麻醉。

二、艾灸疗法

艾灸疗法是用艾绒做成艾炷或艾条,点燃后在穴位或患处熏灸,借助温热性和药物作用,以温通经络,调和气血,燥湿祛寒,回阳救逆,消肿散结,达到治疗疾病的目的。临床上常用的有艾条灸、艾炷灸等。

(一) 艾条灸

点燃艾条一端,燃端距应灸穴位或局部 2～4 cm 处熏灸,使局部有温热感,以不感烧灼为度。每次灸 15～30 min,使局部皮肤红润、灼热。中途艾绒烧灰较多时,应将绒灰置于弯盘中,避免脱落在患者身上。在腹部、背部较平坦处行艾灸时,可用灸盒。即患者取平卧或俯卧位,将点燃之艾条放于盒内纱隔层上,灸盒放在应灸穴位的部位,加盖后可使其自行燃烧艾条,达到艾灸的目的。

(二) 艾炷灸

将艾绒制成大小适宜之艾炷,置于施灸部位点燃而治病的方法称为艾炷灸。临床分为直接灸和间接灸(隔物灸)。

1. 直接灸　将大小适宜的艾炷,直接放在皮肤上施灸的方法。若施灸时需将皮肤烧伤化脓,愈后有瘢痕者,称为瘢痕灸;若不使皮肤烧伤化脓,不留瘢痕者,称为无瘢痕灸。

2. 间接灸(隔物灸)　临床较为常用的是隔姜灸、隔蒜灸。根据需要,准备切成 0.2～0.3 cm 薄,直径 2～3 cm 的鲜姜片或鲜大蒜头数片(或用大蒜捣泥,取 0.3 cm 厚的大蒜泥敷于穴位皮肤),放于穴位,上置艾炷,点燃待患者感灼热时即更换艾炷,连灸 3～5 壮。脐部也可敷食盐后,置艾炷灸之,称隔盐灸,或在穴位放其他药物如附子片等,统称间接灸法。

(三) 艾灸疗法在中医康复中的应用

1. 脾胃虚寒性胃痛　灸中脘(隔姜灸)、内关、足三里。
2. 脾虚型腹泻　灸天枢(隔姜灸)、神阙(隔盐灸)、足三里、肾俞、脾俞。
3. 虚脱、四肢厥逆　灸百会、神阙(隔盐灸)、涌泉。
4. 虚寒型痛经　灸关元、中极、三阴交、足三里。
5. 虚寒性腰痛　肾区放灸盒。
6. 风寒湿痹　灸局部关节临近穴位。

三、其他针灸疗法

(一) 耳针疗法

耳针是指使用针刺或其他方法刺激耳穴,以诊治疾病的一种方法。古代医著中就有"耳脉"、耳与脏腑经络的生理病理关系,以及借以耳穴诊治疾病的理论和方法等记载。近 30 多年来,通过大量的临床实践和实验研究,耳穴诊治方法迅速发展,已初步形成了耳穴诊治体系。

耳穴在耳郭上的分布有一定规律,一般与头部、面部相应的耳穴多分布在耳垂和对耳屏;与上肢相应的耳穴多分布在耳舟;与躯体和下肢相应的耳穴多分布在对耳轮体部和对耳轮上、下脚;与腹腔脏器相应的耳穴多分布在耳甲艇;与胸腔脏器相应的耳穴多分布在耳甲腔;与消化道相应的耳穴多分布在耳轮脚周围；与耳鼻咽喉相应的耳穴多分布在耳屏四周。

耳针法临床常用的处方选穴原则主要有：①按部位处方选穴法，即根据患者患病部位，选取相应耳穴，如胃病取胃穴，目病取眼穴，肩痹取肩关节穴等。②辨证处方选穴法，根据脏腑、经络学说，选取相应耳穴，如骨痹、耳聋耳鸣、脱发等取肾穴，因肾主骨，开窍于耳，其华在发，故取肾穴主之；又如偏头痛，属足少阳胆经的循行部位，可取胆穴治之。③根据现代医学理论取穴法，如月经不调取内分泌穴，消化道溃疡取皮质下、交感穴等。④根据临床实践经验取穴法，如神门穴有较明显的止痛、镇静作用，耳尖穴对外感发热、血压偏高等有较好的退热、降压效果等。上述耳针处方选穴原则，既可单独使用，亦可配合互用。选穴时要掌握耳穴的共性和特性，用穴要少而精。

耳针法的刺激方法很多，目前临床常用的有压籽法、毫针法、埋针法、温灸法、刺血法等数种，根据病情需要选用。

耳针在临床康复治疗的疾病很广，不仅用于治疗许多功能性疾病，而且对一部分器质性疾病，也有一定疗效。

(二) 头针疗法

头针疗法是在头部特定的穴线进行针刺防治疾病的一种方法。其理论依据主要是传统的脏腑经络理论和西医学大脑皮质的功能定位在头皮的投影，从而选取相应的头穴线来治疗疾病。标准头穴线均位于头皮部位，按颅骨的解剖名称分额区、顶区、颞区、枕区4个区，14条标准线(MS1－MS14)。如顶颞前斜线(MS6，相当于大脑皮质中央前回在头皮上的投影)上1/5治疗对侧下肢和躯干瘫痪，中2/5治疗上肢瘫痪，下2/5治疗中枢性面瘫、运动性失语、流涎、发声障碍等。头针治疗还可以和其他方法配合应用。

(三) 火针疗法

火针法是将特制的金属针用火烧红后，迅速刺入一定部位并快速退出以治疗疾病的一种方法。本法具有温经散寒、通经活络、祛腐生新等作用。施治时既可刺入穴位，亦可刺入某些病变的局部（如鸡眼）。临床常用于治疗风寒湿痹、痈疽、瘰疬、腱鞘囊肿、乳腺炎脓肿已成及瘘管等病证。采用火针时要注意防止感染等副作用。

(四) 穴位埋线疗法

穴位埋线疗法是将羊肠线埋入穴位，利用羊肠线在经络穴位内的持久刺激作用而治疗疾病的一种方法。一般应结合病证选穴，通常采用穿刺针埋线法、三角针埋线法、切开埋线法、穴位结扎法等方法埋线，主要用以治疗哮喘、胃痛、腹泻、遗尿、癫痫、痿证等病证。

(五) 穴位注射疗法

穴位注射疗法是选用中、西药注射液注入相应穴位，以发挥经穴和药物对疾病的综合效能而达到治病目的的一种方法。常用药物如当归、丹参、黄芪、红花、板蓝根、丁公藤等注射液，维生素B_1、维生素B_6、维生素B_{12}注射液，生理盐水、注射用水等。穴位注射疗法应用范围较广，凡针灸的适应证大多可用本法治疗。

(六) 穴位敷贴疗法

穴位敷贴疗法是在经络学说指导下，对人体穴位施以外用药物刺激的一种穴药相结合的治法。药物一般选择辛窜通窍、通经活络之品，如冰片、麝香、大蒜，或味厚攻伐之品如生南星、甘遂、巴豆、砒霜等，制剂包括膏药、散剂、药饼等，如用膏药敷贴肺俞等穴治疗哮喘即是。本疗法主要用于哮喘、咯血、腹痛、痹证、跌打损伤、内脏下垂等病证。

（七）皮肤针疗法

皮肤针疗法是用皮肤针叩刺皮部以治疗疾病的方法，是古代毛刺、扬刺、半刺等刺法的发展。采用皮肤针叩刺皮部，通过孙脉、络脉和经脉以调整脏腑功能，通行气血，平衡阴阳，从而达到内病外治的目的。常用梅花针（5支短针）、七星针（7支短针）、罗汉针（18支短针）叩刺病变局部，用于治疗内、儿科多种疾患和皮肤科常见病证（如癣、皮炎等）。

四、针灸康复机制

经络内属脏腑，外络肢节，通达表里，贯穿上下，犹如网络，遍布全身，将人体各部分连结成一个有机的整体。它是人体气血运行的通路，具有"行血气而营阴阳，濡筋骨，利关节"（《灵枢·本藏》）的作用，以维持人体的正常生理功能。

针灸作用于经络腧穴，可以疏通经络，行气活血，调节脏腑功能，达到康复治疗疾病的目的。针灸康复治疗是在辨病、辨证的基础上，根据患者年龄、身体虚实和机体功能障碍情况，在其病变所属经脉及其相关经脉上选取腧穴，并进行相应虚实补泻刺激，以调整经络气血运行，促进脏腑、肢体功能恢复或改善。概括起来，针灸主要有以下几方面的作用及临床康复应用。

（一）行气活血，通经活络，调节经络功能

当气血不和，外邪入侵，经络闭塞，不通则痛，就会产生疼痛、麻木、肢体不遂等一系列症状。如《素问·调经论篇》指出："血气不和，百病乃变化而生。"通过经络腧穴的良性刺激，使经络运行气血的功能恢复正常，经筋、皮部和机体各部得以正常濡养，各组织器官的功能由此得到改善或恢复。如针灸对中风偏瘫、痹证等的治疗主要是疏通经络，达到肢体功能的康复。

（二）补虚泻实，调畅气血，调节脏腑功能

疾病的发生、发展及其转归的全过程，是正气和邪气相互斗争、盛衰消长的结果。脏腑功能与人体正气功能有直接关系，中医的脏腑包括五脏、六腑和奇恒之腑，有受纳排泄、化生气血的功能。当脏腑功能失调或衰退，则受纳有限、化生无源、排浊困难，从而正气虚弱、邪气壅盛。经络肢体气血运行不畅可以导致脏腑功能的失调，而脏腑疾病也可以反映在经络腧穴上。

针灸作用于人体相应的经络腧穴，可以调整脏腑功能、改善脏腑功能。如心绞痛、高血压病、心律失常等心血管疾病常有胸闷、胸痛、心悸气短及情志不畅等表现，可通过针灸心经、心包经和肝经的腧穴进行治疗。而妇产科疾病如经前期紧张症、月经不调、痛经、闭经等，可针灸肝经、肾经及任脉、督脉、带脉的腧穴来治疗。同时，针灸治疗对脏腑功能具有双向调节作用，通过脏腑功能的调整，使机体处于良好的功能状态，有利于激发机体内的抗病因素，扶正祛邪。

（三）疏筋通络，滑利关节，恢复肢体功能

诸多疾病均可造成肢体功能的障碍，使患者丧失正常的活动。针灸可通过通经活络，舒筋活血，强筋壮骨，使经筋、皮部得以濡养，则相应功能改善或恢复。如痹证所致的颈肩腰部疼痛、麻木和关节活动不利等都可以采用针灸相应经络穴位进行康复治疗。中风后遗症的肢体功能障碍、肌肉萎缩、肢体无力等的康复，针灸疗法有肯定的疗效。

（四）醒脑开窍，宁心安神，调节神志

神志功能包括人的精神、意识和思维活动，其正常与否与心、脑关系密切。针灸在调节人的神志方面有明显的优势，针灸相应的腧穴，尤其是心经、心包经的井穴和督脉的百会、水沟等穴有醒脑开窍、健脑益智和宁心安神的作用，可以使患者的神志功能恢复正常。如失眠、健忘可以

通过针刺心经等相关穴位进行调治,改善睡眠,改善和消除健忘症状。对儿童精神发育迟滞、小儿脑瘫等,针灸疗法可有效地促进神经功能的形成和发展。

[附]现代研究

针灸疗法是中医康复医学的重要康复手段,同时,也是现代康复医学中一门公认的有效治疗方法和技术。现代研究证实,针灸可以从多方面改善机体功能,促进残障恢复。

神经系统 目前针灸康复治疗最多的疾病是神经系统疾患,有研究发现缺血性中风患者电针治疗足三里、外关、肩髃等穴后,能显著升高再灌注 30 min 后血清 NO 含量,降低血浆 ET 含量、脑组织 Ca^{2+} 含量和含水量。运用头针刺激小儿脑瘫患者,可增加病灶血流量,改善大脑皮质的缺血状态,提高脑组织摄氧能力,使处于休眠状态下的脑细胞苏醒,促进受损的神经元修复和再生,激发脑的代偿功能,使患儿得到不同程度的康复。针刺治疗坐骨神经痛具有良好的镇痛效应,能够改善病变部位的血液循环,提高神经细胞的氧利用率,促进炎症消退,减少纤维瘢痕的形成,为神经功能和组织功能恢复提供了有利的条件。穴位电针刺激对损伤的面神经修复有促进作用。

消化系统 针刺动物"足三里"穴,使脾虚大鼠血清中胃泌素、皮质醇的水平升高;针灸足三里对胃肠功能起双向调节作用,既可缓解胃痉挛而止痛,又可促进胃肠蠕动治疗消化不良。针刺天枢穴既可使腹泻患者肠蠕动减缓,又可促进便秘患者的肠蠕动。针刺能够显著降低功能性消化不良患者机械性胃扩张的内脏敏感性,其内在机制与调节自主神经功能有关。

循环系统 艾灸对血压有双向调节作用,灸虚脱患者的百会、气海等穴可使患者血压回升,温灸患者足三里、石门等穴可降压。针刺风池、曲池、足三里、太溪等穴均有明显的降压作用。电针动物"内关"、"郄门"穴,在缺血再灌注损伤过程中对线粒体超微结构影响的研究结果中显示,电针手厥阴经穴可明显减轻线粒体超微结构的病理变化,在一定程度上对缺血再灌注损伤心肌起到了保护作用。

呼吸系统 针刺治疗可提高不同病情程度哮喘患者的肺功能,其作用机制可能与自主神经调节功能的改善有关。

免疫系统 针刺小鼠任脉"膻中"、"玉堂"、"紫宫"、"华盖"、"璇玑"、"天突"六穴可以提高应激状态下小鼠的细胞免疫功能,其作用机制主要是通过对胸腺的影响,进而提高小鼠的 NK 细胞活性和白细胞介素-2 的活性,从而显现出针刺的促防卫免疫效应。电针刺激"足三里"穴可提高正常大鼠和免疫抑制大鼠的细胞免疫功能、红细胞免疫黏附功能,并使脑垂体和外周血中 P 物质放免活性、血管活性肠肽放免活性的含量明显升高。针刺治疗可以提高机体免疫力,其机制可能与相应脑啡肽的合成和释放增多有关,并通过这些免疫递质对神经—内分泌—免疫调节网络发挥作用。艾灸有显著的抗炎免疫作用,研究进一步发现海马—多巴胺系统是灸疗抗炎与免疫调节作用中一条重要的神经体液性途径。

内分泌系统 针刺肾俞、脾俞、足三里、太溪等穴能提高女性血清雌激素水平。针刺大赫等穴可以改善女性的黄体功能,促进排卵,治疗月经不调和不孕。灸大椎、肾俞、足三里、关元等穴能增强甲状腺、垂体的合成分泌功能,促进机体代谢等作用。

(张喜林)

第四节　推拿康复法

推拿又称为按摩,古称"按蹻"、"案扤",是一种用手或身体的其他部位或借助工具在体表和经络腧穴上施行刺激来防治疾病的方法。推拿疗法属中医外治法,由于其安全性高、施术方便、效果显著、人们容易接受,在疾病的康复中被广泛应用。

《内经》中记载了推拿可以治疗痹证、痿证、口眼㖞斜和胃脘痛。如《素问·异法方宜论篇》中就记载:"中央者……其民食杂而不劳,故其病多痿厥寒热,其治宜导引按蹻。"《素问·举痛论篇》:"寒气客于肠胃之间,膜原之下,血不得散,小络急引,故痛,按之则血气散,故按之痛止。"汉代张仲景在《金匮要略·脏腑经络先后病》中说:"若人能养慎,不令邪风干忤经络,适中经络,未流传脏腑,即医治之。四肢才觉重滞,即导引、吐纳、针灸、膏摩,勿令九窍闭塞。"晋代葛洪在《肘后方》中也记载了指针疗法抢救昏迷不醒患者,捏脊疗法治疗小儿疳积,颠簸疗法治疗小儿腹痛等。清代《医宗金鉴》将摸、接、端、提、按、摩、推、拿列为伤科八法。对跌仆损伤,除用手法调治外,还设计了许多治疗器具,对推拿的适应证和治疗法则也有了比较系统和全面的阐述。

推拿疗法的临床应用一直以传统的中医学理论为指导,随着医学发展和推拿现代研究的深入,对推拿的作用和机制有了更进一步的认识。推拿对机体的整体调整作用主要是通过下列的途径来实现的:①调整脏腑功能。推拿通过手法刺激相应的体表穴位、痛点(或疼痛部位),并通过经络的传导作用,对内脏功能进行调节,达到疾病康复的目的。②舒筋活络,行气活血。推拿手法作用于体表的经络穴位上,不仅可引起局部经络反应,起到激发和调整经气的作用,而且通过经络影响到所连属的脏腑、组织、功能活动,以调节机体的生理、病理状况,使机体恢复正常生理功能的目的。③提高局部组织温度。推拿手法通过直接的机械刺激和间接血管舒缩活动以及少量的组胺释放的作用,能增加操作部位皮肤温度,这种改变可相应地引起一定程度的外周血管扩张,渗透性增加,并增加外周血流速度,使组织物质交换增加,改善组织代谢及局部微循环障碍。④理筋整复,改变关节的微细结构。推拿可以通过手法的作用进行理筋整复,纠正解剖位置的异常,使各种组织恢复到正常的生理位置,有利于软组织痉挛的缓解和关节功能的恢复,从而达到治疗目的。

推拿疗法根据施术对象的不同分为成人推拿手法和小儿推拿手法。

一、推拿手法

(一) 成人推拿手法

成人推拿手法是指主要应用于成人的一类手法,如滚法、一指禅推法、点法、压法、扳法等。推拿作用的产生主要依靠操作者的手法,而熟练的推拿手法是产生疗效的基本保证。有效的推拿手法必须具有均匀、持久、有力、柔和、深透的基本特点。①均匀:指手法的操作要有节律性,不可时快时慢;手法的作用力一般来说要保持相对稳定,不可忽轻忽重。当然,具体操作还要根据病情需要灵活调整。②持久:指手法能够持续操作足够长的时间而不变形,始终按照规定的动作要求进行操作,保持动作的连贯性。③有力:指手法必须具备一定力量、功力和技巧力。力量是基础,功力和技巧力需通过功法训练和手法练习才能获得。应用时必须根据治疗对象、施治部位、病证虚实而灵活掌握。其基本原则是既保证治疗效果,又避免发生不良反应。④柔和:

指施行手法时动作外形及用力要缓和,用力轻而不浮,重而不滞,讲究技巧性。变换动作要自然流畅,患者感到舒适,乐于接受,防止粗暴僵硬的动作影响治疗效果。⑤深透:指手法动作的刺激感应不只在体表,而是透达深部,达到组织深处的筋脉、骨肉,要使推拿手法的作用深透,必须有扎实的基本功,通过刻苦训练达到深透效果。

1. 摆动类手法　摆动类手法是通过关节有节奏的摆动,使手法产生的力轻重交替、持续不断地作用于体表的一类手法。其特点是手法轻柔,放松效果好,具有可持续操作性,适应证广泛。主要包括一指禅推法、㨰法和揉法三种。

(1) 一指禅推法:用拇指端、拇指桡侧偏峰或拇指罗纹面吸定于一定的部位或穴位,沉肩、垂肘、悬腕,运用腕部摆动带动拇指指骨间关节做屈伸运动,使所产生的力轻重交替、持续作用于施治部位,称为一指禅推法,手法频率每分钟120~160次。本法主要适用于头痛、失眠、面瘫、近视、颈项强痛、冠心病、腰痛、胃脘痛、泄泻、便秘、月经不调等内、妇科疾病及关节酸痛等的治疗。

(2) 㨰法:用手背第五掌指关节或手掌尺侧缘吸定于施治部位,通过腕关节的屈伸运动和前臂的旋转运动,使小鱼际与手背在施术部位上做持续不断地㨰动,称为㨰法。主要适于颈椎病、肩周炎、腰椎间盘突出症、半身不遂、高血压病、糖尿病、痛经、月经不调等病证,也是常用的保健推拿手法之一。

(3) 揉法:用手掌大小鱼际或掌根、全掌、手指罗纹面、前臂近端或肘尖着力,吸定于体表施术部位上,做轻柔和缓的上下、左右或环旋动作,称为揉法。本法具有祛风散寒、舒筋解痉、活血化瘀、消肿止痛、宽胸理气、消积导滞等作用,主要适用于脘腹胀痛、胸闷胁痛、便秘、泄泻、头痛、眩晕及儿科病证等,亦可用于头面部及腹部保健。

2. 摩擦类手法　摩擦类手法是指用手的掌面或指面及肘臂部贴附在体表,做直线或环旋移动的一类手法。根据其运动形式的不同分为摩法、擦法、推法、搓法、抹法等手法。

(1) 摩法:用指或掌在体表做环形或直线往返摩动,称为摩法,分为指摩法和掌摩法两种。操作时肩臂部放松,肘关节屈曲40°~60°,摩动的速度、压力宜均匀。本法具有行气活血、消肿止痛、温经散寒、理气和中、消积导滞、通畅气机等作用,主要用于脘腹胀满、消化不良、泄泻、便秘、咳嗽、气喘、月经不调、痛经、阳痿、遗精、外伤肿痛等病证。

(2) 擦法:用指或掌贴附于体表一定部位,做较快速的直线往返运动,使之摩擦生热,称为擦法,分为指擦法、掌擦法、大鱼际擦法和小鱼际擦法。主要用于呼吸系统、消化系统及运动系统疾病,如咳嗽、气喘、胸闷、慢性支气管炎、肺气肿和慢性胃炎、消化不良、不孕、阳痿及四肢伤筋、软组织肿痛、风湿痹痛等病证。

(3) 推法:用指、掌、拳或肘部着力于体表一定部位或穴位上,做单方向的直线或弧形推动,称为推法。成人推法以单方向直线推为主,又称平推法。主要用于头痛、头晕、失眠、腰腿痛、腰背部僵硬、风湿痹痛、感觉迟钝、胸闷胁胀、烦躁易怒、腹胀、便秘、食积、软组织损伤、局部肿痛等病证。

(4) 搓法:用双手掌面托夹住肢体或以单手、双手掌面着力于施术部位,做交替搓动或往返搓动,称为搓法,包括夹搓法和推搓法两种。本法具有温经散寒、祛风通络、舒筋活血、调和营卫等作用,主要用于肢体酸痛、关节活动不利等病证。

(5) 抹法:用拇指罗纹或掌面在体表做上下或左右及弧形曲线的抹动,称为抹法。抹法为一指禅推拿流派的辅助手法,主要分为指抹法与掌抹法两种。主要用于感冒、头痛、面瘫及肢体酸痛等病证。

3. 振动类手法 用较高的频率进行节律性的轻重交替刺激,产生振动、颤动或抖动等运动形式,称为振动类手法。

(1)抖法:用双手或单手握住患者肢体远端,做小幅度的上下连续抖动,称为抖法,一般以抖上肢、抖下肢及抖腰法常用。本法具有活血化瘀、舒筋解痉、滑利关节的作用,主要用于肩周炎、颈椎病、髋部伤筋、腰椎间盘突出症等颈、肩、臂、腰、腿部疼痛性疾患,为辅助治疗手法。

(2)振法:用掌或指在体表施以振动的方法,称为振法,分为指振法和掌振法两种。振法能促进血液循环、松弛肌肉、调节脏腑功能、消耗皮下脂肪、增强肌肤的弹性和光泽,临床主要用于头痛、失眠、胃下垂、胃脘痛、咳嗽、气喘、痛经、月经不调等病证。

4. 挤压类手法 挤压类手法是用指、掌、肘等部位吸定于体表一定部位或穴位上,做垂直于体表的按压动作或对称性挤压动作,包括按压和捏拿两类手法。

(1)按法:用指或掌按压体表,称按法。《医宗金鉴·正骨心法要旨》曰:"按者,谓以手往下抑之也。"根据施术部位的不同分为指按法和掌按法两种。本法具有通经活络、舒筋解痉、镇静止痛、健脾和胃等作用,常用于头痛、腰背痛、下肢痛等各种痛症以及风寒感冒等病证。

(2)压法:用拇指罗纹面、掌面或肘关节尺骨鹰嘴突起部着力于施术部位进行持续按压,称压法,分为指压法、掌压法和肘压法。操作时要持续用力,由轻而重,结束时再由重而轻。治疗作用基本与按法相同,刺激性较强的肘压法主要用于腰肌劳损、顽固性腰腿痛等疾患。

(3)点法:用指端或屈曲的指骨间关节部着力于施术部位,持续地进行点压,称为点法。点法具有着力点小、刺激强、操作省力等特点,包括拇指端点法、屈拇指点法和屈示指点法等。点法的操作用力要由轻到重,稳而持续,要使刺激充分达到机体的组织深部,并有"得气"的感觉,但以患者能忍受为度。主要用于各种痛证。

(4)捏法:用拇指和其他手指在施术部位做对称性的挤压动作,称为捏法。因拇指与其他手指配合的多寡而有三指捏法、五指捏法等名称。本法具有舒筋通络、活血行气等作用,主要用于疲劳性四肢酸痛、颈椎病等病证。

(5)拿法:用拇指和其余手指相对用力,提捏或揉捏肌肤,称为拿法。即"捏而提起谓之拿",根据拇指与其他手指配合数量的多寡,而有三指拿法、五指拿法等。本法具有祛风散寒、舒筋通络等作用,常用于颈椎病、四肢酸痛、头痛等病证。

(6)捻法:用拇、示指夹住治疗部位进行搓揉捻动,称为捻法,为推拿辅助手法。常用于指骨间关节扭伤、类风湿关节炎、屈指肌腱腱鞘炎等。

(7)拨法:用拇指垂直按压至组织深部,进行单向或往返的拨动,称为拨法,又称指拨法、拨络法等。操作时按压力与拨动力方向互相要垂直,应带动肌纤维或肌腱、韧带一起拨动。拨法刺激性较强,主要用于落枕、肩周炎、腰肌劳损、网球肘等。

5. 叩击类手法 叩击类手法是指用手掌、拳背、手指或特制的器械有节奏地叩击、拍打体表的一类方法,主要手法有拍法、击法和叩法。

(1)拍法:用虚掌拍打体表,称拍法。拍法可单手操作,亦可双手同时操作,常用于肩背部、腰骶部和下肢后侧。本法具有活血化瘀、舒筋通络、解痉止痛等作用,主要用于腰背筋膜劳损和颈肩痛等。

(2)击法:用拳背、掌根、掌侧小鱼际、指尖或桑枝棒击打体表一定部位,称为击法,包括拳击法、掌击法、侧击法、指尖击法和桑枝棒击法。本法具有舒筋活络、调和气血的作用,主要用于颈腰椎疾患引起的肢体酸痛和麻木、风湿痹痛、疲劳酸痛、肌肉萎缩等。

(3) 叩法：在击法的基础上减轻击打力量，使其作用传达于皮下组织、肌肉，并加快击打频率，使之达到每分钟80～100次，称为叩法。

6. 运动关节类手法　令关节做被动性活动，使其在生理活动范围内进行屈伸或旋转、内收、外展等运动，称为运动关节类手法。主要包括拔伸法、摇法和扳法。

(1) 拔伸法：固定关节或肢体的一段，牵拉另一端，应用对抗的力量使关节或半关节得以伸展称为拔伸法。拔伸法又称牵引法、牵拉法、拉法和拔法，包括颈椎拔伸法、肩关节拔伸法、腕关节拔伸法、指骨间关节拔伸法、腰椎拔伸法、骶髂关节拔伸法、踝关节拔伸法。本法具有舒筋活络、解痉止痛、整复归位等作用，在骨科临床主要用于骨折和关节脱位，而推拿临床则常用于软组织损伤和关节脱位。

(2) 摇法：使关节做被动的环转运动，称摇法，包括颈项部、腰部和全身四肢关节摇法。摇动时施力要协调、稳定，速度宜慢，幅度要在人体生理活动范围内进行，由小到大，逐渐增加。本法具有舒筋活血、滑利关节、解痉止痛的功能，主要适用于各种软组织损伤性疾病及运动功能障碍等。

(3) 扳法：使关节做被动的扳动，称为扳法，为推拿常用手法之一，包括颈部斜扳法、颈椎旋转定位扳法、寰枢关节旋转扳法、扩胸牵伸扳法、胸椎对抗复位扳法、扳肩式胸椎扳法、仰卧压肘胸椎整复法、腰椎斜扳法、腰椎旋转复位扳法、直腰旋转扳法、腰椎后伸扳法和肩关节的前屈扳法、外展扳法、内收扳法及肘关节扳法等。操作时不可粗暴用力和使用蛮力，不可逾越关节运动的生理范围，不可强求关节弹响，以免造成不良后果。此外，老年人伴有较严重的骨质增生、骨质疏松者慎用扳法，对于骨关节结核、骨肿瘤者禁用扳法。本法具有矫正畸形、纠正解剖位置的失常、松解粘连的作用，主要用于颈椎病、落枕、寰枢关节半脱位、肩周炎、腰椎间盘突出症、脊椎小关节紊乱、四肢关节外伤后功能障碍等。

7. 注意事项

(1) 体位的选择：手法操作前要选择好恰当的体位。对患者而言，宜选择感觉舒适，肌肉放松，既能维持较长时间，又有利于医生手法操作的体位。对医者来说，宜选择一个手法操作方便，并有利于手法运用、力量发挥的操作体位。

(2) 手法刺激强度的把握：一般来说，青壮年肌肉发达，手法的力量可适当地加大，以增强刺激；老年人或儿童肌肉松软者，手法力量应减轻，以免造成不必要的损伤。软组织损伤的初期，局部肿胀，疼痛剧烈，手法的压力宜轻；宿痛、劳损，或感觉迟钝、麻木者，手法刺激宜强。久病体弱，用力以轻为宜；初病体实，用力应适当加大。

(3) 手法操作过程中的施力原则：就一个完整的手法操作过程而言，一般应遵循"轻—重—轻"的原则，而具体在某一部位操作时，又需注意手法操作的轻重交替，以及点、线、面的结合运用。不可在某一点上持续性运用重手法刺激。

(4) 手法的变换与衔接：一个完整的手法操作过程往往由数种手法组合而成，操作时需要经常变换手法的种类，手法变换要做到自然、连续而不间断，如同行云流水，一气呵成。

(二) 小儿推拿手法

小儿推拿手法既有与成人推拿手法相同之处，又有其独立于成人推拿手法之外的特殊的操作方法，小儿推拿常用手法与某些成人推拿手法在名称、操作、动作要领等方面并无严格的区分,如揉法、掐法、擦法、捏脊法等,只是在手法运用时,其刺激强度、节律、速率等方面存在差异。由于小儿的生理病理特点决定了小儿推拿手法除要遵循成人推拿手法的基本要求外,还必须做到轻快柔和,平稳着实。小儿推拿手法与成人推拿手法的最大区别在于复式操作法,复式操作法是一种组合式手法操作,为小儿推拿所特有,其理论基础源于小儿特定穴。小儿穴位具有点、线、面三方面特点,这既决定了小儿推拿手法中复式操作法的产生和运用,也决定了小儿推拿和小儿穴位密不可分的关系,小儿推拿在小儿康复治疗尤其是脑瘫的康复中有重要作用。

1. **小儿推拿常用手法**　清代张振鋆在《厘正按摩要术》中首次将"按、摩、掐、揉、推、运、搓、摇"列为小儿推拿八法。随着小儿推拿的发展,许多成人推拿手法也变化运用到小儿推拿疗法中来,成为小儿推拿常用手法。

(1) 推法:用拇指或示指、中指的罗纹面着力,贴附于患儿体表的穴位或部位上,做单方向的直线或环旋移动,称为推法。根据操作方向的不同,可分为直推法、旋推法、分推法、合推法。操作时,一般需要辅以介质,如少许清水、葱姜汁或麻油等,随蘸随推。适用于小儿推拿特定穴中的线状穴位和五经穴,多用于头面部、四肢部、脊柱部。

(2) 揉法:用手指的指端或罗纹面、手掌大鱼际、掌根着力,吸定于一定的治疗部位或穴位上,做轻柔和缓的环旋样揉动动作,并带动该处的皮下组织一起揉动,称为揉法。操作时,着力部分不能与患儿皮肤发生摩擦运动,而是在吸定后带动该处的皮下组织一起揉动。适用于全身各部位或穴位。

(3) 按法:用拇指或中指的指端或罗纹面、掌根着力,吸定于一定的穴位或部位上,逐渐用力向下按压,一压一掀地持续进行,称为按法。根据着力部位不同,分为指按法和掌按法。操作时,按压的方向要垂直于受力平面向下用力,力量要由轻到重,逐渐增加,一压一掀。适用于全身各部的经络和穴位。

(4) 摩法:用示指、中指、环指、小指的指面或掌面着力,附着在患儿体表一定的部位或穴位上,做环形而有节律的抚摩动作,称为摩法,根据施术部位的不同,分为指摩法和掌摩法两种。操作时,肩、肘、腕关节放松,前臂主动运动,通过腕关节形成摩动,动作和缓协调,用力轻柔。主要适用于胸腹部。

(5) 掐法:用拇指爪甲切掐患儿的穴位或部位,称为掐法,又称切法、爪法、指针法。操作时,医者手握空拳,拇指伸直,指腹紧贴在示指中节桡侧缘,以拇指指甲着力,吸定在患儿需要治疗的穴位或部位上,垂直用力进行切掐。掐法强刺激较强,不宜长时间反复应用。适用于头面部和手足部的穴位。

2. **小儿推拿复式操作法**　复式操作法是小儿推拿疗法中的特定操作方法,它是用一种或几种手法在一个或几个穴位上按一定程序进行特殊的推拿操作方法,下面介绍几种常用复式操作法。

(1) 双凤展翅:医者先用两手示指、中指夹患儿两耳,并向上提数次后,再用一手或两手拇指端按、掐眉心、太阳、听会、水沟、承浆、颊车诸穴,每穴按、掐各3~5次,提3~5次。本法具有祛风寒、温肺经、止咳化痰作用,用于外感风寒、咳嗽多痰等上呼吸道疾患。

(2) 揉耳摇头:用双手拇指、示指罗纹面着力,分别相对捻揉患儿两耳垂后,再用双手捧患儿头部,将患儿头颈左右轻摇。揉耳垂20~30次,摇头10~20次。本法具有开窍镇惊、调和气血作用,用于治疗惊风。

(3) 按弦走搓摩:患儿坐位或家长将患儿抱坐怀中,将患儿两手交叉搭在对侧肩上,医者面对患儿而坐其身前。用两手掌面着力,轻贴在患儿两侧胁肋部,呈对称性地搓摩,并自上而下搓摩至肚角处50～300次。本法具有理气化痰、健脾消食作用,用于治疗痰积、咳嗽气喘、胸胁不畅、腹痛、腹胀、饮食积滞、肝脾肿大等病证。

(4)揉脐及龟尾并推七节骨:患儿仰卧位,医者用一手中指或示指、中指、环指三指罗纹面着力揉脐;然后使患儿俯卧位,医者再用中指或拇指罗纹面揉龟尾穴。最后,再用拇指罗纹面自龟尾穴向上推至命门穴为补,或自命门穴向下推至龟尾穴为泻,操作50～300次。本法具有通调任督、调理肠腑、止泻导滞作用,用于治疗泄泻、痢疾、便秘等病证。

(5)双龙摆尾:患儿仰卧位或坐位,医者用一手托扶患儿肘部,另一手拿住患儿示指和小指,向下扯摇,并左右摇动,似双龙摆尾之状,扯摇5～10次。本法可开通闭塞,用于治疗气滞、大小便闭结等病证。

3. 小儿捏脊法　小儿捏脊法由捏法、捻法、提法、推法等多种手法动作复合而成,常施于脊柱及其两侧。捏脊法为儿科常用手法,对治疗"积滞"一类病证有奇效,故又称捏积法。小儿捏脊法分为拇指前位捏脊法和拇指后位捏脊法两种。

(1)操作

1)拇指前位捏脊法:双手半握空拳状,腕关节略背伸,以示指、中指、环指和小指的背侧置于脊柱两侧,拇指伸直前按,并对准示指中节处。用拇指的罗纹面和示指中节的桡侧缘将皮肤捏起,并进行提捻,两手拇指要交替前按,前臂主动用力,推动示指桡侧缘前行。

2)拇指后位捏脊法:两手拇指伸直,两指端分置于脊柱两侧,指面向前;两手示、中指前按,腕关节微屈。以两手拇指与示指、中指罗纹面将皮肤捏起,并轻轻提捻,然后向前推行移动,在向前移动的捏脊过程中,两手拇指要前推,而示指、中指则需交替前按,两者相互配合,从而交替捏提捻动前行。

捏脊法每次操作一般均从龟尾穴开始,沿脊柱两侧向上终止于大椎穴为一遍,可连续操作3～5遍,一般以局部皮肤潮红或深红为度。为增加刺激量,常采用三步一提法,即每捏捻3次,便用力向上提拉1次。

(2)动作要领

1)拇指前位捏脊法要以拇指罗纹面同示指桡侧缘捏住皮肤,腕部一定要背伸,以利于前臂施力推动前行。

2)拇指后位捏脊法要以拇指和示指、中指的罗纹面捏住皮肤,腕部宜微悬,以利于拇指的推动前移。

3)捏提肌肤多少和用力要适度。捏提肌肤过多,则动作呆滞不易向前推动,过少则宜滑脱;用力过大宜疼痛,过小则刺激量不足。

4)需较大刺激量时,宜用拇指前位捏脊法;需较小或一般刺激量时,宜用拇指后位捏脊法。

5)捏脊法包含了捏、捻、提、推等复合动作,动作宜灵活协调。若掌握得法,操作娴熟,在提拉皮肤时,常发出较清晰"嗒、嗒"声。

(3)适用部位:脊柱及其两侧。

(4)作用:疏通经络、调整阴阳、促进气血运行、改善脏腑功能以及增强机体抗病能力,在健脾和胃方面的功效尤为突出。

(5)临床应用:小儿捏脊法主要应用于小儿积滞、疳证以及腹泻、便秘、夜啼、佝偻病等病证。

(6) 注意事项

1) 本疗法一般在空腹时进行,饭后不宜立即捏拿,需休息 2 h 后再进行。
2) 施术时室内温度要适中,手法宜轻柔。
3) 体质较差的小儿每日次数不宜过多,每次时间也不宜太长,以 3～5 min 为宜。
4) 在应用此法时,可配合刺四缝、开四关、药物、针刺、敷脐等疗法,以提高疗效。

4. 小儿推拿应用原则

(1) 小儿推拿手法操作的时间,一般来说以推法、揉法次数为多,而摩法时间较长,掐法则重、快、少,在掐后常继用揉法,而按法和揉法也常配合应用。

(2) 在临床应用上,小儿推拿手法经常是与具体穴位结合在一起的,如补肺经(旋推肺经穴)、清肺经(直推肺经穴)、掐水沟(用掐法于水沟穴)、揉中脘(用揉法于中脘穴)等。

(3) 掐、拿、捏等较强刺激的手法,一般应放在最后操作,以免刺激过强,使小儿哭闹,影响后面的操作治疗。

(4) 在手法操作时,常用一些介质,如姜汁、葱姜水、滑石粉、蛋清等。用介质不仅有润滑作用,防止擦破皮肤,还有助于提高疗效。

二、推拿疗法在中医康复中的应用

推拿对疾病和机体功能的康复作用,主要通过调节脏腑功能,促进气血流畅,舒筋活络,从而起到消肿止痛,促进创伤修复,改善皮肤营养,滑利关节,松解粘连,防止肌肉萎缩等功效。推拿适用于各科疾病所致身心功能障碍的康复,特别是对运动功能障碍的康复具有重要作用。

(一) 神经系统功能障碍

神经系统功能障碍多见于小儿脑瘫、偏瘫、截瘫、痴呆、失眠、健忘等病证,推拿具有通经活络、活血化瘀、醒脑开窍、宁心安神、镇静止痛的作用。如中风后遗症(肢体功能障碍为主),以舒筋通络、行气活血为治则,多采用推、抹、扫散、按、揉、滚、捏、搓、拿、拍等手法,取印堂、太阳、百会、风池、风府、肩井、肩髃、曲池、合谷、心俞、肝俞、膈俞、肾俞、环跳、委中、承山、太溪等穴。

(二) 消化系统功能障碍

消化系统功能障碍多见于胃痛、消化不良、胁痛、腹泻、便秘、慢性肝胆病变等病证,推拿具有健运脾胃、调和中焦、疏肝理气、通调腑气的作用。如便秘,以调理三焦、通调腑气为治则,多采用一指禅推、按、揉、捏、拿、摩等手法,取中脘、天枢、关元、支沟、胃俞、大肠俞、八髎、上巨虚、承山等穴。

(三) 呼吸系统功能障碍

呼吸系统功能障碍多见于急慢性支气管炎、支气管哮喘等病证,推拿具有调理肺气、宽胸理气、止咳平喘、调理呼吸的作用。如咳喘,以调理肺气、止咳平喘为治则,多采用平推、拿、按、揉、捏等手法,取风池、大椎、风门、肺俞、脾俞、曲池、合谷、中府、鱼际、膻中、大椎、丰隆等穴。

(四) 心血管系统功能障碍

心血管系统功能障碍多见于心悸、心痛、高血压、低血压、脉管炎、心律不齐等病证,推拿有活血化瘀、培补心阳、通脉止痛、调整血压的作用。如冠心病,以温通心阳、活血化瘀、通脉止痛为治则,多采用抹、摩、揉、按、捏、轻拍等手法,取膻中、鸠尾、心俞、至阳、内关、神门、足三里、三阴交、涌泉等穴。

（五）精神系统功能障碍

精神系统功能障碍多见于中风后抑郁、抑郁症等，推拿具有疏调情志、镇静安神、疏肝解郁的作用。如抑郁症，以疏肝解郁、调畅情志为治则，多采用一指禅推、推、摩、揉按、扫散等手法，取百会、风池、神庭、太阳、心俞、肝俞、期门、膻中、内关、神门、丰隆、三阴交、太冲、太溪等穴。

（六）泌尿系统功能障碍

泌尿系统功能障碍多见于遗尿、癃闭、小便淋漓不尽等，推拿具有补益肾气、疏通三焦气机、通利小便的作用。如小便不利，以补益肾气、通利小便为治则，多在下腹部和腰骶部采用揉、按、摩、振、搓和擦等手法，取气海、关元、中极、命门、三焦俞、肾俞、次髎、阴陵泉、水泉、涌泉等穴。

（七）运动系统功能障碍

运动系统功能障碍多见于因骨折、肌肉肌腱等软组织损伤、骨骼病变等所致的运动功能障碍，如颈椎病、腰椎病变、肩周炎、类风湿关节炎、痛风、骨关节病、扭伤、网球肘、痉挛性斜颈等。推拿具有舒筋活络、行气活血、化瘀止痛、通利关节、理筋整复的作用。

颈椎病　以舒筋活络、活血化瘀、理筋整复为治则。推拿手法以牵拉、拔伸为主，按压、揉、拿捏为辅，取风池、风府、肩髃、肩井、肩中俞、曲垣、天宗、曲池、手三里、小海、外关、后溪等穴。

肩关节病　以活血化瘀、消肿止痛为治则。采用推、揉、搓、按、弹拨、摇和抖法，取肩髃、肩贞、肩井、肩前、肩髎、肩中俞、天宗和曲池等穴。

腰椎病　以舒筋活络、活血化瘀、整骨复位、通络止痛为治则。手法以推、揉、搓、拿、擦、按、拉伸和扳等为主，取命门、腰阳关、肾俞、大肠俞、腰眼、居髎、环跳、承扶、殷门、委中、承山、昆仑等穴。

（田　辉）

第五节　传统体育康复法

我国古代的康复体育运动是被养生家和体育史学家所称的导引。"导"，指宣导气血；"引"，本是开弓，引申为伸展，伸展肢体之意。主要是以主动的肢体运动，配合呼吸运动或自我按摩而进行锻炼，相当于现今的气功和体育疗法。它以养生保健和"治未病"的医疗预防观点为理论基础，以我国传统的健身法作为自我锻炼和康复的手段，以达到强身、延年、防病、祛疾的体育和医疗的目的。

一、八段锦

八段锦是指八节运动肢体的动功，由古代导引总结而成，可谓是古代医疗保健体操。动作简单易行，作用明确，效果显著，一直流行于民间，深受人们欢迎。据说隋唐以后就有此名，多认为是南宋初年创编。据宋人洪迈的《夷坚志》记载，政和7年有李似矩在练八段锦。在长期流传中，又形成了许多流派，北派托名岳飞所传，以刚为特色，动作繁难；南派所谓梁世昌所传，以柔为特点，动作简易。

八段锦在流传中，为便于诵记，又编了歌诀，经过不断修改，至清代光绪初期逐渐定型为七言诀："两手托天理三焦，左右开弓似射雕；调理脾胃须单举，五劳七伤往后瞧；摇头摆尾去心火，两手攀足固肾腰；攒拳怒目增气力，背后七颠百病消。"概括了此功的基本要领和作用。常练此功不但可柔筋健骨，养气壮力；而且可以行气活血，调理脏腑。可作为辨证施功的基本功法之一。

（一）练习方法

1. **两手托天理三焦** 松静站立，两足分开同肩宽，宁神调息，舌抵上腭，气沉丹田，鼻吸口呼。两手由小腹前十指交叉，掌心向上（图 4-1），随吸气，缓缓屈肘上托，经前正中线的任脉，双臂抬至肩部，肘、腕部相平时，在胸前天突穴处翻掌，掌心向外向上，双臂逐渐伸直继续上托（图 4-2），并抬起脚跟，至头顶时仰头目视手背，稍停片刻。随呼气，松开交叉的双手，自两侧向下划弧，慢慢落于小腹前，仍十指交叉，掌心向上，恢复如起式。稍停片刻，再如前重复练 6~8 次。

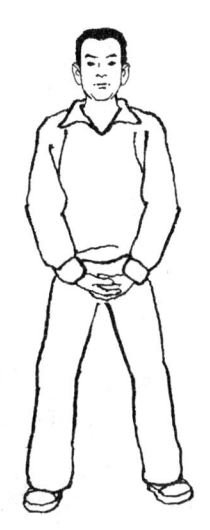
图 4-1 两手托天理三焦（1）

图 4-2 两手托天理三焦（2）

这一式从动作上看，主要是四肢、躯干和脏腑的伸展运动，以调理三焦为主。中医理论认为"上焦为胸腔主纳，中焦为腹腔主化，下焦为盆腔主泄"，即上焦主呼吸，中焦主消化，下焦主排泄。三焦概括了人体内脏的全部，因而进行三焦调理，对内脏功能均有影响。特别是对肠胃虚弱者作用尤为明显。上举吸气时，胸腔位置提高，增大膈肌运动，它较一般深呼吸可增大 1~3 cm，从而加大呼吸深度，减少胸腔内压，有利于静脉血回流心脏。此外，上举吸气，使横膈下降，由于抬脚跟站立，自然使小腹内收，从而形成逆呼吸，使腹腔内脏得到充分的自我按摩；呼气时上肢下落，膈肌向上松弛，腹肌亦同时松弛，此时腹压较一般深呼吸要低得多，这就改善了腹腔和盆腔内脏的血液循环。

平时人的两手总是处于半握拳或握拳状态，由于双手交叉上托，使手及颈项部、腰背部的肌肉、骨骼、韧带等能得到拉伸。此式对腰背痛、背肌僵硬、颈椎病、眼疾、便秘、下肢脉管炎等有一定的防治作用。

总之，此式是舒胸顺气，消食通便，固精补肾，强壮筋骨，解除疲劳等较佳方法。用于治疗痔疾和脉管炎时，要取高抬脚跟的做法，每次要反复练习 20 min。

2. **左右开弓似射雕** 松静站立如前，起式左足向左横跨一步，双膝屈膝下蹲成马步站桩，两膝做内扣劲，两足做下蹬劲，臀髋部呈下坐劲，想像如骑在奔驰的马背上，两手握空拳，屈肘放于两侧髋部，距髋约一拳许。随吸气，两手同时向胸前抬起，与乳相平（图 4-3），左臂弯曲为"弓手"，向左拉至极点，意如拉紧千斤硬弓，开弓如满月；同时右臂向右侧伸出为"箭手"，手指做剑诀（即示、中二指并拢伸直,其余三指环曲捏拢),顺势转头向右。通过剑指,凝视远方,意如弓箭待机而发(图4-4)。稍停片刻,随呼气将两膝伸直,两手收于胸前,再向上向两侧划弧,缓缓下落于两髋外侧,同时收回左腿,还原为站式。再换右足向右横跨,重复如上动作,如此左右交替做6~8次。

图4-3　左右开弓似射雕(1)

图4-4　左右开弓似射雕(2)

这一动作可以扩胸、屈腿、动臂,有宽胸理气的作用。同时可使胸椎、颈椎和腰椎的左右旋转运动,改善了上述部位的血液循环,尤其是改善了头、颈部的血液循环,可使大脑清醒,缓解疲劳。

3.调理脾胃须单举　松静站立如前,两臂下垂,掌心下按,手指向前两手同时向前向内划弧,顺势翻掌向上,指尖相对,在小腹前呈提抱式站桩(图4-5)。随吸气翻掌,手心向下,左手自左前方缓缓上举,手心上托,指尖向右,至头上左方将臂伸直;同时右手下按掌心向下,指尖向前,手臂向下伸直于右侧,上、下两手用劲(图4-6)。随呼气,左手自左上方缓缓下落,右手顺势向上,双手翻掌,手心向上,相接于小腹前,如起势。如此左右交替做6~8次。

图4-5　调理脾胃须单举(1)

图4-6　调理脾胃须单举(2)

这一动作主要作用于中焦,肢体伸展宜柔宜缓。由于两臂交替一手上举另一手下按,上下对拔拉力,使身体两侧肌肉特别是肝胆脾胃等脏器受到牵拉,从而促进了胃肠蠕动,增强消化功能。长期坚持练习,对上述脏器疾病有防治作用。熟练后亦可配合呼吸,上举吸气,下落呼气。

4. **五劳七伤往后瞧**　松静站立如前,先将左手掌劳宫穴贴在小腹下丹田处,右手掌贴左手背上(女性相反),配合顺腹式深呼吸,吸气使小腹充满(图4-7);随呼气,转头向左肩背后望去,想像内视左足心涌泉穴,并以意领气至左足心(图4-8);稍停片刻,再吸气,同时将头转向正面,并以意领气,从足心经大腿后面上升至尾闾,再到命门穴,随呼气,再转头向右肩背后望去,如此左右交替做6~8次。

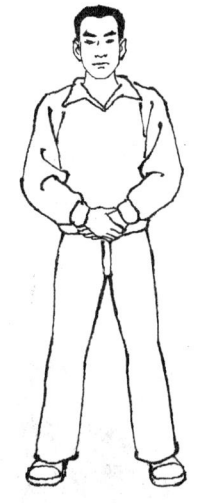
图4-7　五劳七伤往后瞧(1)

图4-8　五劳七伤往后瞧(2)

该式动作实际上是一项全身性的运动,尤其是腰、头颈、眼球等的运动。由于头颈的反复拧转运动,加强了颈部肌肉的伸缩能力,改善了头颈部的血液循环,有助于解除中枢神经系统的疲劳,增强和改善其功能。此式对防治脊柱疾病、眼病有效。

练习时要精神愉快,面带笑容,乐自心田生,笑自心内起。此外,此式不宜只做头颈部的拧转,要整个脊柱甚至两大腿也参与拧转。

5. **摇头摆尾去心火**　松静站立如同前,左足向前跨一步成马步,上体正直,二目平视,两手反按膝上部,臂肘做外撑劲;呼气,以意领气由下丹田(小腹)至足心,意守涌泉穴;吸气,同时以腰为轴,将躯干转至左前方,头与左膝呈一垂线,臀部向右下方做撑劲,目视右足尖,右臂绷直,左臂弯曲,以助摇摆,过正中线时开始吸气,意念同上,同时向反方向摇摆,动作同上(图4-9,图4-10)。如此左右摇摆6~8次。

此式动作除强调放松,以解除紧张,使头脑清醒外,还必须强调平心静气,俗谓"静以制躁"。"心火"为虚火上炎,可表现为烦躁不安的症状,此虚火宜在呼气时以两手拇指掐腰,引气血下行。

6. **两手攀足固肾腰**　松静站立如同前,两腿绷直,两手叉腰,四指向后托肾俞穴(图4-11)。先吸气,同时上身后仰,然后呼气,同时上体前俯,两手顺势从腰部沿膀胱经下摩至足跟,再向前攀足尖,意守涌泉穴(图4-12);然后直腰,手提至腰两侧叉腰,同时以意引气至腰间,意守命门穴(图4-11)。如此反复6~8次。

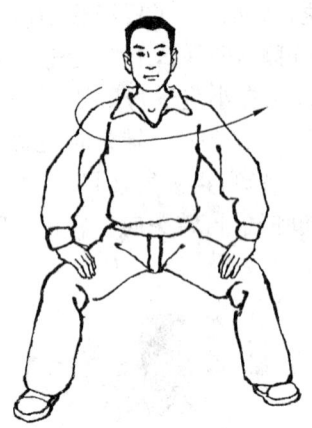

图 4-9 摇头摆尾去心火(1)

图 4-10 摇头摆尾去心火(2)

图 4-11 两手攀足固肾腰(1)

图 4-12 两手攀足固肾腰(2)

腰是全身运动的关键部位,这一势主要运动腰部,也加强了腹部及各个内脏器官的活动。中医认为,"腰为肾之府"、"肾为先天之本"、"藏精之脏",命门是元气之根本,五脏六腑的本源。命门穴在腰部,第二腰椎棘突下凹陷中,为督脉上的穴位,它是督脉沟通肾经的门户,命门的功能与肾阳关系密切。涌泉穴为肾经井穴,故常练此式可补肾壮阳、强腰健骨。

7. 攒拳怒目增气力　松静站立如同前,吸气,左足横出变马步,两手提至腰间半握拳,拳心向上,两拳相距三拳左右,两臂环抱如半月状,意守下丹田或命门穴(图4-13);随呼气将攒紧的左拳向左前方冲出,变拳心向下,同时右拳向后拉,使两臂争力,头顺势稍向左转,瞪目虎视,过左拳凝视远方(图4-14);稍停片刻,两拳同时收回原位,松开虚拳,随吸气两手向上划弧经两侧缓缓下落时呼气,收回左足还原为站式。左右交替做6～8次。

此式动作要求两拳握紧,两足趾用力抓地,舒胸直颈,聚精会神,瞪眼怒目。此式通过四肢肌肉松紧交替并配合呼吸及意念锻炼,可调理全身气机,促进气血运行,增强全身筋骨和肌肉的功能。

图 4-13 攢拳怒目增气力(1)

图 4-14 攢拳怒目增气力(2)

8. 背后七颠百病消 松静站立如同前，膝直足并，两臂下垂，平掌下按，指尖向前，意守丹田；随吸气向上提起足跟，稍停后，随呼气足跟下落着地，手掌下垂，全身放松(图 4-15、图 4-16)。提足时，用意念将头向上顶提，使神气贯顶、气贴于背；落地时，使头稍微受到振动。如此反复 6~8 次。最后恢复松静站立，自然呼吸 10 次收功。

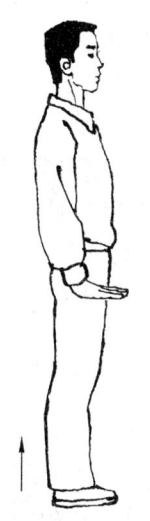
图 4-15 背后七颠百病消(1)

图 4-16 背后七颠百病消(2)

此式通过肢体导引，吸气两臂自身侧上举过头，呼气下落，同时放松全身，并将"浊气"自头向涌泉引之，排出体外。"浊气"是指所有紧张、愤怒、抑郁、委屈等不良情绪感受和污浊病气，古人谓之"排浊留清"或"去浊留清"。由于脚跟有节律性地弹性运动，使气机震荡，气血运行畅通而百病不生。

(二) 康复作用及临床应用

研究认为，这套功法能改善神经体液调节功能，加强血液循环，对腹腔脏器有柔和的按摩作用，能够激发各系统器官的功能，纠正机体异常的反应，对多种疾病都有医疗康复作用。长期坚持练习八段锦可增强体质，减少疾病。

"两手托天理三焦"法可舒胸顺气,调理脏腑,固精补肾,强壮筋骨,解除疲劳,滑利关节(尤其是对上肢和腰背)等。

"左右开弓似射雕"法可宽胸理气,行气活血。通过扩胸伸臂可以增强胸肋部和肩臂部肌力,加强呼吸和血液循环,缓解疲劳,有助于纠正书写等姿势不正确所造成的病态。

"调理脾胃须单举"法可健脾益气,调理脾胃,有助于促进胃肠蠕动,增强脾胃功能,防治胃肠病。

"五劳七伤向后瞧"法可健脑安神,消除疲劳,活血行气,调整脏腑功能,防治颈肩酸痛。

"摇头摆尾去心火"法可强身健肾,不仅治疗虚火上炎患者,而且对颈、腰椎关节进行锻炼。

"两手攀足固肾腰"法可增强腰部及下腹部的力量,补肾壮阳,强腰健骨。但高血压病和动脉硬化患者,头部不宜垂得太低。

"攒拳怒目增气力"法可激发经气,调理全身气机,促进气血运行,增强全身筋骨和肌肉的功能。

"背后七颠百病消"法可疏通背部经络,通畅气血,调整脏腑功能。

二、太极拳

太极拳运动中的立体螺旋运动模式与现代康复医学中 Bobath 技术、PNF 技术等训练中某些运动形式十分相似。在运用现代康复技术的基础上,太极拳广泛地运用于偏瘫等疾病的康复治疗中。

(一) 练习方法

太极拳的种类很多,其中流传较为广泛、特点较为显著的有陈式太极拳、杨式太极拳、吴式太极拳、武式太极拳、孙氏太极拳五派。近年国家为方便大家练习,综合上述五派特点先后创编了 24 式简化太极拳、48 式简化太极拳和 32 式简化太极拳。此外,有人近年根据有些患者及老年人不适宜练习复杂、过长的套路,创编了定式太极拳及各种站桩练习法。因为上述套路及动作均较为普及,故不做详细介绍。

(二) 康复作用及临床应用

1. 太极拳运动特点与现代康复原理的联系

(1) 太极拳的运动方式:太极拳是由练身、练意、练气三者结合而成,是一种"周身一家"、"劲走螺旋"的整体立体化运动。螺旋或对角线型运动可以增加对运动神经元的刺激,提高其兴奋性。太极拳强调意念运用的重要性,这与现代康复强调有意注意不谋而合。太极拳十分重视眼法的运用,这有助于偏瘫患者有意注意的形成和视空间能力的提高。在康复训练时配合太极拳呼吸训练法很重要,呼吸应深、长、匀、缓,并与动作协调配合。太极拳特别注重腰的训练,要求腰为主宰,以身带臂。现代康复也十分强调腰和躯干的训练,强调由近而远的训练原则。总之,太极拳的运动方式是比较合理的康复运动方式。

(2) 太极拳的内劲训练:太极拳要求在特定的意识支配下,使身体各个部分的活动达到高度协调,产生整体的"内劲"。可以把内劲理解为合理的运动模式,没有经过训练的人,在日常生活中形成了种种不合理的用力方法,太极拳称之为"僵劲"。为此,太极拳设计了"催僵化柔"的训练方法,将这些不合理的、僵硬的运动模式"柔化"为合理的、放松的运动模式,这种训练对偏瘫的康复同样有意义。太极拳的劲力分多种类型,如沾、粘、连、随、掤、挤、按、捋等。在偏瘫康复中,使用最多的是"掤劲"和"挤劲",其次是"按劲"和"捋劲"的训练。

(3) 站桩训练:站桩是保持一定的姿势,在意识的指导下进行的静力训练。现代康复也注重偏瘫患者的站位训练,如站位平衡训练、患侧负重练习等。常用的太极拳站桩式有无极桩、起势、收势、半马步、侧推桩、朝阳桩、川字桩、大字桩、丁步、金鸡独立、开合桩、升降桩、一字步等。

2. 太极拳训练在偏瘫康复中的应用注意事项　太极拳与康复的训练重点都是恢复正确的运动形式和控制能力,而不是力量和速度。太极拳特别强调肢体活动的流畅和连贯,动作柔和、缓慢,动作运行路线处处带有弧形,对偏瘫患者的功能改善很有帮助。

(1) 训练原则:太极拳训练顺序为,头和躯干是顶、脊、腰;上肢是肩、肘、腕、手、手指;下肢是髋、膝、踝、足、足趾。训练以腰、脊、躯干为先,侧重手部及上肢的功能训练;上肢应以伸肌群运动为主,屈肌为辅;下肢应以屈肌群运动为主,伸肌为辅;加强肌力和平衡的训练;肌肉协同和牵拉技术的运用。

(2) 训练方法

1) 上肢运动功能训练:医生训练患者"意气运动"、"身手放长",诱导患肢使用掤劲(手背向上、向外展的动作,即上肢伸肌群的劲力活动)进行弧形运动。在患肢稍有力时可灵活掌握抗阻力训练,也与现代康复的神经-肌肉本体感觉促进技术相结合。

2) 平衡训练:主要结合太极拳"无极桩"进行。身体自然端正站立,自然呼吸,两脚横开与肩同宽,两膝微屈,两臂自然下垂身侧,两掌心贴大腿外侧,五指自然伸展、散开,目视前方。患者做患侧下肢负重练习,健侧和患侧下肢重心转换。身体重心由一条腿过渡到另一条腿上时,要求速度均匀缓慢,细心体会双下肢的感觉才有效果。要适当掌握时间和运动量,注意膝关节保持微弯,不能有膝过伸。

3) 步态训练:多数偏瘫患者用健侧下肢持重,建议其配合太极拳的桩功训练,结合太极拳弓步、行步练习。

4) 单势训练:太极拳的许多招势有不同的训练侧重,在应用时可以根据患者的实际情况,选择相应的招势,进行单势练习,常选用的招势包括"云手"、"白鹤亮翅"、"野马分鬃"等。

(3) 太极拳训练在偏瘫各期康复中的方法选择

1) 早期(软瘫期):以训练躯干为主,主要是床上翻身训练,以腰脊旋转为主。上身在先,下体在后,以腰为主导,腰脊用力旋转,肩背及上肢向体前上方尽力前伸,下肢随上体运动而动,运动顺序是髋、膝、踝部。

2) 痉挛期:主要是将太极拳的"挤劲"引入康复训练。患者 Bobath 握手,前伸或上举,尽最大可能将双肘伸直,身体前伸至极限,使肢体尽可能地放长。

3) 偏瘫恢复期:可根据不同的功能障碍,选择不同的运动方法,如站桩、单势、内劲训练等。单个动作特别推荐"云手"这一拳势。

(4) 太极拳运动对康复医师的要求:在训练中医生的手不离开患者的手或身体部位,细心体会患者的用力模式,灵活运用"沾、粘、连、随"等太极拳方法,诱发患者潜能和引导患者活动。太极拳训练,特别强调动作缓慢,通过练习以调整身心"催僵化柔"。训练指导者应让患者全身放松,注意力集中于正确的运动形式,抑制错误的运动形式,适当示范,让患者体会到"劲"的感觉,反复学习。太极拳刚柔相济、快慢相间,使身心和肢体各部位得到均衡的锻炼。

3. **太极拳对其他系统疾病的康复作用及应用**　研究发现,太极拳运动对神经系统功能的改善起着重要的作用。通过降低交感神经紧张性,安定心神,平衡大脑皮质兴奋与抑制功能,从而达到保健功效。太极拳运动对于心血管系统疾病患者有较好疗效,并有预防心血管疾病的作用。太极拳练习者在运动中全身肌肉有节奏的放松与收缩以及毛细血管反射性的扩张,从而使周身气血畅通,减轻了心脏负担,起到恢复和增进健康的功能。此外,对呼吸及消化系统功能也有明显促进作用,能提高肺活量,增加胃肠蠕动,促进消化液分泌,从而有利于营养物质的消化、吸收,增进消化功能,防治便秘等。

长期练习太极拳的老年人,其肌肉的力量、控制力、耐力均有明显提高,骨矿物质含量、骨密度显著高于一般老年人。且由于太极拳对消化、呼吸、循环等系统功能的提高,使得骨骼肌肉系统得到充分的营养供应,故对防治中老年人常见的骨质疏松、骨折等具有积极作用。

三、洗髓易筋经

洗髓易筋经,原为西竺达摩祖师著。本功法在元以前仅流传于少林寺僧众之中,自明清以来,才日益流行,且演变为不同流派。内练曰洗髓,外练曰易筋,所以说洗髓易筋经是内外兼修、动静结合的气功强身法。内练为内功,可养精气神;外练为外功,可壮筋骨皮。

(一) 练习方法

所谓内功、外功实不可分,练外功时,必须配合内练行气之法。外功分十二势,每势都要力贯全臂,精神内守,默数呼吸。吸气时,暗示有气从下丹田而起,以意领气缓缓上升至胸,直上咽喉。然后呼气,自觉此气由咽喉经胸腹降至下丹田,如此一呼一吸为一个字,每势可练6～16个字,即6～16次呼吸。呼吸要均匀,细缓无声最妙,犹如抽丝一般。切不可用力鼓腹憋气,否则不但无益,且易出偏。姿势摆正后,必须灌劲于手臂,意想气贯两手,否则效验不显。手臂虽用力,但却要平心静气地运气。易筋经以十二势传播最广,刻本也很多,现介绍如下。

1. **韦驮献杵一势**　两足并立,相距二拳,挺胸收腹,头项正直,二目平视。左手并指翘掌,掌心向右,提至胸前,距胸一拳。右手并指翘掌,掌心向地,用力下按,置于下丹田,距腹一拳(图4-17)。歌诀曰:"立身期正直,环拱手当胸,气定神皆敛,心澄貌亦恭。"其运劲运气已如前述。

2. **韦驮献杵二势**　接前势,双掌合十,向前推平,掌心向下,成侧平举,足趾抓地,两手灌劲(图4-18)。歌诀曰:"足趾挂地,两手平开,心平气静,目瞪口呆。"

3. **韦驮献杵三势**　按前势,翘掌,掌心向外,使手指麻胀,产生气感;再从两侧上举至头上,两手掌心向上,虎口相对,呈圆月状,目视指尖,默数呼吸(图4-19)。歌诀曰:"掌托天门目上观,足尖着地立身端,力周骸胁浑如植,咬紧牙关不放宽;舌可生津将腭抵,鼻能调息觉心安,两拳缓缓收回处,用力还将挟重看。"

4. **摘星换斗势**　接前势,左臂从左侧下落,移向后背,尽量沿后背提高左手;右臂仍上举,随上半身左转,将手向左前方推出,勾掌,目视掌心(图4-20)。再换右臂移向后背,左右调换姿势。歌诀曰:"只手擎天掌覆头,更从掌内注双眸,鼻端吸气频调息,用力收回左右眸。"

图 4-17 韦驮献杵一势

图 4-18 韦驮献杵二势

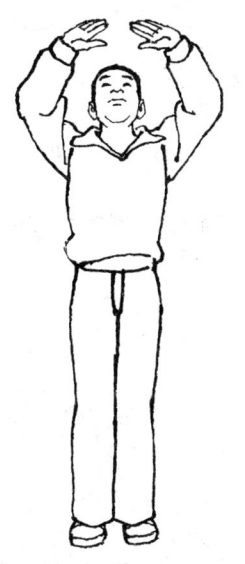
图 4-19 韦驮献杵三势

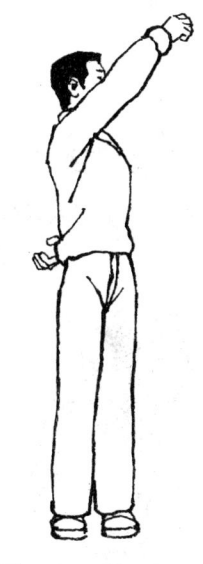
图 4-20 摘星换斗势

5. 出爪亮翅势　按前势，左臂从侧面下落，左手收回至背后，双手同时从背后沿两胁向前移动，翻转掌心向上，指尖向前，两臂同时前平举，灌力，默数呼吸如前述（图 4-21）。歌诀曰："挺身兼怒目，推手向当前，用力收回处，功须七次全。"据歌诀意，应重复此式 7 次，可翻转掌心向下、向外，双臂向两侧平举，再从两侧下落。双手移向后背，翻转从两胁向前伸出。

6. 倒拽九牛尾势　接前势，左腿向左前方迈出一步，呈弓步，右腿绷直；上身半左转，左手握拳，拳心向面部，左臂屈肘呈 90°角举向左上方，肩、肘关节相平，以意用力下拉，且用意而不用力；同时右手亦握拳，右臂屈肘呈 90°角移向下后方，以意用力上提右拳，使肩、肘关节尽量相平（图 4-22）。默数 6～16 次呼吸后，再左右调换姿势进行。歌诀曰："两骽后伸前屈，小腹运气空松，用力在于两膀，观拳须注双瞳。"

7. 九鬼拔马刀势　接前势,收回右腿,两足并立,左手放于背后,掌心向外;右手掌心贴耳抱头,头向左转,颈项与手争力,互相对抗(图4-23)。默数6~16次呼吸后,左右调换姿势进行。歌诀曰:"侧首弯肱,抱顶及颈,自头收回,弗嫌力猛,左右相轮,身直气静。"

8. 三盘落地势　接前势,双手下垂,左腿向左横跨半步,呈马步桩,足尖内扣,膝向外开,力灌全腿;双肘微屈,掌心向下,指尖向内,双手悬叉于腰前;舌抵上腭,瞪眼闭口,以意用力咬牙,双手下接腿部,默数6~16次呼吸后,两手翻掌,向上托起如千斤重,两腿同时收直(图4-24)。歌诀曰:"上腭坚撑舌,张眸意注牙,足开蹲似踞,手按猛如挚,两掌翻齐起,千斤重有加,瞪睛兼闭口,起立足无斜。"

图4-21　出爪亮翅势

图4-22　倒拽九牛尾势

图4-23　九鬼拔马刀势

图4-24　三盘落地势

9. 饿虎扑食势　接前势,右足向前迈出一大步,呈弓步,左腿后伸绷直,上身前俯,两手五指分开着地,昂首前视,挺胸塌腰(图4-25)。默数6~16次呼吸后,左右调换姿势。歌诀曰:"两足分蹲身似倾,屈伸左右骰相更,昂头胸作探前势,偃背腰还似砥平;鼻息调元均出入,指尖着地赖支撑,降龙伏虎神仙事,学得真形也卫生。"

10. 打躬势 接前势,收回左足,起身两足并立,两手十指交叉抱后头部,直膝弯腰俯首,使头尽量接近两膝(图4-26)。歌诀曰:"两手齐持脑,垂腰至膝间,头惟探胯下,口更啮牙关,掩耳聪教塞,调元气自闲,舌尖还抵腭,力在肘双弯。"可见练此势要咬牙切齿,舌抵上腭,两肘夹抱头侧,两臂紧掩双耳,鼻息还要调匀。

图4-25 饿虎扑食势

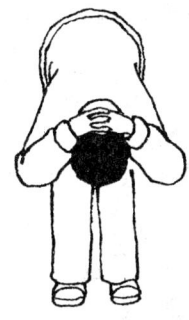

图4-26 打躬势

11. 躬尾势 接前势,两手十指交叉,掌心向上,托至胸前,翻转掌心向外向上,伸臂托天;旋即掌心向下,弯腰俯身,尽量双手触及足尖,足跟抬起,昂首瞪目(图4-27)。歌诀曰:"膝直膀伸,推手自地,瞪目昂头,凝神壹志;起而顿足,二十一次,左右伸肱,以七为志;更作坐功,盘膝垂眦,口注乃心,息调于鼻;定静乃起,厥功维备。"

12. 大鹏展翅势 接前势,直腰,两臂向两侧平举,翘掌,使腕关节与前臂呈90°角,旋臂使掌心向上,可使力灌全臂,默数呼吸6~16次(图4-28)。

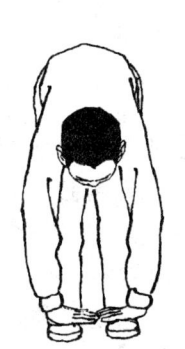

图4-27 躬尾势

图4-28 大鹏展翅势

(二) 康复作用及临床应用

正是由于易筋经内可以练气养气,外可以强筋壮骨,老、弱、病、残者等可作为锻炼、康复手段。但应量力而行,循序渐进,持之以恒,一般3~6个月即可收效,有增进饮食、改善睡眠、强筋健骨的功效。

1. 对内脏疾病的康复

(1) 神经衰弱：练功后有较好的改善头晕、耳鸣、心悸、气短、健忘等症状的作用。

(2) 慢性胃肠病：可促进胃肠蠕动，增强消化吸收功能，增进食欲，促进溃疡愈合。

(3) 心脑血管病：练时宜用意不用力，各势皆顺其自然，不必勉强，注意掌握好运动量（呼吸次数），也是安全而有效的康复手法。

(4) 呼吸系统疾病：应着意于调息运气，可改善肺功能，增强呼吸道抵抗力，提高代偿能力。

2. 骨关节疾病的康复　颈、腰椎患者，重点练习三、四、六、七、九、十、十一势。可改善脊椎、关节功能，加强周围肌肉的保护支撑能力，增加韧带的柔韧和弹性。

3. 肿瘤患者的康复　肿瘤病患者由于受肿瘤细胞侵袭及各种治疗的副作用影响，常常是元气大伤，体质一般都比较虚弱，卧床时间一般亦比较长，常会出现肌肉萎缩，关节强直，器官组织功能减退，生命质量降低；且由于机体免疫功能和抗病能力低下，使肿瘤病易于复发或恶化，进而危及生命，故而肿瘤病患者康复期应重视体育锻炼。但肿瘤病康复期因大病初愈，体质差、元气伤，恢复体育锻炼必须分适应阶段和巩固阶段。前阶段应严格掌握运动负荷量，以心理锻炼为主、体力锻炼为辅。后阶段则可在前一阶段锻炼的基础上，逐渐过渡到充分的有氧锻炼。

洗髓易筋经内外兼修、动静结合，早期以内练内功为主，可养精气神；后期外练外功，可壮筋骨皮，此特点正好符合肿瘤患者运动康复的要求。所以，肿瘤患者如果手术后及放疗、化疗后体质较弱，不耐肢体运动时可重点练习内功，以调心、调息为主。通过锻炼改善患者的情绪，使之摆脱苦闷、孤独、恐惧等不良心理，从而增强战胜肿瘤病的信心。待此后逐渐恢复体力，可选择几种合适的动作进行循序渐进的锻炼，以内外兼修。

具体动作选择可结合病情选择，如乳腺癌根治术后的患者，可多做以上肢运动为主的动作，以防患侧上肢浮肿和活动障碍；部分肺切除术后的患者，应多做呼吸功能锻炼，使残肺组织充分发挥代偿功能；胃肠道肿瘤切除术后的患者，可练全套易筋经，开展全身性活动，以调动全身的积极因素，促进胃肠道的消化吸收功能。

四、五禽戏

五禽戏是一套动功保健疗法，通过模仿动物的动作和神态达到强身防病的目的。五禽戏又称五禽操、五禽气功、百步汗戏等，最早记载"五禽戏"名目的是南北朝陶弘景的《养性延命录》，而将五禽戏整理总结成一种疗法的是我国古代著名医家华佗。《三国志·华佗传》记载："吾有一术，名五禽之戏，一曰虎，二曰鹿，三曰熊，四曰猿，五曰鸟。亦以除疾，兼利蹄足，以当导引。体有不快，起作一禽之戏，怡而汗出，因以着粉，身体轻便而欲食。"它是一种外动内静、动中求静、动静兼备、有刚有柔、刚柔并济、练内练外、内外兼练的仿生功法。

(一) 练习方法

五禽戏由 5 种动作组成，分别是熊戏、虎戏、猿戏、鹿戏和鸟戏，每种动作都是模仿了相应的动物动作。每种动作都是左右对称地各做一次，并配合气息调理。

1. 熊戏　身体自然站立，两脚平行分开与肩同宽，双臂自然下垂，两眼平视前方。先右腿屈膝,身体微向右转,同时右肩向前下晃动、右臂亦随之下沉、左肩则向外舒展、左臂微屈上提。然后左腿屈膝,其余动作与上左右相反。如此反复晃动,次数不限。

2. 虎戏　脚跟靠拢成立正姿势,两臂自然下垂,两眼平视前方。

(1) 左式:两腿屈膝下蹲,重心移至右腿,左脚虚步,脚掌点地、靠于右脚内踝处,同时两掌握拳提至腰两侧,拳心向上,眼看左前方。左脚向左前方斜进一步,右脚随之跟进半步,重心坐于右腿,左脚掌虚步点地,同时两拳沿胸部上抬,拳心向后,抬至口前两拳相对翻转变掌向前按出,高与胸齐,掌心向前,两掌虎口相对,眼看左手。

(2) 右式:右脚向前迈出半步,左脚随之跟至右脚内踝处,重心坐于左腿,右脚掌虚步点地,两腿屈膝,同时两掌变拳撤至腰两侧,拳心向上,眼看右前方。与左式同,唯左右相反。如此反复左右虎扑,次数不限。

3. 猿戏　脚跟靠拢成立正姿势,两臂自然下垂,两眼平视前方。

(1) 左式:两腿屈膝,左脚向前轻灵迈出,同时左手沿胸前至口平处向前如取物样探出,将达终点时,手掌撮拢成钩手,手腕自然下垂。右脚向前轻灵迈出,左脚随至右脚内踝处,脚掌虚步点地,同时右手沿胸前至口平处时向前如取物样探出,将达终点时,手掌撮拢成钩手,左手同时收至左肋下。左脚向后退步,右脚随之退至左脚内踝处,脚掌虚步点地,同时左手沿胸前至口平处向前如取物样探出,最终成为钩手,右手同时收回至右肋下。

(2) 右式:动作与左式相同,唯左右相反。

4. 鹿戏　身体自然直立,两臂自然下垂,两眼平视前方。

(1) 左式:右腿屈膝,身体后坐,左腿前伸,左膝微屈,左脚虚踏;左手前伸,左臂微屈,左手掌心向右,右手置于左肘内侧,右手掌心向左。两臂在身前同时逆时针方向旋转,左手绕环较右手大些,同时要注意腰胯、尾骶部的逆时针方向旋转。久而久之,过渡到以腰胯、尾骶部的旋转带动两臂的旋转。

(2) 右式:动作与左式相同,唯方向左右相反,绕环旋转方向亦有顺逆不同。

5. 鸟戏　两脚平行站立,两臂自然下垂,两眼平视前方。

(1) 左式:左脚向前迈进一步,右脚随之跟进半步,脚尖虚点地,同时两臂慢慢从身前抬起,掌心向上,与肩平时两臂向左右侧方举起,随之深吸气。右脚前进与左脚相并,两臂自侧方下落,掌心向下,同时下蹲,两臂在膝下相交,掌心向上,随之深呼气。

(2) 右式:同左式,唯左右相反。

练习五禽戏要做到全身放松,意守丹田,呼吸均匀,形神合一。练熊戏时要在沉稳之中寓有轻灵,将其剽悍之性表现出来;练虎戏时要表现出威武勇猛的神态,柔中有刚,刚中有柔;练猿戏时要仿效猿敏捷灵活之性;练鹿戏时要体现其静谧恬然之态;练鸟戏时要表现其展翅凌云之势,方可融形神为一体。

(二) 康复作用及临床应用

五禽戏能使人动作灵敏、协调平衡,改善关节功能及身体素质,不仅有利于高血压病、冠心病、高脂血症等的防治,而且对癌症患者的康复有较好的医疗保健作用。常练五禽之戏,可活动腰肢关节,壮腰健肾,疏肝健脾,补益心肺,从而达到祛病延年的目的。

五禽戏运动全面而周到,从四肢百骸到五官九窍,一动百动,从而也带动着脏腑进行活动。通过锻炼,有疏通经络、输布气血、增强肌肉力量、活跃生理功能等作用。根据中医的脏腑学说,五禽配五脏,虎戏主肝,能疏肝理气,舒筋活络;鹿戏主肾,能益气补肾,壮腰健骨;熊戏主脾,能调理脾胃,充实两肢;猿戏主心,能养心补脑,开窍益智;鸟戏主肺,能补肺宽胸,调畅气机。因为人体是一个有机的整体,五脏相辅相成。所以,五禽戏中任何一戏的演练,主治一脏的疾患,又兼顾其他各脏,达到祛病强身、延年益寿的功效。

(张喜林)

第六节　气功康复法

气功是指通过呼吸(调息)、意念(调心)、姿势(调身)相结合的练气和练意的功夫。气功康复法是患者用意识不断地调整呼吸和姿势,以意引气,循经运行,增强元气,调和气血、脏腑功能,恢复机体的阴阳平衡,从而促进身心康复的方法。它是中医康复学中独特的锻炼精、气、神的自我身心康复法。

由于医疗气功具有自我调控、内练精气神、外练筋骨皮、神形兼顾的作用,故应用范围很广,所谓"有病治病,无病强身",老弱病残者可用于摄生防病、治病强身。

气功的功法很多,可分为静功和动功两大类:常用的静功有放松功、内养功、强壮功、站桩功等,以练功时不做肢体运动为特征;动功多种多样,以导引运动、保健气功为主,练功时必须做肢体运动,而保健功又称按摩拍打功,它是气功中的辅助功种,既可疗疾又能健身,尤其适用于老年体弱患者。

一、放松功

(一) 练习方法

1. 练功姿势　行、立、坐、卧均可练习。民谚说"行如风,立如松,坐如钟,卧如弓",其实质是要求在放松的状态下保持脊柱正直和自然的曲度,并贯穿一种振作、敏捷、稳健的神态和气势,在这种意念支配下保持一定的姿势,就能逐渐做到"形正体松",气运自然,经络通畅。

2. 呼吸方法　以自然呼吸为主,尽量顺其自然。现代研究认为,缓慢深长的腹式呼吸,是最有利于放松和入静的呼吸方法。练放松功的基本呼吸方式是默念呼吸,即吸气时心里默念"静"字,呼气时默念"松"字。

3. 意念　这是练功的关键。主要是发挥自我暗示的作用,以良好的心理状态影响生理状态。以轻松愉快的心情,在松与紧、动与静的对比中,充分体验"松感"和"静景",逐步达到高层次的气功态境界。

4. 操作　全身放松地躺到床上,闭上眼睛,想像自己随波逐流地漂浮在水面上,或如一朵白云在天空飘荡。尽量把这种松感无限地延伸下去,"松"和"静"往往是互相促进的,在高度放松状态下,也很容易入静,往往会觉得自己与广阔无垠的宇宙融为一体了,好像自己也不存在了,已经溶化,这就是所谓"忘我"的入静境界,古人称为"坐忘"。这种无外无我的入静态是一种高级的气功态,有利于养生保健、祛病延年。

(二) 康复作用及临床应用

放松功是以吸气时默念"静"字,呼气时默念"松"字为引导方法,有步骤、有节奏地依次注意身体的各部位,逐步把全身调整得自然、轻松、舒适,进而解除精神紧张和形体疲劳,使身心都处于一种放松状态,让紧张与松弛趋于平衡。同时,应逐步集中注意力,摒除杂念。

如高血压病患者,可以想像如洗淋浴一样,呼气时如流水似的从头松到脚,这样下行放松,可引导气血下行,有利于休息放松和降低血压。如果血压偏低或低血压患者,可以想像如躺在河水里仰泳一样,呼气时好像河水从足向头上流过,从脚一直松到头。这样倒行放松,可引导气血上升,有利于体弱者补养气血和血压恢复正常。

临床应用于预防中风与中风后遗症、高血压、低血压、胃及十二指肠溃疡、冠心病、青光眼、哮喘、神经衰弱、内脏下垂、焦虑症以及精神紧张所引起的各种慢性疾病的治疗。

二、内养功

内养功是一种静功,它通过特定的姿势、呼吸和意念的调练,使形体松适、呼吸调和、意念恬静,从而起到静心宁神、复元固本、协调脏腑等作用。该功法的特点是在调息、调心上多法合用,帮助凝神聚气,使心静神宁,真气内养,故名内养功。

内养功在调息上,并用腹式呼吸法、节律呼吸法和动舌呼吸法;在调心上,并用意守法和默诵法。这种多法并用的方式能有效地控制心神外驰,使练功者易于凝神定志,进入心神静、脏腑动的境地,从而达到清心宁神、培补元气、调和气血、疏通经络、协调脏腑之功,促进慢性虚损病证的康复和老弱病残者保健延年。

(一)练习方法

1. 练功姿势　分为侧卧式、仰卧式、坐式和壮式四种。

(1)侧卧式:侧卧于床上,左右均可。以右侧卧为例,头略向前低,平衡地置于枕上。左臂自然伸直,放在同侧躯干之上,掌心向下,置于髋部。右臂屈曲,手指自然伸开,掌心向上,放在枕上,距离头部约2寸许。腰部略向前屈,右腿自然伸展,左腿屈曲约120°,放在右腿上。

(2)仰卧式:仰卧于床上,头颈端正,枕高25 cm左右,肩下垫高5 cm左右。两腿自然靠拢,两足相并。两上肢自然伸直,各贴于同侧躯干外侧面。

(3)坐式:身体端坐凳上,两腿自然分开,宽与肩同。两膝弯曲90°,两小腿平行并垂直于地面,两腿着地落实。两手掌心向下,自然放在两大腿的中1/3处。两肘关节自然弯曲并放松。

(4)壮式:基本要求与仰卧式同,唯需将枕垫高8寸许,肩背呈坡形垫实,不宜悬空。两脚并拢,脚尖向上。两手掌心向内,紧贴于大腿两侧。

2. 呼吸方法　内养功有三种呼吸法,要求以"吸"(吸气)、"呼"(呼气)、"停"(呼吸暂停)为节律,同时配合舌体起落和默念字句。默念字可由三个字开始,以后逐渐增加,但不应超过九个字,常用的字句有"自己静"、"通身松静"、"自己静坐好"、"脏腑动大脑静"、"坚持练功能健康"等。

(1)第一呼吸法:呼吸方式为鼻吸鼻呼,呼吸节律为"吸——停——呼"。行此法时,轻合口唇,以鼻吸气,以意领气下入丹田;然后呼吸暂停,使气暂住丹田;随后将气由鼻徐徐呼出。

本法与舌体动作及默念字句(以"通身松静"为例)的配合如下。吸:舌体上抵于腭,默念"通"字;停:保持舌抵上腭不动,默念"身松"字;呼:舌体下落,复于原位,默念"静"字。

(2)第二呼吸法:呼吸方式为鼻吸鼻呼或鼻吸口呼,呼吸节律为"吸——呼——停"。

本法与舌体动作及默念字句(以"通身松静"为例)的配合如下。吸:舌体上抵上腭,默念

"通"字;呼:舌体下落复于原位,默念"身"字;停:舌体不动,默念余下的"松静"两字。

(3) 第三呼吸法:呼吸方式为鼻吸鼻呼,呼吸节律为"少吸——停——多吸——呼"。

本法与舌体动作及默念字句(以三个字为宜)的配合如下。少吸:吸气少许,同时舌抵上腭,默念第一个字;停:保持舌抵上腭不动,默念第二个字;多吸:吸气多量,用意引入小腹,舌仍抵于上腭,默念第三个字;呼:紧接上式,不停顿,将气徐徐呼出,舌体下落复于原位。

3. 练功要领　练功时按选定的姿势摆好体位,宽解衣带,平心静气,建立练功意识。然后有意识地将头、颈、躯干、四肢的肌肉渐次放松,使身心处于一种松静状态。

呼吸法的选择要适合自身的具体情况,阳虚者可用第一呼吸法,阴虚者可用第二呼吸法,气血双亏者可用第三呼吸法。两种呼吸法不能并用,亦不能交替使用。

练功时以意念协调呼吸节律、舌体动作和默念字句,既要合乎法度,又要顺其自然,循序渐进,先易后难。默念字句贵在意读,切忌出声,字与字的间隔要均匀一致,不可贪功而有意延长时间,以免发生憋闷胀满的副作用。

内养功的意守部位有三,即丹田、膻中和脚趾,以丹田最为常用。练功时,意守部位是意念集中的场所,意守具有集中精神、排除杂念的作用。呼吸节律、舌体动作和默念字句等都必须与意守紧密联系,使意念在练功中自始至终不离开意守部位,而神凝气聚,强身健体,以达到康复目的。

不论意守何处,都应在自然的基础上轻轻意守,做到似守非守,但也不可无意守处。

(二) 康复作用及临床应用

内养功配合意守,侧重呼吸锻炼,通过意守和呼吸锻炼,达到大脑静、脏腑动的目的。具有宁心安神、调理脏腑、培补元气作用,对神经、循环系统,尤其是对消化系统和呼吸系统功能活动都有很好的调整作用。

临床应用于治疗慢性病证为主,如胃脘痛、泄泻、消渴、便秘、胁痛、眩晕、月经不调、痛经、癌症等。凡心痛、心悸、出血诸证和高血压性心脏病、风湿性心脏病、冠心病、心律不齐、心房纤颤等,皆属禁用之列。

三、强壮功

强壮功是将民间以及儒、道、佛三家用于呼吸养生的练功方法的精华,综合整理而成的一种功法,20 世纪 50 年代初与内养功同时推广应用。其特点原理与内养功相同,但在入手功夫上,内养功侧重调息,而强壮功侧重调心。

强壮功的姿势通常分为坐式、站式和自由式,在呼吸方法上采用静呼吸法、深呼吸法和逆呼吸法,加强了本功法的强壮作用。同时,在调身、调息的基础上,着重调心,即着重调整练功意识。意守丹田遵循"似守非守,绵绵若存"的原则,诱导深度入静,进而由静生动,使气血运行旺盛,起到康复治疗、防病健身、延年益寿、开发智力等作用。

(一) 练习方法

1. 练功姿势　分为坐式、站式、自由式三种。

(1) 坐式:有自然盘膝、单盘膝和双盘膝三式。

1) 自然盘膝:臀部着垫,两小腿交叉压在大腿之下,足掌向后外。头正身直,臀部稍向后,含胸松颈,头微前倾,两眼轻合,两臂自然下垂,两手相合或相叠,放在小腹之前大腿之上。

2) 单盘膝：双腿盘坐，左小腿置于右小腿上，左足背贴在右大腿上，足心朝上。或者右小腿置于左小腿上，右足背贴于左小腿上，足心朝上。

3) 双盘膝：两腿盘坐，两小腿交叉，右足置于左大腿上，左足置于右大腿上，两足心朝上。

(2) 站式：自然站立，两足平行分开与肩同宽。膝关节微曲，脊柱正直，头微前趋，两眼轻闭，松肩垂肘，前臂微曲。两手拇指与其他四指自然分开如捏物状，置于小腹之前；也可稍将前臂抬起，两手置于胸前呈抱球状。

站式练习在室内、外均可，但最好选择环境清静、空气新鲜之处，以利入静。

(3) 自由式：自由式是指不采取特定的姿势，使姿势与周围环境相适应。行、站、坐、卧，不拘一格，抽空练功。本式适于舟车旅行或工作间歇时练习。

2. **呼吸方法**　强壮功的呼吸方法有静呼吸法、深呼吸法和逆呼吸法三种。

(1) 静呼吸法：即自然呼吸法，不要求练功者有意识地改变呼吸方式，任其自然。

(2) 深呼吸法：吸气时胸腹均隆起，呼气时腹部凹陷。练功时用意念调整呼吸，使之逐渐达到深长、静细、均匀。

(3) 逆呼吸法：吸气时胸部扩张，腹部凹陷；呼气时胸部回缩，腹部外凸。练习此法必须循序渐进，不可急于求成，以免发生偏差。

强壮功的呼吸和内养功一样，要求用鼻呼吸，舌头轻抵上腭，但鼻通气不良者也可张开一点口辅助呼吸。深呼吸和逆呼吸法在饭后不宜进行，静呼吸法饭前、饭后均可。

3. **练功要领**　练强壮功时，要选择环境安宁、空气新鲜、光线柔和的地方。根据辨证施功的原则，正确选用呼吸方法，如初学者、年老体弱者可选用静呼吸法，失眠、心悸或大便秘结者可选用深呼吸法。

练功时必须意守丹田，即两目微合，目光向下，意守丹田，不可用劲。口唇闭合，舌尖抵住上腭，唾液多时，宜分次咽下，切勿吐出。

练功中出现杂念干扰，不要急躁，不可产生急于排除杂念的心理，应当见如不见，继续守好丹田，杂念就会逐渐消失。初学者也可运用数息法、随息法等帮助入静。练功日久，有人会产生热气团或热流，自丹田下尾闾，沿督脉上升头顶，然后沿任脉复归于丹田，古称"小周天"。对于这种现象，不要刻意追求，应顺其自然，有之勿喜，无之勿忧。事实上，只要练功能持之以恒，掌握要领，无论"小周天"是否形成，都能取得一定的疗效。相反的，过分追求"小周天"，往往引起练功时的偏差，影响气功的效果。

(二) 康复作用及临床应用

强壮功是在内养功的基础上进一步锻炼的静功，具有培元固本、养气壮力、健身防病、延年益寿的作用，临床应用于病后体弱、眩晕、耳鸣、失眠、健忘和便秘、月经不调等证。

四、站桩功

站桩功是一种形与神合、动静相兼、内外兼练的锻炼方法。站桩使整个躯干、四肢肌肉放松，中枢神经系统处于松静的自然状态，使得人自然而然地在轻松的气功状态中消除疲劳、改善精神状态。

站桩功大致分为养气型、练气型、发射型（即内气外放型）三类。这里主要介绍养气型，因为养气型功法以养气为主，内养真元，调理气血，桩式简易平稳，轻松自然，代表功法是乾坤养生桩。

(一)练习方法

1. 预备势　头平正,身正直,两脚平行比肩宽,两手自然下垂,两眼平视,舌抵上腭,全身放松,呼吸自然。

2. 练功势　膝下沉,屈膝不超过足尖,双目垂帘,脸带微笑,虚灵顶颈,含胸拔背,收腹提肛,双手呈龙爪形,手心气渐足,缓慢上提,手臂呈圆形,如同抱球,提至丹田前,双掌心向下,拇指、示指相对。

3. 收功势　全身放松,目视双足,两手由左右双侧升起,合向头顶,头顶与手掌两气相接后,两手沿任脉下降,将头部和胸胁的气下降于两足涌泉。

此桩的特点是练习时双手掌心向下,置放在丹田前,虎口相对,拇指斜对向丹田,巧妙地利用了肺经的经络之气,有效地形成了对丹田的渗透,加强了丹田之气的收聚。在意识上,全身放松,意在全身毛孔的舒展,体现了肺其华在毛、开窍在鼻的生理功能,调动内气,顺呼吸,开腠理,养真元,达到养生的目的。

该功法中形(姿势)、意(意念)、气力(支撑力)互相联系、互相制约。形:放松站立;意:收心摄意;气力:虽说全身关节放松,但肌肉、骨骼保持相应的支撑力,气到力到,力到气至,故有"力不练自生,气不行自行"一说。站桩有利于调整气息,使气血运行不受丝毫压制和影响,气的运行可直达四肢末梢、五脏六腑。直立姿势有助于下肢的平衡稳固,有助于形成上盘轻灵、下盘稳固,而进入气功上虚下实、气沉丹田的境界,能壮大丹田之气,加快丹田之气凝聚。

(二)康复作用及临床应用

站桩功是一种内外兼练的基础功夫。通过练习可使元气充沛,经气旺盛,四肢百骸得到气血充分的濡养和润泽,而使人生机旺盛,祛病延年。临床上既可用于体弱及病后虚损患者康复锻炼,也可用于喘证、哮证、失眠、胃痛、腰痛、水肿、郁证、痹证等患者。

五、保健功

保健功都是以自我按摩和简单肢体运动为主的动功,是在传统导引功法基础上编制的一种防治疾病、健身益寿的锻炼方法,又称保健操。

(一)练习方法

保健功共有18节,具体做法及功效如下。

1. 静坐　两腿盘膝坐,轻闭双目,含胸,舌抵上腭,两手四指轻握拇指,置于两侧大腿上,意守丹田,用鼻呼吸50次。初练者可采用自然呼吸,以后呼吸逐渐加深,也可以采用深呼吸或腹式呼吸。通过静坐的锻炼,可以安定情绪,排除杂念,放松肌肉,平静呼吸,为以下各节做好准备。

2. 耳功　即"鸣天鼓"。用两手分别按摩耳轮18次,然后以两手鱼际处掩住耳道,手指放在后脑部,用示指压中指并滑下轻弹后脑部24次,可听到咚咚响声。按摩耳轮可以刺激耳部穴位,对相应脏器起到调节作用。鸣天鼓可使鼓膜受到轻度振动刺激,能增强听力,防治耳鸣、耳聋。

3. 叩齿　思想集中,上、下牙齿轻叩36次,不要用力相碰。叩齿可以刺激牙齿,改善牙齿和牙周围的血液循环,保持牙齿坚固,预防牙病。

4. 舌功　即"搅海"。用舌在口腔内上、下牙齿外运转,左、右各18次,口内产生的唾液不要咽下或吐掉,接着漱津。

5. 漱津　闭着嘴,将舌功所产生的唾液鼓漱36次,分三小口咽下,咽下时用思想诱导着唾液慢慢到丹田。

舌功和漱津可激发津液的分泌,改善脾胃功能,增进食欲。

6. 擦鼻　两手拇指指背先擦热,然后用两手拇指指背夹鼻,轻轻地擦鼻翼两侧(以迎香穴为中心)各18次。肺开窍于鼻,此功可增强上呼吸道抵抗力,有预防感冒和治疗慢性鼻病的作用。

7. 目功　轻闭两眼,拇指微曲,用两侧指关节处轻轻擦两眼皮各18次。再用两拇指指背轻擦眼眉各18次。再轻闭两眼,眼珠左、右旋转各18次。此功可促进眼的活动,加速气血运行,防治目疾,增进视力。

8. 擦面　将两手掌互相摩擦发热,用两手掌由前额经鼻两侧往下擦,直至下颌,再由下颌反向上至前额。如此反复进行,一上一下,共36次。此功可促进面部气血运行,长期练习可使面色红润光泽。

9. 项功　两手指相互交叉抱后颈部,仰视,两手与颈争力3～9次。此功可治疗肩痛、目昏等症。

10. 揉肩　以左手掌揉右肩18次,再以右手掌揉左肩18次。此功可舒筋活络、滑利关节,用于防治肩部疼痛及活动障碍等。

11. 夹脊功　两手轻握拳,两上肢弯曲,肘关节呈90°,前后交替摆动18次。此功可促进肩关节及其周围肌肉活动。该动作同时使胸廓运动,可增强脏腑功能。

12. 搓腰　即"搓内肾"。先将两手互相搓热,以热手搓腰部两侧各18次。此功可促进腰部气血运行,调理腰部气机,用于防治腰痛等。

13. 搓尾骨　用两手的示指和中指揉尾骨部,两侧各36次。此功可促进局部气血运行,用于防治脱肛及痔疮等疾病。

14. 擦丹田　即擦小腹。将两手搓热,先用左手手掌沿着大肠蠕动方向绕脐做圆圈运动,即由右下腹至右上腹、左上腹、左下腹而返右下腹,如此周而复始100次;再将两手搓热,用上法以右手擦丹田100次;擦丹田能培补元气,健运脾胃。如有遗精、阳痿、早泄病,可用一手兜阴囊,一手擦丹田,左右手各擦81次,有强精固肾的作用。

15. 揉膝　用手掌揉膝关节,两手同时进行各100次。此功可强筋健腿,用于防治关节病。

16. 擦涌泉　用左手示、中指擦右足心100次,再用右手示、中指擦左足心100次。此功可调节心肾,引热下行,用于治疗头晕目眩等疾。

17. 织布式　坐式,两腿伸直并拢,足尖向上,手掌向外,两手向足部做推织姿势,同时躯干前俯,并配以呼气。推尽即返回,此时手掌向里,配以吸气。如此往返30次,使全身多关节得以运动,可疏筋通络、通利关节。此式腰部活动范围较大,可用于防治腰痛、腰酸。

18. 和带脉　自然盘坐,两手胸前相握,上身旋转,自左而右转16次,再自右而左转16次,探胸时吸气,缩胸时呼气。此功可强腰固肾,和脾健胃,帮助消化吸收。

(二) 康复作用及临床应用

此功法具有疏通经脉、调和营卫、畅通气血、舒利关节、健筋壮骨等作用,临床应用于高血压病、心脏疾患、慢性肝炎、慢性肾炎、腹胀、便秘、腰痛、痛经、闭经、子宫脱垂等疾病。

六、五行掌

五行掌是由五台山流传而来的养生祛病功法，其特点是三调并用、动静兼练、刚柔相济、虚实变换、松紧相辅、运动全面。五行掌包括预备活动和推、拓、扑、捏、摸五种功法，可根据病证或四季养生，选练相应功法，也可按顺序全套练习。

（一）练习方法

1. **功前预备活动** 宽衣松带，全身放松；轻轻叩齿36次，舌在口内搅动36次；分3次吞津，以意念送至脐下丹田处；以手指梳头数次，双掌相对搓热，然后干洗面36次。

2. **推法** 属木，与肝相应，默念"嘘"字。站立，两足平行，与肩同宽，两膝微屈，两臂下垂，屈腕，掌心向上，指尖相对，靠近小腹；以鼻缓缓吸气，意念暗示清气从两足蹞趾沿大腿内侧的肝经上升至两胁；与此同时，两手如托物状，缓缓上移，至胸前与肩平行时吸气尽；随呼气默念嘘字，暗示浊气尽出，清气由两胁沿肝经降至足蹞趾；同时反掌，掌心向前，指尖向上，随呼气双手缓缓向左前方推出，左脚随之向左前方迈出一步，呈弓步，重心在前屈的左腿上，右腿伸直；至呼气尽时反掌，掌心向上，指尖相对，向下收回至小腹前，同样伸左腿屈右膝，重心后移至右腿上，再开始吸气，如此反复5~10次，收回左腿；再换右脚向右前方迈出一步，并重复5~10次。做推法时，动作宜缓慢，配合柔和自然的呼吸，目光注视双手，屈腕稍用力，使指尖有得气感，意念暗示气血沿肝经循行路线升降，吸气时蹞趾微微上翘，而使得气容易。

3. **拓法** 属火，与心相应，默念"呵"字。预备姿势及动作基本同推法，但吸气时暗示清气从小指内侧沿心经路线至胸中；呼气时默念"呵"字，暗示浊气尽出，清气沿心经散至小指。同时，推出的双掌如拓碑帖状，由左向右缓缓移动，至呼气尽时，直腰双腿下蹲，掌心向上，指尖相对，双手向下收至小腹前；再开始吸气如初，并重复5~10次；收回左腿，再出右腿，从右向左拓，也重复5~10次。做拓法呼气时，除默念"呵"字外，要意守掌心劳宫穴和小指尖内侧的少冲穴，并使手指伸直用力上翘，以产生酥麻的气感，腰要正直，躯干随双手左右升降做划圆运动。

4. **扑法** 属土，与脾相应，默念"呼"字。预备姿势同推法；随吸气左腿屈膝，尽量上抬大腿，足尖向下，暗示清气从足蹞趾内侧沿腿内侧的脾经上升至腹部；同时左手屈肘，掌心向上，五指并拢自然微曲，以肘关节为轴，从小腹右侧向上，向左划弧运动，至与视线平时，吸气尽，掌心转向面部；随呼气默念"呼"字，暗示浊气尽出，清气沿大腿内侧的脾经下降；同时左脚向前迈出一步，左掌转向前方、向左，向下划圆，降至小腹前，又反掌向上，叠于右手背下；再吸气时，换右手右腿，动作同开始，如此交替地做5~10次，再后退做5~10次。做扑法时，手、眼、头、腿、呼吸、意念要配合好。

5. **捏法** 属金，与肺相应，默念"丝"字。左脚向左前方迈一大步，呈弓步，左臂向左前方伸，掌心向上，五指收拢如捏球状；右臂抬起，向后屈肘垂腕，掌心向下，五指亦如捏物状，屈肘40°左右，手置胸前，使肩、肘、手部相平；随吸气，伸直左腿，屈曲右腿，重心右移，臀向后坐；同时左臂屈肘收回，右臂在左臂上方向左前方伸出，两掌相对经过后，双双反掌，左掌向下，右掌向上；同时，暗示清气从拇指经臂内前缘的肺经吸入肺中；随呼气，左臂向前伸出，右臂屈肘收回，腿也呈前弓后箭，重心移向左前方，同开始动作；同时默念"丝"字，暗示浊气尽出，清气沿肺经散至拇指；如此反复5~10次后，再换右臂右腿向右前方迈出，也往复5~10次。做捏法时，动作应缓慢轻柔，躯干前后移动，而胸腰则左右扭转，以扩大肺活量。

6. 摸法 属水,与肾相应,默念"吹"字。左脚向左前方迈一大步,呈前弓后箭步,两臂自然下垂,肘微屈,掌心向下,指尖向前,置于小腹左前方平脐;随吸气,双手由左向右、向后收回,做划圆的抚摸动作,收至右下腹时吸气尽;同时左腿伸直,右膝屈曲,重心后移至右腿上,左足尖微微上翘,足跟着地,暗示清气从足心涌泉穴沿大腿内侧的肾经上升至腰部两肾;随呼气默念"吹"字,暗示浊气尽出,清气沿肾经降至涌泉穴;同时双手向左、向前摸出,意守掌心,手指微微上翘,以产生气感;同时屈左膝,伸右腿,重心前移至右腿上;呼气尽时,再开始做上述动作;如此反复做5~10次,再换右腿向右前方迈出,亦做5~10次。做摸法时,双掌与地面平行划圆,如磨豆腐一般,高不过脐,腰部随呼吸及双掌动作转圈,躯干要保持正直,这可加强对肾俞等穴的意守。

以上动作虽然简单,却能使脊椎和上、下肢各关节都得到充分活动。五行掌既可用于养生保健,也可用于临床康复治疗,其应用范围是很广的,是一种基本功法。

七、六字诀

六字诀自先秦流传至今已两千多年,六字诀养生法为吐纳法,它是通过六种不同的口型、发音,使唇、舌、齿、喉产生不同的形状和变化,从而造成胸腹腔内产生不同的内压力,影响不同的脏腑。其特点是以默念嘘(发 xu 音)、呵(发 ke 音)、呼(发 hu 音)、呬(发 si 音)、吹(发 chui 音)、嘻(发 xi 音)六字字音进行呼吸练习,用于调整内脏功能和通经活络。

(一)练习方法

1. 预备式 自然站立,双脚与肩同宽,两膝放松似屈非屈,松腰塌胯,含胸拔背,沉肩坠肘,平目而视,自然呼吸,逐步进入微微绵绵状态,大脑入静。

2. 呼吸法 一律采用顺腹式呼吸,即吸气时腹部自然隆起,呼气时腹部自然放松。练习时先吐后纳,以念字为吐,呼气时开口读字,呼气尽。并用提肛收腹缩肾(外生殖器)之力压出各脏腑之浊气。初练时,为了调整口型,可大声读出。待口型熟练能调动内气时,则呼气读字诀,吐气微微,不使耳闻,将该经络中浊气全部吐尽,则口唇轻闭,舌抵上腭,用鼻吸入清新空气。吸气尽可能用一个短呼吸,稍事休息,再做第二次呼气读字,每个字连做 6 次,做一次调息。"嘘、呵、呼、呬、吹、嘻"六字与肝、心、脾、肺、肾、三焦存在着联属关系,根据清代江慎修所著《河洛精蕴》中五音五行五脏的论述,六字诀与脏腑的关系应为:呵对应心;呬对应肺;嘘对应肝;呼对应脾;吹对应肾;嘻对应三焦。吸气时默念六字音则为补;全身放松并适当延长呼气,同时默念六字音则为泻。

3. 注意事项 松静自然是练六字诀的基本要求,从预备式到收功,每个动作都是在松静自然状态下进行的。"静"是指大脑入静,避免因七情等因素对人体的干扰。"松"是肌肉、关节放松,使外周神经的兴奋性降低,相应地支配肠胃、内分泌的自主神经兴奋性增高,从而加强胃肠的蠕动及其消化吸收功能,内分泌功能也同时增强。由于加强了脏腑功能,提高了机体的免疫力,起到强身健体的作用。"自然",即指各个动作放松自然,一切按照人体的生理规律进行锻炼,这样会起到调节脏腑功能的作用,脏腑功能协调一致,从而预防和治疗疾病。

(二)康复作用及临床应用

运用六字诀时,应对患有不同证候的患者进行辨证施功。如对表现有胸胁胀满、阳气逆上、心烦易怒、小便癃闭、食欲不振者则用"嘘字功"以平肝气;对表现有心火上炎、咽喉肿痛、口舌生疮、心烦不安、口渴尿赤、心悸失眠者则用"呵字功"去心火、滋心阴；对表现有四肢无力、浮肿、泄泻、呕吐腹胀、消化不良者则用"呼字功"培脾胃；对表现有咳喘、尿频、气短、肩背痛、怕冷者则用"呬字功"以理肺气；对表现有腰膝酸软、脱发落齿、眼花、多梦、易惊、尿急、尿频、阳痿遗精、月经不调者则用"吹字功"以强肾固精等；"嘻字功"用于三焦不畅而引起的眩晕、耳鸣、喉痛、胸腹胀闷、小便不利等疾患。

也可在全面练习六字诀的基础上，对表现有不同证候的患者再加练其相应的某一个字，这样即表现了整体调理原则，又体现了辨证论治的特点。

（张喜林）

第七节　饮食康复法

饮食康复法是在中医基础理论的指导下，根据食物的性味、归经、功效，选择具有康复治疗意义的食物或食物与药物配合的药膳，按照饮食调理的原则，以促进身心康复的一种康复方法。

饮食康复法所形成的康复食谱有别于日常食谱，其作用表现为：①具有康复身心的作用，如《千金要方·食谱》说"食能排邪而安脏腑，悦神爽志以资气血"。②具有延年益寿的作用，如《素问·生气通天论篇》云"谨和五味"，则"长有天命"。③具有瘥后调理的作用，《医宗金鉴·伤寒心法要诀》说："新愈之后，藏府气血皆不足，营卫不通，肠胃未和，惟宜白粥静养。"

饮食康复法，一般分为饮食疗法、药膳疗法两种，适用于多种病证的康复。

一、饮食疗法

饮食疗法简称食疗、食治，是利用食物来影响机体各方面的功能，使其获得健康或愈疾防病的一种方法。

由于康复患者元气亏损，气血不足，脏腑功能衰减，气机郁滞，阴阳失调，而食疗与中药治疗疾病一样可因其寒、热、温、凉属性的不同而功效各异。如《本草求真·卷九》说："食之入口，等于药之治病，同为一理。"所以，在辨证的基础上，可施用食疗以扶正补虚，协调阴阳的偏盛偏衰。正如《养老奉亲书·序》说："是以一身中之阴阳运行，五行相生莫不由于饮食也。"如羊肉味甘性温热，有补虚温中、益肾壮阳之效，故能治疗脏腑虚寒一类病证，以调整脏腑功能，恢复阴阳平衡。

（一）基本原则

食物作用于人体，需根据一定的原则来应用。食物虽然作用平和，仍有一定的偏性，故要根据不同食物的特点进行灵活取舍，并应强调合理利用。即根据个体需要，选用相应食物，或合理搭配，以符合人体健康需要。具体应坚持如下原则。

1. **整体性**　人体的生理、病理受多方面因素的影响，如春夏秋冬气候的变迁、东南西北地势的高下、个体长幼体质的差异等。因此，饮食养生必须根据具体情况区别对待，掌握因人、因时、因地制宜的整体性原则，灵活选食。

（1）因人制宜：即重视饮食的个体特异性，根据体质、年龄、性别等不同特点来配制膳食。以体质而论，阳虚阴盛之体，宜食温热而不宜寒凉；阴虚阳盛之体，宜食清润而不宜辛辣；痰湿体质的人，宜食清淡利湿之品，少吃肥甘油腻；素体脾胃虚者，宜食温软之品，忌吃粗硬生冷；过敏体质之人,又应慎食海腥、鱼虾之类,以免诱发风疹、哮喘等病。从年龄而言,老人生机减退,脾胃功能多虚,只宜茹淡平补,五味不宜太过,厚腻炙煿、辛辣生冷等食物皆应慎食或节食。因此,老人饮食以素为主,清淡可口,烹调上要做到熟、细、软、烂,进食宜少吃多餐。最好是多食些粥类,因为粥能推陈致新,养胃生津,极易消化,可培育后天,令五脏安和,对老年人的脏腑尤为相宜。小儿脏腑娇嫩,脾胃未健,气血未充,但生机蓬勃,发育迅速。因而,为了满足小儿生长发育的需要,饮食营养必须丰富、全面、合理。婴儿期,提倡母乳喂养,注意"乳贵有时",正确掌握哺乳的时间、方法、数量及断奶的时间。断奶后,在保证充足营养的基础上,要注意"食贵有节",即饥饱适度,不能纵口填腹,否则小儿饮食过量,更伤脾胃,致使消化、吸收障碍,营养不能为机体所用,从而形成营养不良,或营养过剩导致肥胖。正如《格致余论·慈幼论》所说:"惟务姑息,畏其啼哭,无所不与,积成痼疾,虽悔何及。"在性别方面,主要是女子以血为用,有经、带、胎、产的生理特点。如经期前后,饮食宜温,切忌寒凉酸冷,以适应气血喜温恶寒的特性。若恣意进食生冷瓜果或酸凉饮料,可使胞宫经脉拘急,血液运行不畅,发生痛经、闭经等。当然,若过食辛辣,亦能生热动血,导致经量增多,或经期延长。妊娠期间,由于胎儿生长发育的需要,应增加营养,但不可偏嗜,一般认为产前宜清补,有"产前一盆火,饮食不宜暖"之说。分娩后气血多虚,且血液上行化为乳汁,故当用血肉有情之品补益气血,并宜温补,因产后体质多属虚寒,故又有"产后一块冰,寒物用当心"的说法。

(2)因时制宜:一年四季有寒热温凉之别,食物性能也有清凉、甘淡、辛热、温补之异,故饮食摄养宜顺应四时而调整。《饮膳正要·卷二·四时所宜》明确指出:"春气温宜食麦以凉之,夏气热宜食菽以寒之,秋气燥宜食麻以润其燥,冬气寒宜食黍以治其寒。"

春三月,气候渐温,万物复苏,人体肝气当令。《千金要方·食治·序论》中有"省酸增甘,以养脾气"之说,其意是要求少吃酸味食物以制肝木旺盛,多吃甜味食物以增强脾的功能。一般认为春宜甘温平淡,再适当地配合具有清肝疏肝作用的食物,如小白菜、油菜、胡萝卜、芹菜、菠菜、荠菜、荸荠等。

夏三月,暑气当令,气候炎热。人体消化功能下降,食欲普遍不振。因此,夏季饮食应以甘寒清淡、富有营养、易于消化为原则,并少吃肥腻、辛辣、燥热等助阳上火、积湿生热之品。宜食西瓜、黄瓜、绿豆、扁豆、玉米、薏苡仁、豇豆、豌豆、冬瓜、丝瓜、西红柿、枇杷等,清淡的饮食能清热、防暑、敛汗、补液,还能增进食欲。此外,夏季出汗较多,津液亏乏,故多吃些新鲜蔬菜水果,既可满足所需营养,又可预防中暑。肥腻食物一般难以消化,特别是在长夏季节,易致湿困脾虚,因而忌食。

秋三月,炎暑渐消,金风送爽,气候偏于干燥,且肺气当令。故在饮食方面多选择甘润性平的食物,以生津养肺,润燥护肤,如梨、柿子、香蕉、甘蔗、菠萝、百合、银耳、萝卜和乳品、芝麻、糯米、蜂蜜等。此外,秋季人体肠胃内虚,抵抗力较弱,是胃肠疾病的多发季节。此时要特别注意饮食卫生,防止病从口入,虽然天气尚有余热,也不可多食瓜果,贪凉饮冷,以免损伤脾胃。

冬三月,气候严寒,万物凋谢,朔风凛冽,冰冻虫伏,易伤阳气,故饮食宜选温补的食物,以助人体的阳气,尤其是要补助肾阳,如选择牛肉、羊肉、狗肉、桂圆、红枣、核桃仁等食物。在调味品上,也可多吃些辛辣之品,如辣椒、胡椒、葱、姜、蒜等。不过,冬令饮食虽以温热为宜,但亦要注意到人体内在的生理变化。因为气候虽冷,但人体腹内较温,故温热的食物亦不宜吃得过多,否则有耗阴伤精之弊。又由于冬季人体生理活动处于抑制状态,新陈代谢相对较低,且人的消化能力有所增强。所以,根据中医学"冬藏精"的自然规律,冬月进补才能使营养物质转化的能量最大限度地贮存于体内,以滋养五脏,培育元气,提高人体的抵抗力,为来年的健康打下良好的基础。

(3) 因地制宜：不同的区域，有不同的地理特点、气候条件，人们的生活习惯也不相同，故应采取相适宜的饮食养生方法。例如，我国西北地区，地处多高原，气候较寒冷、干燥；东南地区，地势偏低洼，气候较温热、潮湿。根据这一特点，在饮食上应有所选择，以适应养生的需要。通常是高原之人阳气易伤，宜食温性之品以胜寒凉之气；又由于多风燥，耗损人体阴液使皮肤燥裂，故宜用滋润的食物以胜其干燥。而平原之人阴气不足，湿气偏盛，要多食一些甘凉或清淡通利之品，以养阴益气，宽胸祛湿。总之，根据地区的不同，正确选择对身体有益的食物。

2. 辨证施食　所谓辨证施食，即指根据不同的病证来选配食物。因此，在疾病治疗过程中，食物的选配应在辨证施食的原则下进行，如虚证宜用补益之物，实证宜用祛邪之品，表证宜用发散之品，里实证宜用通泄之品，里寒证宜用温里之品，里热证宜用清泄之品。针对同一种疾病，在临床上可表现出多种不同的证候，在选择食物时亦有差别。如同为泄泻，属湿热内蕴证，宜食马齿苋；属食积中焦证，宜食山楂、萝卜；属脾胃虚弱证，宜食莲子、藕；属气滞胃脘痛宜食橘子，但不宜食柿子；属胃阴不足应食含水分较多的水果，不宜食干果。

3. 辨病施食　一种疾病的发生发展变化，在病理、生理上具有其独特的内在规律，尽管在不同人体和不同阶段，其证候的表现有异，但它固有的变化规律依然存在，在治疗中必须注意到疾病的特殊性，故食疗也讲究辨病施治，如遗精病，无论何证均宜用莲子；消渴病，宜食用南瓜、山药。在食物选配时，既要注意证候的多样性，又要重视疾病的内在特殊本质，在疾病的诊断确立后，辨明其证候是正确选用食物的前提，掌握每一食物的性能特点，有针对性施用，是保证治疗效果的重要基础。辨证与辨病，两者相辅相成，不可顾此失彼。

4. 合理调配　由于食物的种类多种多样，所含营养成分各不相同，只有做到合理调配，才能保证人体正常生命活动所需要的各种营养。

(1) 谨和五味：五味，指辛、甘、酸、苦、咸五种味道。五味与五脏的生理功能有着密切的关系，对人体的作用各不相同。《素问·至真要大论篇》说："夫五味入胃，各归所喜。故酸先入肝，苦先入心，甘先入脾，辛先入肺，咸先入肾。"说明五味对五脏有其特定的亲和性，五味调和则能滋养五脏，补益五脏之气，强壮身体。正如《素问·生气通天论篇》所说："谨和五味，骨正筋柔，气血以流，腠理以密，如是则骨气以精。谨道如法，长有天命。"当然，五味偏嗜甚至太过，久之也会引起相应脏气的偏盛偏衰，导致五脏之间的功能活动失调。如《素问·五藏生成篇》说："多食咸，则脉凝泣而变色；多食苦，则皮槁而毛拔；多食辛，则筋急而爪枯；多食酸，则肉胝䐢而唇揭；多食甘，则骨痛而发落。此五味之所伤也。"可见，五味对五脏具有双重作用，不可偏颇，应五味和调有节，才有助于饮食营养的消化吸收。根据现代药理学研究，适当吃些酸食，可健脾开胃，促进食欲，并增强肝脏的功能，提高钙、磷元素的吸收。但过量服食可引起胃肠道痉挛及消化功能紊乱，故脾胃有病者宜少食。苦味具有除烦燥湿、清热解毒、泻火通便、利尿等作用，但多食将会引起腹泻、消化不良等。甘味具有补养气血、解除肌肉疲劳、调和脾胃、缓解疼痛、解毒等作用，但过食甜腻之品，则会壅塞滞气、助湿生痰，甚至诱发消渴病。辛味可发散、行气、活血，能刺激胃肠蠕动，增加消化液的分泌，还能促进血液循环和机体代谢，祛风散寒、解表止痛，但食之过量会刺激胃黏膜，故患有痔疮、肛裂、消化道溃疡、便秘和神经衰弱的患者不食为好。咸味能软坚润下，有调节人体细胞和血液的渗透压平衡以及正常的水钠钾代谢作用，在呕吐、腹泻及大汗后，适量喝点淡盐水，可防止体内微量元素的缺乏，但过食可诱发水肿、高血压病、动脉硬化等。

(2) 粗细结合：粗细结合是指主食中的五谷相杂。五谷，是稻、麦、薯及豆一类食物，含有丰富的碳水化合物,为人体提供了必须的热量和能量。所谓五谷相杂,是说人们每天的主食,不可单一化,应粗粮与细粮相结合,才能符合人体的营养结构,满足人体气、血、津液等物质生成的需要。在五谷中,一般认为上等的粳米、面粉为精细品,而高粱、玉米、大麦之类为粗粮。近年来,随着人们生活水平的不断提高,不少人只把营养视为肉、鱼、奶、蛋、精米、白面,忽视了营养丰富、保健力强的粗粮。其实,从营养学观点来看,所谓精品其营养价值反而不如粗粮高。据现代营养学测定,同样 1kg 粮食,供给热能较多、蛋白质含量较高的是莜麦面、糜子面,其次为小米、玉米和高粱,而大米、白面的含量最低。小米、玉米中的钙相当于精细米的 2 倍,铁为 3～4 倍。维生素及纤维素的含量,精品更比粗粮少。不少粗粮还有防病治病的特殊功效,如玉米富含木质素可使体内巨噬细胞的吞噬功能增强 2～3 倍,谷胱甘肽的抗氧化能力比维生素 E 还强 500 倍,能有效地清除自由基。而甘薯含有一种令癌细胞凋亡的化学武器——去氧表酮,其抗癌功力,远比茶叶为强。至于米糠、南瓜、马铃薯等,均能分别提供大量的胡萝卜素、多种维生素以及硒、镁等矿物质和微量元素,是祛病防病的重要物质。因此,无论从营养学角度,还是从防病延年的角度来看,都应五谷相杂,粗细结合,否则不仅不能满足人体营养的需要,严重的还会产生脚气病等营养缺乏症。

(3) 荤素搭配:荤素搭配是指进食菜肴时,当有荤有素,合理搭配。荤指肉类食物,素指蔬菜、水果等。中医养生学历来是讲究素食,如《遵生八笺·延年却病笺·饮食当知所忌论》说:"蔬食菜羹,欢然一饱,可以延年。"但讲究素食,并不等于不吃荤菜,因肉类对人体尤其是青少年的生长发育,也有着重要的作用。清代医家章穆的《调疾饮食辨·鸟兽类·豕》说:"大抵肉能补肉,故丰肌体、泽皮肤,又能润肠胃、生津液……内滋外腴,子孙繁衍。"指出肉类对内滋养脏腑,对外润泽肌肤,并有利于生殖后代。不过,若偏嗜膏粱厚味,反而有害无益,容易助湿、生痰、化热,导致某些疾病的发生。如"消瘅仆击、偏枯痿厥、气满发逆"等病的病机,是由于"肥贵人则高粱之疾也"(《素问·通评虚实论篇》);"脾瘅"的病因是由于"数食甘美而多肥",以致口甘、内热、中满,甚至转为消渴(《素问·奇病论篇》);还有痈肿的发生也与多食肥甘有关,所谓"高粱之变,足生大丁"(《素问·生气通天论篇》)。这与现代医学认为动物性脂肪中含有大量的饱和脂肪酸和胆固醇,过食可能形成高脂血症、动脉粥样硬化、冠心病、糖尿病、胆结石、肥胖症等观点是一致的。因此,历代养生家都强调,肥浓油腻之品太过,即成腐肠之药,提倡要多食"谷菽菜果,自然冲和之味,有食人补阴之功"(《格致余论·茹淡论》)。

从现代营养学的角度看,也主张既要荤素搭配,又要以素为主。因荤素食的合理搭配,能满足人们的营养需要。而素食不但有补益的功能,还有疏通胃肠、帮助消化的作用。素食中含有较多的维生素 C、维生素 E 和大量的纤维素。维生素 C 可促进细胞对氧的吸收,有利于细胞的修复;维生素 E 能促进细胞分裂,延缓细胞衰老;而纤维素可促进胃肠蠕动,有利于通便,成为防治胃肠疾病的重要因素。曾有人总结了素食的五大优点,即增加营养有助消化,防止某种营养缺乏症的发生,防止肥胖,有利于血管的疏通,防癌治癌。尤其是新鲜的蔬菜、干果、浆果等,生物活性极高,是延年益寿的良好食物。一般而言,比较合理的菜肴是蔬菜的总量要超过荤菜的 1 倍。通过长寿地区的实际调查,证明了以食各类蔬菜瓜果为主者,多获得高寿。在我国百岁以上的老人中,大多数人的饮食习惯也都有荤素搭配,以素为主的特点。

(4) 寒热适宜:寒热适宜,一方面指食物属性的阴阳寒热应互相调和,另一方面指饮食入腹时的生熟情况或冷烫温度要适宜。食物除五味外,还有寒热温凉等不同的性质。《寿世保元·

饮食》说:"所谓热物者,如膏粱、辛辣厚味之物是也,谷肉多有之;寒物者,冰水、瓜桃生冷之物是也,菜果多有之。"属于前者的还包括姜、椒、蒜、韭等,属于后者的还包括鱼、鳖、蟹、贝类水产等。张介宾《景岳全书·杂证谟·饮食门》指出"饮食致病,凡伤于热者,多为火热,而停滞者少",可见阴虚痰热、胃脘灼痛、热结旁流等证,外可见疮疡痈肿等。"伤于寒者,多为停滞,而全非火症",常见食滞腹胀、腹痛、泄泻,甚至飧泄滑脱、手足厥冷等。

此外,进食时食物的寒热也要讲究,应适合人体的温度。《灵枢·师传》说:"食饮者,热无灼灼,寒无沧沧。寒温中适,故气将持,乃不致邪僻也。"孙思邈《千金翼方·养性·养性禁忌》更进一步指出:"热无灼唇,冷无冰齿。"意即进热食时,口唇不能有灼热感,吃寒食时,也不能使牙齿感觉冰凉。这是因为过食温热之品,容易损伤脾胃之阴液;过食寒凉之物,容易损伤脾胃之阳气,从而使人体阴阳失调,出现形寒肢冷、腹痛腹泻,或口干口臭、便秘、痔疮等病症。故《寿亲养老新书·饮食用暖》说:"饮食太冷热,皆伤阴阳之和。"现代医学认为,人体中各种消化酶要充分发挥作用,其中一个重要的条件就是温度。只有当消化道内食物的温度和人体的温度大致相同时,各种消化酶的作用才发挥得最充分。而温度过高或过低,均不利于食物营养成分的消化和吸收。

(二)饮食类型

食物服用方式主要分为"饮"和"食"两大类。其常用饮食类型式有:

米饭:一般以粳米、糯米为主,蒸食用,具有补气益脾、养血作用。

粥食:多以粳米、糯米、玉米、小米为主,加水煮成半流质状,适用于病后、身体虚弱进行调补。

汤羹:多以肉、蛋、奶、鱼、银耳为主,主要起补益滋养作用。

菜肴:多以蔬菜、肉类、禽蛋、鱼虾进行凉拌、蒸、焖、炒、卤、烧、炖、汆等。

汤料:是以某种物质加入多量的水进行煨、炖而成,如排骨汤、银耳汤。

饮料:是将某种原料合干燥糖粉制成干燥颗粒状散剂,如橘汁精、菠萝精。

酒:一般以粮食或葡萄经发酵制成。酒具有散寒、活血、温胃、利尿、助药力的作用。

粉:是将食物研末晒干,临用时加水冲服,如糯米粉、荸荠粉。

蜜膏:将食物切碎,熬取汁液,浓煎,加入蜂蜜或白糖收膏,如雪梨膏。多具有生津止咳、滋养的功效。

蜜饯:以水果加水煎煮,快煮开时,加入蜂蜜,小火煮透即成。多具滋养和胃、润燥生津的作用。

糖果:以糖为主,加水熬炼至稠状,再渗入其他食物的汁液、浸膏或粗粉,搅匀,熬至不粘手为止,冷却后成块。

饼干:用面粉、糖、油、乳品、香料、疏松剂等原料加水调和成面团,经过辊压成薄片成形,烧烤而成的一种松疏干制食品,便于携带,随用随取。

(三)适应证

主要适用于老残病证和瘥后诸证以及慢性虚损痼疾,如心痛、眩晕、消渴、虚损、失眠、健忘、癃闭、头痛、心悸;截瘫、痿痹、脏躁、五迟五软;遗精、阳痿、早泄、肥胖、老人咳喘、妇人漏下等。

(四)注意事项

饮食疗法应掌握一定的食物禁忌,否则会导致身体出现偏差,甚至引起病变。如《金匮要略·禽兽鱼虫禁忌并治篇》指出:"所食之味,有与病相宜,有与身有害,若得宜则益体,害则成疾,以此致危,例皆难疗。"食物禁忌有如下几项。

1. 疾病禁忌　指患有某种疾病,某些食物在此期间不宜食用,如久患疮疡、皮肤疾患者不宜食发物,如公鸡、鲤鱼及辛辣之品;阴虚热盛者应忌辛辣动火之品,虚寒泄泻不宜生冷、寒凉之品。一般来说,患病期间凡属生冷、黏腻、腥臭及不易消化之物均应避免食用。

2. 配伍禁忌　一般情况下,食物都可以单独使用,有时为了矫味或提高某方面的作用,常常将不同食物搭配起来食用,其中有些食物不宜在一起配合应用,即所谓配伍禁忌,如柿子忌螃蟹、葱忌蜂蜜、鳖忌苋菜等。但古人对某些禁忌因经验性成分较多,应灵活分析,或运用现代科学技术做进一步研究。

3. 胎产禁忌　妇女胎前、产后饮食应有不同。妊娠期由于胎儿生长发育的需要,机体的阴血相对不足,而阳气则偏盛,故凡辛热温燥之物不宜食用,即所谓"产前宜凉"。若有妊娠恶阻者,则更应忌用油腻、腥臭及不易消化的食物。产后随着胎儿的娩出,气血均受到不同程度的损伤,机体常呈虚寒状态,同时多兼见瘀血内停,此时凡属寒凉、酸收、辛酸、发散之品均宜禁食,故有"产后宜温"之说。

4. 时令禁忌　四季气候交替,人类必须顺应自然规律而不可悖,春夏阳气旺盛,万物生机盎然,应尽量少食温燥发物,如春夏之际忌食狗肉,少食羊肉;秋季气候干燥,万物肃杀,人们常常出现口干舌燥、鼻出血,此时应尽量少食辛热食物,多食含水分较多的水果;冬季严寒应少食甘寒伤胃的食物,宜进食温热性食物。

5. 食物质变禁忌　《金匮要略·禽兽鱼虫禁忌并治》曾指出:"凡饮食滋味,以养于生,食之有妨,反能为害……不闲调摄,疾病竞起。"意思是说人们之所以进食各种食物,是为了滋养身体,但吃了不相适宜的食物,反而会危害人体,导致疾病的发生。因此,饮食康复也应重视其禁忌。例如,"肉中有如米点者,不可食之","六畜自死,皆疫死,则有毒,不可食之","诸肉及鱼,若狗不食,乌不啄者,不可食"等(《金匮要略·禽兽鱼虫禁忌并治》)。

6. 偏食当忌　五味各有所偏,适时适量搭配食物有益于身体健康,过食易致弊,如经常食用猪肉者易发胖、多痰。

二、药膳疗法

药膳疗法是用药物与食物相配合,经过烹调而形成的具有康复治疗作用的药膳处方治病的一种方法。药膳既有营养,美味爽口,又能防治疾病、保健强身。

食药同源,皆以性味功效疗疾,只要合理调配,烹调有方,食药性味与五脏病性结合,就能产生康复的养治作用。如《素问·藏气法时论篇》说:"毒药攻邪,五谷为养,五果为助,五畜为益,五菜为充,气味合而服之,以补精益气。此五者,有辛酸甘苦咸,各有所利,或散或收,或缓或急,或坚或䎡,四时五藏,病随五味所宜也。"尤其是老残虚弱者,"真气耗竭,五脏衰弱,全仰饮食以资气血",从而康复脏腑和形神功能。

药膳疗法能充分发挥药物和食物的康复作用,是饮食康复中最常用的治疗方法,广泛地用于各类康复病证。

(一) 制作方法

药膳疗法的康复饮食调理配方、制作方法,多取法于日常饮膳,常用的有煎、煮、熬、蒸、煨、焖、炖、卤、烧等。其制成品主要有膏、羹、粥、饼、面、酒、醪、醋、糖、汤、饮、汁、蜜饯、罐头、糕粉、膳食及菜肴等。

(二) 药膳类型

针对常见康复病证的需要,其药膳调理大体可分为七类。

1. 补益类　本类药膳有滋补强壮、延缓衰老、益寿之意。针对气虚、血虚、气虚血亏、阴虚、阳虚的不同要求,在补益类中又分为补气类、补血类、气血双补类、补阴类、补阳类,其中补气类如人参酒、黄芪膏;补血类如地黄酒、红枣黑木耳汤;气血双补类如参枣汤、归参鳝鱼羹;补阴类如枸杞子酒、五味子膏;补阳类如海马酒、鹿茸酒等,可结合具体脏腑选用。

2. 安神类　本类药膳有养心安神、养血镇静、强身健脑、益智的功效,如核桃仁粥、枣仁粥、龙眼肉粥等。

3. 理血类　本类药膳主要有活血化瘀、通脉止痛等作用,如丹参酒等。

4. 止咳祛痰平喘类　本类药膳有止咳、祛痰、润肺平喘的作用,如燕窝汤、银耳羹、秋梨膏、枇杷叶粥、糖渍陈皮等。

5. 祛风除湿类　本类药膳多具有祛风湿、强筋骨的作用,如五加皮酒、虎骨酒、川乌粥等。

6. 理气、消导类　本类药膳有消积导滞、理气止痛、快胃除满、温中止呕、健脾燥湿等诸方面的作用。常用的有橘饼汤、香砂糖、青盐陈皮、山楂粥、藿香粥、五香槟榔等。

7. 润下类　本类药膳有润燥、通便的作用,如瓜蒌饼、牛乳粥、紫苏麻仁粥、芝麻粥等。

(三) 适应证

主要宜于慢性病、老年病、伤残病证及精神疾患的康复,如遗精、阳痿、早泄、肥胖、老人咳喘、各种虚损、小儿五迟五软;心痛、心悸、眩晕、消渴、失眠、健忘、癃闭、便秘、截瘫、痿痹、中风后遗症、夜盲、耳聋;脏躁、癫狂痫、郁症等。

(四) 注意事项

(1) 饮食要适度,忌太过与不及,做到饮食有节。

(2) 不可偏食,不仅要注意五味不可偏嗜,而且过食寒凉或温热之品,贪食生冷、肥美、瓜果等,亦在禁忌之列。

(3) 进行药膳的配方制作时,应注意到药物与食物、食物与食物之间的配伍宜忌问题,如食鲫鱼、鲤鱼忌猪肝;食桃、李忌白术;食参、芪等滋补药忌莱菔子等。但古人的经验,应在康复实践中不断验证和探讨。

(4) 要注意制作药膳的器具,凡煎煮熬制以砂锅为宜。

(5) 药膳调理疗程的考虑,要区别情况,具体分析。一般康复治疗,疗程宜短,通常病愈即止;食补调理,不但要因人而异,而且要注意季节、地域方宜,时间可稍长;营养调理,则日常进行,必须持之以恒,方见效益。

(黄　安)

第八节　自然康复法

自然康复法是利用自然界具有康复或治疗作用的天然物理、化学因素影响机体,促进疾病的痊愈和身心健康的一种方法。其中利用自然之物如矿泉、泥土、砂石的康复治疗作用,侧重于治病；利用天然环境如日光、空气、森林、海水、洞穴等，侧重于养病自疗，适宜于老弱病残者。

"天地，含气之自然"，而人与自然息息相通，人们借助自然界中具有治疗意义的天然之物，针对某些康复病证进行疗养，可以达到防病、治病和养病的目的。如《本草纲目·水部》所言："人乃地产，资禀与山川之气相为流通，而美恶寿夭，亦相关涉。金石草木，尚随水土之性，而况万物之灵者乎。"

一、矿泉疗法

矿泉疗法系指应用一定温度、压力和不同成分的矿泉水，促进人体疾病痊愈和身心康复的方法。矿泉水有冷、热两种，冷泉常属饮用，热泉多入浴，由于沐浴的矿泉水多有一定的温度，故矿泉浴又称为温泉浴，古书中称温泉为汤泉、沸泉。矿泉不同于井水和一般泉水，它是一种由地壳深层自然流出或钻孔涌出地表、含有一定量矿物质的地下水。与普通地下水相比，具有温度较高，含有较高浓度的化学成分和一定的气体等特点。

矿泉水性味甘平，多有补养之功，《本草纲目·水部》说："盖水为万化之源，土为万物之母，饮资于水，食之于土。饮食者，人之命脉也，而营卫赖之。"人体脏腑气机的升降出入赖于水以濡润，则营卫和，阴阳调，故《本草纲目·水部》又提出"人赖水土以养生"，如饮用矿泉水"令人体润，毛发不白"，并以此养生、延年益智。

矿泉水对患者的康复治疗意义主要体现在以下三个方面：第一是由矿泉水本身的性味功效所决定的，如泉质气味甘平，"人饮之者，瘤疾皆除"。外浴泉水，气味辛热，"其水温热若汤，能愈百病"。第二是矿泉水所含矿物质不同，对机体的影响亦异，且泉质"性从地变，质与物迁"，而产生不同的治疗意义，如"泉虽温而不离其母气，惟下有朱砂泉者气最正，廉可愈风湿之疾"（《本草纲目·水部》）。说明水土不同，疗效各殊。第三是由矿泉水的温度、水压、浮力等自然物理因子刺激人体，鼓动阳气，温通经络，流畅气血，怡神畅志，故能促进疾病的痊愈和身心的康复。

（一）康复方法及分类

我国古代关于矿泉浴健身防病的文献记载很多，对矿泉的分类也做过很多探索。李时珍在《本草纲目》中对我国600多处矿泉做了记载和分类，记述其不同作用，他将当时的矿泉分为硫黄泉、朱砂泉、雄黄泉、矾石泉、砒石泉等。现代的矿泉分类方法目前尚不完全一致，一般做以下分类。

1. 温度分类法

冷泉：水温在25 ℃以下，手浸有寒凉感，具有滋阴清热的作用。

微温泉：水温在26～33 ℃，手浸有温感，具有安神镇静、镇痛等作用。对兴奋型神经症及脑出血后遗症引起的瘫痪等有一定疗效。

温泉：水温在34～37 ℃，手浸有温暖感，具有镇心安神、疏通经络、温经散寒的作用。适用于坐骨神经痛、复发性神经根炎、脑血管意外后遗症、神经衰弱、精神分裂症、慢性类风湿关节炎、腰肌劳损、肩关节周围炎、高血压病、动脉炎、静脉炎、冠心病、动脉硬化症、内分泌功能障碍、支气管哮喘、支气管炎、糖尿病、胃及十二指肠溃疡等。

热泉：水温在38～42 ℃，手浸有热感，具有温通经络、活血化瘀、杀虫解毒的作用。常用于慢性风湿病、肌肉劳损、各种神经炎、皮肤病、褥疮、下肢溃疡、湿疹、牛皮癣、皮肤瘙痒症、慢性附件炎、慢性盆腔炎、不孕症、慢性前列腺炎、慢性附睾炎等。

2. 化学成分分类法

碳酸泉：一般是指含游离二氧化碳每升在 1 000 mg 以上，含固体成分每升不足 1 000 mg 的地热水。此水无色、透明，且味道爽口，具有调理气血、降血压、强心的作用，作为饮水使用时能健脾除湿。

碳酸土类泉：水中含二氧化碳和团体成分的总量在每升 1 000 mg 以上。其主要成分阴离子是碳酸，阳离子是钙、镁，具有清热杀毒、活血化瘀的作用。

碱泉：水中含重碳酸钠每升 1 000 mg 以上，水无色透明，味道良好。泉水有肥皂的作用，可使皮脂乳化，使皮肤显得光滑。且浴后体温易放散，有清凉感，故常有人称其为"冷水浴"。

食盐泉：是指地热水中含食盐量每升在 1 000 mg 以上的泉水。依含盐量多少可分为弱盐泉、食盐泉、强盐泉，浴后温暖感很强。这是由于钠、钙、镁等的氯化物附着在皮肤上形成一个保温层，可阻止体温放散。食盐刺激皮肤活血化瘀，可增进体表气血运行，增强脾胃运化。常用于神经痛、慢性风湿病等。

硫黄泉：水中主要含硫化氢，具有活血化瘀、祛痰止咳、杀虫解毒的作用，常用于脑血管意外后遗症、冠心病、动脉硬化症、高血压病、咳喘、疥、癣等皮肤病。但要注意不可饮用。

(二) 适应证

矿泉疗法在康复治疗应用上主要有外浴和内饮两种方法。

1. 矿泉浴法

(1) 浸浴法

全身浸浴法：全身浸浴法是矿泉浴中最常用的沐浴法，浴者可静静地仰卧浸泡于浴盆或浴池中，水面不要超过乳头水平，可配合浴中训练或浴中按摩。全身浸浴是实施肢体活动自我训练的好方法，康复疗效显著，可分为低温浴、微温浴、温浴和高温浴四种。

半身浸浴法：淋浴时下半身浸泡在矿泉水中，水面平脐或腰，上身用大毛巾覆盖以免着凉，可视病情而采用冷浴、温浴、热浴加水下按摩。具有强壮、振奋阳气和镇静安神的功效。

局部浸浴法：将人体某一部分浸泡在矿泉中，如坐浴、足浴、手臂浴等。根据局部病变情况，分别选用冷、温、热或冷热交替的方法，每次 15～20 min。局部浸浴对治疗机体某一局部病变，有良好的舒筋活络、缓解疼痛效果。

(2) 其他淋浴：具有清洁皮肤、强壮体质作用，但不如浸浴疗效更好。

淋浴：利用淋浴设施，用矿泉水分冷、热或冷热交替淋浴。适于体弱者锻炼皮肤、强壮体质。

喷浴：属传统水渍方法中的淋射法，现代多用特制水管（水压适中）喷射患者特定部位。舒筋活血者多选用温泉水，消肿止血者等多用冷泉水。

肠浴：是用泉水灌肠，以治疗肠道疾病的方法。

2. 矿泉饮法　用泉水饮用的方法称泉饮法。泉质是养生康复的关键，以醴泉、井泉水、乳穴泉水为上品。如《本草纲目·水部》指出："常饮醴泉，可除瘤疾（久病）。""温汤……主治筋骨挛缩，肌皮顽痹，手足不遂，眉发脱落以及各种疥癣等症……即可烹茶，洗浴亦好。"可见用泉水内服能治疗多种疾病。具体应用时李时珍《本草纲目·水部》则主张："治病以新汲水为好。"饮用优质泉水素有养生妙药之称，故嵇康《养生论》主张"润以醴泉"，以此养生长寿。凡有此种功效者，民间则称"长寿泉"。饮用的泉水大多性味甘平无毒副作用，饮之甘美爽口，故人们称之为清泉、甘泉。

(1) 冷饮法：医者根据患者体重、病情处方，一般饮用 100～300 ml 新汲优质冷泉水较为适度。若肠胃疾病，可选用优质井泉水，以消肠胃积邪。

(2) 温饮法：多用于脾胃虚寒者，方法是将冷泉水加温，饮用适量。

(3) 煮食法：用优质泉水作日常饮水、泡茶和康复食疗用水，或煎中药用水，多有滋补强壮作用。

(三) 注意事项

1. 矿泉浴法

(1) 空腹和饱餐后不宜沐浴，一般以食后 1～2 h 沐浴最适宜。

(2) 每次入浴时间不宜过长或过短，以浴后感觉舒适为度。

(3) 矿泉温度要根据个体差异和体质不同、治疗目的不同而选择适宜的温度，不宜过高或过低。

(4) 在沐浴中，对老年、体弱和特殊体质的患者要特别注意时间和水温，防止感冒和发生意外。

2. 矿泉饮法

(1) 饮水量要因人因病而异，切不可把它看成一般的饮水而草率行事。

(2) 饮疗初期（3～5 d 内），可能会在全身或局部出现一过性（一般数天）健康状态低下或疾病加重的现象，称为矿泉反应。反应症状轻微时，可服用维生素 C；反应稍重可暂停几天矿泉治疗，如反应重或持续时间较长，则不属矿泉反应，而是不适宜此法而使病情恶化的指征，要及时停止施用该疗法。

二、日光疗法

日光疗法是利用天然的日光照射身体来治疗疾病的一种方法。《素问·四气调神大论篇》中就有利用日光防病治病、进行养生的记载，记载有夏天要"夜卧早起，无厌于日"，冬天要"早卧晚起，必待日光"等。唐代著名医学家孙思邈在《千金要方·卷五》中写到："凡天暖无风之时，令母将儿于日中嬉戏，数见风日，则血盈气刚，肌肉牢密，堪耐风寒，不致疾病。若常藏在帷帐之中，重衣温暖，譬犹阴地之草木，不见风日，软脆不堪风寒也。"指出了日光能强身健魄，防病治病。清代医家赵学敏的《本草纲目拾遗·卷二》中，专门列了"太阳火"一节来论述日光浴疗法的作用，说能"除湿止寒，舒经络。痼冷以体曝之，则血和而病去"。故以天然之阳气补人体阳气是日光疗法的根本机制。

(一) 康复方法

日光疗法的具体康复方法主要分背光浴、面光浴和全身日光浴三种。

1. 背光浴　是指以阳光照晒患者背部的方法。患者体位或坐或卧位，以吸早晨日光之精为最佳时间。

2. 面光浴　患者仰面让日光照晒面部，或闭目或戴上墨镜，每次适度为限。

3. 全身日光浴　即全身晒法，不时变换体位，以上下、左右通身依次吸收日光热气为法。

(二) 适应证

日光疗法主要用于阳气虚弱一类患者，尤其是肾阳不足、久病虚寒病证，如肾虚腰痛、头痛、健忘、眩晕、五迟五软、鸡胸、龟背等，也可用于面部痤疮。

(三) 注意事项

(1) 风湿病患者采用日光浴,宜用较强、温度较高的日光照射,宜在夏天中午时局部照射;伴有活动性肺结核、系统性红斑狼疮光过敏者、心力衰竭及发热性疾病时禁用日光浴疗法。

(2) 在进行日光浴时,气温不能太低。

(3) 日光浴最好在饭后 30 min 进行,不应在空腹时进行;照射中或照射稍后,如有恶心、呕吐、眩晕、体温上升等症状时,应立即停止照射,以后要减少照射量,每次照射后要给以足够的水分作为预防。

(4) 日光浴数日后,如发生全身不适、疲劳、失眠、食欲不振等,可能是日光的蓄积作用和刺激过强的反应,应暂停日光浴治疗。

(5) 在进行日光浴治疗时,应遵照循序渐进的原则,照射量由小到大,如皮肤红肿,则为烧灼特征,应中止治疗。

三、空气疗法

空气疗法是接触沐浴自然界中的新鲜空气,以达到摄生防病目的的一种康复方法。如明代张景岳在《类经·摄生》中说:"吸阴阳之气,食天地之精,呼而出故,吸而入新。"清代徐灵胎的《洄溪医案·畏风》也指出:"避风太过,阳气不接,卫气不固。"说明人体只有经受大自然中风寒的刺激,才能锻炼体魄、有益摄生。如果长居室内,不接触新鲜空气,就会使人体弱多病。人体和室外空气接触后,随着氧气对身体的作用和冷空气的刺激,可使肺活量增加,改善肺泡通气,提高肺泡中氧气张力,从而使血液中的氧气增加。医疗气象学家研究表明,露天的自然氧气密度较室内高出 10%~15%,故多在室外呼吸新鲜空气,对加强身体各部分的功能,尤其是提高心肺的容量,非常有益。

(一) 康复方法

空气疗法包括呼吸法和空气外浴法两种。呼吸法是通过呼吸道呼出"浊气",吸入"清气",以养五脏而补肺气。空气外浴法是让天然空气尽量接触皮肤。进行空气浴时最好在清晨、空气新鲜的地方,尽量少穿衣服,体强者只穿单衣、短裤进行。也可同时配合做深呼吸、扩胸运动或慢跑、散步、太极拳、体操等活动。每次时间可从 10 min 开始逐渐增加到 1~2 h,要根据体质和气温而定。在天气寒冷或有大风时,可在室内或暂时停止进行。冬季沐浴时间宜短,以不出现寒颤为度,浴后要用毛巾擦身和按摩皮肤至发热。

(二) 适应证

主要用于虚损诸证,肺痨患者尤为适宜。对于老弱病残者养病期间的皮肤锻炼也具有积极的摄生预防意义。

(三) 注意事项

由于近几年大气污染仍比较严重(尤其是工矿城市),故进行空气疗法时,必须避开雾天和污染高峰期,尽可能地远离车辆较多的公路。

四、砂浴

砂浴疗法是将身体的局部或大部浸埋在热砂之中,利用热砂的温度和机械作用来治疗疾病的一种方法,海滨和江河流域有砂地区均可使用本法。《本草纲目·石部》载有:"风湿顽痹不仁,筋骨挛缩,冷风瘫痪,血脉断绝。六月取河砂,烈日曝令极热,伏坐其中,冷即易之,取热彻通汗,随病用药,切忌风冷劳役。"因为砂浴疗法方便经济,简单易行,且疗效较好,故一直为民间所乐用。据科学家研究,砂里含有二氧化砂、三氧化二铁、三氧化二铝、氧化钙、氧化镁和钠盐、镁盐等,治疗用的干砂有疏松、吸附性能强、容热量大、传热性能好和吸湿能力强等特点。砂浴通过温热和机械的综合作用,能增强机体的代谢过程,促进排汗,同时也使血液循环和呼吸功能加强,促进骨组织的生长。

(一) 康复方法

在进行砂浴疗法之前,要先备好砂,一般选择直径为 0.25 mm 的砂粒最好。选好之后,要过筛晾干或晒干,清理干净。然后加热砂子,砂子的加热方法有天然加热法和人工加热法两种。天然加热法宜在天气炎热、日光充足的夏天进行,在干燥平坦的土地上或石板上或木板上铺上布单,将选好的砂子平摊在布单上,放在阳光下曝晒,当砂子的温度达到 40～45 ℃时,即可用于治疗。人工加热的方法很多,少量的可用柴草点火烘熏加热,或用大铁锅炒砂加热。用量较大时,可用土炕加热,冬天有暖气的房间,也可在暖气片上加热。砂疗有全身浴法,局部浴法和砂袋敷法三种。

1. 全身砂浴疗法　患者卧在热砂上,身上再覆 5～10 cm 厚的热砂,头、颈、胸露在外面,腹部砂应薄一些,外生殖器用白布遮盖,头部及心前区冷敷,最后用布单将剑突以下部位盖起来。初次进行全身砂浴时,砂的温度不宜太高,一般以 40～47 ℃为宜,以后逐渐增至 50～55 ℃,但最高不超过 55 ℃。治疗时间第一次也不宜过久,一般 10～15 min 为宜,以后逐渐增至 30～40 min。治疗结束后,用 37 ℃的温水冲洗,卧床休息 30 min。隔日治疗 1 次,或连治 2 d 休息 1 d。全身砂浴法适用于全身多关节肿痛的寒型痹证。

2. 局部砂浴疗法

(1) 四肢局部砂浴:将上肢或下肢放入热砂上,再用热砂覆盖,最后用棉被或毛毯盖好保温。治疗结束后,用 37 ℃的温水冲洗。每日或隔日治疗 1 次,每次 2 h,30 次为 1 个疗程。

(2) 腰部砂浴:患者仰卧位,腰部放在热砂上,然后再依次将油布、床单、棉被、布单裹在患者身上,头颈、胸背及四肢露在包裹之外。治疗温度为 50～60 ℃,每次治疗时间为 30～40 min,每日治疗 1 次。治疗结束后,用 37～40 ℃温水冲洗,15～20 次为 1 个疗程。

3. 砂袋敷法　将砂加热至 55～60 ℃,装入砂袋中,将口扎好,覆盖在身体患处,每日 2～4 次,每次 5～10 min。砂袋要用粗棉布或厚毛料缝合而成,缝线要稠密而结实,以免热砂流出烫伤皮肤。

(二) 适应证

适用于风寒湿痹证、痿证、寒湿腰痛、四肢麻木不仁等。

(三) 注意事项

(1) 本法只适用于寒痹患者,热痹者、体质极度虚弱者禁用。

(2) 砂子的温度要适中。温度过高,超过了患者的耐受程度,会出现头晕、恶心、出汗多、心慌等;温度过低,会影响疗效。

(3) 治疗时间要适当,时间过长也容易出现上述反应;时间较短,疗效较差。

(4) 砂浴一般会出汗,故治疗后要适当休息,饮一些果汁、糖盐水或白开水。治疗后不要用凉水清洗,以免受凉。

五、海水浴

海水浴是利用海水的温度、化学成分,对人体产生特殊的影响,促进疾病痊愈和身心康复,从而达到养生长寿的目的。

海水的温度和它对机体的静水压力、浮力和海浪的冲击作用,都能直接影响人体的产热和散热过程,激发酶促反应,促进物质代谢和能量交换,提高人体对环境温度变化的适应能力,并能显著地引起循环、呼吸、神经、骨骼、肌肉、内分泌代谢及血液成分的变化。海水中富含大量无机盐类及多种微量元素,如氯化钠、氯化钙、硫酸镁、碳酸钙、碳酸镁、氡、铀、镭等微量元素。这些化学成分对人体能够发生多方面的作用和影响。

在海水浴的同时也可接受日光浴、空气浴,还可兼作海沙浴。李时珍在《本草纲目》中记载的碧海水浴是取海水加热到一定温度,放入盆池中进行沐浴以治疗各种皮肤病的方法。

(一)康复方法

1. 全身浸浴法　适用于健康人及无禁忌证的人员。
2. 半身浸浴法　将人体腰部以下或膝关节以下浸泡在海水里,适用于体弱者沐浴。
3. 浅水坐浴法:　坐在海边浅水,用海水冲洗,按摩身体各部,适用于老年人及体弱者。

在开始进行海水浴时,时间宜短,每次 15~20 min,最长不超过 30 min。每日 1 次,或隔日 1 次,以不觉疲劳为宜。

(二)适应证

经常进行海水浴可增强体质、锻炼身体,对神经衰弱、慢性气管炎、早期高血压病、慢性关节炎、腰腿痛、术后恢复及营养性肥胖症、胃肠功能障碍等疾病均有治疗作用。

(三)注意事项

(1) 在进行海水浴之前,应做全面的体格检查,严格掌握海水浴的适应证和禁忌证,对海水有过敏史者禁用。

(2) 空腹或饱餐后不宜进行海水浴,以餐后 1~1.5 h 为好。

(3) 入浴前做好准备活动,如体表多汗,擦干后再入浴。

(4) 在海水浴休息时,要用遮阳伞等防晒用具,防止强光长时间曝晒人体,发生日光性皮炎和烫伤。

(5) 在进行海水浴时要具备安全设施。

(6) 身体过度虚弱、2 级以上高血压病、脑血管意外、心脏病、肝炎、妇女月经不调、癔病、癫痫及各种精神病患者,禁止应用海水浴。

六、森林浴

森林浴是指在森林公园、森林疗养地或人造森林中较多地裸露身体,尽情地呼吸,利用森林中洁净的空气和特有的芳香物质,以增进健康和防治疾病的一种方法。

森林浴的主要作用表现为:①空气的洁净作用。森林中树木的枝干、叶片大量吸附尘粒,能使空气中的飘尘减少 50% 以上。每 10 000 m^2 的阔叶林每日可制造出 36 万升的氧气,可供 1 000 多人呼吸氧气的需要。树叶还能大量吸收、处理二氧化碳、氟化氢、氮气等有害气体。②消除噪声。繁茂的树叶可以减弱、消散声波,能消除或大大改善由于长期生活在噪声环境中所产生的中枢神经和自主神经功能紊乱的各种病证。③森林中特有的芳香类物质作用。森林植物的叶、干花等散发的一种称为芬多精的挥发性物质,可以杀死空气中的细菌、微生物及防止害虫、杂草等外来生物侵害树体,也可控制人类病原菌。④负离子对人体的生理效应。大森林中还含有大量的负离子,如果人体吸收了充足的负离子,在肺脏中通过肺通气和肺换气,进入血液循环,就可输送到全身各部位的组织细胞中,有效地促进新陈代谢,恒定血压,使大脑皮质的功能得到改善,调节中枢神经系统的兴奋和抑制,提高机体免疫能力,间接治疗高血压病、神经衰弱、心脏病、呼吸系统疾病等。

(一) 康复方法

森林浴可使多种自然因素作用于人体而发挥效应,方法简单,容易掌握。根据地理环境和森林状况灵活应用,就可取得防治疾病的效果。

进行森林浴最理想的时间是5~10月的夏、秋季节。在这个时间,太阳辐射强,树木的光合作用好,且森林中的气温、温度也十分适宜人体的生理要求。每日的行浴时间,以阳光灿烂的白天最为理想,一般以上午10时为宜。

行浴时,要求穿宽松衣服,先在林中散步10 min左右,做深长舒缓的呼吸运动以增加肺活量。而后在机体适应的情况下,逐渐脱去外衣,最大的裸露面积是穿短衣、短裤。因林中见不到太阳,故不宜全裸。行浴方式,既可采用卧于床榻或躺椅上的静式森林浴,也可采用做一般体育活动式森林浴。

1. 山区森林浴 是在海拔1 000~2 000 m的山地森林中洗浴。山地气候的特点是风大气温低,大气温度、大气压与氧分压降低,对人体的刺激性较大,生理反应也十分明显。

2. 平原森林浴 即在海拔500 m以下的平原或丘陵地带的森林中行浴。平原林区的气候特点是风力小,气温凉爽,空气中含氧丰富,且湿润宜人,对人体作用比较缓和,故适宜性非常广泛。

无论是山区森林还是平原森林,第一次行浴时间为20 min,其中裸体状态的时间不宜超过10 min,半裸以后每次增加5~10 min。随着时间的推移,逐步达到每次60~90 min,每日1~2次,1个月为1个疗程。

(二) 适应证

森林浴宜于瘥后诸证、慢性宿疾,如咳喘、胸痹、消渴、心痛、眩晕等,尤以肺痨最宜。亦用于精神情志疾患等。

(三) 注意事项

(1) 最好选择一大片森林,因为森林越开阔,空气的质量就越高。

(2) 在森林中步行至少3 h以上,直到身体微微出汗,毛细孔扩张,这样才能达到健身效果。

(3) 在森林中多做深呼吸,尽量将体内的废气排出。

(4) 衣着以吸汗、透气的材质为佳,穿得太厚或太薄都容易感冒。

(5) 因森林中树叶的覆盖,太阳辐射不易达到地面。因此,长期进行森林浴者,应穿插做些日光浴。对花粉过敏者不宜进行森林浴,因为森林中的花粉比较多。

七、洞穴浴

洞穴浴也称岩洞疗法,是指利用天然岩洞、人工洞穴的特殊环境来影响人体,摄生治病的方法。凡配合气功、导引者古称洞府养生法或岩洞导引法。李时珍《本草纲目·木部》称岩洞疗法为"医置山穴中",用治"病癞",即为麻风病患者的隔离治疗场所。由于天然岩洞有特殊的环境,洞中不仅景色宜人,而且冬暖夏凉,幽雅安静,空气清新,有毒微生物极少,有的岩洞空气中还含有人体必须的微量元素,居住其中,能使人心情舒畅,耳目聪明,精神振奋,思维敏捷,易消除疲劳,改善睡眠,增加食欲,降低血压,增强机体的免疫功能,防止疾病的发生。

(一)康复方法

洞穴浴养病疗疾,可分为病房式和游洞式。病房式于洞口或干燥的通风较好的洞内设置病床,并配备专门的医护人员,指导神志病证一类患者进行综合疗养,每天定时到洞外活动。游洞式是昼住岩洞,夜则出洞入房安睡,洞中可设置简易床位,供患者暂时休养。

(二)适应证

洞穴浴有利于正气虚弱患者,宜于哮喘、慢性支气管炎、皮肤和关节病、失眠、头痛、眩晕等患者的康复治疗。

(三)注意事项

(1)要注意安全性。对有特殊地质结构的洞穴,要有选择地使用。

(2)洞内应保持安静、整洁。

(3)国外有学者建议,心血管疾病或急性传染病患者不要采用洞穴疗法,认为"洞穴内外的气温差异很大,这会给此类患者的器官造成负担"。

八、泥浴

泥浴法是指将含有矿物质、有机物、微量元素等的泥类,经过加温后,敷于身体,或在泥浆里浸泡以达到健身祛病的养生保健法,属于一种温热疗法。具有治疗和保健价值的泥类有淤泥、腐殖泥、煤泥、黏土泥、矿泉泥、火山泥等,最常用的是淤泥和矿泉泥。各种泥土的气味、功效以及使用方法的不同,对疾病的康复治疗效果也不同。

治疗泥中富含微量元素、胶体物质、有机物质等,有良好的黏附性和可塑性,其导热性低、散热慢、保温时间长。泥浴时在温热、化学、机械刺激的综合作用下,能促进人体的血液循环,增强新陈代谢功能,调节神经系统的兴奋性和抑制过程,并具有良好的消炎、消肿、镇静、止痛和提高免疫功能等作用。根据中医学五行康复原理,脾配五行属土,故凡脾所主疾病,医用泥疗则多有其效。他脏之疾,亦可通过脏腑的五行关系而产生疗效。

(一)康复方法

泥浴包括浸浴和泥包裹两种方法。浸浴又分为全身、半身、局部浸浴,根据需要加以使用。一般从37 ℃开始,逐渐达到治疗所需温度,时间10～20 min,每日1次或隔日1次,疗程据病情而定,浸浴后水冲洗干净,稍作休息后离开。泥包裹多用于局部治疗,取4～6 cm厚垫泥,白布包裹,置于患处,泥温46～52 ℃,时间15～20 min,每日1次,15次为1个疗程。

(二)适应证

泥浴适用于各种关节痛、风湿性关节炎、痛风、外伤后遗症及某些神经系统疾病。

(三)注意事项

(1)泥浴前要休息充分,切勿空腹或酒醉后进行。

(2)入浴前应该进行必要的体检,如测体温、脉搏、血压、体重等,有心脏病史的患者要考虑做一下心脏检查。

(3) 泥浴过程中可以用冷毛巾敷住头部,如果出现头晕、恶心、大汗等身体不适症状,要立即停止泥浴,请医护人员帮助检查。

(4) 泥浴当天应该避免剧烈运动和强烈的日光浴。

(5) 破损的皮肤在治疗过程中有刺痛的感觉,属正常现象。

(6) 出浴后要注意休息,注意补充水、糖分及盐分,适当进食高蛋白质、高热量的食物,如蛋、肉、水果等。

(黄　安)

第九节　传统物理康复法

传统物理康复法是利用天然物经加工产生的物理因素,作用于人体的形神,达到协调经络、气血和脏腑的功能活动,促进疾病痊愈、身心全面康复的目的。其收效快,患者无痛楚,且无毒副作用,疗效持久,经济简便,是常用的康复方法。

一、冷疗法

冷疗法是利用冰雪、水、石等寒冷之物的凉性特点,刺激机体,通过内服、外用以促进疾病康复的治疗方法。

冷疗法是根据《内经》"热者寒之"和"寒因寒用"的治疗原则而创立的。"热者寒之"有清热镇静、疏通经络、流通气血、调节脏腑之功。《万病回春·癫狂》载"一妇人发狂,弃衣而走,逾屋上垣,不识亲疏,狂言乱语,人拿不住,龚令家人将凉水乱泼,不计其数"而愈。说明凉水冷的物理刺激,具有清热泻火、安神镇静的作用。王孟英《医门法律·虚劳论》说:"世人但知血寒则凝,而不知血热则结也。"血结于经络、脏腑之间皆可成为瘀血,"血瘀则荣虚,荣虚则发热"。在此发热之际,《景岳全书·卷之十五·性集杂证谟》有"治热之法,凡微热之气,宜凉以和之,大热之气宜寒以制之,郁在经络者则疏之发之"。故以寒治热,能使瘀血得化,气血经络和畅。

"寒因寒用"的从治法,其机制仍在于疏通经络,调畅气血。《华佗临症秘传·华佗治寒热要诀》认为:"冷浴有反激之力,初极冷,继极热,足以清毛管,除废料,有经络肌肤为寒温所困,不能发汗者,冷浴最效。"说明采用冷疗法确有流通气血、调和经络脏腑之功。

(一) 康复方法

冷疗的应用方法有两种,一为内用,包括冷食、冷饮;二为外用,包括冷浴(洗)、冷熨、冷敷及居止寒处等。

1. **冷饮法**　冷饮法以新汲井水、腊雪冬霜及夏冰所化之水内服,主要适用于痰热狂证、痫证、热痹关节疼痛、消渴、外感热病瘥后余热未尽者,或热淋、痔漏、急性病瘥后津亏者。中医认为雪、冰、霜水三者疗效更好,今人多以冰箱制备,不受地理、气候条件限制,甚为方便;无冰箱者仍可采用水冷饮法,或清凉饮料,温度应在20 ℃以下,注意饮冷卫生。

除病变急性发作期间的早期康复要急饮外,一般宜"少少与饮之",以自觉舒畅为度。不可一次暴饮大量冷水,防止酿成"冷积"。若病情要饮量大或长时期饮水者,应掌握适量标准。

2. **冷食法**　冷食法主要采用可食用的冷物,或家用冰箱自制的冰冷之物内服。冷物均宜保持在20 ℃以下,才具有冷疗意义。适用于慢性病患者、内有郁热喜食冷物者。

3. **冷浴法** 冷浴法是置患者于专门治疗的水池中进行全身冷浴和局部冷浴的方法。《素问·五常政大论篇》所谓"气寒气凉,行水渍之"即指本法。冷浴法的水温应控制在20 ℃以下,治疗时间选在睡前,洗浴时间以30~60 min为宜,5~7次为1个疗程。浴后应以毛巾擦干身上的水,然后再入睡。

适用于狂证、痫证、情志或其他精神疾患,以及虚损郁热、阳亢眩晕、肌肉筋骨疼痛、烧伤等证。此外,目赤、痱疮可选用冬霜水、腊雪水、冰水外洗外擦;风瘙疥癣选用海水冷浴,痔漏可选用坐浴。有严重心、肺、肝、肾疾病者禁用,年老体弱者慎用。

4. **冷熨法** 冷熨法是选用寒冷的石块、金属块外熨头、胸、脐、腹等部位,现代可利用冰箱对所用物进行冷却应用,温即易之。每次20~40 min,每日1次,10~15次为1个疗程。适用于痹证、冻结肩、头痛、筋骨疼痛、郁热内伏心烦、局部热痛等证。

5. **冷敷法** 冷敷法是将毛巾或布浸于20 ℃以下的冷水中浸透,然后拧干交替敷于头、胸、脐、腹等部位,或用冰块、冰袋外敷于关节灼痛部位,温即易之。每次20~30 min,3~5次为1个疗程。适用于热痹、鹤膝风和康复对象为急性病变期间所产生的热性病证等。

6. **冷居法** 冷居法历代多采用将患者置于阴凉通风处或用冰置于室内,现代还可采用空调降温。每次治疗时间与疗程不可太长。适用于康复对象病变期间出现的高热证、心中烦热等证。

(二)注意事项

(1)冷浴时间不应超过40 min,局部的温度必须维持在15 ℃以上,否则有可能造成组织的坏死。

(2)有高血压的患者在冷疗时血压可能会升高,必须在冷疗期间监测血压。

(3)冷疗最明显的危害是冻伤,严重时可导致暂时的或永久性的神经功能障碍。因此,治疗中一旦出现麻木就应终止治疗。

(4)需要注意非治疗部位的保温,以防感冒。

二、热疗法

热疗法是利用温热或火烤的物理作用,作用于机体,以促进身体康复的一种理疗方法。

热疗法是根据《内经》"寒者热之"和"热因热用"的治疗原则而创立的。其对人体有助阳通阴,温通经络,使气血"得热则行"的作用。正如《素问·调经论篇》说:"血气者,喜温而恶寒,寒则泣而不能流,温则消而去之。"因为寒为阴邪,其性凝滞,热疗能使气血运行,经络疏通,从而调和阴阳,使慢性痼疾渐次康复。热疗目的即在恢复人体阳气。

此外,热疗亦具有"热因热用"从治法原理,从治其本,以求其属。老弱痼残者得热则瘀去痰散,气血流畅,经络脏腑功能协调,则虚热自消。

(一)康复方法

1. **热浴(洗)法** 热浴(洗)法是以具有一定温度的水、药剂或某些特定的物质为介质,以沐浴的方式防治疾病的一种自然保健方法。如《本草纲目·主治目录第三卷》云:"热汤能通经络,患风冷气痹人,以汤濈脚至膝上,厚复取汗周身。"借热气以治之。针对不同病情,采用全身淋浴或局部浸渍,用于风寒湿痹慢性痼疾的治疗和康复。

(1)全身浸浴:将患者全身自乳以下浸浴于澡盆中,或以热水淋浴全身,令其微汗出为度。

适用于风寒湿痹筋骨挛缩、失眠等。

(2) 半身热浴:将下半身自胃脘部浸入热水中,上半身以毛巾覆盖;或将双上肢浸浴于热水盆内,或将双下肢浸浴于热水桶内。适用于四肢痿痹、伤残及手术后康复,或老年阳虚或慢性腹泻,或中焦虚寒所致胃痛等证。

(3) 坐浴:将臀部及会阴部慢慢浸于水中,要求水温高于体温,先熏后洗,浴后用毛巾擦干水分。一般浴时水温应保持在 40~50 ℃,每次浸浴 20~40 min 为宜,每日 1 次,入睡前浴之。适用于痔漏及前阴诸证。

2. **热熨法** 热熨法是将热物在患者一定穴位或患部慢慢地来回移动滚熨的方法,常用的有汤熨、盐熨、药熨、砖熨等法。适用于慢性虚寒型腹痛、腹泻、胃痛、痿证、偏瘫、腰痛及咳嗽、哮喘、跌仆损伤等。

3. **热敷法** 热敷法是指将热物固定不移敷于患部或穴位处的方法。温度应保持在 50~60 ℃,防止烫伤皮肤。适用于跌打损伤或慢性虚寒腹痛、腹泻及痿证、痹证、偏瘫、寒湿身痛、腰骨痛等。

4. **热熏法** 热熏法是取具有疏筋活血、祛风除湿的中草药煎汤置于特制的药煲内,上留一小孔,将患处特定穴位置于其上熏蒸的方法。适用于半身不遂、痹证、痿证等。

5. **热饮法** 热饮法是患者直接饮用热汤或热食的方法。用于素体阳虚而患有各种慢性病者。

(二) 注意事项

(1) 热浴时间不宜过长,空腹及饱餐后不宜进行热水浴。

(2) 患有高血压病、心脏病等严重器质性病变者慎用。

(3) 治疗时要随时询问患者的感觉,有无不良反应,如心慌、恶心、头晕、多汗、疲倦等。

(4) 对儿童治疗时,要注意温热的介质要低于成人治疗的温度。对感觉障碍及血循环不良者亦应注意温热介质的温度。

(5) 治疗期间饮食应增加水分、盐类、蛋白质、糖和维生素等物质。

三、蜡疗法

蜡疗是指以加温后的液体石蜡作为导热体,敷盖于疼痛部位以促进形体康复的一种治疗方法。

石蜡是高分子的碳氢化合物,具有热容量大、导热性小的特点,其主要治疗作用是温热效应和机械压迫效应。前者可使局部血管扩张,促进血液循环,有利于消炎、消肿,并有明显的止痛作用。后者因石蜡与皮肤接触,使热的传导深入而持久。《本草纲目·虫部》称其具有"生肌止血定痛、补虚续筋接骨"之效,因其质地滑腻,又可消除瘢痕,润肤美容。

(一) 康复方法

1. **溶贴法** 是将蜡溶化后贴于患处的方法。溶贴法要将蜡溶化后趁热贴敷于所治部位,冷即易之,每日 1 次,每次 15~20 min。《本草纲目·虫部》载:"头风掣疼,用蜡二斤,盐半斤相和,于鏒罗中熔令相入,捏作一兜鍪,势可合脑大小。塔头至额,其痛立止也。"适用于头身部位或脘腹长期疼痛患者,以及损伤、瘢痕、手术后遗症。

2. **溶裹法** 将蜡化摊于纱布上,随患部大小,趁热缠裹,冷即易之。适用于四肢部位疼痛,如风湿痹证、痿证、损伤后遗症和关节强直、活动受限以及运动损伤的急性期康复治疗,冻疮亦可用。

3. 冷贴法　将蜡溶化放冷,摊于纱布上,贴于患处系定。3 d换1次。适用于烫火伤、金疮瘢痕等的康复。

4. 灌注法　将所患部位以湿面固定,捻钱厚一饼盖之,上着艾火令化,待艾烬去之。适用于慢性疮疡,久不敛口和犬咬蛇伤等。

(二)注意事项

(1) 不能直接加热溶化石蜡,因直接加热易使蜡氧分变质,刺激皮肤,产生炎症。

(2) 治疗部位如有破损,应先涂上消炎药膏,敷上纱布,再做蜡疗。

(3) 注意蜡内不能混入水分,以防烫伤皮肤。

(4) 治疗部位要裸露,注意保温,防止受凉。

四、磁疗法

磁疗法是应用磁石所产生的磁场作用于人体的穴位、官窍或患部,以促进身心健康、治疗疾病的一种物理疗法。传统的磁疗法,分内服和外敷。内服常采用"磁化水",如《本草本汇精要·卷之三》谓"磁疗水"能"养肾脏,强骨气,益精,除烦……小儿惊痫,炼水饮之";外用多采用贴敷、口含等方法,如《本草纲目·石部》治耳聋有"用慈石一小粒,放入病耳内……病耳渐愈"。

天然磁石可入肝、心、肾三经,具有平肝潜阳、镇静安神、聪耳明目、纳气平喘等功用。有天然磁石的磁性产生的磁场作用于人体生物磁场,可以调节人体经络的功能活动,促进脏腑的阴阳平衡,达到身心康复的目的。

(一)康复方法

根据临床实践,目前常用的磁疗方法主要有恒磁穴位贴敷法和磁水法等。

1. 恒磁穴位贴敷法　恒磁穴位贴敷法是指将永磁体贴敷在人体体表穴位处治疗疾病的一种方法,又分直接(体穴、耳穴)贴敷法、间接贴敷法两种。

(1) 直接贴敷法

体穴贴敷法:将小型磁体(磁片)放在剪好的胶布(有些疾病如风湿性关节炎,也可用风湿膏代替胶布)上,而后使磁片对准穴位贴敷。也可先将磁片放在穴位上,而后贴敷胶布。在治疗过程中,遇有对磁片过敏者,应在磁片上垫以薄棉或薄布、纸片,再给患者贴敷。如对胶布过敏或需长期贴敷时,可采用间接贴敷法。

耳穴贴敷法:将直径1~5 mm圆形小磁珠(片),放于小块胶布上,然后固定于耳穴以取代耳针的一种磁疗方法。一般每次只贴一侧,5~7 d换另一侧。

(2) 间接贴敷法:间接贴敷法是将大小不同规格的永磁体缝制固定于适应患者不同穴位穿戴的布料、皮革、塑料、不锈钢等制品中,患者穿戴佩用后,磁块上的磁力线,即可通过衣物,透入人体穴位而产生治疗作用。目前,国内制成的永磁磁疗器件已达数十种,其中用得较普遍的有磁性降压表、磁性止痛膏、磁性乳罩、磁性腰带、磁性护膝、磁性枕头、磁性肠胃带等。适用于失眠、哮喘、头痛、眩晕、癫痫及肾虚耳聋、瘫痪、痿证、痹证、郁证、脏躁、慢性眼病等。

2. 磁水法　磁水法是通过内服磁处理水达到治疗疾病的方法,又称磁水疗法。磁处理水是普通水经过磁场处理后而成,常用的治疗方法为:内服磁处理水时,每天服用2 000~3 000 ml,

分次饮用,早晨空腹服用1 000 ml,其余分次服用完。儿童服用量酌减,根据年龄情况每天饮用1 000～2 000 ml。疗程的长短,根据病情而定,一般2～3个月为1个疗程,个别情况可延长至半年或1年及1年以上。磁处理水一般当天制作最好当天饮用,不要存放时间太长,以保持新鲜性。磁处理水在服用前可以煮沸,但煮沸时间不要过长,以一沸为宜。夏天也可以冷饮。盛磁处理水时一般用玻璃、塑料、陶瓷、木制或铝制器皿为宜。适用于癃闭、漏下、慢性腹泻等。

3. 内外结合法　内服磁化水,外用磁石塞耳中,称为内外结合磁疗法。一般疗程较长。适用于耳鸣、耳聋、目昏、目盲等。

(二) 注意事项

磁疗法尚无绝对禁忌证,但对以下情况一般不用或慎用。

(1) 严重的心、肝、肺及血液疾病患者。

(2) 出血及有出血倾向患者。

(3) 体质极度衰弱患者。

(4) 磁疗副作用显著,而不能耐受磁疗者。

(5) 孕妇的下腹部。

五、芳香疗法

芳香疗法是患者通过闻馨香和具有养心安神、舒肝理气、芳香开窍等保健与康复作用的香气,从而促进康复的疗法。香气的程度有浓、淡之分,而作用则有强弱之别。一般说来,香气浓者疗效快而强,如麝香、苏合香之类;香气淡者疗效慢而弱,如菊花、甘松之属。香疗法以取天然香气为其特点,亦有采取多种香料加工制作或复合香气防治疾病、摄养身心者。

香气多具辛香走窜之性,故具有芳香开窍、醒脑益智、疏通经络、活血止痛、芳香醒脾等功效。正如《景岳全书·卷四十六》指出:"馨香,使气血流通。"尤其是香气浓者,常能升清降浊,芳香辟秽。如《遵生八笺·燕闲清赏笺》认为:"异香,焚之以助清气。"常用的芳香药物有养心安神类的如合欢花,舒肝理气类的如玫瑰花、香橼、佛手,芳香开窍类如石菖蒲、苏合香,芳香辟秽的如佩兰、艾叶等。主要用于老弱病残者,防病防残,养病康复。可广泛用于多种慢性疾病的康复治疗。

(一) 康复方法

1. 佩戴法　佩戴法是选用香气物质加工后,佩带在患者身上,使之充分发挥香气作用的一种方法。根据所选香药不同,则芳香开窍、醒脑益智、调摄情志功效各殊。又因使用方式不同,其功效作用的部位、程度亦异。

(1) 香袋:选用具有康复治疗或"芳香辟秽"作用的一类的香料,经制作加工后装入特制小布袋内,令患者随身携带,而产生康复治疗和康复预防的作用。适用于荨麻疹、头痛、鼻塞、智障等证,以及某些疾病的预防。

(2) 香衣:使用醒脑益智、馨香愉神的自然香水洒滴适量于衣服上,或采取香料熏衣以及香汤洗衣服的方法,使患者穿上香衣既爽适身体,又保持自然纯真之香气。宜于郁证、神志不宁、智障、痿痹、失眠、健忘、头痛、眩晕、急症瘥后等病证和慢性病证,尤长于病后的疗养康复。

2. 香身法:是指香料物质加工后,让患者洒涂或搽抹于头、身等处,或用之沐浴,使发挥香气作用的一种方法。根据所选香料的不同,使用的方法亦有所别,故常选用具有畅通气血、爽身悦神、醒脑益智等功效的芳香药物。宜于荨麻疹、皮肤瘙痒、阴痒等皮肤病证及痈、痿、痹等病证的康复,常采用如下方式。

(1) 香粉:将香料制成粉末,令患者于洗浴后,扑撒适量于身体,使气血畅通,且令人香气不绝的一种方法。

(2) 香脂:采用有康复作用的优质香料,遵古法加工制作成香脂,如茉莉油、熏衣草油,让患者擦抹于头面,以使"香气不绝"。

(3) 香浴:将香料加入水中,令患者洗头或身体,以使头发香泽,醒脑益智,全身气血和畅。

3. 香瓶法　是指用具有芳香醒脑、芳香辟秽的天然香物加工制成香粉或香脂,盛于小瓶内,或置放于居室或随身携带,时时取出闻嗅的一种方法。宜于荨麻疹、头痛、鼻塞、智障等证的预防与康复。

4. 香枕法　使用具有养生康复作用的香物加工制成枕头,宜于眩晕、头痛、失眠、健忘、神志不宁等证及五官残疾等病证的康复。

5. 香居法　是指利用天然香花的颜色、形态、馨香的气息作用于患者的心神。其具体方法多采取让患者观赏以悦目调情,多用于情志郁闷;闻其清香的鲜花气味,以悦心调神、醒脑益智等;选择具有养生康复意义的香花,美化康复医疗环境,如病室、音乐治疗室以及净化空气、配合空气疗法等,宜于手术后遗症及瘫、痿、智障、神志不宁、忧郁症等,广泛适用于各种疾病的康复期,亦可用于康复环境的美化,能令人头脑清醒,精神愉悦。

6. 香漱法　使用无毒副作用的香料,让患者嚼汁含漱,或以香药浸酒,或泡水含漱的一种方法。宜于口臭患者,有防治口臭,促进心理康复之效。

(二) 注意事项

(1) 部分精油有明显的收缩血管等作用,故孕妇、高血压病、青光眼患者慎用。

(2) 部分精油对中枢神经有强烈的兴奋或抑制作用,要注意控制用量,癫痫、哮喘等患者禁止或限制使用。

(3) 部分精油有发汗作用,体虚多汗者慎用。

(4) 活动性肺结核患者慎用。

(黄　安)

第十节　娱乐康复法

娱乐康复法就是选择性地利用具有娱乐性质的活动,通过对人体形神功能的影响而促使身心康复的一类方法。

从心理学角度看,兴趣是推动人积极从事某种活动的一种内驱力,这种内驱力正是康复治疗得以顺利进行的必要条件。娱乐康复法正是用人们喜闻乐见的形式,以其贴近生活的实施方式,无痛、无创伤的特点,充分调动人们自身康复的主观能动性,直接或间接地改善生理功能,达到提高生命质量的目的。因此,受到普遍欢迎,在越来越多的身心疾病中取得良好的康复效果。

娱乐康复法在实施过程中,既要针对不同的病证选择相应的娱乐方法,辨证处方,又要兼顾到康复对象的文化程度、艺术修养、年龄、生活习惯、个人喜好和欣赏能力等人性因素。其内容丰富多彩,诸如音乐、歌咏、舞蹈、影视戏剧、琴棋书画、游戏疗法等,均具有养心怡情、畅通气血、锻炼形体的功效。

一、音乐疗法

音乐疗法是运用音乐特有的生理、心理效应,通过各种专门设计的音乐行为,使患者处于特定的音乐环境,经历音乐体验,娱神悦性,宣调气血,达到身心康复目的的一种疗法。

我国远古先民很早就认识到歌乐和药物治疗的联系,"樂"、"藥"、"療",三字同源就证明了这一点。"藥"、"療",均从"樂"得声,"樂"为乐器。音乐揽天地精华、借万物灵气,畅体舒心,流通气血,宣导经络,与药物治疗一样,对人体具有调治之功。《内经》于两千年前更进一步明确提出了"五音疗疾",《灵枢·五音五味》中详细地记载了宫、商、角、徵、羽五种不同的音阶调治疾病的内容。唐宋时期,音乐治病已较广泛地应用于实践。欧阳修曾说:"吾尝有幽忧之疾,而闲居不能治也。受宫音数引,久而乐之,不知疾在体也。"金元时期,四大名医之一的张子和,善用音乐治病,如"以针下之时便杂舞,忽笛鼓应之,以治人之忧而心痛者。"至明代,对音乐治病的机制有了进一步的认识,张景岳在《类经附翼》中对音乐治病有专篇《律原》,提出音乐"可以通天地而合神明"。清代医书《医宗金鉴》,更进一步深入地将如何发五音、五音的特点与治病的机制做了详细的说明。

(一) 音乐疗法的基本理论

1. 五音十二律　五音即声音的五种分类,其含义有广义和狭义之分。广义的五音可泛指常人可听到的声音,如《灵枢·脉度》说:"肾气通于耳,肾和则耳能闻五音矣。"五音又为古代的声母分类方法,宫属喉音,商属齿音,角属牙音,徵属舌音,羽属唇音。狭义的五音即中国传统音乐中五声音阶的宫、商、角、徵、羽五个音级,相当于现代的音调唱名:1,2,3,5,6,这是最常用的五音的含义。五音的音高不是固定不变的,但是每两个音之间的距离却是固定的。

十二律是中国古代的定音方法。"律",本来是用来定音的竹管,古人用十二个不同长度的律管,吹出十二个高度不同的标准音,以确定乐音的高低,故这十二个标准音也就称为十二律。从低到高依次为:黄钟——大吕——太簇——夹钟——姑洗(音 xiǎn)——中吕——蕤宾——林钟——夷则——南吕——无射(音 yì)——应钟。奇数六律为阳律,称为六律;偶数六律为阴律,称为六吕,合称律吕。

2. 五音通五脏　《内经》将五音归属于五行,内应于五志,唐代王冰注五音曰:"角谓木音,调而直也;徵谓火音,和而美也;宫为土音,大而和也;商谓金音,轻而劲也;羽谓水音,沉而深也。"《灵枢·邪客》曰:"天有五音,人有五藏;天有六律,人有六府……此人与天地相应者也。"五脏可以影响五音,五音亦可调五脏。五音疗法丰富了中医的整体观,奠定了中医音乐治疗学的理论基础。《难经》曰:"闻及五音,以别其病。"中医将五音、五声和脏腑的配属用于临床诊治(表4-1)。

表 4-1　五音的五行归类

五行	五声	五音	五脏	五志	五音的主要特点
木	呼	角	肝	怒	圆长通澈,廉直温恭
火	笑	徵	心	喜	婉愉流利,雅而柔顺
土	歌	宫	脾	思	和平雄厚,庄重宽宏
金	哭	商	肺	悲	慷壮哀郁,惨忧健捷
水	吟	羽	肾	恐	高洁澄净,淡荡清邈

3. 音乐基本要素 旋律、节奏、调性、和声、音色、曲式等是音乐的基本要素，也是音乐的基本表现形式。音乐是通过基本要素的不断变换、对比和组合，描绘出不同的情境，从而引起演奏者、欣赏者的内心体验，产生各种情绪变化的。

一般说来，音乐的响度比较小，会产生平静温柔的感觉；如果音量逐渐增加，人的呼吸、血压、心跳都会产生变快，精神兴奋；当纯音的声压级超过100dB时，听起来就会感到很不舒服。所谓标准节奏，大约与人的心跳速度相等，每分钟60～75次。快节奏能引起歇斯底里的行为，慢节奏则能催人入眠。旋律则是音乐的灵魂，是决定音乐"好听"或"不好听"的主要因素。

音乐的表现形式，犹如药物的炮制方法。同样的乐曲，经过不同的乐器、音响、节奏、旋律、曲式等的处理，就会有不同的感情表达。

(二) 常用的音乐处方

1. 五音类 传统的中医音乐疗法是在"五音通五脏"理论的指导下选择相应的音乐进行治疗的。用乐如用药，朱丹溪就明确指出"乐者，亦为药也"。然而，五音疗法绝非单纯以音律中的五音与五行、五脏对应来治病，更主要的是强调通过乐器、节奏、旋律等各种方法表现出五种音乐风格模式，相应调节人体的情志脏腑，从而产生不同的治疗效应。应用五音疗法，既可补本脏之虚，又可克制所胜脏腑之过极。

(1) 宫调式乐曲：风格悠扬沉静、淳厚庄重，有如"土"般宽厚结实，入脾。可用古埙、笙竽等乐器演奏，选用《秋湖月夜》、《鸟投林》等曲目。适用于思伤脾所致脾气虚、脾胃不和之证，亦可用以治疗因极度恐骇所致情绪不宁、神志错乱的疾病。

(2) 商调式乐曲：风格高亢悲壮、铿锵雄伟，具有"金"之特性，入肺。可用编钟、铃锣、号等乐器演奏，选用《阳关三叠》、《黄河大合唱》等曲目。适用于忧伤肺所致肺气虚、肺失宣降所致咳喘等证，亦可用于治疗因怒极所致神情亢奋、狂躁的病证。

(3) 角调式乐曲：构成了大地回春、万物萌生、生机盎然的旋律，曲调亲切爽朗，具有"木"之特性，入肝。可用箫、竹笛等乐器演奏，选用《草木青青》、《绿叶迎风》等曲目。适用于肝气郁结、怒伤肝等肝、胆疾病，亦可用以治疗因思虑过度所致神情低沉的疾病。

(4) 徵调式乐曲：旋律热烈欢快、活泼轻松，构成层次分明、情绪欢畅的感染气氛，具有"火"之特性，入心。可用古琴等丝弦乐器演奏，选用《喜相逢》、《百鸟朝凤》等曲目。适用于心气不足之证，亦可用于治疗因悲哀过度所致精神委靡不振、时时哀叹饮泣的疾病。

(5) 羽调式音乐：风格清纯，凄切哀怨，苍凉柔润，如行云流水，具有"水"之特性，入肾。可用鼓、水声等表达，选用《昭君怨》、《塞上曲》等曲目。适用于肾气虚、肾不纳气所致咳喘之证，亦可用于治疗因过喜所致心气涣散、神不守舍的病证。

2. 调节情志类 音乐可以缓解紧张情绪，消除身心疲劳。音乐声波能引起人体中枢神经系统和内分泌系统的和谐共振(共鸣)，促进有益于健康的激素、酶、神经调质等活性物质的分泌，协调人体的功能活动。因此，聆听节奏缓慢、韵律安详的音乐，使人感到轻松、舒畅；节拍明快、韵律激烈的音乐，使人处于兴奋状态；优美的旋律能调节大脑的兴奋和抑制过程，使之趋于平衡。本类处方是根据情志相胜原理，通过施用不同曲目，以情制情，帮助患者调整情绪。具体又可分为四种。

(1) 宁心安神方：选用节奏缓慢轻悠、旋律柔绵婉转的乐曲以达宁心安神、镇静除烦之功，如《春江花月夜》、《梅花三弄》、《平湖秋月》、《幽兰》、《平沙落雁》、《空山鸟语》、《姑苏行》、《烛影摇红》等。可用于消除患者紧张焦虑、急躁易烦的情绪,以及与情志焦躁烦恼有关的各种病证,如高血压病、冠心病、失眠、更年期综合征等。

(2) 抒情开郁方:选用节奏明快、旋律流畅、曲调欢快活泼的乐曲,以消除情志郁结的病证,如《喜洋洋》、《步步高》、《金水河》、《阳关三叠》、《百鸟朝凤》、《假日的海滩》等,以达到舒心解郁的目的。可用于忧郁症患者。

(3) 振奋激昂方:选用节奏雄壮有力、旋律高亢激昂的乐曲,用于治疗与低沉消极、悲观失望有关的病证。如《离骚》、《满江红》、《霹雳行》、《松花江上》、《义勇军进行曲》、《大刀进行曲》、《黄河大合唱》、《马赛曲》等,可用于治疗忧思郁结所致的病证。

(4) 以悲制怒方:选用节奏缓慢、旋律低沉、曲调悲凉的乐曲,达到"悲胜怒"的效果,如《汉宫秋月》、《葬花》、《天涯歌女》、《小胡笳》等。可用于情志偏激易怒以及喜笑不休证、狂躁证者,具有抑制狂躁、愤怒和减轻情绪亢奋的功效。

3. **止痛类** 音乐减轻疼痛古已有之,如金元医家张子和《儒门事亲》中记载,笛鼓应之,可以治人之忧而心痛者。中国音乐电针疗法的效果更是处于世界领先位置,我国较早使用音乐疗法镇痛的科目是在音乐作用下的无痛拔牙和无痛分娩。此后不断拓宽运用范围,目前已经在包括骨科疾病在内的大多数疼痛性疾病中广泛应用,并取得较好效果。如减轻术中和术后疼痛,减轻恶性肿瘤患者的痛苦等。此外,针对恶性肿瘤患者不同的性格缺陷,可以选择不同风格的音乐来改善心理偏差,从而为治疗和康复提供支撑。

如恼怒所致的头痛,可选旋律缓慢的 E 调乐曲,使人安定;还可以根据"悲胜怒"的原理,选择一些悲哀低沉的曲子(见"以悲制怒方")。若属人体阳气不振,气血不能上荣所致头痛者,则选一些节奏鲜明,能振奋阳气的军乐曲(见"振奋激昂方"),令人热血沸腾,阳气振奋。

4. **益智类**

(1) 少儿增智方:语言是促使儿童智力发育的一个直接而重要的手段,而音乐是一种极富感染力和说服力色彩的语言,更容易被儿童所接受。作为一种精神养料,音乐对陶冶儿童情趣,促进儿童大脑发育是不可缺少的。少年儿童时期采用音乐益智,可促进智力开发,国内外的研究都证明了这一点,常用的乐曲有《小桃红》、《娱乐升平》、《细雨飞化》、《鸟夜啼》、《水仙操》、《赛马》、《快乐的罗索》、《梦幻曲》、《新疆之春》、《小天鹅舞曲》、《杜鹃圆舞曲》、《春风杨柳》等。这些乐曲也用于弱智、智障、痴呆等患儿。

(2) 中老年增智方:本方的特点是选听幼时和年轻时熟悉或喜欢的乐曲,如民歌、历史歌曲等,边听边回忆。这样可延缓患者大脑的衰老,唤起失去的记忆,并有助于痴呆患者的康复。常用乐曲如《康定情歌》、《牧羊曲》、《茉莉花》、《浏阳河》、《兰花花》、《牧歌》、《草原之夜》、《绣荷包》、《十送红军》、《大刀进行曲》、《生产大合唱》、《八路军进行曲》、《八月桂花遍地开》、《嘉陵江上》、《南泥湾》、《延安颂》、《解放区的天是明朗的天》、《我们走在大路上》等。

(三) 音乐疗法的操作方法

现在音乐疗法的形式主要有被动疗法、主动疗法、音乐电疗 3 种形式。

1. **被动疗法** 此法亦称感觉式疗法,是指让患者静心地听一些与病情相应的音乐,以产生情绪、情感的变化,从而调整身心状态,达到治疗目的的一种疗法。

2. **主动疗法** 此法是指让患者根据自己的病情和爱好,参加一些以治疗为目的的音乐教育学习、排练和表演活动,借以激发患者的情感,促进患者与他人建立正常的关系,从而调整身心状态,恢复生理功能。

3. 音乐电疗　此法是根据患者病情需要,有针对性地选择一些乐曲,使患者在聆听音乐的同时,患者局部或穴位接受同步的音乐电信号(即把音乐信号通过换能、放大、升压而调制输出的一种正弦脉冲电流,其波形、波幅和频率可随音乐变化而变化)。这种音乐电疗具有声、电两种物理因素的同步作用,既有音乐心理的调节作用,又有音乐电流的刺激作用,使音乐治疗和物理治疗有机地结合。

具体的音乐治疗常常可以分两个阶段,第一阶段"同质导入",即选择与患者生理、病理状态及性格趋于一致的乐曲来加以引导;第二阶段"异质转移",即应用治疗性音乐纠正偏差。这是利用物极必反的原理,顺其情而导之,更好地发挥疗效。例如,当患者陷入极度悲哀的时候,对欢快的节奏会表现出抵触情绪,故应先以哀婉的音乐疏泄之,待其情绪中的悲伤宣泄到极点后,物极必反,再予以明朗、欢快的音乐,就能达到较好的效果。

康复疗程一般是每日2~3次,每次30~60 min,30 d为1个疗程。音量要适中,通常不超过60 db。医疗方式分集体和个人两种,前者多采用多功能音疗机,用立体声耳机收听;后者可购置有关磁带,配上录音机,根据各人具体情况予以实施,较为方便。医疗环境应雅静舒适,没有噪声干扰。在条件许可的情况下,可配相应的灯光、色彩、花卉等,以增强效果。医疗开始时,可先由康复医务人员介绍选听乐曲的有关背景知识作语言诱导,以便于患者尽快进入"乐境"。

音乐治疗不一定使患者即刻就感到放松、愉快和情况好转,它的目的在于帮助患者跨越潜在的障碍,以获得由外到内的整体彻底康复。

(四)音乐疗法的实施原则与注意事项

1. 平和为贵　中国音乐追求的清、静、淡、远的意境,与中医学提倡顺应自然"恬惔虚无"的法则同出一辙,淡则欲心平,和则躁心释。与"和乐"相对,古人相信,不良乐律会导致人体罹患疾病,"邪音"确能致病。现代看来,选用优美精致的音乐确能获得调养效果,一般说来,曲调平滑流畅、柔和温婉、节奏舒缓适中、和声简单和谐、音色典雅古朴、音量轻柔尽现的乐曲,满足了人的内心泰然的需要而达到身心健康的目的。而摇滚乐之类非但对健康无益,对一些心脏病、高血压病患者更是极为不宜。故"和乐"平心,淫声致病,音乐治疗并非有益无害,关键在于乐曲的选择,这也是我们在音乐治疗中必须遵循的一个基本准则。

同时,患者在收听音乐时,应尽可能排除各种干扰,使心身平和,沉浸于乐曲的意境之中。

2. 因人制宜　音乐疗法应结合个人的气质、性格、文化、趣味、习俗、经历和民族、阶层、职业、年龄等各个方面特点,不应强迫患者反复听一首曲子或听其厌烦的乐曲,或参加其不喜欢的表演及交流活动,否则,会加重病情。《荀子·乐论》说:"乐者,乐也。君子乐得其道,小人乐得其欲。"

3. 组曲配伍　音乐亦有配伍,不宜长时间单用一曲,而应选择编辑一组在情调、旋律、节奏等方面和谐一致的多支乐曲或歌曲,如同中药处方中有君臣佐使之分一样。某些乐曲兼具两种以上作用,必须灵活选用,并避免有悖病情的内容。

4. 音量控制　播放音乐时,必须注意控制音量,一般有40~60 db即可,用于安神可更低些。

二、歌咏疗法

歌咏疗法是让患者通过歌唱,促进身心康复的方法,是娱乐疗法之一。歌唱是人们抒发感情和内心体验的主要方式,是愉悦精神、陶冶性情、疏解压力的娱乐行为。可用于伤病、残疾之后情绪抑郁、消极者以及与之有关的各种病证的康复期。歌咏疗法的康复作用有三:

1. **畅志咏怀**　歌咏可以怡养性情,改变情绪,除却忧郁和悲伤,增强患者抗病信心和勇气。因此,凡伤病、残疾之后情绪抑郁、消极者以及与这种不良情绪有关的各种病证,均可采用歌咏调畅情志,所谓"长歌以抒怀也"。从心理学原理来看,人的精神只要陶醉于某种作品的境界,就进入了一种类似于催眠的状态,从而达到精神上的自我疏导的作用。

2. **调息聚气**　歌咏与气功有相似之处,如气功要求调心、调形、调气;而歌咏同样需要集中注意力和想像力,以便进入意境,同时要调节身体姿势,运气发声,而传统唱法尤其讲究气运丹田。古人认为要唱好一首歌、朗诵好一首诗词,首先要求精神安定,调整气息,使体内的气流运行通顺畅达,能够随着思想的引导自然前进,即"先静而后动"。其次,要求具备特定的感情,激情畅达,气息就会运转自如,情畅而息通。歌咏时的呼吸吐纳,气息的掌握,音量高低的调节,感情的投入,呼吸肌以及其他肌肉的运动,是一种全身心的运动,是对内脏器官的全方位按摩,这与气功的原理是相通的。

3. **康复哮喘**　歌咏适用于哮喘患者的康复期。由于哮喘患者正常的胸式呼吸受到影响,而借助于腹式呼吸的方法,常人不易掌握,此时通过唱歌训练则有助于解决这一难题。唱歌时,要有意识地加深呼吸,拉长音调(一般为 15～25 s),使胸腹式呼吸协调发挥作用,这样效果较好。呼吸系统疾病患者均可以此康复。

此外,口吃是因不良言语发音习惯导致的一种功能性疾病,歌咏法对于口吃的矫正有特效。当然,歌曲词调以轻松缓慢为宜,开始更不宜用快节奏歌曲。

三、舞蹈疗法

舞蹈是人类最早的娱乐形式,它是通过有节奏的、经过提炼和组织的人体动作、造型来表达思想感情的行为、艺术,也是最早的养生、治疗和康复措施。《论语集注·秦伯》言:"歌咏所以养其性情,舞蹈所以养其血脉。"跳舞时,通过肢体、身躯运动及呼吸的协调,令舞者感到身心轻快。适当跳舞,既可以舒筋活络、调和气血,又可以怡神畅志,达到促进身心健康的目的。舞蹈的康复作用主要有:

1. **娱情畅志**　舞蹈可以抒发欢愉之情,用于情绪忧郁、悲伤、烦恼等情志病证者,或弱智、痴呆、神经衰弱等神经病证者,可不必追求形体美和技巧性的舞蹈艺术,而只求悦心畅怀,摆脱不良情绪的困扰。

2. **舒筋活血**　形体病证,诸如偏瘫、痿证、痹证、五软、伤筋的康复期以及肥胖症、骨质疏松症和废用综合征均可采用舞蹈疗法,以消除运动功能障碍,恢复肢体、关节的生理功能。

所选舞蹈一般有民族舞蹈和流行舞蹈。民族舞蹈在我国有汉族的秧歌舞、龙舞、狮子舞、剑舞、绸舞、腰鼓舞等,少数民族的新疆舞、蒙古舞、西藏舞、高山族"做田"舞、苗族"跳月"舞等。流行舞蹈则有街舞、拉丁舞、华尔兹、交谊舞等。不同的舞蹈,其节奏和动作也有所不同,故应根据患者的具体情况,灵活予以选择。

四、影视戏剧疗法

影视戏剧主要对情志疾病有康复作用。由于影视戏剧具有很强的情节性,很容易使观众进入剧情。各种角色、情节，有的使人捧腹大笑，有的使人悲哀涕泣，既使人情绪激昂，又可使人心情愉悦。如此产生或喜或悲或愁或乐的情感，达到调摄情志的功效。

1. 传统戏剧　传统的戏曲和曲艺，是由说唱（道白和唱腔）、表演结合形成的艺术形式。唱腔具有诗歌美和音乐美，表演则具有舞蹈美和形体美，道白则具有吟咏叙事作品的效果，都给人以优美的视觉和听觉感受。我国是戏曲大国，戏曲和曲艺的种类繁多。越剧、昆剧、粤剧、黄梅戏的唱腔和表演柔和，剧情缠绵；京剧、秦腔的唱腔和表演刚劲，剧情雄壮，有阳刚之美。就剧情而言，喜剧，宜情绪悲忧者观赏；悲剧，易于引起悲伤情绪，对性格急躁易怒者有较好作用。

2. 现代影视　传统的戏曲和曲艺是演员通过舞台表演来获得娱乐效果的，受时空条件的限制。现代的录音和电影、录像等电子播映技术，为戏曲和曲艺在保健康复方面的应用提供了极大的便利。今天，影像艺术已成为当代最有影响的一门综合艺术，它集文学、戏剧、音乐、美术、摄影、舞蹈等艺术形式为一体，凭借动作、语言、音乐、旋律来抒发人们的各种感情，加上线条、光影、色彩、造型等的空间显现，给人一种身临其境的真实感受，令人忘记自己的客观环境，产生愤怒、欢乐、思念、悲哀、惊恐等多种情感活动，给人以充分的娱乐，起到调节情绪的作用。

对于情绪异常的患者，要针对患者的具体情况，选择不同的剧种和戏剧内容。凡情绪抑郁、消沉一类的患者，应选择轻松愉快，或热烈激昂的剧种和戏剧内容，如喜剧等。而情绪烦躁、亢奋一类的患者，则应选择恬静优雅的剧种和戏剧内容，如各种正剧。戏剧、曲艺、影视艺术虽然有很强烈的艺术感染力和很好的调节情绪的效果，但是，人们在欣赏之际，切勿忘记适度这个原则，否则将会走向反面。当代疾病谱中新添的电视综合征，已敲响了"过度"的警钟。

五、琴棋书画疗法

情趣疗法中尤以琴棋书画倍受重视，历来被视为修性怡神的重要组成部分。琴棋书画疗法是使患者通过弹琴、弈棋、习字、作画这些手指精细动作的活动，来改善大脑血液循环，提高机体新陈代谢，从而促进身心健康的方法。《理瀹骈文·续增略言》言："七情之病也，看书解闷，听曲消愁，有胜于服药者矣。"

（一）弹琴

弹琴的康复作用是通过"安神定志"和"运指健脑"两方面来实现的。一方面，弹琴时的专心致志和恬愉优美的音乐享受，使人心情舒畅，轻松愉快，故有畅快神情的作用。自古即有"弹琴医躁"之说，心情浮躁、急躁，可抚琴疏解。另一方面，弹琴具有练习指掌，使之灵活自如，帮助手指关节恢复活动功能的功效。因此，情志抑郁、愤怒者，自可抚琴寄思，以畅心怀。所谓"听之以耳，应之以手"，泄其忧愤。中风后遗症、痿证、痹证、烧伤、伤筋等病证所致手指拘挛、屈指不利等，亦可通过弹琴以消除手指功能障碍。

其他乐器的演奏也有独特的疗效，如吹笛疗法，对儿童哮喘、咳嗽和支气管炎引起的障碍性哮喘效果尤佳。每周3次，每次1 h，6~8周为1个疗程；吹口琴疗法通过膈肌的升降，对内腔器官进行按摩，对慢性肝炎、肺结核有效。

科学家研究发现，弹琴动作本身能促使60%以上的大脑皮质在积极活动，脑部的血液循环量比不弹琴时增加5%~15%。事实上，老年坚持弹琴者大多记忆力较好，可以有效地预防老年性痴呆。

（二）弈棋

棋类活动是一种简单而复杂的文化娱乐活动。下棋时外静内动，需要凝神静气，全神贯注。

神凝则心气平静,专注则杂念全消。而棋局的变化可以锻炼人的应变能力,既可以休息、消遣,又可以益智养性。

身体虚弱,有慢性疾病的患者,因不宜做剧烈的体育活动,弈棋则是其促进身心康复的有效方法。弈棋之时,全神贯注,意守棋局,杂念尽消,保证大脑获得积极休息。故它适合于注意力分散、精力不易集中的患者,日久自见效果。同时,由于"乐在棋中",则聊以忘忧,有助于解除郁闷,愉快心情。

弈棋还是一种"斗智"的艺术,是锻炼智力的很好娱乐活动。棋盘之上,瞬息之间,变化无穷,只有反复谋略才能得之。两军对垒,是智力的较量,所谓"棋逢对手智者胜"。这是一种很好的智力训练方法,脑细胞利用率高,有防止大脑动脉硬化、预防老年性痴呆的作用,又可用于小儿智力发育迟缓及老人智力衰减。

当然,弈棋亦要注意适度,不能耗神太多,也不能过于计较输赢,而总以遣情益智为要。注意不要时间过长,不要情绪太过激动,饭后不宜立即弈棋,不要挑灯夜战。

(三) 书画

在传统娱乐康复法中,书画专指中国国画和毛笔书法。中国国画重在丹青调配,浓淡布局。毛笔书法则重在字的框架结构变幻及笔力、气势。其本质都在于追求意、气、神,讲究章法、布局。

书画是一种在纸上进行的气功和太极拳。首先,书画讲究意念,挥毫书画之前,要求平心静气、全神贯注、排除杂念,也就是练气功前的"入静"阶段;其次,调节呼吸,讲究姿势,要求头端正、肩平齐、胸张背直、提肘悬腕,将全身的力量集中在上肢,实际上已内蕴调心、调息、调形之义。所不同的是,书画练习将身心锻炼寓于艺术娱乐活动之中,更能体验到创作后的欢乐和美的享受,最终达到修身养性的养生目的,故书法绘画被人称为艺术气功。其康复作用及其应用,主要体现在形神两方面:

1. 调摄情志　不同的书体对人有着不同的影响。楷书端正、恬静,能除人矜躁,适用于烦躁、愤怒为病者;隶书沉重稳健,如入林泉之乐,使人气血平和,情绪稳定,对头痛、失眠、高血压病、神经衰弱、冠心病等患者能起到调节心理状态的作用;行草欢快、活泼、潇洒自如,刚柔相间,使人感情奔放,情绪高扬,对情志抑郁低沉、身体虚弱、缺乏生气的人,能激发其热情,增加其生活活力。

2. 康复形体　书画挥毫之时,运指、转腕、悬肘、牵臂,动静结合,刚柔相济,疏密有致,对肢体功能障碍有很好的治疗作用和康复作用。凡中风后遗证、痿证、痹证、烧伤、伤筋所致手腕、肘、臂等关节肌肉拘挛麻木和屈伸不利等,均可利用书画活动使气血流通,筋脉和畅,有助痊愈。

此外,书画还能通过集中思维、巧运手指而达到激发灵感、增进智力的目的,故对弱智儿童、老年健忘、痴呆等可行书画康复疗法。现代研究也表明,绘画对弱智儿童的康复效果颇佳。

需要注意的事,书画的康复功能在于增加情趣,身心兼顾,意气相会,神形统一,是"潜移默化"而非"立竿见影"的过程,需要持之以恒,锲而不舍。不要求以书画艺术本身的造诣及成为书画家为目的,而是要将书画的过程作为修身养性、调摄情志、运动形体的手段。并注意劳累、病后体虚、饭后、大怒、惊恐或心情不舒时,不宜立刻作画,以免起到反作用。

六、游戏疗法

游戏不仅可以满足人们身心发展的需要,而且可以促进身心的健康发展。经常进行健康的户外游戏活动，如跳绳、踢毽子、打羽毛球等身体活动，可以促进骨骼肌肉新陈代谢，加速血液循环，增加大脑及全身各组织供氧，从而营养内脏和神经系统，具有畅达经络、疏通气血、调和脏腑、延年益寿的功效。此外，还有许多室内的静类游戏，如打扑克、桥牌、回答脑筋急转弯、动作猜词等，可以促进大脑活动，具有益智健脑的作用。同时，游戏当中也富含一定的趣味性，可使人心情愉悦，豁然开朗。

总之，游戏活动打开心灵的大门，生动活泼地调动人们的积极性、能动性。在团队协调配合中，增强集体意识，发挥聪明才智，共同娱乐，共同受益，潜移默化地促进身心健康。游戏活动是良好的辅助治疗，不但使肢体得到协调运动，而且可以促进机体代偿功能，对病伤和残疾的机体功能障碍，能给予最大限度的康复。

（金红姝）

第五章
康 复 护 理

中医康复护理,是利用中医传统的各种技术方法,配合现代康复医学的相应方法,帮助患者恢复衣食住行的生活能力和社会适应能力,促使患者康复的专门护理措施。在整体观念指导下的辨证施护是中医护理的突出特点,除了针对患者疾病的具体的医药护理之外,中医护理学还特别注重对患者的全面护理,表现为日常生活起居、精神、饮食、康复环境等各个方面。

护理工作贯穿于康复过程的始终。在身心医学的时代,康复护理具有其他医疗活动不可替代的作用。由于患者往往存在着躯体和心理双重残障,他们需要的不仅仅是药物和仪器的治疗,更需要精神和心理上的护理。在康复过程中,对患者给予系统化的全面护理,有助于减缓患者心理上的负担,在防止并发症出现的同时,调动患者以最佳状态配合治疗,促进功能尽早恢复。

康复护理有别于其他护理内容,其护理对象主要是针对存在各种功能障碍的患者,如老年病、慢性病和热病瘥后诸证等患者。它不同于中医临床护理,临床护理多需要依靠药物、医疗器械及各种设施才能发挥操作技术,而康复护理多具有"看护"、"养护"、"教护"、"防护"的特点,适宜于鼓励患者进行自我康复训练,可因地制宜地开展家庭康复病房和各级基层康复护理,指导患者在自由支配时间内进行康复训练,以促进早日康复目标的实现。

第一节 中医康复护理的基本特点

一、整体护理

整体护理是以现代护理观为指导,以护理程序为框架,根据患者身心、社会、文化需要,提供优质护理,必须整体地对待各系统内部与各系统之间的关系。护理的对象是人,每个人与周围环境交换着物质、能量和信息,特别是与周围其他人相互作用,以及受家庭和所在群体的影响。因而,要想维护机体的平衡,或在失去平衡时恢复平衡,不能只限于对机体内各系统或各器官功能的协调平衡,还要注重环境中其他人、家庭、社区甚至更大的群体等对该机体的影响,只有这样才能使个体或某一群体等的整体系统功能更好地运转。如此整体地对待人体内部与周围环境的关系,正是现代护理学所要遵循的一大准则。

1. **因自然条件施护** 人体与自然界的变化有密切联系的,一年之中的季节变化、寒来暑往、雾露雨雪等都不可避免地影响人体的阴阳升降、气血周流及脏腑虚实，护理工作必须顺应自然规律。如康复病室应四季如春，清爽宜人。夏季炎热要通气降温，中等亮度，光线柔和，使人愉快恬静，宜用蓝绿色光、冷色窗帘，给人以凉爽舒适的感觉。冬季则要加温保暖，用较强灯光，换暖色窗帘。长夏暑湿，应通风去潮。秋冬干燥，应喷雾洒水。春夏宜发散阳气，让患者多做户外活动。秋冬阳气敛藏，多在室内活动为要。疾病亦有旦慧昼安、夕加夜甚等时辰变化，每种病又有季节性的多发与加重等不同情况，护理皆应顺应四时，主动施护。还可利用本地区自然条件，充分开展自然疗法，洗温泉，闻花香，听鸟语，游山玩水，钓鱼荡舟，都能使患者心旷神怡，筋骨舒通，利于康复。

2. 因社会环境施护　人的社会属性是人类有别于其他生物的一个重要因素，社会环境在人类疾病的发病及疾病的恢复过程中所起的作用越来越为医学界所重视，社会环境的各种因素刺激人的感官，影响人的情志，而对疾病的康复产生或有利或不利的影响。良好的环境因素使患者情志舒畅，促使患者早日康复；负面的环境因素对患者情志产生不利影响，不仅影响患者机体内环境的恢复，严重的还会影响患者对康复训练的主动配合程度。护理人员必须熟悉患者的社会地位、婚恋、家庭、朋友等人际关系，以及经济条件、性格特点、个人喜好等，做细致的思想工作，解除不良心理状态。即使疾病大致相同的人，由于社会条件不同，对待疾病的态度也千差万别，故必须综合各方面条件而施护。

3. 因机体整体施护　人体与自然界是一个整体，人体本身也是一个有机的整体，表现在五脏六腑、四肢百骸的密切联系及形神共存的关系上，无论在生理上，还是在病理上，都是紧密联系、互相影响的。精神状态正常，使机体处于一个稳定的内环境之中，对于外界环境的变化，能及时地做出调整，所谓"正气存内，邪不可干"；相反，精神委靡，七情内伤，则有碍于疾病的恢复。护理人员必须经常观察患者的精神状态，通过适当的方式避免和消除患者紧张、恐惧、忧愁、绝望等一切不良的精神因素，掌握心理护理知识。人的形体亦是统一整体，如眼疾多有肝气不舒、肝血亏虚等全身病变，宜舒调情志。此外，还要注意人体不同部位之间密切联系的关系，如瘿瘤患者多有胃热阴伤、能食易饥的症状，护理则应给予丰富营养，三餐之间还要配合滋阴清凉饮料。要防止头疼护头、脚疼护脚的局部观点。

二、辨证护理

1. 因人施护　每个人的先天素质不同，后天生存环境不同，个人实践和主观能动性不同，心理活动也各不相同。同住医院，相互之间却存在差异，有老有小，有男有女，有城有乡，有工有农，有经济条件好的，也有条件差的，有公费医疗的，也有自费的，患者的受教育程度、道德品质、行为习惯各不相同。针对这些差异，护理必须具体对待。例如，瘫痪患者，护理时应给予更多的照顾，向患者家属传授一些护理方面的知识，尽量帮助解决一些实际困难，促进患者早日康复，避免并发症的发生。又如精神比较脆弱的伤残病者，在精神护理上尤应加强，以防情志波动导致病情恶化及意外。

2. 因证施护　同一疾病，可以分为若干证型。证型表现不同，采取的护理措施也应不同。例如，肺结核、消渴等阴虚为主的患者，护理工作重在养阴防燥；久病水肿、痹证、鹤膝风等阳虚湿重患者，护理工作重在温阳除湿；气虚患者的护理应以清心静养为主，避免劳累过度和感受外邪；气郁患者的护理应以舒畅情志为主。病证不同，应采取不同的护理措施，具体情况具体对待,如尽量让患者有适当的娱乐活动、听音乐、看电视、玩游戏等,对于忧郁证患者尤应如此。中医康复护理必须因病而异,因证而异。

3. 因病施护　护理措施应与不同的病情相适应。心绞痛、癫痫、抽搐发作期的患者则常因声响而诱发,宜将他们安置在环境安静的病室之中。肥胖症患者活动量可大,心悸怔忡患者活动量宜小。泄泻、胃下垂等消化系统疾病,尤应重视饮食护理,以清淡饮食为宜。发育不良、遗精阳痿等肾虚病证,在护理上应以保精为重点,尤宜戒房劳,饮食上宜选补肾填精的食品。

三、综合护理

康复期病情复杂,对于以后的功能状态影响较大,很多患者留下终身残疾,慢性病患者随时可能发生并发症,有的因疾病影响而致心理障碍。护理必须综合各种因素,了解患者的病情特殊性,根据病残部位,预防挛缩和畸形,预防各种并发症,将多种护理措施综合使用。

1. 一般护理与特殊护理相结合　康复期患者除一般的常规护理外,对于特殊情况还应结合特殊措施进行特殊护理。如偏瘫、截瘫等长期卧床的患者,应抓住预防并发症这一重要环节,如褥疮、肺部感染、二便的处理等。如为了防止老年患者出现便秘,宜按时给服润肠丸之类药物,或中药灌肠;小便功能障碍,易发生泌尿系统的并发症,应服利尿药物,或导尿、热水熏蒸等配合进行;亦可用针刺、按摩、耳针、热熨等方法进行护理,保持大小便通畅。呼吸系统的疾患,除常规护理外,还应及时给患者翻身、拍背、抹胸、指压、针刺,帮助患者排痰;哮喘发作则要紧急护理,药雾吸入,针刺、热熨均可使用。

2. 多种护理方法相结合　康复期患者应采取综合护理,如饮食护理、心理护理、运动健身等以最大限度地恢复健康。神经系统疾病患者常有失语、吞咽困难、便秘、瘫痪等,同时留下精神创伤,故在护理方面不仅要注意形体的护理,如皮肤清洁的护理,要常翻身擦澡,更换内衣预防褥疮的出现;二便也应特别注意,以免并发其他疾病;还应注意饮食护理,宜清淡饮食,多吃蔬菜瓜果,合理营养,适当摄入蛋白质,增强体质。吞咽困难者,还要耐心喂给流食等食品;要配合适当功能训练,按摩患肢,防止萎缩,或恰当选用艾灸、热敷、药熨、拔罐、耳针等各种辅助护理手段。同时,要重视心理情志的护理,适当安排患者的娱乐活动,增加生活的兴趣。

3. 自我护理、家庭护理与医院护理相结合　自我护理,即从患者自身的角度着手,充分发挥患者的主观能动性,自我护理对促进患者功能障碍的早日恢复有重要作用,主要内容为恬淡冶心、注意饮食起居、积极主动地进行功能锻炼等。

家庭护理主要指患者家属对患者的护理,如宋代陈直《养老奉亲书》提出老人住室、床褥、起居、饮食安排、行动需人照顾,元代邹弘《寿亲养老新书·卷二》的古今嘉言善行七十二事,清代石光樨等《仁寿编》中有关对父母、叔侄、兄弟、夫妻等在疾病恢复期的相互照顾和护理等。家属护理不仅要无微不至地照料患者的形体,同时对于患者的精神状态要适当引导,杜绝患者的悲观、绝望情绪,以免影响机体功能的恢复。

医院护理是护理的主体,由护理人员担任。康复护理人员需经过专业的训练,具备一定的特殊技能,如各种功能训练、体位摆放等。康复护理人员负责各种康复方法的实施,在一定程度上预防各种并发症的发生,从护理技术操作、功能运动训练,到精神饮食调养等各方面进行综合护理。康复效果不仅与医生的诊断、医疗相关,而且与护理工作实施得当与否也有密切的关系。将自我护理、家庭护理与医院护理有机地结合起来,相互配合与补充,是中医康复护理的特色之一。

第二节 中医康复护理的基本内容

在整体观念指导下的中医康复护理体现在日常生活起居、精神、用药、训练、饮食、康复环境和预防常见并发症等各个方面，一般护理包括生活起居护理、饮食护理、情志护理、功能护理、褥疮护理和外治护理。

一、起居护理

1. 保持良好的康复环境　良好的康复环境，有利于患者的治疗和康复。护理人员应为患者创造一个安静、整洁、舒适、有利于治疗和休息的环境。

（1）无障碍设施，即以坡道设施或电梯替代阶梯，从而解决使用轮椅者或其他代步器（如使用拐杖、助行器等）行动困难者的行走障碍。

（2）病室应保持安静，避免噪声。噪声可使患者产生烦躁、惊悸等情绪，对人体的身心健康十分有害，不利于病情的康复。

（3）病室应整洁保持空气新鲜，经常通风，及时排除秽浊之气。应根据季节和室内的空气状况而决定每日通风的次数和每次持续的时间。阳虚和易受风邪侵袭者，在通风时应注意不使其直接当风。病室的整洁有利于患者的康复。室内布置应力求简单、整齐，易于清洁消毒。患者要注意个人卫生的保持。

（4）病室温、湿度应适宜，一般以 18～20 ℃为宜。阳虚和寒证患者多畏寒肢冷，室温宜稍高；阴虚和热证患者多躁热喜凉，室温可稍低。病室的湿度以 50%～60% 为宜。阴虚证和燥证患者，湿度可适当偏高；阳虚证、湿证患者，湿度宜偏低。

（5）病室应保持光线的充足，以使患者感到舒适愉快。但根据病情的不同，也应适当调节。热证、肝阳亢盛、肝风内动的患者，光线宜稍暗。

（6）病室、厕所的房门应当以轨道推拉式门为宜。对偏瘫、截瘫或视力障碍者来说，这样的门进出比较方便。

（7）门把手、电灯开关、水龙头、洗面池等的高度均应低于一般常规高度；房间的窗户和窗台的高度也应略低一些，以便于肢体残疾或久病不能站立者在轮椅上进行日常生活活动。此外，窗口位置低一些，可以使轮椅乘坐者直接观望到户外的景色，以减轻心理障碍因素。在厕所、楼道中应设有扶手，以便于功能障碍患者的行走、起立、如厕等活动的扶助。如果条件允许，对高位截瘫者还可以使用"电子环境控制系统"装置，通过用口吹气的气控方法来协助解决开关灯、电视、窗帘等日常生活动作。

2. 遵循科学的生活规律

（1）制订合理的作息制度，要因时、因地、因人、因病制订不同的作息时间。作息时间多因季节而异，如春季是万物生发的季节，阳气升发，应晚睡早起，患者睡眠时间宜短；夏季是万物繁茂的季节，阳气旺盛，天气炎热，昼长夜短，应晚卧早起，中午暑热最盛之时应午睡；秋季是万物成熟的季节，阳气始敛，阴气渐长，应早卧早起；冬季是万物收藏的季节，阴寒盛极，阳气闭藏，应早睡晚起，延长睡眠时间。

(2) 进行适当的活动和锻炼，在患者病情允许的情况下，凡能下地活动的患者每天都要保持适度的活动。适度的活动能促进气血流畅，使筋骨坚实，提高神经系统兴奋性，增强抗御外邪的能力，有利于机体功能的恢复。尤其对脑力劳动者，适当的运动更有利于疾病的康复。若因患病而偏于安逸，则易使气血郁滞，不仅不利于病情的康复，甚至还能诱发一些并发症的出现。

二、饮食护理

饮食调护是指在治疗疾病的过程中，对患者进行营养和膳食方面的护理和指导。饮食调养不仅是给患者提供足够的营养，更重要的是通过合理的饮食调养，更好地促进康复。中医学十分重视饮食与人体健康的关系，认为科学的食谱和良好的饮食习惯，是健康长寿的关键之一。而对于患病之人，饮食的调护更是疾病治疗中必不可少的辅助措施。

食物也同中药一样，具有四气五味和升降沉浮的特性，因而许多食物具有治病、补体的作用。利用饮食调护配合治疗，是中医学的一大特色。饮食调护得当，可以缩短疗程，提高疗效。尤其是慢性疾病和重病恢复期的饮食调护，对于疾病的康复更是具有举足轻重的作用。

1. **饮食调养** 饮食性味要根据病情而定，如根据患者消化系统功能状态分别以流质、半流质、普通饮食等。还要根据辨证和患者习惯，适当调节食物温度，切勿过冷过热。

饮食不能偏嗜，这一点在疾病康复阶段更加重要，要根据病情需要合理调配，才能起到促进康复的作用。过食肥甘厚味会化痰生热，易发疮疡；过食辛辣，使胃肠积热，大便干燥，甚至痔疮出血。肠胃疾患康复期或老幼虚弱患者均宜少食多餐。饮食还要注意清洁卫生，易消化而富有营养。

2. **饮食宜忌** 疾病有寒热虚实之分，食物也多有偏性，有于病相宜，有于病为害，得宜则补体，为害则成疾。在疾病治疗过程中的食物选择，应根据患者的病情、体质、服药、季节、气候、饮食习惯等诸方面的因素，合理选择饮食。

寒证忌生冷、瓜果等凉性食物，宜食温性热性食物；热证忌辛辣、醇酒等热性食物，宜食凉性津液丰富类食物；阳虚证忌寒凉食物，宜食温补类食物；阴虚证忌温热食物，宜食清补类食物。

三、情志护理

1. **言语开导** 了解患者的心理状态，通过正面的说理疏导，引导患者自觉地戒除不良心理因素，从而改变患者的精神和身体状况。要及时地解除患者对病情及所面临功能障碍的各种不良情绪，帮助患者多了解一些正面的医疗案例，使其丢掉思想包袱，树立战胜疾病的信心。对于患者遇到的困难，应积极帮助解决。患病之人，其情志也会受到影响，容易出现焦虑、沮丧、恐惧、愤怒等情绪，这些反映和变化，均可加重患者的病情，并影响患者在康复治疗及训练中的主动程度。因此，帮助患者从各种不正常的心态中解脱出来，对于疾病的康复非常重要。

2. **根据情志需要施护** 疾病的折磨会使人感情脆弱，感觉过敏，易激怒，故需要更多的关怀、同情与安慰；病后长期卧床，也容易无休止地猜想、思考，会感到烦闷、无聊，产生与世隔绝的孤独感，极需要与人交流。护理人员应每日适时与患者交谈，帮助患者解除思想上的困扰。对于不合理的或现有条件不可能办到的事情，应给以耐心的解释和说服。

3. **根据不同情志特点施护** 不同患者，由于文化素养、社会地位、人际关系、经济状况、婚恋家庭、性格特点、习惯喜恶等不同，发病后心理状态差异极大。儿童期、青春期、更年期、老年期的心理状态各不相通，必须根据具体情况选择易被接受的方式。即使是同一病证，心理变化亦相差甚远。同属精神疾患，癫狂患者大多心胸狭窄，性格怪僻，护理人员要语言谨慎，严防刺激患者而诱发狂躁；而惊恐忧郁患者，又疑神疑鬼，怵惕不安，护理人员宜用暗示、宽慰、释疑的语言和行为消除以上状况。护理人员必须要掌握中医情志致病的特点而因人施护。

4. 根据不同病程变化施护　同一患者在疾病的不同发展阶段所遇到的实际问题不同，故心理变化各异。如癌症患者，疾病初期，未确诊之前，主要表现为不安和焦虑情绪；确诊后，患者感到震惊，在不得不接受事实后，则感到悲观、沮丧、绝望，是情绪最恶劣的时刻；随着病情进展，又不得不忍受手术、放疗等痛苦，情绪容易变得抑郁、孤独，不愿再与人谈预后和病情；死亡逐渐逼近，就会变得丧失信心，厌世轻生，产生绝望的心理。护理人员必须了解他们的情志变化，在不同的情绪波动中，给患者以不同形式的安慰和支持，帮助他们平稳、毫无遗憾地度过人生最后历程。

四、功能护理

对于伤残或疾病留下后遗证的患者，应尽量通过康复功能训练，促进患者代偿机制的形成，使之能够生活自理，能独立完成日常生活。无论何种训练，均应在康复护理人员的护理下有程序、有规律地进行，应循序渐进，不能操之过急。

1. 避免过度疲劳　患者病情较严重时应以休息为主，可保持体力，有助于恢复健康；而适当的活动可使经络通畅，气血流通，提高脏腑功能，增强抵抗外邪的能力。因此，病后的适当活动，无论是主动，还是被动，都是十分重要的，但要根据患者的病情轻重、体质强弱、个人爱好而适当安排其休息与活动。不宜过分强调休息，毫不活动，也不可过分劳累。活动少容易导致并发症的出现，活动量过大则加重患者心肺负担，易诱发疾病的再次发作。一般情况下，老年体弱及手术以后等重患者应卧床休息，一切生活活动如翻身、二便等均由护士帮助；大病初愈也应避免劳累；体虚者可多休息，适当做轻度的娱乐性质的活动；慢性病患者每晨应做体操、打太极拳、散步等；心脏病患者要规定适度的活动量，避免剧烈活动。

2. 功能训练护理　对不同的功能障碍应采取不同的护理训练。偏瘫康复期应护理起坐、站立、行走、平衡功能等训练。训练前应给患者按摩肢体，放松肌肉，以提高训练效果。训练时动作用力要适度，每次训练后，辅以针灸、按摩、热熨等方法，使之尽快消除疲劳。外伤后3～4周，肿胀疼痛消失后便可开始功能训练。训练时，护士先轻轻揉搓患肢，以促进局部代谢，再用轻柔和缓的动作帮助患者活动关节，范围由小到大，尽量达到关节活动最大范围，以避免关节挛缩及肌腱粘连。痹证所致关节活动不利者可选用气功、太极拳、八段锦等功能训练。对肺系疾患的康复护理，一方面应教患者学会各种气功呼吸训练方式；另一方面则应做好对症护理，如气短胸闷时，可以抹胸、捶背、按摩膻中穴等。

3. 日常生活能力训练护理　目的是使患者能独立完成日常生活，训练时从每件生活小事入手教起，内容包括起床卧床、洗脸漱口、脱衣穿衣等。先将每件事分解成若干个小动作，依次练习，待分解动作熟练后，再将一系列动作做连贯性练习，练熟后，再用实物如筷子、饭碗等。衣服应该不用纽扣，根据体态缝制合体服装。配装假肢者，则需教护其穿戴假肢和习惯训练。

4. 职业训练护理　应按照患者的功能恢复的程度和将来可能承担职业的类似环境来护理，重在进行进入工作岗位前的训练。训练程序应按照由简单到复杂，由较短时间到较长时间逐步进行。在正常人看来是极其容易的事情,在病残者就可能显得十分困难,故教护需要耐心,长时间反复训练才能成功。我国传统的各种艺术性的职业训练,如工艺品制作、刻字、刺绣、缝制、编织、剪纸等,皆适宜于下肢功能障碍患者的训练,可充分发挥其上肢的功能。智力教育性的职业训练如阅读、书写、绘画、打字等则能训练患者思维条理,记忆精确。各种娱乐性职业训练如琴、棋等,可以陶冶情操,训练思维与应变能力。

五、褥疮护理

长期卧床的偏瘫、截瘫及其他重病、慢性病患者由于单一体位及床上活动的减少而极易发生褥疮。因此,需要护士以高度的责任心和警惕性,预防褥疮发生。一旦发生褥疮,应及时采取积极有效的医疗护理措施,促其尽快痊愈。

1. 褥疮的预防　对易于发生褥疮的部位如腰骶部、臀部等部位予以衬、垫、包、温水洗等方法加以保护。搬动患者时,需将患者先抬离床面,避免拖拉,以免损伤皮肤。勤而有效的翻身、改变体位、肢体关节的被动活动以及应用各型气垫床等,均可取得良好效果。

2. 褥疮的处理

(1) 瘀血红润期:受压部位的皮肤每日先用热水浸湿的软毛巾轻轻擦洗,再用纱布蘸10%樟脑乙醇或50%乙醇或当归红花酊在局部做按摩,每日2～4次,重症患者每4 h按摩1次。或采用红外线照射、中草药外敷等方法。

(2) 水疱形成期:要处理好水疱,防止破溃感染。一般采取在无菌操作下抽出水疱内液体或用针具刺破水疱后将其中液体放出,注意表皮不要除去,留以覆盖创面,防止感染。如创面湿润,可每日照射红外线两次。

(3) 溃烂期:要处理好创面换药,进行有针对性的抗感染,以促进局部组织的生长。在全身治疗的基础上,清除创面的分泌物及坏死组织;清洗可用生理盐水、0.2%呋喃西林液或复方秃毛冬青溶液清洗创面和周围皮肤,洗后外敷生肌玉红膏,以去腐生肌。

六、外治护理

1. 热熨法的护理　热水袋的温度不宜超过60～70 ℃,热熨前局部可先涂上一层凡士林以保护皮肤。用热熨法时要随时观察所熨部位的皮肤颜色,操作方法、部位和时间应严格掌握。操作前应向患者解释治疗的目的,操作中不宜过多暴露患者的肢体,以防感受外寒而加重病情。此外,凡热证、实证、局部感觉障碍者,不宜用热熨。

2. 熏洗法的护理　操作时要注意保暖,熏蒸时药液不可太烫,以防烫伤。对包扎部位熏蒸时,应揭去敷料,熏洗完毕,有伤口者换药后再行包扎,或者更换消毒敷料后再包扎。

3. 贴药法的护理　烘烤膏药不宜太热,以膏药柔软能揭开不烫手为度,以免粘贴时烫伤局部皮肤及药膏外溢。掺有麝香、丁香等辛香药物时,更不宜多烤,以免失去药效。敷贴膏药周围皮肤如有发红、起疹、水疱、痒痛等状况,一般为过敏所致,应随即取下,暂停敷贴。除去膏药后,局部可随即用有机溶剂擦拭干净。

(田　辉)

下篇
临床康复

第六章
病残、伤残诸证

导学

本章介绍临床康复中偏瘫、截瘫、脑瘫、脑外伤后遗症、烧烫伤后遗症、骨折、软组织损伤等病证的中医康复。学习本章节应重点掌握上述病证的辨证要点、中医康复疗法，熟悉各病证的基本概念、康复护理，了解康复预防的方法。

第一节 偏 瘫

（一）概述

偏瘫系指一侧上、下肢瘫痪和不能随意运动，常伴有一侧面部口眼歪斜，久则有患肢枯瘦、麻木不仁的表现，多出现于中风之后，属于中医学"偏风"、"偏枯"、"风痱"、"身偏不用"等范畴。本节主要讨论中风偏瘫。

中风又称脑卒中、脑血管意外，是临床常见的老年病，与心脏病、癌症被列为造成人口死亡的三大原因。它具有发病率高、病死率高、致残率高和复发率高的特点，给社会和家庭带来沉重的负担，因而引起国内外医学界的普遍关注。我国自1997年起，因脑血管病病死者已居首位，脑血管病的患病人数300余万。随着人口老龄化，脑血管病患者在不断增多，目前脑血管意外中国城乡发病率为120～180/10万，年病死率为60～120/10万，存活者中75%致残，其中40%重残，严重威胁老年人的生命和健康。近年来，随着对脑血管意外早期诊治技术水平的提高和康复医学的早期介入，降低了病死率和致残率，明显提高了生存质量。

中风多是在内伤积损的基础上，复因劳逸失度、情志不遂、饮酒饱食或外邪侵袭等触发，引起脏腑阴阳失调，血随气逆，肝阳暴张，内风旋动，挟痰挟火，横窜经脉，蒙蔽神窍而发生猝然昏仆、半身不遂诸症。中风偏瘫是中风经救治后因正气未复，邪气尚留，致气血失和、血脉不畅而后遗的经络形证。其病性为本虚标实，其虚者多为气虚、阴虚，其实者多为瘀血、痰浊。病位在脑，与肝脾肾关系密切。

（二）辨证要点

本病多为本虚标实，本虚多脾气虚、肝肾阴虚，标实多为瘀血、痰浊。临床辨证要明辨标本，分清虚实,并应注意结合脑组织和脑血管损伤的原因、部位和程度、病期、并发症等全面分析。

1. 辨证型　肢体偏枯不用,肢软无力,面色萎黄,舌质淡紫或有瘀点瘀斑,苔薄白,脉细涩,为气虚络瘀;半身不遂,患肢僵硬,拘挛变形,舌强语謇,肢体肌肉萎缩,舌淡红,脉沉细,为肝肾亏虚;半身不遂,肢软无力,面色不华,爪甲不荣,倦怠乏力,形体肥胖,或伴语言謇涩,舌体胖大苔白腻,脉滑,为脾虚痰湿。

2. 分病期　急性期为发病后2周以内,恢复期为发病后2周至半年内,后遗症期指发病半年以上。

(三)康复疗法

本病常见的康复疗法主要有中医心理康复法、中药康复法、针灸康复法、推拿康复法等。

1. 中医心理康复法　中风偏瘫的发病过程中,存在"心理双向效应"的情绪反应问题,即心理因素具有致病性和防治作用,不良情绪等心理因素对偏瘫患者的病程和预后有明显的相关影响。

(1) 急性期:心理康复过程从急性期就应开始,该期患者恢复意识后,发现自己瘫痪在床上,尤其是失语不能与别人交谈时,多表现为悲观失望、精神委靡、性格由刚强变得脆弱,甚至对生活失去信心,出现对抗和攻击行为,如拒绝治疗和护理等,有的患者焦虑不安,易激惹,希望医生能药到病除。此时应重点调整患者心理状态,疏导进而消除患者悲观、焦虑不安的情绪,树立战胜疾病的信心和决心。要求医护人员态度和蔼、语言亲切、动作轻柔,但不宜过多的安慰和过亲的体贴,否则反易遭到患者的反感和拒绝。治疗上应采取有力措施,从解决患者的日常生活困难着手,解决患者的肉体痛苦,不能强行制止患者情绪上的自然发展,要允许其发泄与表现,然后予以适度的劝说和安慰,使其保持心理状态和顺,平安地度过急性期。

(2) 恢复期和后遗症期:随着病情恢复,患者对康复充满希望,但当瘫痪肢体和失语恢复到一定程度时,常常恢复速度开始缓慢或停止,患者情绪会再度低落下来;或由于急性期,一切生活都由护理人员帮助而产生惰性心理,不愿活动。此时应针对性地引导、说服患者,正确对待残废,消除沮丧、紧张和单纯依赖医疗等不良情绪,同时指导功能锻炼。在偏瘫病后6个月内属于恢复期,好转的可塑性较大,若治疗护理妥当,则在这一阶段可恢复至较好水平。

偏瘫患者常见心理问题有焦虑抑郁、寂寞孤独、恐惧感、信心不足等。康复医护人员应对患者进行言语安慰,通过谈心来了解患者的心理及情绪变化,鼓励患者树立战胜偏瘫的信心,消除焦虑、抑郁的心理;关心体贴患者,耐心倾听患者的心声,增加患者的信任感,尽量帮助患者摆脱孤独的境地,并沟通患者亲属等及时探视。同时,应主动对偏瘫患者介绍病情、治疗情况和康复期肢体锻炼的重要性,以增强患者的信心。

在偏瘫患者的精神心理康复过程中,起主导作用的是患者自己,医者应把握患者的状态,给予帮助,调整患者的自我意识(指自己对自己的评价,自己对他人评价、看法的态度和估计),冲破内心的固执,跳出烦恼之圈,保持精神愉快,可以有针对性地选用适当方法加以治疗。具体方法有:①情志相胜疗法。该法的核心在于情绪转移、制约和平衡,应用根据具体情况而定。②顺情疗法。这是通过满足患者的意愿、感情和生理需要,来达到祛除心理障碍的方法。具体实施,还需要根据具体情况,适度适量安排。③暗示引导法。人的行为受信念、兴趣、态度等认知因素所支配,改变不良行为需先引导其认知的改变。该法尤其适合于康复期间疑心、误解、猜测、幻觉等心理障碍现象的患者。

2. 中药康复法　中风偏瘫急性期中药康复法分中经络、中脏腑论治,详见《中医内科学》相关内容,以下主要讨论的是中风偏瘫恢复期和后遗症期的中药康复法。

(1) 中药内治法

1) 气虚络瘀型

治法:益气养血,化瘀通络。

方药:补阳还五汤(《医林改错》)加减,药用黄芪、当归尾、川芎、桃仁、红花、赤芍、地龙。

2) 肝肾亏虚型

治法:滋养肝肾。

方药:地黄饮子(《宣明论方》)加减,药用生地黄、巴戟天、山萸肉、石斛、肉苁蓉、五味子、肉桂、茯苓、麦冬、炮附子、石菖蒲、远志、生姜、大枣、薄荷。

3) 脾虚痰湿型

治法:健脾利湿。

方药:参苓白术散(《太平惠民和剂局方》)加减,药用党参、白术、山药、莲子肉、砂仁、薏苡仁、茯苓、扁豆、桔梗、甘草。

上述辨证处方中,如小便失禁,加桑螵蛸、山萸肉、肉桂、益智仁、五味子等以补肾收涩;如下肢瘫软无力,加桑寄生、鹿茸等以补肾壮筋;如上肢偏废,加桂枝以通络;患侧肿胀,加茯苓、泽泻、薏苡仁、防己等以淡渗利湿;肢体麻木,加陈皮、半夏、茯苓、南星以理气燥湿而祛风痰;大便秘结,加火麻仁、郁李仁、肉苁蓉等以润肠通便;语言不利,加郁金、石菖蒲、远志、天麻以祛痰利窍;口眼歪斜,加白附子、僵蚕、全蝎等以祛风通络。

常用中成药丸剂:大活络丸,每次1丸,每日2次,用于风寒湿痹引起的中风偏瘫、口舌歪斜、语言不利;华佗再造丸,每次8 g,每日2次,用于瘀血或痰湿闭阻经络之中风瘫痪、口舌歪斜、言语不清。安宫牛黄丸,每服1丸,日服2次,用于高热谵语、昏迷不省人事者;脑络通,每次2粒,每日3次,用于气虚血瘀痹阻经络引起的中风偏瘫、语言不利、口舌歪斜;复方丹参片,每次2~4片,每日3次,用于气虚血瘀中风偏瘫、语言不利、口舌歪斜。

(2) 中药外治法

1) 药物熏蒸法:伸筋草、透骨草、姜黄、老桑枝、红花各30 g。上药置于瓷盆中,加清水煮沸10 min后取用。对患者肢体进行熏蒸,有条件者可用专门的熏蒸治疗床,条件有限者也可用木桶,每日1次,10次为1个疗程。

2) 药物浸洗法:伸筋草、透骨草、姜黄、老桑枝、红花各30 g。上药煎煮出药液后,温度以50~60 ℃为宜,先浸泡手部,后浸泡足部,浸泡15~20 min;汤液温度下降后需加热,再浸泡1次;浸泡时,手指、足趾在汤液中进行自主伸屈活动,每日1次,10次为1个疗程。

(3) 药物热熨法:伸筋草、透骨草、姜黄、老桑枝、红花各30 g。上药以粗盐布袋装好,加热后,熨患肢和腰腹部,每日1次,每次20~30 min,10次为1个疗程。可增补元气,疏通经络,促进偏瘫康复。

3. 针灸康复法

(1) 毫针疗法:取手足阳明经要穴为主,如肩髃、曲池、合谷、外关、环跳、阳陵泉、足三里、解溪、昆仑等。气虚络瘀型,配气海、血海;肝肾亏虚型,配三阴交、太溪、肾俞、肝俞;脾虚痰湿型,配足三里、丰隆。吞咽困难,加风池、外金津、外玉液;口干口臭,加里内庭、劳宫;呃逆不止,加足三里、内关、第四颈椎夹脊穴、膈俞；胸满痞闷、不思饮食，加中脘、内关；便溏、纳呆，加天枢、中脘；大便秘结加天枢、上巨虚、大肠俞；大小便失禁，加肾俞、次髎、大肠俞、关元俞、秩边；咽干便秘，加照海、廉泉、天枢；口眼歪斜，取手足阳明、太阳经穴为主，选地仓、颊车、合谷、内庭、太冲，亦可按病情加用牵正、水沟、阳白、下关等穴，初起单取患侧，久病可取双侧，先针后灸；语言不利，取任、督脉穴和少阴经穴为主，选风府、上廉泉、通里。

常规方法针刺上述穴位，用泻法。每日1次或隔日1次，留针20～30 min，10次为1个疗程。

（2）电针疗法：①"治痿独取阳明"，治疗四肢痿软不用，应补益脾胃后天之本，增强肌力，故取穴应以手足阳明经穴为主，如上肢部的肩髃、曲池、外关、合谷，下肢部的伏兔、风市、梁丘、足三里、飞扬、解溪。②根据神经干通过和肌肉、神经运动点，沿神经肌肉走向取穴，如臂丛神经取天鼎、极泉，尺神经取小海、灵道、通里，桡神经取手三里、曲池，正中神经取曲泽、间使、内关，坐骨神经取环跳、殷门，胫神经取委中，腓总神经取阳陵泉，腰神经取气海俞，骶神经取八髎。在上述穴位施以电针。

（3）艾灸疗法：以手足三阳经穴为主，上肢瘫取肩髃、曲池、手三里、外关、合谷；下肢瘫取环跳、风市、阳陵泉、足三里、丰隆、悬钟、三阴交。每日1次，每次15 min，10 d为1个疗程。

此外，还应分清病情的轻重缓急，标本虚实分而治之。例如，中风后遗症则可采用隔姜灸或温针灸。口眼㖞斜选择面部腧穴，如下关、阳白、翳风、地仓等穴行无瘢痕灸或隔姜灸以疏风通络，活血舒筋。

（4）其他针灸疗法

1）耳针疗法：取肾、下屏尖、皮质下、神门、心、缘点和与瘫痪肢体相应的上、下肢穴区。并根据临证变化灵活运用，如高血压，配耳尖、降压沟放血，交感、肝、额、枕；冠心病，配肝、胸、小肠；心律失常，配小肠、交感、肾上腺。此外，痰多配脾穴，咳嗽配肺穴，面瘫配面颊、眼、颌、额。

2）头针疗法：人体的经气通过经脉、经别等联系集中于头面部，在经络学说中"头之气街"列为首位。"头者，精明之府"，经络集中，腧穴密布，与脑髓、脏腑、气血有密切联系，且头部为标、结之所在。临床实践中，诸多医家均注重采用。①中枢性面瘫、运动障碍取顶颞前斜线下2/5，头面部感觉障碍取顶颞后斜线下2/5。②上肢瘫取顶颞前斜线中2/5，顶旁2线，上肢感觉障碍取顶颞后斜线中2/5，顶旁2线。③下肢瘫取顶颞前斜线上1/5，顶旁1线，下肢瘫感觉障碍取顶颞后斜线上1/5，顶旁1线。选用1～1.5寸毫针。快速进针后，可采用快速捻转法、留针法、埋针法三种手法，出针的快慢根据补泻而决定，补法则采用"慢入快出"的针法，泻法则用"快入慢出"的针法。隔日1次，7～10次为1个疗程。

3）穴位注射疗法：本法尤适宜于中风后遗症患者的康复治疗，用药当首选有补气活血、祛瘀通络作用的药物。①黄芪注射液，治疗气虚络瘀所致的肢体麻木、半身不遂型，是为中风后遗症的首选。②当归注射液，善治血虚血瘀之证。③丹参注射液，治疗气虚络瘀型有较好疗效。

临床上宜选择肌肉较为丰厚部位的穴位，如曲池、手三里、外关、合谷、足三里、阳陵泉、悬钟、血海，一般可按照针灸的选穴处方原则辨证选穴。①近部取穴：可选择四肢瘫痪肌群的邻近腧穴，如肩髃、臂臑、手三里、外关、髀关、伏兔、梁丘、足三里、阳陵泉、悬钟等。②远部取穴：即循经取穴，根据"治痿独取阳明"的原则，重点选择手足阳明经腧穴，如曲池、合谷、足三里、丰隆等。③局部取穴，可选择痛点，"以痛为输"。也可通过触诊，寻找相关经脉的硬结或条索状物等阳性反应点作为注射点。④辨证取穴：在取肢体腧穴的同时常取有关背俞穴以调节脏腑功能。

操作时，选择合适的针头和注射器，进针针下得气后注射。因选择穴位多在背腰、四肢部位等肌肉较为丰厚的部位，且中风后遗症病位多深在脏腑、经筋、骨骼、肌肉，故应适当深刺，背部多采用斜刺（向脊柱）；腰部、四肢多直刺，甚至采用透穴的方法。给药剂量根据部位而定一般在0.5～2 ml之间。

4）拔罐疗法：拔罐法可作为中风偏瘫后遗症的辅助治疗方法，在针灸治疗后，沿经脉循行方向，主要在手足三阳经穴上拔罐。如上肢的肩髃、肩贞、曲池、手三里、天宗、大杼等，下肢的环跳、风市、足三里、阳陵泉、三阴交、飞扬、丰隆。此外，也可选择华佗夹脊、督脉、膀胱经的穴位做循经走罐，或闪罐，或刺络拔罐。面瘫则可在面部闪罐，高血压病者可取大椎、曲池、肾俞、肝俞、心俞等刺络拔罐，下肢肿胀明显而深静脉血栓形成可于委中、承山、阿是穴刺络拔罐放血。

4. 推拿康复法 急性危险期已过，医者经常采用按、摩、推、拿、揉、捏、点穴等手法，先轻后重、柔和持久、由慢至快、由浅而深进行操作，以促进气血流通。

(1) 头面部操作：患者仰卧位，揉印堂、攒竹；拇指推印堂→神庭；分推印堂→攒竹→鱼腰→太阳、掐承浆、水沟、素髎、印堂、神庭；一指禅偏峰推眼眶"∞"字、额头"∞"字；分推印堂→阳白→太阳，四白→太阳，迎香→颧髎→听宫，水沟→禾髎→听会，承浆→大迎→颊车→听会；按揉印堂→神庭→上星→百会→四神聪；按揉印堂→攒竹→鱼腰→丝竹空→太阳→角孙→风池；按揉头维→悬厘→曲鬓→率谷→完骨→风池；按揉迎香→颧髎→下关→听宫；掌根对称挤按太阳、下关；五指轻击头部；扫散法于头颞部。

(2) 上肢体部操作：患者仰卧位或健侧卧位，医者在患肩、肘部用㨰法，并结合关节的被动活动；一指禅推或按揉肩髃、肩内陵、臂臑、曲池、手三里、尺泽、曲泽、少海、合谷；拿肩部三角肌、上臂肱二头肌和肱三头肌及前臂伸、屈肌群；摇肩关节、肘关节、腕关节、掌指关节；掐双手掌指、指骨间关节及十二井、十宣；捻十指、拔伸十指；五指击上肢手三阴、手三阳经；拇指按压、按拨极泉、小海穴。

(3) 下肢操作：患者仰卧位或健侧卧位，㨰髋、膝关节，并结合关节的被动活动；一指禅推或按揉环跳、髀关、风市、梁丘、血海、足三里、阳陵泉、丰隆、三阴交、太冲、足临泣、太溪、昆仑；拿股四头肌、小腿腓肠肌；摇髋关节、膝关节、踝关节、跖趾关节；掐跖趾关节、趾骨间关节；捻、拔伸足趾；五指击下肢足三阴、足三阳经；指压气冲穴。

(4) 背腰部操作：患者健侧卧位或俯卧位，一指禅推或㨰患者背腰部督脉、华佗夹脊和膀胱经第一、第二线；按揉风池、肩井、大椎、天宗、肺俞、心俞、脾俞、胃俞、肝俞、肾俞、环跳；五指叩击背腰部督脉、膀胱经；直擦脊柱两侧竖脊肌，横擦肩背逐渐下降至腰骶部；轻拍腰骶部。

推拿时应注意：①中风偏瘫以早期治疗为主，一般在中风后2星期，病情稳定后，适宜用推拿治疗。②要保持身体清洁，经常洗擦。③中风偏瘫的患者康复期很长，一定要持之以恒。④患者家属可以在医生的指导下，学习推拿方法，以减轻家庭经济负担。⑤操作时力量由轻到重，对于肌张力高的肢体切忌强拉硬扳，以免引起损伤或四肢骨骨折。⑥后期待患者能活动时，一般采用自我按摩法或保健按摩，亦可参照《诸病源候论·偏枯候》施行导引按摩。古谓"凡人自摩自捏，伸缩手足"，即为导引按摩。

5. 传统体育康复法 中国的传统体育康复方法讲究调心、调息和调形，三调配合，呼吸、精神意念和形体运动有机结合。如果使用得当，功效显著。根据患者病情分期不同，采用方法有所不同。

中风后遗症期的患者肌力基本回复，中枢控制改善，但运动功能未完全恢复。应加强功能训练，鼓励患者根据具体情况，分别按简化太极拳进行功能训练，太极拳有轻松柔和、连贯均匀、圆活自然、协调完整的特点，练习太极拳既能运动形体，又能协调身心，提高整体功能和耐力等，调养作用温和而持久，适宜长期进行。患者体能基本恢复后，可以适当安排少量强化功能训练，如五禽戏、洗髓易筋经等。

此外，在音乐的律动下引导练习，可以增强运动训练的趣味性，有效地促进患者积极参加功能锻炼，提高脑功能重组效能，恢复肢体运动功能。

6. 气功康复法　可采用强壮功，姿势上采用盘坐式和站式，在呼吸方法上采用静呼吸、深呼吸和逆呼吸，以加强强壮作用。同时，在调身、调息的基础上，着重调心，即着重调整练功意识。意守丹田遵循"似守非守，绵绵若存"的原则，诱导深度入静，进而由静生动，使气血运行旺盛，疏通经络。同时，进行形体练功运动，舒筋活血，以防肌肉萎缩、关节僵硬。如运动健侧"以右治左，以左治右"，或利用健肢带动患肢做被动运动，并进行卧位、立位的综合练功方法。

此外，放松功和站桩功可以配合使用。当患者肌力渐渐开始恢复时，也会出现四肢肌肉痉挛的现象，严重影响运动功能。这实质上是低级控制中枢恢复速度快于高级中枢，而失去高级中枢的抑制作用，不能精细调控，故出现外周的痉挛症状，练功重点在于松静自然，以心调息，安神运形。经常意守丹田，内养元气，可以慢慢阴平阳秘，经络通畅，使高级中枢与外周的沟通强化，自然痉挛紧张现象会逐渐消失。例如，在姿势放松的同时，基本呼吸方式是默念呼吸，即吸气时心里默念"静"字，呼气时默念"松"字，保持轻松愉快的心情，在松与紧、动与静的对比中，充分体验"松感"与"静景"，逐步达到深入的入静状态，有利大脑功能的优化。

7. 饮食康复法

(1) 淮杞甲鱼汤：淮山药 30 g，枸杞子 15 g，甲鱼 1 只（约 300 g），生姜 2 片，酒一匙，盐少许。本方具有滋阴补肾功效，适用于偏瘫肝肾亏虚型。

(2) 独活活血汤：独活 8 g，乌豆 50 g，米酒一小匙，食盐少许。本方具有活血祛风、通络止痛的功效，适用于偏瘫气虚络瘀型，也治老年人中风后并见肩周炎、颈椎病、腰椎病、全身骨节疼痛、活动不灵等。

(3) 芪枣山药炖鸡汤：黄芪 15 g，大枣 6 个，山药 30 g，母鸡 1 只，薏苡仁 30 g，生姜 2 片，食盐少许。本方具有运脾化湿的功效，适用于偏瘫脾虚痰湿型，也治疗中风后遗症一侧肢体偏瘫、语言不利、表情淡漠，或褥疮久治不愈、长期卧床、食少纳呆、营养不良者。

8. 自然康复法　以沐浴康复法为主，根据当地具体情况选用泉水热浴、天然热砂浴、日光浴、森林浴和空气浴等，通常同时配合推拿按摩和传统体育康复法。

9. 娱乐康复法　多用于后期康复训练，如音乐疗法适用于情绪兴奋烦躁易怒的患者，这类患者情绪属于"怒"过度，宜逐渐引导，宜选听悲情的古典音乐，如二泉映月等，以悲制怒，以金克木。此外，琴棋书画、游戏疗法既帮助患者恢复肢体功能，又能调节情志，改善智力，为其以后的职业训练打下基础。娱乐康复法可在医务人员监护和指导下，按计划进行训练，或通过进行功能训练。

（四）康复护理

中医康复护理在本病中主要体现为起居、饮食、情志、功能护理等。

1. **起居护理** 应注意适寒温,尤需预防"复中"(二次中风)。如冬令气候寒冷,寒邪入侵可引起血液滞涩;春时气温回升,内应于肝,风阳暗动,亦可导致卒中偏瘫。还应注意节房事,护真阴,防疲劳恼怒、过度疲劳或生气恼怒,这些均与康复不利,且有引发复中、加重偏瘫的可能。

2. **饮食护理** 中风偏瘫康复过程中,早期饮食以粥类及蔬菜汁、果汁为主,忌食辛辣刺激之物,也可适量进食一些补益气血、滋养肝肾、较具营养的食物,如蛋类、瘦肉、鱼及新鲜蔬菜等,但应忌油腻、酒类及吸烟。

中风后遗症阶段的饮食调养也很重要,这既可尽快促进中风的恢复,又可预防复中。一般应少吃动物脂肪,提倡低脂饮食,多吃植物油,因植物油中含维生素E和丰富的不饱和脂肪酸,可降低血胆固醇,减少动脉的硬化。平时应注意少吃动物内脏及蛋黄、鱼子、贝类等含胆固醇高的食物。

瘫痪患者多长期卧床或活动减少,消化和吸收功能较差,常有便秘现象,应进食营养丰富、易于消化的食物,如乳类、鱼类、兔肉、大豆等。为了防治便秘,可多食粗粮、芹菜、土豆、蜂蜜等食品。多吃含B族维生素的食品如香蕉、橘子等水果及豆制品,有利于神经的修复和中风的恢复。保持大便通畅,除常食用纤维性蔬菜、水果等外,当养成良好的排便习惯。若便秘者可少量饮用番泻叶泡茶饮,阴虚肠燥者可用麻子仁丸。

3. **情志护理** 中风康复期间,应指导和帮助患者进入"安静宁和"的状态,"恬淡虚无,真气从之,精神内守,病安从来"。顺应季节变化的自然规律,起居有常,建立一种有规律的生活节奏;减少接触那些可能引起内心不安和骚动的外界刺激来保持内心的平静;对待七情变化,保持中庸,即喜怒悲哀皆勿太过,净神不乱思,以有助提高康复疗效。

4. **功能护理** 首先注意给患者及家属讲解和强调功能活动的重要性。

(1) 急性期护理:保持瘫痪肢体功能位,防止关节变形而失去正常功能。用枕头维持手臂外展的姿势;肘部稍微屈曲;仰卧位时肩关节高过肩部水平;膝下放枕头,为防止髋关节外旋,以毛巾卷曲放在髋关节外侧;使用足托板使足与床成直角,预防足下垂;至少每2h改变1次体位,由于患者肢体感觉及运动功能障碍,改变患者体位时要注意按照一定的次序,以免造成不必要的损伤;每日做3次四肢的主动和被动活动锻炼;随着病情的稳定和肌张力的增加,逐渐增加肢体活动量;教会患者及家属锻炼和翻身的技巧。

(2) 恢复期与后遗症期护理:康复是贯穿整个疾病过程的措施。肢体运动恢复的快慢,有否出现挛缩畸形,均与早期功能锻炼有关,一般在病后1周左右时间,肌张力开始增高而出现屈曲痉挛,应针对肌肉强直进行训练。训练环境要安静,使患者的注意力保持集中。开始活动可以先热敷肢体,以减轻肌张力;轻柔地、有节律地伸展肌肉;通过理疗减轻肌肉强直;按医嘱给予药物或夹板,固定强直的肢体,同时密切观察肌张力的变化;告诉患者及家属肌肉强直的表现和减轻肌张力的方法。

如病情稳定后,即应及时进行功能锻炼,恢复自主运动前可做被动运动或按摩。出现自主运动后,应鼓励患者以自主运动为主,辅以被动运动。一般先在床上锻炼,以健肢带动患肢,左右、上下移动。练习坐、立时,用三角巾支托肩关节,防止因肌肉弛缓对关节支持力弱而引起肩关节半脱位。渐进性活动时,协助患者在床上慢慢坐起;坐在床沿摆动腿部数分钟。下床时,使用辅助器具或由人搀扶,活动时间要逐渐延长。患者可离床时,应及时扶其行走,能自己行走时患者不可操之过急,逐渐锻炼双拐和徒手自己行走,并配合针灸、理疗,以促进患肢功能恢复。

同时,训练患者的平衡和协调能力。

(五) 康复预防

中风康复后应特别注意预防复中,平时可以按照前面介绍的方法进行运动锻炼、饮食调理、情志调摄、经络保健、气功锻炼等,以增强体质,预防疾病。中风出现先兆时,如见明显头晕目眩、肢体麻木,则应注意加强休息,同时禁食肥甘厚腻食物、禁酒,饮食宜清淡易消化食物。

(余 谨 傅贵平)

第二节 截 瘫

(一) 概述

截瘫是指两下肢丧失运动功能,并伴有程度不等的下半身感觉障碍、大小便失禁或潴留。本病多由脊柱骨折或脱位合并脊髓损伤而造成,也可发生于脊髓炎、脊髓肿瘤、脊柱结核等病。本节主要讨论因外伤而引起脊柱骨折或脱位合并脊髓损伤所导致的截瘫,又称为外伤性截瘫。

截瘫的发病率因各国的情况不同而有差异,各国统计资料显示截瘫均以青壮年为主,年龄在 40 岁以下者约占 80%,男性为女性的 4 倍左右。引起脊髓损伤最常见的原因为车祸,其次为坠跌伤,可分为闭合性与开放性两种。开放伤中常伴有胸、腹腔内其他脏器的损伤,伤口常有继发性感染。损伤类型可分为脊髓震荡、脊髓挫伤、椎管内出血、脊髓血肿,各型可单独存在,也可合并发生。因脊髓损伤后呈进行性组织学改变,生理与生化连锁变化、相互影响,将导致比原先单纯机械性损伤更大的组织损伤,故脊髓损伤的急救治疗非常重要,通常脊髓损伤后 6 h 内是抢救的黄金时期。虽然许多医者力图用药物或外科手术的方法,尽早干预和预防脊髓损伤患者进展性损伤,但损伤后的脊髓再生十分困难,临床上可通过训练措施进行功能恢复,有利于截瘫患者的康复。

本病属于中医"痿证"、"痿躄"、"瘫痪"等范畴,病因多为跌仆外伤等导致,病位在脊柱和脊髓,与肝脾肾等脏关系密切。主要病机是由于外伤后,督脉、肾经等经脉受损,阳气不能运行,而见运动不利。《灵枢·经脉》曰:"肾足少阴之脉……贯脊属肾络膀胱。"《素问·骨空论篇》云:"督脉者……贯脊属肾……入络脑。"可见肾、督两经与脊髓和脑有密切联系,且督脉"总督诸阳",为阳脉之海,手足三阳经均与之交会,督脉受损,阳气不行,而致运动与感觉功能障碍。因肝主筋,脾主肌肉,肾主骨生髓,本病经早期治疗仍肢体瘫痪者,多表现为气血亏虚、肝肾不足、气虚血瘀、痰瘀阻络、肌肉筋骨失却濡养的状态。

(二) 辨证要点

截瘫是阴阳俱损的一种综合征,具体辨证要根据瘫痪程度、部位和临床症状来确定。

1. 辨瘫痪程度 脊髓损伤有完全性和不完全性之分。脊髓功能完全丧失则表现为完全性截瘫,检查见受伤脊髓神经所支配的平面以下两侧对称性完全瘫痪,感觉、腱反射和膀胱、肛门括约肌功能完全丧失,此种截瘫预后较差,康复难度大。脊髓功能部分丧失则表现为不完全性截瘫,检查见受伤脊髓神经所支配的平面以下运动、感觉、腱反射和膀胱、肛门括约肌功能部分丧失,此种截瘫预后较好,康复较易。

2. 辨瘫痪部位 由于损伤的部位不同,截瘫的平面及其临床表现也不一致。一般来说,损伤部位越高,瘫痪的部位也越多,预后较差。如高位脊髓颈段横贯性损伤可造成损伤平面及其以下全部运动、感觉丧失,四肢中枢性瘫痪并有膈肌瘫痪;脊髓颈膨大部横贯性损伤可造成损伤平面及其以下全部运动、感觉丧失,上肢为周围性瘫痪,下肢为中枢性瘫痪;脊髓胸段横贯性损伤时,上肢不受影响,下肢呈中枢性瘫痪,受损平面及其以下感觉障碍。

3. 辨临床症状　截瘫患者证型的确立,主要依据其临床表现,因而必须综合运用四诊八纲,从其瘫痪特点及伴见症状来判断不同证型。截瘫患者除肢体运动障碍外,还伴见一些症状,如排便困难、肢体疼痛、关节肿胀或挛缩、肢体水肿或萎缩、骨质疏松等。同时,还会出现一些并发症或心理障碍,这些在康复过程中均应认真辨察。

如肢体痿废不用,肌肉萎缩,伴神倦乏力,面色不华,爪甲不荣,气短,食少纳差,二便排泄失常,舌淡苔薄白,脉细弱,为气血亏虚;肢体痿废不用,二便排泄失常,性功能异常,舌淡苔白,脉沉细,为肝肾不足;肢体痿废不用,肌肉萎缩,伴神倦乏力,食少纳差,肢体疼痛,舌质紫或有瘀点、瘀斑,脉细涩,为气虚血瘀;病程较久,肢体痿弱,关节肿胀,或伴有疼痛,舌质紫或有瘀点、瘀斑,苔白腻,脉滑,为痰瘀阻络。

(三) 康复疗法

中医康复以疏通经络,增强全身气血循环,改善体质,预防并发症和尽可能促使瘫痪部位恢复功能为目的,以扶正固本为基本大法。本病常见的康复疗法主要有中医心理康复法、中药康复法、针灸康复法、推拿康复法等,诸法相互配合,合理安排,调养形神,促使患者在运动和心理上尽量获得最大程度的康复。

1. 中医心理康复法　本病多发生于突发性的意外损伤,当患者经历了肉体的巨大痛苦后,发现肢体丧失了活动和感觉功能,精神上所受的打击是严重的。不少患者对生活的前途丧失信心,情绪极度悲观、忧郁、低沉,有的则脾气暴躁,拒绝与医务人员合作。为此,调摄情志十分重要。医务人员应对患者及其家属进行深入的思想工作,讲明截瘫的发生原因、可能产生的后果,强调本病进行认真、耐心的康复医疗十分必要,使患者及其家属认识到只要有信心,充分发挥主观能动性,采用持之以恒的康复医疗方法,就可以最大限度地恢复生活和工作能力。这样可使患者放下思想包袱,能积极主动地配合医务人员接受康复治疗。对部分不善于控制自己思想、顾虑过重、焦躁不安或极度悲观的患者,在进行心理开导的同时,可指导患者学会自我调节,以松弛精神。同时要求家庭和社会各方面给予充分的支持,关心患者,避免在情绪上的各种不良刺激。

2. 中药康复法

(1) 中药内治法

1) 气血亏虚型

治法:补益气血,以充化源。

方药:八珍汤(《正体类要》)加减,药用人参、白术、炙甘草、茯苓、熟地、赤芍、川芎、当归。

2) 肝肾亏虚型

治法:补益肝肾,强壮筋骨。

方药:虎潜丸(《丹溪心法》)加减,药用黄柏、龟版、陈皮、知母、熟地、白芍、锁阳、虎骨(用狗骨代)。

3) 气虚血瘀型

治法:益气活血,通经活络。

方药:补阳还五汤(《医林改错》)加减,药用当归尾、川芎、黄芪、桃仁、赤芍、地龙、红花。
4) 痰瘀阻络型
治法:化痰逐瘀,通经活络。
方药:双合汤(《杂病源流犀烛》)加减,药用桃仁、红花、川芎、当归、白芍、茯苓、半夏、陈皮、白芥子、竹沥、姜汁。

上述辨证处方中,若大便秘结,可加用麻仁、柏子仁等;若小便癃闭,可加用肉桂、车前子、川牛膝;若二便失禁,可加用金樱子、诃子、乌梅、益智仁等。

(2) 中药外治法

1) 药物熏蒸法:将苍术、黄柏、牛膝、制何首乌、丹参等药物煎煮后,利用加热后产生的热气与药气,熏蒸瘫痪肢体的表面,以温通血脉,调理肢体经络功能,疏通气血,从而促进肢体运动康复。每日1次,每次20~30 min。

2) 药物洗涤法:用番木鳖、桃仁、红花、骨碎补、五加皮、桂枝、细辛等药物加水煎液,浸洗瘫痪的下肢。每日1次,每次20~30 min。

3) 药物熨敷疗法:将粗盐500 g用布包好,加热后等熨敷患侧肢体;如有小便癃闭,加葱白3根,切碎同炒香味出,用布包熨下腹部。每日1次,每次20~30 min。

3. 针灸康复法

(1) 毫针疗法:下肢瘫痪主要取环跳、殷门、阳陵泉、足三里、承山、昆仑、三阴交、解溪、肾俞、次髎等穴,上肢瘫痪可取肩髃、曲池、外关、阳溪、合谷等穴,并按损伤平面节段取附近的华佗夹脊穴。

常规方法针刺上述穴位,针法宜用弱刺激,留针时间可较长,并可配合经络走向施行梅花针,每4~5日1次,针后还可加灸。特别是二便失禁者,可用温针法。

(2) 艾灸疗法:选穴以手足三阳经穴和任督脉穴位为主,上肢取肩髃、曲池、手三里、外关等,下肢瘫取环跳、阳陵泉、足三里、丰隆、悬钟、三阴交等;另按损伤平面节段取附近的华佗夹脊穴或背俞穴为重点艾灸穴位,根据情况可采用无瘢痕灸、隔姜灸或温针灸。

(3) 其他针灸疗法:采用头针、耳针、穴位注射、激光针、微波针等疗法,对于防止肌肉废用性萎缩,增进肌力,恢复站立和部分行走功能均有一定效果。

4. 推拿康复法 下肢瘫痪主要取气冲、环跳、居髎、风市、足三里、阳陵泉、血海、委中、承山、太溪、昆仑等穴,配合肾俞、命门、腰眼、八髎穴。如有上肢瘫痪,加用肩髃、肩贞、曲池、尺泽、少海、手三里、合谷等穴。此外,可沿督脉、华佗夹脊穴按摩。手法宜平稳,力量由轻而重,在患者适应后逐渐加大力量。多以指揉法、指摩法为主,结合推按,可从肢体远心端推到近心端。如瘫痪部位的肌肉已有一定的自主活动,推拿手法可渐加重,常用搓、擦、拿等手法及揉捏肌肉法、捶拍肢体法,并加强对患肢的被动运动。推拿最后做揉、摩、搽、掌推等法,由远端到近端,以放松肌肉,疏通血脉。

患者也可利用健康的上肢在帮助患肢做被动活动时结合进行自我按摩。

5. 传统体育康复法 在脊椎受伤后的卧床阶段即可进行床上锻炼,以上肢和腰背的肌肉锻炼为主,运动量由小到大,由弱到强。脊椎骨折或脱位已愈,可再加起坐、转身等锻炼。上肢锻炼可做高举、平分、屈伸活动。还可做太极拳中云手、倒卷肱等单式,重复练习。必要时可辅以哑铃、拉簧,或双手握住头上横杆做双背引体向上。通过上肢肌肉力量的增强,可由上肢活动带动下肢活动。继则可多做坐位练习,练习顺序为被动坐、靠坐、扶坐、自坐,并进而练习坐地的各种运动。腹背肌锻炼可做仰卧抬高腰背或俯卧头背向上仰的锻炼。其他还可做提臀、振腹、全身翻动等训练。由于下肢丧失运动功能,故下肢一般进行被动活动,除了由医务人员或家属帮助患者做下肢屈伸、抬举活动外,也可用器械协助下肢运动,一般每日2次,每次30 min。

在上述床上锻炼的基础上,接着进行离床锻炼。其中包括练习站立,按扶床站立、靠斜板站立、靠墙站立、扶双杠站立、扶拐站立、扶人站立、独立站立的顺序进行锻炼。锻炼时应有医务人员照顾保护,以防摔倒,同时可进行上下轮椅车的锻炼。在此基础上可按扶双杠走、扶行走车走、扶双拐走、扶双棍走、扶单棍走、独立行走的顺序锻炼行走功能。在锻炼时也必须有专人保护,防止摔倒。特别应注意在膝部和腰部的支持,以防膝软而向前缩屈跌倒,部分患者必须穿着特殊的支具并扶拐才能行走。以上锻炼一般每日1 h左右,扶拐步行可用"四点步",即迈左腿出右拐,迈右腿出左拐。也可用"摆动步",即两拐同时摆前一步,两腿再跟上。

在运动锻炼中要循序渐进,如出现下肢浮肿、皮下出血,可在卧床时抬高下肢,必要时用弹性绷带加压包扎足部小腿后再锻炼。如发现膝关节肿胀有积液,可配合外敷药物和适当休息,加服舒筋活血类药物。此外,可进行衣食住行等生活能力的训练,以帮助患肢功能恢复。

6. 气功康复法

(1) 放松功:即意守小腹,自然深呼吸。同时可把思想集中于瘫痪部位,由上到下反复想像肌肉放松,并闭目默念"松"字。经过一段时间练习后,思想能随意放松和集中时,再使思想高度集中,心中默念"动"字,从远端踇趾动起,逐渐向上扩大范围。同时也可配合被动运动。后期可练内养功、强壮功、站桩功等。

(2) 洗髓易筋经:应用内壮神勇之法,通过手掌按揉胸腹(主要是腹部自我按摩),诱导注意力集中于腹部。排除杂念即勿他想,意守腹部即守中道,通过揉与守则能积气,气则自能充斥周身,即为"持其充周"。揉法分三个阶段,每段一百日。需按节气变化行事,从身右推向左,手法宜轻浅,用力由轻至重,幅度由小至大。此法不拘姿势,随时可练,通过不断地意守积气,达到内部气血充盈,容易运气通关过节,自能促进康复。

7. 饮食康复法　可选用补益脾肾、强壮筋骨、温通督脉的饮食,多用血肉有情之品,可取动物的脊髓、脊骨煮汤或煮粥,如羊脊骨粥等。还可食用鹿肉、龟肉,或选冰糖炖龟血等药膳。适量饮用十全大补酒、五加皮酒、史国公酒等。

8. 自然康复法　可选用沐浴康复法,如温水浴,并在水中可做瘫痪肢体的主动和被动活动,以及进行按摩或自我按摩。由于水的浮力作用,瘫痪肢体的活动比较放松省力,这样训练效果会更好。

有条件者可进行温泉水浴、食盐泉、碳酸泉等,可全身浴或半身浴交替进行,10～15 d为1个疗程。

9. 娱乐康复法　可选用音乐疗法,结合个人的气质、性格、文化、趣味、习俗、经历和民族、职业、年龄等各个方面特点,辨证施乐,改善情志,平和心情,促进气血循环。选用琴棋书画疗法,修性怡神,同时通过弹琴、弈棋、习字、作画这些手指精细动作的活动,来改善血液循环,提高机体新陈代谢,从而促进康复。根据患者状态,也可选用影视戏剧疗法,调节情志,改善整体功能状态。

(四) 康复护理

中医康复护理在本病中主要体现为起居、饮食、情志、功能护理等。

1. 起居护理

（1）褥疮的预防和护理：截瘫患者因不能活动，皮肤感觉丧失，没有正常皮肤的疼痛刺激信号，是发生褥疮的主要原因，且长期卧床易导致血流瘀积致使皮肤缺血坏死。因此，护理上应加强责任感，对于带褥疮入院的患者，应勤翻身，勤按摩尾骶部。如果褥疮已发生，应及时处理，可用频谱仪照射 20~30 min，每日 1~3 次。每日用温水擦洗全身，并涂上爽身粉，有大小便污染时应及时清洗干净，及时为患者更换床单、衣服，保持局部清洁、干燥，每周床上洗头 1 次，穿平底鞋，防止足下垂。

（2）肺部、呼吸道感染的预防和护理：颈椎损伤部位因出血、水肿压迫脊髓或脊髓横断面，使肋间肌等呼吸肌瘫痪，不能主动清除呼吸道分泌物。因此，要指导患者进行呼吸训练和排痰训练，及时吸痰，保持呼吸道通畅。同时，加强口腔护理，可预防呼吸道感染，对患者家属进行口腔卫生宣传，使其重视口腔清洁，每次用餐后给予漱口，早晚为患者做口腔护理。

（3）泌尿系统感染的预防及护理：严格无菌操作，消除感染机会，尤其是留置尿管的患者。在康复期，双下肢肌力为 1~2 级时，给予排尿训练，可用热水外敷膀胱区后，再用手轻轻按摩膀胱区，也可采用叩击"敏感点"的方法。"敏感点"一般在会阴部周围，如骶尾部、膀胱区、大腿根部，在敏感点上做压迫和叩击，往往可以引起反射性的排尿排便，这样可以减少导尿、灌肠和用药的不便。

（4）便秘的防治和护理：已发生便秘者，可使用简易通便器进行通便，或用开塞露辅助通便，必要时戴手套挖出干结粪便，以解除患者的痛苦，防止粪便中毒。大便失禁时可服收敛剂，并保持肛门皮肤清洁。

2. 饮食护理　做好饮食护理，合理搭配，多食水果、蔬菜、豆类、肉、鱼等，忌辛辣煎炸食物，嘱多饮水，辅助蜂蜜糖水、香蕉等有助通便。

3. 情志护理　由于截瘫患者的康复所需时间较长，有的甚至终身难以完全恢复，必须耐心地做好护理工作，尽可能促使患者在身体和心理上逐渐恢复正常，做好护理和自我护理。即使截瘫不能完全恢复正常，也要使功能残疾不进一步恶化，为独立生活和工作作好准备。

4. 功能护理

（1）预防肌肉萎缩及关节挛缩，指导并协助功能锻炼：为了防止肌肉废用性萎缩，避免关节僵硬，早期协助患者进行上下肢、股四头肌有节奏的收缩和放松活动，以改善局部血液循环，促进组织修复，按摩时手法应轻柔、缓慢。晚期则指导患者进行撑臂和主动或被动伸、屈膝关节等方面的功能锻炼。每日不定期活动数次，每次 10 min，被动活动以不产生疲劳感为宜，以后逐渐增加活动次数和时间，活动范围由小到大，逐步适应，以达到恢复生理功能的目的。因很多患者不能在医院完全康复，故出院时应做好各方面指导，尤其是矫形器或轮椅的选择，并配合适当的功能锻炼，从而帮助患者获得最大的功能恢复，回归家庭和社会。

（2）矫形器的应用：步行矫形器的应用对截瘫患者的身心康复和并发症的预防都有重要意义，即使不能达到实用性步行的目的，应用矫形器进行站立和步行训练也能延缓肌肉萎缩，防止痉挛和挛缩的发生，减少骨质疏松；改善膀胱功能，防止褥疮和深静脉血栓形成，增强心肺功能。步行矫形器的应用使患者从卧床进入站立或行走状态，不仅从心理上克服了患者截瘫后抑郁、悲观失望等心理障碍,而且使患者活动空间增加,进行功能性步行,提高了患者的生活质量,达到全面康复目标。

(余 谨)

第三节 脑 瘫

(一) 概述

脑瘫是指由于小儿出生前至出生后1个月内因各种原因所致的一种非进行性的脑损伤综合征,主要表现为中枢性运动障碍和姿势异常,同时经常伴有智力、语言、视听觉等多种障碍,是严重影响儿童生长发育及功能活动的疾患。临床上造成脑瘫的三大原因为窒息、早产、核黄疸。尽管临床症状可随年龄的增长和脑的发育成熟而变化,但是其中枢神经系统的病变却固定不变。据报道我国小儿脑瘫患病率1.8‰~6‰,美国1.33‰,英国1.2‰~2.5‰。脑瘫普通康复程序疗程长、疗效差、花费高。在四肢瘫的小儿中,59%与先天异常有关;在非四肢瘫的患儿中,35%是发育不良所致。

中医学无脑瘫这一病名,根据临床症状应属中医"五迟"、"五软"范畴。临床均以运动功能障碍为主要症状,"五迟"是以立、行、发、齿、语的发育迟于正常儿为特征,"五软"是以头颈、口、手、足和肌肉软弱无力为特征。

本病病因有先后天之分,先天因素如父母精气不足,导致胎儿禀赋不足,精血亏虚,不能充养脑髓;或其母孕中受惊吓或抑郁悲伤,扰动胎气,以至胎育不良。后天因素如各种原因引起的产时脑部损伤;或小儿初生,脏腑精气怯弱,护理不当,罹患疾病,损伤脑髓。总之,患儿由于禀赋不足、胎育不良、产时损伤、脑部疾病等各种内外因素,导致脑部受损,神机失用,累及四肢百骸、五官九窍,产生脑瘫的诸多症状。

(二) 辨证要点

本病为先天胎禀不足,后天失调,以虚为本,又以肝脾肾亏虚为主,肝肾阴虚则筋脉失养,脾气亏虚则气血生化乏源,肾气不足则脑髓不充;病程日久气血失调,筋脉失养,如气虚则血行滞涩而见气虚血瘀之证。临床辨证时还应结合既往史、体格检查、有关实验室检查等以全面分析。本病辨证分型常分为肾精不足、肝肾阴虚、脾胃虚弱、气虚血瘀等证型。

肢体痿弱,颈软无力,站立、步行困难,囟门迟闭,毛发枯槁,智力低下,精神委靡,舌淡,脉沉细弱,为肾精不足;肢体强直,筋脉拘急,或手足不自主动作,时有抽搐,手足心热,潮热盗汗,情绪烦躁,舌红少苔,脉弦细,为肝肾阴虚;肢体痿弱,形体消瘦,面色萎黄,食少纳呆,腹胀便溏,咀嚼无力,涎出不禁,或智力低下,舌淡,脉细弱,为脾胃虚弱;肢体痿弱,筋脉拘急,肌肤甲错,毛发枯槁,智力低下,神倦汗多,舌暗或有瘀点、瘀斑,脉细涩,为气虚血瘀。

(三) 康复疗法

正常小儿脑和神经系统的发育主要在6岁前完成(占90%),3岁以前发育最快(占60%),出生后6个月以前治疗效果最佳。脑瘫康复只有做到三早,早发现、早诊断、早治疗,康复效果才会更佳。一般年龄越小效果越好(1~3岁组效果显著优于3~7岁组),病情越轻效果越好,并发症越少效果越好。而脑瘫患儿随着年龄的增大,若得不到及时、正规的多种康复治疗,其并发症也越来越多、越来越重,恢复的机会就越小。脑瘫在出生 6 个月内诊断并给予干预治疗,康复治愈的概率大大提高。6~8 个月时确诊治疗,康复改善的概率大大提高。临床实践表明,结合脑瘫患儿的整体康复特点,采用综合康复治疗措施是比较好的模式,即结合现代康复的物理治疗、作业治疗和言语治疗三大训练,突出传统中医特色康复方法,并重视院外的家庭康复的开展。以下重点介绍中医特色的康复方法,本病常见的中医康复疗法主要有中医心理康复法、中药康复法、针灸康复法、推拿康复法等。

1. 中医心理康复法　儿童处于生命的初生阶段,生机旺盛,少阳之气,冉冉升起,需要和缓扶助之,情志心理上应与此阶段的整体功能状态配合,勿杀勿夺,常予以生意,以促进生长,重点是采用鼓励、表扬、赞美和支持性的语言,即使儿童年幼不能交流,但如充分发挥以家庭为主的周围环境力量,家长和周围人士保持一种带有鼓励性和支持性的意识行为,则会在环境中产生一种良好的精神情感氛围,促进儿童生长发育和康复。

2. 中药康复法
(1) 中药内治法
1) 肾精不足型
治法:补肾填髓,健脑壮骨。
方药:河车大造丸(《扶寿精方》)加减,药用紫河车、杜仲、龟版、麦冬、天冬、生地、人参、牛膝、黄柏。

2) 肝肾阴虚型
治法:滋补肝肾,熄风解痉。
方药:大定风珠(《温病条辨》)加减,药用白芍、生地、麦冬、阿胶、生龟版、鳖甲、麻子仁、五味子、生牡蛎、甘草。

3) 脾胃虚弱型
治法:健脾益胃。
方药:补中益气汤(《脾胃论》)加减,药用人参、黄芪、白术、当归、陈皮、升麻、柴胡、甘草。

4) 气虚血瘀型
治法:益气活血。
方药:补阳还五汤(《医林改错》)加减,药用黄芪、当归尾、川芎、桃仁、红花、赤芍、地龙。

上述辨证处方中,如肢体痿弱者,加杜仲、续断以强筋壮骨;智力低下,可加鹿胶、龟胶、益智仁以填精补髓、健脑益智。

(2) 中药外治法:药浴能够显著缓解神经系统的紧张度,改善气血流动,提高脑瘫患儿的身心状态,多选用疏经通络、活血化瘀、芳香开窍类中药,如羌活、独活、杜仲、黄芪、当归、续断、赤芍、川木瓜、防风、桂枝、黄芪、五加皮、丹参、防风、艾叶、鸡血藤、伸筋草、透骨草等。按等分量研成粉末制包,每包 20 g 的散剂包装,每次 1 包,将中药洗浴粉剂加入浴桶中,搅匀后置患儿于浴桶中。患儿带颈圈,以避免头部没入水中,每日 1 次,30 次为 1 个疗程。上述诸药洗浴,可疏通经络、活血化瘀、祛风散寒、通行气血、缓解痉挛,并能有效地改善代谢循环,改善身体发育,促进康复。

3. 针灸康复法
(1) 毫针疗法:颈腰软弱无力者根据部位选督脉穴位与华佗夹脊穴,上肢瘫选臂臑、曲池、极泉、外关、手三里,下肢瘫选环跳、阳陵泉、足三里、三阴交、解溪等。肾精不足型,加肾俞、志室、太溪、命门、腰阳关以益肾填精;肝肾阴虚型,加肝俞、肾俞、太溪、三阴交以补养肝肾;脾胃虚弱型,加中脘、脾俞、足三里以健运脾胃;气虚血瘀型,加气海、膻中、血海、膈俞以益气活血化瘀。

常规方法针刺上述穴位,平补平泻,小于3岁及体弱儿不留针,3岁以上患儿留针30 min。每周针刺2次,每针灸6次,休息15 d,针灸18次为1个疗程。轻、中度脑瘫患儿需针刺治疗1~2个疗程,重度脑瘫患儿需治疗2~3个疗程。

(2)艾灸疗法:选穴以强壮保健穴为主,如足三里、身柱、气海、肾俞、三阴交等,以通为补,以通为用。且应分清病情的轻重缓急、标本虚实,分而治之。辨证配穴可参照毫针疗法。

(3)其他针灸方法

1)头针疗法:①取顶颞前斜线,下肢功能障碍加顶中线、顶旁1线,智力障碍加额中线,腰脊功能及平衡功能障碍加枕上正中线、枕下旁线。操作时,快速进针,每次留针4 h,留针期间,快速捻转(200转/min)3次。隔日1次,每针10次休息15~20 d,针刺30次为1个疗程。②头针四项——四神针、智三针、颞三针、脑三针。四神针:位于百会穴左右前后各旁开1.5寸;智三针:神庭穴和左右本神穴;脑三针:即脑户和左右脑空穴;颞三针:耳尖直上2寸为第一针,其前后各1寸为第二、第三针。言语障碍配舌三针(廉泉上0.5寸为第一针,其左、右各旁开1寸为第二、第三针)、风府透哑门,听力障碍配完骨、听宫、听会,智力障碍配劳宫、神门、内关、涌泉、泉中外,注意力不集中配印堂、阳白。上肢瘫配曲池、合谷、外关,下肢瘫配足三里、三阴交、太冲,颈、腰软弱无力分别配天柱、百劳、大杼、肾俞、大肠俞、委中,大腿内收配箕门、风市、伏兔,足下垂配解溪、太溪、昆仑,癫痫配内关、申脉、照海。主穴结合经络辨证及对症取穴配用四肢、躯干部穴位。

2)穴位注射疗法:选曲池、足三里、背俞穴等。每次1穴,每穴注射1 ml,穴位轮流选用。可选用脑活素、脑多肽、胞二磷胆碱、维生素B_{12}、钙剂、胎盘组织注射液、复方丹参注射液等药物,每日1次。每种药物连续使用20 d,轮流使用。有癫痫发作患者,禁用脑活素、脑多肽。

4.推拿康复法 较之针灸,患儿更易于接受推拿治疗。较常用的手法是揉、拿、捏、拍、叩、振,具体操作手法如下。①面颈项部:循六阳经走向施一指禅推、揉、叩、振,按揉白会、睛明、地仓。②颈项部:施推、拿、揉、捏各法,按揉风池、大椎穴。③四肢部:循手足三阳三阴经走向施一指禅推揉法,点按阳明经各穴,弹拨肌腱,拔伸牵引各关节,最后施搓、抖各法。④腰背部:循督脉施搓、叩、振法,点按命门、肾俞各穴,斜扳腰胯。并按督脉和两旁的膀胱经循行所过,由下而上,施行捏脊法。每日1~2次,3个月为1个疗程。其中捏脊法可以每晚睡前由家人施行,做完后睡觉则效果更佳。

根据五迟类型侧重不同,可以分别施加不同的手法安排。①发迟按摩:医师先将掌心抹茶子油,再摩患儿头部,并运太阳、拿风池、摩头顶和捏脊治疗。每次反复7~8次,每日做1~2遍,用平补平泻手法。②齿迟按摩:采用旋摩齿颊、捏脊、推点肾俞、按腹揉脐的方法,反复7~8次,每日做1~2遍。③语迟按摩:采用点按项后、推天柱、摩唇颊、推抹咽喉和挤捏上肢的方法,即揉按下颌及喉部,循肩背太阳经、阳明经至虎口,反复3~4次,均用平补平泻手法。④行迟按摩:推按腰骶,并揉腰骶部5~10 min,挤捏下肢、揉臀膝、捻指运气振腹,反复3~4次,均用补法。⑤立迟按摩:先行胸腹部常规按摩,如按腹揉脐、推脊揉背,再捏十指掌侧中节,反复3~4次,均用补法。并循经点、摩、捏、揉背脊各阳经有关的脏腑俞穴。

5. **饮食康复法** 婴幼儿以多食母乳为好,同时应增加乳母营养,乳母食物宜多样化。若无母乳,用牛乳、羊乳代替之,同时增添各种水果汁、鸡蛋、绿叶菜汁、豆浆、猪骨汤等,以合理营养。也可选用山药粥、苡仁粥、枸杞粥、海参粥、燕窝粥、人参粥等,但要遵循辨证施食的原则,如脾肾气虚者可用山药粥、牛肉汁炖粥等。

6. **自然康复法** 天晴气朗之日,将患儿抱于户外,令其"数见风日",行日光浴和空气浴,以补益小儿清阳之气。根据实际情况,以阳光照晒患者背部、面部或全身部位交替的方法。患儿体位或坐或卧位,以吸早晨日光之精为最佳时间。每日1~2次,每次15~30 min。本法具有增强体质、促进健康的作用,但注意慎避风寒,防止感冒。

7. **传统物理康复法** 选用芳香疗法,可将香花放置于小儿卧室周围,怡神养智。

8. **娱乐康复法** 宜选用音乐疗法,促进形神发育。若阳气衰弱患儿,可配合适量欢快兴奋型音乐,以振奋阳气,促进患儿神气活泼,激发生机。游戏疗法亦可,为避免训练单调乏味,常用游戏、玩具来分散患儿注意力,使患儿高兴,以保持对治疗的兴趣,多采用色彩鲜明和益智类玩具。但应注意玩具多样化,以免久而生厌。有一定活动能力的患儿要多参加群体游乐活动,以活动身体,提高志趣。

(四)康复护理

中医康复护理在本病中主要体现为起居、饮食、情志、功能护理等。

1. **起居护理** 起居调适,养成良好的生活规律。"春捂秋冻",配合季节做好保暖,避免受凉,睡眠时间要充足,早睡早起。睡眠充足则储备能量好,这对于脑功能的康复十分重要。而早上起来进行功能训练,头脑清醒,功能神经网络容易建立,这也是十分有利康复的时间段,要充分利用。

2. **饮食护理** 儿童饮食需顾护胃气,调养得当,则能以后天滋养先天,辅助生长发育,促进康复,宜选用细软、易咀嚼、易消化、营养高的食品,数量宜从少量开始,逐渐增加,以不超过患儿的消化能力为度,品种应从单一逐渐到多样。食欲极差的患儿,应耐心喂养,以少量多餐。根据辨证,对证调和饮食,以流质为主,保证质量。小儿饮食不宜肥腻,避免偏食、零食或饮食太过,禁忌一切刺激性强的食物,少用或不用油炸煎烤及过酸过碱的食物。

3. **情志护理** 患儿处于生长阶段,生机旺盛,配合情志护理,可以促进生长,重点是鼓励和支持。尽量要求患儿的家长和周围环境中的有关人员建立良好的关系和氛围,经常用鼓励、支持的语言帮助患儿树立信心,积极配合康复训练。当患儿在训练中取得点滴进步时,应及时给予鼓励肯定。

4. **功能护理** 根据功能特点,日常活动中进行针对性的训练。早期干预和治疗可以促使正在发育的中枢神经系统得到进一步发育,并避免肢体出现异常的运动模式。脑瘫患儿总的动作发育方向是朝着抬头、翻身、坐、爬、站、走这一趋势逐渐成熟的,应该按照正常婴儿运动功能发育规律来训练。但只靠治疗师在康复机构内短时训练,远不能满足脑瘫患儿全部康复的需要,应教会家长掌握基本的训练方法和原则,因家长做功能训练,患儿更容易配合,而易取得较好的训练效果。

(五)康复预防

小儿脑性瘫痪主要采用三级预防。

1. **一级预防** 主要是预防导致脑瘫发生的诱因或疾病,如先兆流产、早产、妊娠中毒症、宫内感染、新生儿窒息、新生儿核黄疸等。

（1）出生前的预防：①实行婚前保健，对准备结婚的男女双方进行性卫生、生育和遗传病知识的指导。②对有关结婚生育等问题进行咨询，对男女双方可能患影响结婚和生育的疾病进行医学检查，提出医学意见。③搞好孕期保健，定期产前检查、增加营养、防止感染性疾病的发生等。④围产期的预防，如避免早产和低体重儿的出生，预防窒息和颅内出血，防治高胆红素血症。

（2）出生后的预防：①防止感染性疾病的发生。②实行住院分娩。③注意保护新生儿的皮肤。④保持新生儿脐部的干燥、清洁。⑤密切观察黄疸的消长。⑥注意观察前囟。⑦实行母乳喂养。⑧预防高热惊厥的发生。

2. 二级预防 主要是对已经存在导致脑瘫诱因和疾病的高危儿，每2～4周定期随访，以预防脑瘫的发生。即筛查和追踪家族中曾有脑瘫、智力低下、先天畸形等病史的新生儿，以及产前、产中、产后有各种异常情况，尤其是早产、产伤和缺血缺氧性脑病、核黄疸的高危新生儿，以便早期发现，早期干预，达到预防和减轻残损的目的。尤其重要的是，对那些不能按正常发育年龄独立完成抬头、坐、站、行的小儿，不要轻易认为是缺钙引起的，而应该尽早到小儿神经专科就诊，以尽早查出原因，排除或确诊是否有脑瘫。

3. 三级预防 对已有不同程度运动障碍、姿势异常的患儿，应该进行积极的、正规的康复治疗，避免永久性的运动及其他功能障碍的发生。

（余　瑾）

第四节　脑外伤后遗症

（一）概述

脑外伤后遗症系指头部受到外界直接或间接的暴力冲击后，大脑发生一过性功能障碍而出现短暂的意识障碍（<30 min）、头痛、头晕、恶心、呕吐、耳鸣、失眠、记忆力减退、注意力不集中、易激动、易疲劳或精神委靡等症状，且经过数周后，上述症状未能完全消失。本病神经系统检查为阴性体征，故一般认为是无器质性的病理改变。但近年来，随着对大脑研究的不断深入，不少学者提出，其后遗症很可能合并一定程度的大脑损伤，如脑挫裂伤等，故又称之为颅脑损伤后综合征。中医学无"脑外伤后遗症"病名，有关论述散见于"头痛"、"眩晕"、"健忘"、"失眠"等病证中。

颅脑损伤的发生率和病死率均高，其发生人数一般占所有创伤人数的1/6，仅次于四肢损伤，但病死率却居首位。1999年美国国立健康研究院专家组统计了1988年至1998年所有颅脑损伤患者的资料表明，美国的颅脑损伤发生率每年是100/10万，平均每年病死人数是52 000人，发病率最高的年龄段是15～24岁和75岁以后，其次是5岁以前的年龄段。国内20世纪80年代曾进行了一次六大城市神经系统疾病的流行病学调查，发现颅脑损伤的患病率为783.3/10万，仅次于脑血管病，而交通事故和暴力冲突是头部创伤的首要原因。

中医学认为，头为诸阳之会，清阳之府，脑为髓之海，元神之府。正常情况下，五脏精气上输于头，充养脑髓，脑髓充盈，元神得养，故人的头脑清醒，耳聪目明，全身五脏六腑、四肢百骸均得到统一支配和调节。当头部受外伤后，髓海脉络受损而瘀血内生，闭塞清窍，阻滞脉络，脑失所养,清窍被扰,而出现神明失养,精神离散。如日久不愈,脾胃气机升降失常,痰浊内生,痰瘀互结而病邪更痼,常导致心、肝血脉不畅,心肝失却营血荣养而呈现正虚之象。本病多为本虚标实、虚实夹杂之证,本为气血不足,标为气滞血瘀、痰瘀阻窍。早期多为瘀血内阻的实证,日久则痰瘀互结,阻于髓海脉络,同时出现心脾两虚、心血不足等之虚实夹杂证。

(二) 辨证要点

本病临证应首先注意辨别虚实,并区别瘀血是否兼夹痰浊,或伴气血亏虚,或兼脏腑虚损等。

1. **辨虚实** 一般新发颅脑外伤者多属实证;日久者多有虚有实,或虚中夹实。病势较剧,疼痛剧烈,痛无休止者,多属实证;病势较缓,痛势悠悠,多表现为隐痛、空痛、昏痛,时作时止者,多属虚证,或虚实夹杂之证。

2. **辨证型** 脑外伤后遗症临床可见瘀血阻络、痰瘀互结、肝阳上扰和气血两虚等证型,其中以瘀血阻络最为常见。一般头晕、头痛部位固定不移,呈针刺样,痛势持续而较剧烈,入夜加重,多为瘀血阻络;如伴有胸脘痞满,恶心呕吐,多为痰瘀互结;如伴心烦易怒,性情急躁等,多为肝阳上扰;伴面色无华,心悸失眠,神倦食少,多为气血两虚。

(三) 康复疗法

脑外伤后遗症常用的康复方法有中医心理康复法、中药康复法、针灸康复法、推拿康复法等。

1. **中医心理康复法** 患者因头部受伤时突然受到惊吓,创伤发生后又常常产生恐惧或愤怒,加之曾有意识丧失,或神志恍惚,以及逆行性健忘等症,故到了康复治疗阶段,多数患者因担心留下终身后遗症而产生焦虑、恐惧、情绪低落、易激动或精神委靡等表现。且由于对疾病的认识和预后估计不足,患者表现对医护人员、家属陪护人员的冷淡,不配合,缺乏与他人交流,行为孤立,甚至出现恐惧心理,无法面对疾病本身的伤害,对生活失去信心而悲观失望。医生可适当运用以情志引导法,消除顾虑,使患者保持愉快、喜乐的心情,同时可视其阳气的偏亢或虚陷,配合用色彩疗法中暖色、冷色或青色,使患者心胸宽广,心情舒畅,保持良好的心理状态。出院后与患者进行电话交流时,也要用诚恳的语言和态度,对其进行心理疏导,讲清楚本病通过适当的休息和康复治疗,是完全可以治愈的,而不必要的忧虑、恐惧、烦躁、激动反而对康复治疗不利,鼓励患者保持乐观、积极的态度配合康复治疗。

2. **中药康复法**

(1) 中药内治法

1) 瘀血阻络型

治法:活血通络。

方药:通窍活血汤(《医林改错》)加减,药用赤芍、川芎、桃仁、红花、生葱、红枣、麝香。

若头晕、健忘、不寐者,可加何首乌、枸杞子、菖蒲、酸枣仁等;头痛甚者,可加虫类药如全蝎、蜈蚣等。

2) 痰瘀互结型

治法:化痰,祛瘀,通络。

方药:半夏白术天麻汤(《医学心悟》)加减,药用半夏、白术、天麻、陈皮、茯苓、甘草、生姜。

若口苦、大便不畅、苔黄腻者,可去白术,加黄芩、竹茹、枳实等。

3) 肝阳上扰型

治法:滋阴潜阳,平肝安神。

方药:天麻钩藤饮(《杂病证治新义》)加减,药用天麻、钩藤、石决明、栀子、黄芩、川牛膝、寄生、益母草、茯神、杜仲、夜交藤。

若肝肾阴虚较重者,可加生地、制首乌、女贞子、枸杞子等;若肝火偏盛者,可加郁金、龙胆草、夏枯草等。

4) 气血两虚型

治法:补气养血。

方药:十全大补汤(《太平惠民和剂局方》)加减,药用人参、白术、茯苓、甘草、当归、白芍、熟地、川芎、黄芪、肉桂。

若血虚阴虚并见,见耳鸣、虚烦、少寐者,可加制首乌、酸枣仁、枸杞子等。

(2) 中药外治法:本病可采用药枕法,取菊花、艾叶、辛夷、细辛、合欢花、红花、茶叶等装入布袋,做枕头用。

3. 针灸康复法

(1) 毫针疗法:根据主症取穴,头痛为主,取太阳、头维、百会等;头晕为主,取头维、百会、风池、足三里等;兼见恶心呕吐或心悸胸闷者,加内关;失眠、情绪不稳定者,加用神门、三阴交等。若是阳气虚陷者,灸百会、中脘、气海、足三里;若是阳气偏亢者,取百会,并针双风池、太冲和至阴、足窍阴、大敦诸穴,均行泻法,不留针;若瘀滞者,取膈俞、心俞、外关、合谷、太冲诸穴,均行泻法,留针。也可采用阴阳经交替取穴,如头痛,阳经取太阳、四神聪、天柱,阴经取太冲、行间、列缺;眩晕,阳经取风池、百会,阴经取神门、气海。

常规方法针刺上述穴位,第一次取阴经穴位,第二次取阳经穴位,然后交替进行。此外,也可用电针疗法,取穴同上。

(2) 其他针灸疗法

1) 耳针疗法:常用穴位有神门、交感、脑、皮质下、心、肝、脾胃等,结合头痛部位配取太阳、枕、额等。每次选用3～5穴,中等刺激,不留针或留针30～60 min,隔日1次,2周为1个疗程。也可用王不留行籽代替埋针,3～5 d更换1次。

2) 头针疗法:根据患者不同程度的功能障碍选取相应的刺激区,如共济失调取枕下旁线,头晕头痛者选颞前线、颞后线,精神障碍取额中线和额旁1线、2线等,用常规手法刺激或电针。

3) 穴位注射疗法:药物可选择当归注射液、川芎嗪注射液等,穴位取体穴或头部阿是穴,根据脑外伤后遗症的不同选取有效的药物注射在相应的穴位上。

4. 推拿康复法 主要在头部做前额分推法、枕后分推法,配合揉按百会、风池、印堂、太阳等穴。可以指导患者做头部自我按摩,以助疏通头部经脉,每日1次,5～10次为1个疗程。

5. 传统体育康复法 八段锦特别是其中的左右开弓似射雕等式的效果较好,能明显地缓解症状。太极拳可先练简化太极拳,有条件者也可学练四十八式太极拳。练八段锦或太极拳时,均可配以清新悠扬的民族乐曲伴奏,使形神同时能够得到有益的调节。

6. 气功康复法 以放松功、内养功为主,有助于促进血脉流通、补益正气。

7. 饮食康复法 一般饮食即可,也可采用疏通脉络、补益肝肾和心脾的食疗方,如杞子蒸羊脑、黑芝麻桑椹糊、芝麻核桃粥等,同时予以心理暗示,暗示患者这些食疗方有"补脑"作用。将食疗与心理疗法结合运用,以期取得更佳的疗效。

8. **自然康复法** 矿泉疗法具有镇静止痛之功,洞穴浴法有助于安神以消除失眠等。总之,本病比较适合自然康复法,因天然环境有助于"养神"、"养心",以逐渐恢复元神功能。

9. **传统物理康复法** 中医的芳香疗法多采用芳香走窜药物,能清脑醒神,或活血醒脑,升清降浊,对脑外伤后遗诸症有一定的治疗作用。常用方法如下。

(1) 香囊:将桂花、薄荷、白芷等药研细,装入棉布或绸缎缝制的小袋内,随身携带。

(2) 香瓶:将辛夷、细辛、薄荷、白芷、川芎、苍耳子研细,加麝香拌匀,装入小瓶内,随身携带,经常取出嗅闻。

此外,可选用磁疗法中的恒磁穴位贴敷法及磁水法以镇静安神。

10. **娱乐康复法** 对于头痛、头晕、失眠等症状较重的患者,应该组织或指导患者参加力所能及的集体活动和娱乐活动,这能够解除患者的精神忧虑,转移注意力,使精神愉快,而明显地减轻各种症状,如观赏或种植花草,观看或参加文艺活动,适当参加钓鱼、旅游等活动。对肝阳偏亢者也可采用音乐疗法,以轻快、幽静的乐曲调节神情。还可根据患者的文化素养、兴趣爱好,分别选用娱乐作业中的琴棋书画疗法等帮助恢复记忆力。

(四) 康复护理

脑外伤后遗症患者的护理主要包括起居、饮食护理两个方面。

1. **起居护理** 注意居住室内安静、舒适,房间尽可能朝阳面,室内温度在18~22 ℃,湿度50%~60%,空气干燥时可勤拖地或使用空气加湿器。注意保持室内空气清新,每日至少通风2次,每次30 min,避免对流风直吹患者。要注意劳逸结合,防止过度疲劳;忌烟节酒,不饮浓茶,少食油腻和辛辣刺激性强的食物;避免精神刺激,不看内容紧张或刺激性强的影片、戏剧等。做好个人卫生,保持皮肤清洁,定时为患者洗澡,水温、室温因人而异,适宜为度,时间控制在30 min 以内,但吃饭前、后30 min 不宜进行。

2. **饮食护理** 颅脑损伤患者的饮食不需要忌口,一般给予高蛋白质、高热量、高维生素饮食。患者若无吞咽困难和其他伴随症状可给予正常的饮食,如有吞咽困难者可进半流质或软食如面条、蛋糕等。菜要切得细小、做得细致,如肉要吃肉糜,鱼要去骨。每日饮水1 000~2 000 ml,并养成定时排尿的习惯。有高血压病、糖尿病的患者给予高血压、糖尿病饮食。

此外,家庭康复护理在患者康复过程中起关键作用,可帮助患者在生理、心理、精神方面获得最大程度的恢复,促使患者身心健康而回归社会。

(杨孝芳)

第五节 烧烫伤后遗症

(一) 概述

烧烫伤后遗症系指烧烫伤愈合后的瘢痕挛缩造成体表部位错位,并由此引起的不适和功能障碍,同时伴有因体貌伤残造成的精神心理上的创伤。因损伤部位不同而其症状特征有异,如关节活动部位烧伤则影响肢体活动功能,会阴部烧伤则影响二便的功能,头面部烧伤则因面容美观受影响而出现生活信心丧失等精神心理障碍。因此,烧烫伤后遗症包括功能障碍和精神心理障碍两个方面。本病属于中医学"水火烫伤"范畴。

现有资料表明,我国烧伤烫发生率约每年2%,烧伤住院患者约有10%发生不同程度的残疾,2000年烧烫伤总病死率约为1.35/10万。小儿和老人是烧烫伤的危险人群,小儿烧烫伤部位以头面部和四肢多见,约占烧烫伤患者的半数。据世界卫生组织的统计,2002年全球0~14岁儿童因烧烫伤死亡的人数为73 848名。老人烧烫伤部位则以会阴及躯干为多见。因此,加强对儿童和老人的监护,远离可能造成烧烫伤的器具,积极做好宣教工作极为重要。

中医学认为本病病因是火热之毒伤及皮肤,累及筋脉、肌肉或骨骼,致气滞血瘀,经络不通,同时伴有阴液亏损、气血不足,但以痰瘀阻络为主要病机。

(二)辨证要点

烧烫伤后遗症康复阶段为本虚标实、虚实夹杂之证,早期大多表现为阴液亏损而热毒未尽;此后热毒渐去,则表现为阴液亏损,或气血两虚,或同时伴有痰瘀阻络。以正气虚损为本,热毒未尽或瘀血阻络为标。辨证应注意烧烫伤的新久、部位和病证的虚实情况。

烧烫伤后创面大部分已结痂或愈合,但少数创面仍遗留有腐肉,或渗脓液,新肉未长,同时伴有口渴思饮、皮肤及口唇干燥,这多为火毒伤阴、阴液亏损;创面愈合并形成瘢痕,伴不思饮食,口干少津,口舌生疮糜烂,则多为胃阴衰败;创面大部分已愈合,但局部创面久不收口,伴全身倦怠乏力,精神委靡,少气懒言,为气血两虚;创面虽愈,但局部关节拘挛、僵直,不能屈伸运动,甚至功能完全丧失,为痰瘀阻络。该病临床常见证型有火毒伤阴型、胃阴衰败型、气血两虚型和痰瘀阻络型,以痰瘀阻络型为常见。

(三)康复疗法

烧烫伤后遗症阶段的康复应包括局部康复与整体康复。局部康复主要是通过各种功能锻炼和康复方法,以促进肢体功能的改善和恢复,且可促进创面的愈合;整体康复在于扶助正气,增强体质,同时注重患者的心理康复,做到调摄情志与恢复机体功能相互结合,调神与调形并举,并配合必要的手术康复方法(如早期切痂植皮、晚期整形等),从而使患者逐步恢复正常的生理功能,最大限度地恢复身心健康,做到生活自理,逐步恢复工作能力。因此,康复顺序首先是机体功能和心理状态的康复,其次是生活自理能力和劳动能力的恢复。但本病为烧烫伤伤口愈合后瘢痕挛缩所致,故康复计划重点在于消除或减轻瘢痕,恢复形神功能,而康复效果与烧烫伤面积、深度、部位和患者体质有密切联系。

1. 中医心理康复法

(1)顺情疗法:烧烫伤后的体貌伤残,功能障碍,尤其是头面部烧烫伤患者,因瘢痕挛缩、体表部位错位而严重影响美观,加重恐惧、忧郁、悲观的情绪,引起自卑、羞愧、沮丧,丧失生活的信心而拒绝治疗,以至康复治疗计划难以顺利实施。由此医务人员应体谅患者,避免一切可能刺激患者的语言和表情,应给予患者无微不至的关怀,以及尊重、同情和体谅,以解除患者的思想负担,树立生活信心。同时,要与其工作单位联系,对其今后的生活与工作作出妥善安排,从而解除其后顾之忧。

(2)移情疗法:医务人员通过语言、行为,或改变所处的环境因素等方法,使患者"顺其自然"地"接受症状"、坦率地"接纳和认可现实中的自己",把目标分阶段逐步实施和体验。烧烫伤后毁容者的心理创伤,并不随躯体损伤的康复而康复,有不同程度的抑郁症状。当看见自己残缺的肢体和在镜中审视自我的时候,心理会再度受到创伤,产生自卑感、抑郁、情绪低落、悲观哭泣,从而自我封闭,不愿意参加社会活动,使生活空间狭小。此时,患者注意力主要集中在自己身上,而注意越集中则抑郁越重,产生恶性循环。因此,在进行中医心理康复时,应以提高患者心理素质和承受能力为要,使之能面对现实,接受新的自我形象,即用"顺应自然"的原理给予指导,使患者真正认识到对于烧烫伤后的毁容和抑郁症状,一方面要接受它不予抗拒,另一方面要带着症状从事力所能及的社会活动,采取"有就让它有去"的态度,即所谓"忍受痛苦,为所当为",这样就能解除主、客观的矛盾和冲突,破坏精神交互作用和过盛的精神拮抗作用,抑郁也就逐渐减轻和消失。医者还可引导患者采用琴棋书画等行为方式,影响情感,转移情志,陶冶性情,借以调整气机,使精神内守、疾病痊愈。

2. 中药康复法

(1) 中药内治法

1) 火毒伤阴型

治法:养阴生津,清解热毒。

方药:冬地三黄汤(《温病条辨》)加减,药用麦冬、生地、玄参、黄连、黄柏、黄芩、金银花、甘草。

2) 胃阴衰败型

治法:养阴益胃。

方药:益胃汤(《温病条辨》)加减,药用沙参、麦冬、细生地、玉竹、冰糖。

3) 气血两虚型

治法:益气养血。

方药:人参养荣汤(《太平惠民和剂局方》)加减,药用白芍、当归、陈皮、黄芪、桂心、人参、白术、甘草、熟地、茯苓、远志、五味子。

4) 痰瘀阻络型

治法:活血化痰。

方药:桃红四物汤(《医宗金鉴》)加减,药用熟地黄、桃仁、红花、川芎、白芍、当归。

(2) 中药外治法:应根据创面是否破溃以及创面愈合后瘢痕形成的情况选用不同的外用药膏。

1) 未破溃的烧伤创面,酌情选用下列药膏。①獾油:狗獾的脂肪熬炼成油。外涂烧伤处,每日1~2次,适宜于Ⅰ度和Ⅱ度烧伤。②紫草膏:每日1~2次涂患处。适宜于Ⅰ度、Ⅱ度烧伤。③烫伤膏:外敷,每日1次。④清凉油:每日2~5次涂于患处。适宜于Ⅰ度、Ⅱ度烧伤。

2) 已破溃的烧伤创面,酌情选用下列药物。①黄连膏:将药涂在纱布上敷于患处,每日1次。适用于有感染的创面。②地榆膏:用法同上。适用于没有化脓的创面。③生肌玉红膏:用时将油膏涂消毒纱布上,贴敷在患处,或者事先将药膏与纱布做好备用。适用于脓净而新肉不生者或肉芽不红活的创面。④生肌散:用时将药撒于创面上。适用于创面新肉难长、久不收口者。

3) 创面已愈,但瘢痕组织较硬而影响功能,或形成瘢痕疙瘩或发生痒痛者,可酌情选用黑醋膏。用时将药膏敷在瘢痕上,厚为1~3 mm,药上用塑料纸或布盖,每2~3 d更换1次。也可以用银花、红花、苏木、当归、络石藤、伸筋草等,水煎浸洗患处。

3. 推拿康复法　推拿可以疏通经脉,促进血液循环,以增加局部的血液供给,且以细腻的滑石粉为介质,既能起到保护新生的皮肤,又有助于瘢痕软化,从而改善肢体功能。常用推、揉、摩、提、捏等手法,根据部位施用不同的手法。分为一般推拿和浴中推拿。

(1) 一般推拿:开始阶段,运用拇指指腹或两手鱼际部,以轻柔地按压进行按摩,随着瘢痕组织的老化,按摩手法可以逐渐加重,进而采用推、按、摩、提、揉、捏等手法,关节部可给予旋转摩擦。按摩的频率宜慢,手法要柔和,并不断变换部位,切勿在一个部位进行长时间的按摩,以免引起水疱和损伤新生的皮肤。也可让患者自我按摩。

(2) 浴中推拿:如大面积瘢痕,可配合全身温泉浸浴(或用普通温水,在室温 28~30 ℃的条件下,水温 38~39 ℃,即以比当时患者的体温高 1 ℃为原则),水量以浸没躯干为准,采用浴中推拿。

4. **传统体育康复法** 尽早采用传统体育康复法以增强正气,舒展筋脉,改善因瘢痕组织而影响的屈伸功能。根据康复的不同阶段,采用五禽戏、八段锦、太极拳等不同的方法。在尚未能站立及创面未完全愈合时,健肢可进行太极拳、八段锦招式的反复锻炼,如太极拳中的云手、倒卷肱和八段锦中的左右开弓似射雕、摇头摆尾去心火等。在创面愈合而有瘢痕挛缩时,可练简化太极拳、八段锦、五禽戏、练功十八法、保健二十式等全身性的传统体育运动,以助于增强全身体力,改善损伤肢体的功能。传统体育康复法注意应及早进行,以争取在功能活动过程中使创面也逐渐愈合,这样可使创面瘢痕具有弹性,对功能影响较小。

5. **饮食康复法** 烧烫伤后遗症患者的饮食十分重要,一方面因为烧烫伤后丢失大量的液体和热量,又因伤口有大量的渗液,血浆中的蛋白质由此大量地溢出体外而丢失;另一方面,机体修复伤口又需要大量的蛋白质和多种维生素。因此,烧烫伤后遗症患者需要高蛋白质、高热量、高维生素、易消化的食物和充足的液体。中医食疗法能恢复正气,补养阴液,祛除热毒之邪。

(1) 饮食宜忌:早期饮食应以清淡为主,多食容易消化、富有营养、食性偏凉的食品,如新鲜的水果蔬菜、牛奶和豆制品等。随着病情的恢复,可逐步增加蛋白质含量较高的瘦肉、鸡肉、鱼类、蛋类等食品。忌食辛辣、生硬、香燥、腥臭类、海鲜发物等食物。若患者腹胀较甚,要减少甜食,必要时减少或停服牛奶。

(2) 常用食疗药膳方

1) 生地粥:取鲜生地汁 30 ml,粳米 100 g。先煮粳米成稀粥后,调入生地汁再煮沸,食用。适用于火毒伤阴型。

2) 五汁饮:取梨汁、荸荠汁、鲜苇茎汁、麦冬汁、藕汁或蔗浆,临时斟酌多少,和匀凉服,或隔水炖温服。适用于胃阴衰败型。

3) 奶粥:粳米 60 g 煮粥,粥成加入鲜牛奶 250 ml,煮沸,食用;或用蜂蜜适量,调入牛奶服用。适用于胃阴衰败型。

4) 炖乳鸽:乳鸽 1 只(去毛和内脏),加黄芪 30 g,枸杞子 30 g,隔水炖熟,食鸽肉。适用于气血两虚型。

5) 龙眼肉粥:取龙眼肉 15 g,红枣 3~5 枚,粳米 100 g,共煮成粥。食用时每次用蜂王浆 5~8 ml,用温开水调服,以补益胃气、滋润胃肠、增进食欲。适用于胃阴衰败型。

6. **传统物理康复法**

(1) 热浴法:通过天然因素作用于病变部位,促进气血的流通,增加局部营养,以软化瘢痕组织。当创面开始愈合时及早进行适当的沐浴疗法,有助于恢复皮肤的生理功能和关节的运动功能。当创面尚未完全愈合而仅形成肉芽时用温水浴,将受伤肢体浸泡于38～39 ℃的温水中,沐浴时间的长短根据患者的体力状况决定,开始时间不宜过长,可20～30 min,以后渐加到1 h,每日1次。有条件者可做药浴,将银花、红花、当归、伸筋草、桑枝、络石藤、苏木等,煎成药液浸洗,时间选择同温水浴。

(2) 蜡疗法:本法具有较强、较持久的温热作用,可减轻疼痛,加速组织的修复生长,松解粘连,软化瘢痕,促进炎症消散,消肿,以及润滑皮肤。一般每次治疗20～30 min,每日或隔日1次,20～30次为1个疗程,但此法不适用于肥厚性瘢痕增殖期。

7. **娱乐康复法** 部分娱乐康复疗法也起到功能训练的目的,如弹拨简单的乐器,既可以练习指、掌、腕关节的功能,还能够给患者欢快舒愉之感,起到心理康复的作用。握笔绘画,与训练拿筷子的进程相似,效果同于弹拨乐器。在康复阶段,对上肢烧烫伤者可采用书画疗法以帮助恢复上肢的活动功能,胸背部烧烫伤者可用歌咏疗法进行扩胸锻炼,下肢烧烫伤则选用舞蹈疗法恢复功能,并可借助欣赏音乐、听收音机、看电视、听相声、读书报、聊天、讲故事等各种娱乐疗法来调节患者的恐惧、忧郁情绪。对情绪特别低落、顾虑重重的患者,可听安神定志方面的乐曲等以调节情志,并通过讲述其他严重烧烫患者康复后恢复生活、工作能力等事例来解除患者的顾虑,树立信心。

此外,为了提高患者日常生活能力,可加强功能训练、运动疗法和适时应用作业疗法;对于部分功能损伤较严重的患者,则应采取功能补偿措施,采用各种矫形器或辅助装置,如假肢、轮椅等。如上述康复治疗无效者则需要做整形或功能重建术。

(四) 康复护理

1. **起居护理** 应注意保持病室的安静、整洁、阳光充足。针对不同的部位进行必要的护理,如眼、耳、鼻、口唇周围,及时用黄柏水、盐水棉球清洗,有眼睑外翻者要常涂消炎解毒类眼药膏,并用凡士林纱布盖双眼,以保护眼球和结膜、角膜。颈部烧伤者要坚持较长时间的仰卧位,应在肩部垫枕,防止瘢痕挛缩使颈颏粘连在一起;若取俯卧位,则把下颌枕在枕头上,目的在于使颈部皮肤充分拉直,防止挛缩。对面部等暴露部位有后遗症的患者,衣着穿戴应合理,尽量运用衣帽衬托和化妆打扮以减轻损伤的突出程度,缩小损伤暴露范围。若损伤面积过宽,程度较重者,宜戴眼镜、口罩以障之,甚至戴面纱。

2. **饮食护理** 宜食易消化、富有营养、含水分多、性质偏凉的食品,如西瓜、蔗浆、梨、黄瓜、牛奶、豆浆、豆腐等。并可逐步加入瘦肉、蛋、鸡、鱼等食物,多食新鲜水果蔬菜。忌食坚硬难消化、辛辣香燥、腥臭物及诸发物。如腹胀较甚应控制糖摄入,有腹胀腹泻者可考虑停服牛奶。

3. **情志护理** 消除羞愧情绪,以达到最大限度地减轻患者的心理压力,为重返社会、从事力所能及的工作作好准备。此外,要综合、协调地运用社会的因素,如提倡全社会每个公民都应当尊重包括烧伤在内的残疾患者,真正关心他们,最大限度地减轻患者的心理压力。因毁容、伤残而产生的消极、绝望心理,护理的重点是防范与疏导,为打消患者轻生的念头,应对其耐心讲解生存的意义,面容虽毁,但现代医学的发展迅速,整容已不成问题。因此,应该观察分析患者心理,了解其心理需求,选择不同的沟通方式,实施因人施护。

4. **功能护理** 早期应采取正确的姿势体位,可对抗烧烫伤部位因瘢痕收缩而引起的皮肤、肌肉和关节挛缩倾向,最大限度地防止或减轻烧烫伤后发生的畸形。例如,颈部要处于伸展位或过伸位;肩关节处于外展90°和外旋位;肘关节伸展位;腕关节背伸35°,掌指关节屈曲70°,指骨间关节均处于伸展位;髋关节、膝关节均应取伸展位;踝关节取中间位,以防止足内、外翻畸形。必要时,可使用吊带、支架或夹板等的保持正确的肢位和活动范围。

(五)康复预防

1. 安全措施　医院、社区、媒体应加强对烧伤相关知识的健康教育,加强宣传力度,以提高自我保护能力。对孩子而言,父母或看护人要为其营造一个安全的生活、玩耍空间,如设立操作区域以放置暖瓶、饮水机、炉子、烧好的汤饭等,并避免孩子进入这一区域,不要在床边及孩子所坐椅子或儿童车边放置易烫品、化学品等。

2. 及时治疗　烧伤后迅速脱离致热源,尽快脱去患者被烧或浸有热油等液体的衣服,如衣服和皮肤粘在一起不宜分开时,不要强行拉扯,将衣服剪开,小心将衣裤脱掉,动作要轻,不要将受伤的皮肤撕脱,伤后6 h用冷水冲洗20 min左右,越早效果越好,但水流不能过急,以免造成新的伤害。创面忌涂有颜色药物,如龙胆紫、红汞、酱油、食醋等,以免影响对烧伤深度的观察,也忌涂油膏,以免增加入院后清创的困难。一旦出现烧烫伤后遗症时应采取正确的功能体位,可最大限度减轻烧烫伤后发生的畸形。

(杨孝芳)

第六节　骨　折

(一)概述

骨折系指骨或骨小梁的连续性、完整性受到破坏,发生断离,常伴有骨折处关节僵直、肌肉萎缩等功能障碍,以及因伤痛而产生的心理障碍,多见于交通、运动及生活中的意外事故及战伤。据其原因可分为外伤性骨折、病理性骨折和疲劳性骨折,本节主要讨论的是外伤性骨折,且指骨折后已超过平均愈合时间,仍未形成骨性愈合,以及骨折经较长时间治疗后骨折处仍无连接,呈假关节表现的骨不连接者。中医学也称为"骨折"。

本病在15~59岁年龄段的发病人数最多,占69.8%,且在此年龄段中男性总体发病比例比女性高;60岁以上年龄段中女性的发病率比男性高,约1.2∶1,这可能与老年女性绝经后雌激素水平下降,导致骨质疏松和代偿性骨质增生有关。

中医学认为本病的病因为骨折早期伤及气血,或血离经脉,气随血脱至气血亏虚;或痰瘀内阻,血行不畅;或气机失常,闭滞不通;或内损脏腑,伤及神明。即所谓"肢体损伤于外,则气血伤于内;营卫有所不贯,脏腑由之不和"。若日久不愈致后期肝肾不足、气血虚弱,就会出现迟缓愈合,或骨不连接,或废用性肌萎缩、骨质疏松和循环功能障碍等。

(二)辨证要点

本病多为本虚标实、虚实夹杂之证,本虚为肝肾不足、气血亏虚,标实为瘀血、痰浊阻滞经络、关节、肌肉。辨证应注意创伤的新久、病证的缓急、损伤的部位和病证的虚实情况。

骨折早期伴有局部肿胀、尖锐性刺痛、压痛,多为气血瘀滞。骨折伴有附近关节僵硬、挛缩、屈伸活动障碍,局部肌肉萎缩,皮肤色暗,多为痰瘀阻络。后期骨折愈合迟缓,或骨不连接,骨折处附近关节僵硬、挛缩、屈伸不利,兼见头晕耳鸣、腰膝酸软多为肝肾不足,如兼见倦怠乏力、头晕目眩多为气血亏虚。该病临床常见证型有气血瘀滞、痰瘀阻络、肝肾不足和气血亏虚型,但以瘀血、痰浊阻痹经络、关节、肌肉为常见。

(三)康复疗法

骨折的康复治疗应遵循骨折后的病理变化过程,可分为两期康复治疗,第一期为骨折炎症期和骨痂形成期,此期康复的目的是促进血肿、坏死组织的吸收,改善血液循环,促进骨折愈合,防止关节粘连,减轻或防止肌肉和骨萎缩。第二期为骨痂成熟期和塑形期,此期康复着重于功能恢复,建立生活和工作能力,重返社会。康复治疗方法除了骨科常规康复治疗的功能锻炼、理疗等以外,还根据中医整体观、辨证论治原则,采取中药内服、外敷、熏洗、热熨、针灸、推拿、练功等综合治疗手段,以达到动静结合、内外兼治、筋骨并重、医患合作的目的。

第一期康复 进行此期康复治疗可以明显减轻骨折后不良影响,如因制动产生的肢体僵硬萎缩的情况,也为第二期的康复创造了条件,但此期康复的重要性和必要性未受到医患的重视,导致后期康复效果不理想。因此,建议在骨折复位并进行固定2~3 d后,局部损伤反应开始减退,即可开始一期康复治疗。

1. 中医心理康复法

(1)讲解说明:向患者耐心讲解骨折后伤肢功能锻炼的重要性,告之功能锻炼可促进血液循环和骨痂生长,肌肉关节活动可避免肌肉萎缩和关节僵直。此外,功能锻炼还可促进体内的新陈代谢,增进食欲,以及预防消化、呼吸、泌尿等系统的感染及褥疮等并发症的发生。

(2)消除恐惧心理:请心理素质好、心态稳定的患者做配合,在病室内做功能锻炼的标准示范动作,讲解自身功能锻炼的体会,消除其他患者的恐惧心理,使后者感到功能锻炼的疼痛虽有不适但并不可怕,能够忍受的。并发放、观看骨折患者康复锻炼的宣传资料、图片、录像等,让患者亲眼目睹功能锻炼的好处和不进行功能锻炼的危害。

(3)辅导鼓励:医护人员每天定时到病房(对出院患者到其家中)亲自辅导患者进行功能锻炼,做到耐心细致、严格认真;与患者进行语言沟通时,采用温馨热情的话语可以消除患者的紧张心理状态,激发起患者战胜功能锻炼带来的疼痛的信心;对积极主动配合功能锻炼的患者要给予及时表扬和鼓励。

2. 中药康复法

(1)中药内治法:一期康复时主要以痰瘀阻络和气血瘀滞型为主,临床主要针对这两型进行治疗。

1)痰瘀阻络型

治法:化痰祛瘀通络。

方药:跌打丸(《中国药典》)加减,药用三七、当归、赤芍、白芍、桃仁、红花、血竭、刘寄奴、骨碎补、续断、苏木、牡丹皮、乳香、没药、姜黄、三棱、防风、甜瓜子、枳壳、桔梗、甘草、川木通、自然铜、地鳖虫。

2)气血瘀滞型

治法:活血化瘀止痛。

方药:复元活血汤(《医学发明》)加减,药用柴胡、当归、甘草、红花、穿山甲、酒制大黄、桃仁、瓜蒌根。

(2)中药外治法:可选用外用中药促进血脉流通,舒畅筋骨。如外贴接骨续筋膏药、伤湿止痛膏,或用海桐皮、伸筋草、透骨草、桑枝、苍术、红花等水煎,每日熏洗2次。

3. 针灸康复法

(1) 毫针疗法:骨折的早期很少应用针灸,但对早期所见的疼痛、肿胀有一定的止痛消肿作用,取穴以骨折附近的穴位,同时结合循经取穴,如上肢骨折多取合谷、鱼际、内关、外关,下肢骨折多取内庭、太冲、三阴交、太溪、足三里、阳陵泉、承山等,胸、腰椎骨折多取殷门、承山、委中等。

常规方法针刺上述穴位,一般以泻法为主,要求得气较显著,或在患处附近加用拔火罐,以增强止痛、消肿作用。

(2) 其他针灸疗法:耳针疗法:骨折发生后,在耳郭上会出现相应的压痛点,对相应压痛点的按压、针刺,可以减轻骨折处的疼痛、肿胀。上肢骨折取耳穴中的腕、肘、肩,下肢骨折取耳穴中的踝、膝、坐骨等,胸椎骨折取胸,腰椎骨折取腰,同时配合神门、交感、屏尖、皮质下、上耳根、下耳根,或上、中、下耳背等穴,以加强镇静止痛、消肿、促进骨折愈合等作用,每次选2~4穴,留针30~60 min,每日1次,直到患处肿痛消失。

4. 推拿康复法 一般在一期康复中禁用推拿,以防骨折处的再移位。但如骨折远端肢体有肿胀时可选用,目的是为了消除肿胀,活血化瘀,解除粘连。操作时,手法要轻柔,柔中有刚,以按揉为主,但不能造成骨折移位和局部损伤。

5. 传统体育康复法 骨折患者进行及时而正确的功能锻炼不仅能促进伤肢功能的恢复,而且对骨折处有增强固定、使骨折断端对位良好、促进骨折愈合等作用。尤其是中西结合治疗四肢骨折,推广了小夹板固定方法,贯彻"动静结合"的指导思想,为早期进行功能锻炼提供了方便。而在功能锻炼中,传统体育康复法有其丰富的内容和良好的效果。

(1) 四肢骨折小夹板固定后的康复练功:四肢的康复练功以恢复原有生理功能为主,上肢的康复练功以增强手的握力为主,下肢以增强负重步行能力为主,在练功中要注意循序渐进。由于小夹板的应用,在骨折后1~2周即可开始练功,但应按照骨折部位的稳定程度,逐步增加活动量和活动范围,同时必须严格避免对骨折愈合不利的各种活动。具体的练功方法按骨折愈合的不同阶段进行,注意以健肢带动患肢,使动作协调,相称自如,以不影响骨折部位的固定为前提,以加速骨折愈合为目的。

1) 第一阶段(骨折后1~2周):此时骨折处仍有疼痛、肿胀,练功的目的是促进血脉流通,使肿胀消退,防止肌肉萎缩和关节粘连僵硬。练功的主要方式一般以骨折处的易筋经锻炼和骨折远端关节的小范围活动为主。上肢以练握拳、吊臂、提肩和一定范围的关节伸屈活动为主,如桡、尺骨骨折后的关节屈伸活动,近端、肘关节不动,而远端关节如肩关节可做小云手、大云手活动;下肢可做踝关节的背屈,股四头肌的收缩运动,以带动整个下肢用力,而后再放松,如胫、腓骨骨干骨折后的练功以髋、膝关节小范围活动和抬腿、屈膝为主。

2) 第二阶段(骨折后3~4周):骨折处肿胀、疼痛已消失,或有轻度的压痛及功能障碍。锻炼可从骨折近端的小范围活动开始,逐步过渡到患肢的大范围活动。上肢伤者可用力握拳进行范围稍大的关节屈伸活动,如尺、桡骨骨折可做近端腕、肘关节的屈伸活动,逐步过渡到肩关节带动腕、肘关节的大范围活动和小云手、大云手活动。下肢伤者可下床扶拐缓缓步行。

(2) 太极拳配合音乐:根据骨折愈合时间拟订太极拳中某个分解动作,并配合音乐,方法为:

1) 上肢骨折的运动:包括握拳、肘部运动、肩部运动、小云手和大云手,第一周骨折复位固定以后即开始握拳运动;第二周增加肘部运动,以此类推第三、第四周分别增加肩部运动、小云手运动和大云手运动。

2) 下肢骨折的运动:包括扩胸、足踝运动、足趾运动、肌肉收缩、抬臀运动,第一周骨折复位固定以后在床上即开始扩胸和足踝、足趾运动;第二、第三、第四周增加肌肉收缩、抬臀运动。

6. 气功康复法　　骨折患者在复位固定后,早期即可练习气功,以助于促进血脉流通、充养正气。在卧床阶段可以练放松功,在意念上特别注意骨折部位的放松,这对于减轻患处疼痛、肿胀有一定益处。

7. 饮食康复法　　在骨折愈合的各个阶段,如未能下床活动者,以粥类、汤类、软食、热食等易消化和富有营养的食物为佳。选用猪脊髓或牛脊髓煮汤,或与粳米、粟米煮粥,牛奶、骨头汤、鸡汤、鱼汤、蛋糕、咸味面包等。骨折早期局部肿痛显著者,可适当多食姜、葱、蒜、薤白、荠菜、橘子(不要去掉橘络)等作为佐餐,这有助于活血化瘀、消肿止痛,亦可食用骨碎补煲猪腰。中后期正虚明显,如胃纳尚可,可酌情多食龙眼肉、枸杞子、栗子、黑豆、牛肉、羊肉、鹌鹑、鸽子、狗肉和各种蛋类及猪、牛排骨等。也可用白羊脊骨1具捣碎,粟米500 g,水适量,煮熟,入羊肾2个,再煮候熟,取出滤过,将肾切片,入葱白、盐、酱、花椒、糖适量,再煨作羹食。也可用脊髓、骨头煮粥食用。上述饮食的搭配与调节,以患者的食欲、消化功能状态决定。

8. 自然康复法　　根据情况选用热砂浴、日光浴、森林浴和空气浴等,通常配合按摩和传统体育运动康复法。

9. 传统物理康复法　　具有松解粘连、软化瘢痕、解痉止痛等作用,常用的有冷疗法、蜡疗法等。也可根据辨证施治原则,有针对性地选用熏、洗、熨、敷等方法,或用磁疗法消肿止痛。

(1) 冷疗法:骨折早期以肿胀和出血为特征,应用局部冷疗法可以使血管收缩,减少肿胀和出血,止痛。

(2) 蜡疗法:如骨折部位没有石膏外固定可以应用蜡疗,促进炎症、水肿消退,改进局部的血液循环,促进骨折的愈合。蜡疗每日1~2次。

10. 娱乐康复法　　骨折患者常有不同程度的思想负担,担心伤肢残疾会影响今后的生活和工作能力,同时由于骨折处疼痛和功能障碍,情绪也表现得焦躁不安,应注意对患者进行情志调摄,以发挥其最大的主观能动性,促进早日恢复。为此,医生应对患者及其家属讲清该种骨折的特点、可能产生的后果及预计的康复医疗效果,分析应客观、中肯可信,使得其对骨折有一个正确的认识,从而克服患者恐惧、忧愁、急躁的情绪,坚定康复医疗的信心,树立乐观主义精神,积极配合治疗,认真进行功能锻炼,使康复计划顺利进行。骨折复位固定后,在早期卧床阶段,调摄情志可与气功疗法相结合,一般选用放松功,意念上注意骨折部位的放松,这样既可以减轻疼痛,又能够调节精神,充养正气,促进血脉流通。

此外,可指导患者参加多种娱乐活动,一方面可以调摄情志,另一方面又可有助于肢体功能的恢复,其中尤以书画、舞蹈、风筝、钓鱼等疗法效果较好。

第二期康复　　此期骨折外固定拆除,已基本愈合,但遗留肌肉萎缩和关节不同程度的僵直、挛缩,以及关节活动度下降,康复治疗目的是促使患肢肌力和功能恢复正常,减少肢体的残疾,恢复日常生活和工作能力。

1. 中药康复法

(1) 中药内治法:二期康复时主要以肝肾不足和气血亏虚为主,同时兼有气血瘀滞和痰瘀阻络。因此应以益气养血、补益肝肾为主,兼以活血化瘀通络。

1) 肝肾不足型

治法:补益肝肾。

方药:健步虎潜丸(《伤科补要》)加减,药用龟胶、鹿角胶、何首乌、川牛膝、杜仲、锁阳、威灵仙、当归、黄柏、人参、羌活、白芍、白术、熟地、附子、生姜等。

若真阴亏虚较甚,骨痂形成不良者,可加杜仲、川续断、骨碎补等。

2) 气血亏虚型

治法:补益气血。

方药:八珍汤(《正体类要》)加减,药用当归、川芎、白芍、熟地、人参、白术、茯苓、甘草。

若骨折愈合较慢,可加黄芪、怀牛膝、骨碎补等;脾胃气虚、食少腹胀肢倦无力者,可加木香、山药、半夏、陈皮等。

(2) 中药外治法:可采用海桐皮汤(海桐皮 6 g,透骨草 6 g,乳香 6 g,没药 6 g,当归 5 g,川椒 10 g,川芎 3 g,红花 3 g,威灵仙 3 g,甘草 3 g,防风 3 g,白芷 2 g)煎汤,熏洗患肢,有消肿止痛、松解关节粘连的功能。熏洗后配合自动的关节活动或被动的关节活动,往往可取得一定的功效。

2. **针灸康复法** 此期针灸目的是活血化瘀,益气养血。可按骨折部位,循经取穴或局部取穴为主,对患处附近肌肉萎缩或关节僵直多以局部取穴为主。此外,还可适当配以扶正补虚的穴位,如气血不足者加用脾俞、心俞、神门、气海、足三里,肝肾虚者加用肾俞、命门、关元、三阴交、太溪、太冲等。

常规方法针刺上述穴位,用补法,可配合灸法。留针均为 15~20 min,每日 1~2 次,10 次为 1 个疗程。

3. **推拿康复法** 肌肉萎缩及关节功能障碍者,推拿具有良好的治疗作用。手法以揉、推、按为主,结合分筋法。开始手法要缓慢,活动范围应逐渐增大,避免造成局部的损伤。当骨折达到临床愈合标准后,可帮助患者活动关节,防止关节挛缩、肌腱粘连,此时的推拿手法仍以轻柔为主,按摩要沿经络、血管、淋巴回流方向进行。如患者卧床时间较长,也可适当进行全身性的按摩,以促使全身血脉的通畅,增强正气,加快骨折的愈合。

4. **传统体育康复法** 此期康复患者为骨折后 5~10 周,此时骨折已逐渐愈合,练功目的主要增加关节活动量,如完全愈合时可进行正常的体操活动及太极拳、八段锦等,以促使关节功能得到全面锻炼。如下肢受伤者脱拐行走时可开始练习太极拳、八段锦等,运动量和活动范围由小到大,同时结合散步等活动,待下肢功能基本恢复后可进行上楼梯、登山等锻炼。

5. **传统物理康复法** 蜡疗等疗法可以促进血液循环,改进关节的功能。

其他如中医心理康复法、气功康复法、饮食康复法、自然康复法和娱乐康复法等可参考第一期康复。

(四) 康复护理

骨折的康复护理也分为两期。

第一期康复护理

1. **详细了解患者一般情况** 包括受伤的原因、受伤经过、治疗情况,如果是手术治疗,要了解手术过程、是何种内固定及手术后注意事项。病情严重者应及时测量体温、呼吸、脉搏、血压,并注意观察患者的神志、面色,如发现面色苍白、表情淡漠或烦躁不安、呼吸急促,脉搏在 100

次/min 以上、血压下降等症状，要密切观察患者病情变化。

2. 起居护理　对年老体弱、长期卧床的患者，要注意预防褥疮、坠积性肺炎和泌尿系感染等并发症。特别是褥疮，要求家属保持床垫、床单平坦舒适和皮肤干燥、清洁，并要每日早晚各1次观察患者身体受压部位的皮肤情况。对于能翻动的患者，要指导家属给患者每2h翻身1次，改变卧位姿势。受压骨突部位应每日3次用温水清洁，涂滑石粉或爽身粉。如果发生了褥疮，除了局部皮肤减压外，可外用盐水、消炎药物等换药，大疮面每日换药1次，小疮面可隔日换药。并注意保持大便通畅，鼓励患者多饮水、橘汁、蜂蜜水，多吃蔬菜和水果，必要时可配合食物加服缓泻药物。

3. 饮食护理　骨折初期宜选食姜、葱、荠菜、薤白、橘子等，以助活血化瘀、消肿止痛。中后期可选食枸杞子、龙眼肉、栗子、黑豆、牛肉、羊肉、猪肉、狗肉、鹌鹑等益气补血、补肝肾之品，还可选用动物骨头做汤食用。

4. 情志护理　当发生骨折时，不但引起皮肉、筋骨、脏腑的伤痛，而且往往由于肿胀疼痛等刺激及外固定后患肢处于强迫体位，心理上也不适应，患者易烦躁易怒、恐惧忧虑、消极悲观，对生活失去信心，故对患者进行心理护理非常重要。应与患者多交流，了解其心理状况及情绪变化，及时进行心理疏导，使患者保持乐观的情绪，树立信心，并把骨折的情况、治疗方法及治疗过程中需要患者配合的重要性，做详细、必要的解释，以有利于得到患者积极的配合，使其早日康复。

5. 功能护理　观察患肢是否肿胀、伤口有无渗血、石膏固定是否合适，并抬高患肢使肢体高于心脏水平，鼓励患者加强患肢的等长肌力收缩，以利促进血液循环，减轻肢体肿胀。小腿或前臂骨折时应密切观察肢体末梢的皮温、色泽、毛细血管充盈度、动脉搏动情况以及扎带的松紧度，发现问题及时处理。如是被动牵引肢体，应在受压部位用不同类型的小棉垫保护，同时给予按摩，牵引时伤肢必须保持复位的位置，注意查看牵引重量是否有阻力影响，牵引线是否与肢体纵轴一致，牵引针口有无渗血渗液。

第二期康复护理

1. 了解患者的全身情况　根据骨折的愈合情况、患肢功能障碍程度，有无骨折的晚期并发症和目前的治疗等情况，制订相应的康复护理计划。

2. 起居护理　安排好患者的日常生活，包括提供方便实用的日常生活用品，如拐杖、坐便凳、便盆等，安排好作息时间，培养个人清洁卫生习惯，以及指导、训练患者自我生活料理的方法，以满足学习、娱乐消遣活动，并努力鼓励患者的积极性，保持乐观向上的态度，使康复生活丰富多彩。

3. 饮食护理　可以多吃虾米皮、鲜牛奶、骨头汤、芝麻酱、鱼等含钙较多的食品，但骨折患者户外活动少，容易缺少维生素D，不利于钙质吸收和骨折部位的愈合，可以补充维生素D。此外，由于发生骨折后活动量相对减少，胃肠蠕动减弱，故应多食含粗纤维较多的食物和蔬菜，保证每日水分的摄入，预防便秘。

4. 情志护理　经过一期治疗，患者的情绪和心理状态会有很大的变化，如骨折愈合良好，患者会配合医师积极地进行下一步的康复治疗。但如患者骨折愈合欠佳或留有一定的残疾，心理压力就会很大，故要与患者多沟通，使之了解自己的病情，增强信心，积极配合治疗。

5. 功能护理　通过主动或被动的运动锻炼可以促进血液循环，防止肌肉萎缩、关节僵直和静脉栓塞等后期并发症的发生。因此,应鼓励患者积极活动,并根据骨折的稳定情况和患者的全身情况进行循序渐进的功能锻炼。对可能留有肢体功能障碍的患者进行训练,纠正步态,并指导使用康复器材的方法和注意事项,注意劳逸结合,适时适度,使患者能愉快地接受、主动地配合锻炼,使其尽量恢复自主生活能力和工作能力,以利其重返社会。

(五)康复预防

合理而有针对性的康复训练无疑是最重要的预防措施。但就治疗本身而言,严密观察骨折患者病情变化同样是防止或缓解功能障碍的重要环节,如骨折在愈合过程中发生移位就会引起畸形,局限性肿胀的不断发展而出现骨-筋膜室综合征等,这些情况是可以预防或及早解除而避免出现后遗障碍的。因此,必须强调治疗骨折的着眼点应是最终的功能、生活和劳动康复。

而对于老年人来说,预防骨折的发生比治疗骨折更重要,做到早期发现,早期预防,主要抓以下两个环节。①预防老年人跌跤:跌跤是老年人骨折的最主要诱因,包括分析和改变老年人自身内在的危险因素,观察及评估其整体功能、步态和平稳能力,检查周围环境中有无不安全因素。②适度的运动与劳动:劳动与运动是延缓衰老、延年益寿的有效方法之一。科学适度的运动和劳动,可减低静止和运动时的心率,增加心脏的效率,松弛心理紧张的情绪,以及控制体重,可使老年人的机体功能得到改善和增强,减慢、减轻老年退行性病变的进展。

(杨孝芳)

第七节　软组织损伤

(一)概述

软组织损伤是指机体受到外来暴力撞击、强力扭转或牵拉压迫等,造成身体某部位的肌肉、肌腱、韧带等骨骼以外的组织损伤,出现充血、水肿、渗出、增生、瘢痕形成等一系列病理变化,最后表现为肿胀、疼痛、功能障碍等。根据其病程发展分为初期(急性炎症期)、中期(弹性纤维和胶原形成)和恢复期(胶原纤维重建期,此期相当于慢性软组织损伤)。软组织损伤包括开放性和闭合性软组织损伤、急性和慢性软组织损伤,在本节中讨论的是急性或慢性闭合性软组织损伤。本病属于中医学中的"伤筋"、"筋断"、"筋转"、"筋翻"等范畴。

中医认为本病是因外力导致筋脉、肌肉受损,气滞血瘀,致使经(筋)脉阻滞,不通则痛,或筋脉失养,不荣则痛,且在疼痛的刺激下,有关肌群产生保护性痉挛,影响了关节的正常活动功能。而疼痛又进一步使气血运行受阻,痛则不通,影响损伤组织的及时修复。因此,局部经脉受损、气血瘀滞不畅是软组织损伤的主要病机。

(二)辨证要点

软组织损伤种类很多,常见的有颈、项、肩、肘、腕、腰、膝、踝部损伤。这些损伤可因风寒湿之邪闭阻经络;或瘀血内阻日久,而致气血津液运行失常,津液停聚生痰,造成痰瘀互结,经脉阻滞;或素体肝肾不足,筋脉失养,而出现疼痛反复发作,肌肉僵硬,功能障碍。常见证型有气血瘀滞型、寒湿阻络型、痰瘀阻络型、肝肾不足型,尤以气血瘀滞型常见。

(三)康复疗法

康复治疗的主要作用在于消肿、止痛、减少组织粘连,促进组织愈合、功能恢复等。但在各个时期其原则不同,早期宜制动、止血、防肿、镇痛,中期宜活血、消肿、止痛,后期以恢复和增强关节肌肉的功能为主。同时,应疏导患者的心理障碍。

1. **中医心理康复法** 治疗的目的是使患者能充分发挥主观能动性,加强对治疗的信心。若患者出现悲观、急躁等情绪,应采用释疑、鼓励等方法,并配合音乐治疗,使患者保持最佳心境,而减轻伤筋痛苦。并鼓励其积极参加功能锻炼,促进形神功能康复,从而有利于巩固疗效,降低复发率。

2. **中药康复法**

(1) 中药内治法

1) 气血瘀滞型

治法:活血化瘀止痛。

方药:复元活血汤(《医学发明》)加减,药用制大黄、柴胡、天花粉、当归、红花、甘草、穿山甲、桃仁。

2) 寒湿阻络型

治法:祛风散寒化湿。

方药:蠲痹汤(《百一选方》)加减,药用羌活、姜黄、当归、黄芪、赤芍、防风、甘草。

3) 痰瘀阻络型

治法:活血舒筋。

方药:跌打丸(《中国药典》)加减,药用三七、当归、赤芍、白芍、桃仁、红花、血竭、刘寄奴、骨碎补、续断、苏木、牡丹皮、乳香、没药、姜黄、三棱、防风、甜瓜子、枳壳、桔梗、甘草、关木通、自然铜、地鳖虫。

4) 肝肾不足型

治法:补益肝肾。

方药:金匮肾气丸(《金匮要略》)加减,药用熟地、山药、山萸肉、泽泻、茯苓、牡丹皮、桂枝、附子。

(2) 中药外治法:本病根据具体病情,可采用药浴、熏、洗、熨等。药用独活、秦艽、防风、艾叶、刘寄奴、赤芍、红花、威灵仙、乌梅、木瓜。水煎,趁热熏洗(或熏蒸)患处。亦可用伤筋类膏、丹、丸、散等,如外贴伤湿止痛膏、狗皮膏、万应膏等,以温通经络,行气活血止痛。

3. **针灸康复法**

(1) 毫针疗法

1) 损伤早期:局部取穴为主,选择损伤部位附近的穴位,同时结合循经取穴,即配合四肢远端的穴位。如颈项部损伤可取外关、曲池、大椎、天柱、悬钟、后溪等;肩部损伤取肩三针、外关;肘部损伤取曲池、小海、天井、合谷;腕部损伤取阳池、合谷、外关;膝部损伤取膝眼、梁丘、阳陵泉等;踝部损伤取昆仑、太溪、三阴交等;腰部损伤取肾俞、腰阳关、委中、太溪等。

常规方法针刺上述穴位,以泻法为主。

2) 恢复期:针灸可祛风除湿,促进局部气血流通,纠正患者全身的虚损状态。除了局部取穴和循经取穴外,适当配以扶正补虚的穴位。如肝肾亏虚者,加用肾俞、命门、关元、三阴交、太溪等;气血不足者,加脾俞、心俞、神门、足三里等。软组织损伤产生的后遗症状,如患处附近的肌肉僵硬或肌肉软弱无力等,多以局部取穴为主。

常规方法针刺上述穴位,平补平泻,并可配用灸法。

(2) 其他针灸疗法

1) 耳针疗法:按损伤的部位不同,分别取相应的耳穴。同时可配合神门、交感、皮质下等穴,以加强止痛、消肿和促进愈合的作用。每日1次,每次选2~4穴。

2) 火针疗法:中医学认为"气伤痛,形伤肿",伤气之后,气机阻滞,气滞盛则气闭,以剧烈疼痛为主;伤血后经络血脉受损,离经之血瘀滞皮下、肌腠间,表现为局部青紫、瘀斑、肿胀和疼痛。火针局部点刺后瘀血随针而出,瘀去则血畅,血畅则痛消,为损伤组织的修复提供良好条件。注意针后局部出血者不作处理,任其自凝,清理消毒后即可,针刺2 d内不宜触水,以防感染。同时配合拔罐效果更佳。

3) 皮肤针疗法:具有较强的兴奋神经、改善循环的作用,皮肤针和患病部位均用碘酒、乙醇消毒,以压痛最明显的部位为中心向四周放射状的叩刺,以全部渗出血珠为度,量为5~10 ml,出血停止后用消毒干棉球擦净即可。可以与推拿、针灸、刮痧、拔罐等多种疗法配合应用,起到加强疗效、缩短病程的作用。

4) 穴位注射疗法:可选取阿是穴(损伤部位周围穴位)注射复方丹参注射液等活血通络的药物。

4. 推拿康复法　　早期应避免使用推拿,以防止加重软组织中渗出和瘀血。损伤中期,推拿对缓解肢体局部的肿胀疼痛具有较好的作用,以按、揉为主,手法要轻柔、沉稳。损伤后期可用推、拿、按、揉、捏等手法为主,结合分筋法,手法宜重。对四肢关节伤筋者,可配合采用屈伸旋转手法,开始时手法要缓慢,活动范围应逐渐增大,避免造成局部的损伤。针对功能活动障碍,常用按、摩、推、拿四法,以消散瘀血的凝滞,舒通经筋。

5. 传统体育康复法　　损伤中、后期适时采用传统体育康复法并结合运动疗法可以疏通气血,舒展筋骨,增加关节活动范围,减少后遗症发生。应按照损伤部位的不同采取不同的运动方法,如颈项部损伤者,要进行颈项的前屈、后仰,左、右侧屈,左、右旋转等运动,动作要缓慢,幅度要逐渐增大;肩部损伤时,要进行下垂摆动运动、棒体操、侧身攀爬肩梯,或利用肩关节旋转运动器、滑车等进行运动训练,同时使用小云手运动、大云手运动、反转手运动;慢性劳损腰痛可进行仰卧起坐、仰卧屈膝、仰卧屈髋屈膝、双手摸趾、蹲位弯腰伸腿、蹲位起立等动作训练;膝部损伤可进行伸屈膝、伸屈髋以及外展、内收练习,也可练习蹬车动作等。还可在温泉水中借助水的浮力进行训练和游泳、水中体操等运动,以达到在减重条件下增强力量、改善协调、缓解疼痛和粘连的目的。此法在初期时切忌使用。

6. 传统物理康复法

(1) 热疗法:损伤中、后期用此疗法可增加温度、血流量和软组织的伸展性、解除肌肉痉挛,以减轻疼痛,特别是在运动疗法开始之前,先用温热疗法,有助于提高训练效果,具体有热敷法、热浴法、发热灯等,但初期时尽量避免用此法。

(2) 冷疗法:在损伤早期用寒冷疗法,具有镇静、止血、止痛、减轻水肿、降低局部组织代谢速率的作用,使局部血管收缩,渗出减少,还可使神经末梢及细胞的敏感性降低而减轻疼痛及对组织细胞的损害。小范围损伤可采用冰按摩,大范围损伤时可进行冰浴,在临床和大面积损伤的后续治疗中可用冰裹法。这些方法应每隔1~2 h进行20 min,此后可配合加压包扎,抬高患肢,制动。

（3）蜡疗法：蜡疗的温热作用，可改善局部的血运和营养，具有止痛和加强再生的效果；蜡疗的机械压迫作用，能防止皮肤松弛，对瘢痕及肌腱挛缩有软化松解作用，因此最常用于软组织损伤的后期。

（4）磁疗法：可用恒磁穴位贴敷法，穴位同针灸康复法中取穴，可活血化瘀，通络止痛。

7. 娱乐康复法　应根据患者损伤部位、程度进行辨证施治，如腕指关节损伤，宜选用弹琴、书画等娱乐，同时也加强作业训练。此疗法在初期时切忌使用。

（四）康复护理

软组织损伤患者的康复护理主要包括起居、饮食、情志护理等方面。

1. 起居护理　软组织损伤的康复阶段，要注意对创伤局部的保护，避免寒湿之邪侵袭以及新的创伤。并根据病变的部位，注意卧、坐、站立、行走、运动时的体态、姿势，但要避免时间过于持久。例如，颈项部损伤患者，在日常生活或学习中，要合理调整头与工作面的关系，不宜长时间伏案看书或工作，也不宜长时间仰头工作；枕头不宜过高，软硬度适中且有一定的弹性和保暖性。腰部软组织损伤者，应采取平卧硬板床，床面一定要平整而硬实，仰卧时头不能垫得太高，尽量使腰部肌肉放松，疼痛缓解后可适当活动。每日有规律的腰肌锻炼能够防止腰背部肌肉发生萎缩，增强腰背肌力量，但应动静结合，量力而行。并加强健康教育，告知患者自护方法。

2. 饮食护理　患者不宜吸烟和饮酒、咖啡及浓茶，此类物质多味辛气烈，耗气伤津，会加重气滞血瘀。禽、畜、肉类属肥甘厚味，易生痰浊，阻塞气机，加重血瘀，也不宜多食。应给予高蛋白质、高维生素饮食，多吃蔬菜、水果、芹菜、茄子、番茄等，以调理气机，保持大便通畅，因为便秘易使腹压增加，可诱发或加重腰部疼痛。

3. 情志护理　患者对自己病情不够了解，甚至可产生不必要的怀疑和恐惧心理，应主动了解和掌握患者心理变化，安慰、鼓励患者，耐心解答患者提出的问题，消除顾虑，取得其信任和合作，并主动给予生活上的照顾，做好精神安慰和鼓励。

（五）康复预防

指导患者在日常生活中保持正确姿势和体位，如腰部软组织损伤者，在工作和劳动中要保持正确的腰部用力姿势和用力平衡，避免长时间坐位或站位，避免过久弯腰和急剧弯腰，工作或做家务时尽量用屈膝或蹲下来减少弯腰动作。对慢性腰部软组织损伤患者最好每日坚持做俯卧撑、仰卧起坐等动作，可以在行走时戴上护腰，以对腰部起到限制活动及支持作用，平时养成睡硬板床习惯，睡姿最好侧卧位，并注意腰部保暖。

（杨孝芳）

第七章
老年、慢性病证

导学

本章介绍临床康复中老年、慢性病证的中医康复。学习本章节应重点掌握临床常见老年、慢性病的辨证要点、中医康复疗法,熟悉各病证的基本概念、康复护理,了解康复预防的方法。

第一节 慢性阻塞性肺病

(一) 概述

慢性阻塞性肺病是一种具有气流受限特征的肺部疾病,气流受限不完全可逆,并呈进行性发展。本病属于中医学"肺胀"的范畴,是以咳嗽、哮喘等症日久不愈,肺脾肾虚损,气道壅滞不利,出现心中胀满,痰涎壅盛,上气咳喘,动后尤甚,甚则面色灰暗,唇舌发绀,颜面四肢浮肿,病程缠绵,经久难愈为特征的疾病。

慢性阻塞性肺病是呼吸系统疾病中的常见病和多发病,患病率和病死率均高。世界卫生组织(WHO)资料显示,该病的病死率居所有死因的第四位,且有逐年增加之势。以美国为例,从1965年至1998年,冠心病、高血压脑卒中的病死率分别下降59%和64%,而本病却增加163%,造成了巨大的社会和经济负担。根据世界银行、世界卫生组织发表的研究,至2020年慢性阻塞性肺病将成为世界疾病经济负担的第五位。

中医学认为本病的发生,多因内伤久咳、支饮、哮喘、肺痨等肺系慢性疾患,迁延失治,痰浊潴留,气滞肺间,日久导致肺虚,复感外邪诱使病情发作加剧。本病的主要病机是肺脾肾虚,气虚邪恋及气虚血瘀。病位在肺,与脾、肾及心关系密切。病变首先在肺,继则影响脾、肾,后期病及于心。因肺主气,开窍于鼻,外合皮毛,职司卫外,为人身之藩篱,故外邪从口鼻、皮毛入侵,每多首先犯肺,以至肺的宣降功能不利,气逆于上而为咳,升降失常而为喘。久则肺虚,肺的主气功能失常,影响呼吸出入,肺气壅滞,导致肺气胀满,张缩无力,不能敛降。若肺病及脾,子盗母气,脾失健运,则可导致肺脾两虚。肺为气之主,肾为气之根,若久病肺虚及肾,金不生水,致肾气衰惫,肺不主气,肾不纳气,则气喘日益加重,呼吸短促难续,吸气尤为困难,动则更甚。心脉上通于肺,肺气辅佐心脏治理、调节心血的运行,心阳根于命门真火,故肺虚治节失职,或肾虚命门火衰,均可病及于心,使心气、心阳衰竭,甚则可以出现喘脱等危候。本病的病理因素主要为痰浊水饮与血瘀互为影响。病理性质多属标实本虚,但有偏虚、偏实的不同,且多以标实为急。感邪则偏于邪实,平时则偏于本虚。

(二) 辨证要点

慢性阻塞性肺病辨证总属本虚标实之证,但有偏实、偏虚的不同,应分清其标本虚实的主次。一般感邪时偏于邪实,平时偏于本虚,偏实者要分清痰浊、水饮、血瘀的偏盛。早期以痰浊为主,渐而偏于痰瘀并重,并可兼见气滞、水饮错杂为患。后期痰瘀壅盛,正气虚衰,本虚与标实并重。偏虚者当区别气(阳)虚、阴虚的性质,肺、心、肾、脾病变的主次。早期以气虚为主,或为气阴两虚,病在肺、脾、肾;后期气虚及阳,甚则可见阴阳两虚,病变以肺、肾、心为主。

(三) 康复疗法

慢性阻塞性肺病是一种常见的慢性病,通过全面的康复医疗措施,可明显改善症状,增加呼吸运动效率,加强生活自理能力,减少住院次数,从而可延长寿命,提高生活质量。本病常见的康复疗法主要有中医心理康复法、中药康复法、针灸康复法、推拿康复法等。

1. 中医心理康复法　慢性阻塞性肺病患者经常会产生一系列心理异常,如情绪恶化、躁狂、焦虑、抑郁、过度的躯体关注、依赖性强等。对患者及时有效地运用语言疏导法,有助于病情的康复和生活质量的提高。首先,要改变患者对本病的消极态度,协助其解脱因呼吸困难而产生的焦虑和因焦虑而产生呼吸困难的恶性循环。其次,应鼓励患者参加适当的活动,改善其躯体功能。此外,要及时发现潜在的躯体和心理方面的异常变化,防止患者因极度痛苦而感到绝望,甚至产生自杀行为。医护人员要多与患者交流,以满足患者对爱的需要,消除抑郁、孤独的心理。

2. 中药康复法

(1) 中药内治法

1) 痰浊壅肺型

治法:化痰降气,健脾益气。

方药:苏子降气汤(《太平惠民和剂局方》)、三子养亲汤(《韩氏医通》)、六君子汤(《妇人良方》)加减,药用白术、苍术、苏子、莱菔子、白芥子、厚朴、杏仁、陈皮、茯苓、麻黄、皂角、旋覆花。

若外感风寒,痰从寒化,寒重于饮而咳重于喘者,加桂枝、细辛、干姜、五味子、白芍、甘草;饮重于寒并兼有郁热而喘重于咳者,加厚朴、石膏、细辛、干姜、五味子;饮寒并重而喘咳并重者,加生姜、细辛、五味子、大枣;外感风热,痰从热化,热重于饮者,加石膏、生姜、大枣、甘草;饮重于热者,加细辛、干姜、五味子、白芍、石膏;饮热并重者,加厚朴、石膏。

2) 痰热郁肺型

治法:清肺化痰,降逆平喘。

方药:越婢加半夏汤(《金匮要略》)、桑白皮汤(《古今医统》)加减,药用石膏、干姜、桑白皮、黄芩、白芍、金荞麦、款冬花、苏子、浙贝母、山栀子。

若痰多而黏稠,加瓜蒌、射干、海蛤壳;痰涌便秘,喘不能卧,加大黄、芒硝、葶苈子;兼身热甚,加生石膏、知母;兼渴咽干,加天花粉、麦冬;咯痰气腥,配鱼腥草、冬瓜子、薏苡仁、芦根;头痛,恶寒,烦躁,加生石膏、桂枝、生姜。

3) 痰蒙神窍型

治法：涤痰，开窍，熄风。

方药：涤痰汤(《奇效良方》)加减，另服安宫牛黄丸(《温病条辨》)或至宝丹(《太平惠民和剂局方》)。药用橘红、竹沥、制半夏、茯苓、制南星、竹茹、枳实、石菖蒲、人参、甘草。

若高热谵语，神昏烦躁，舌红绛者，加黄连、天竺黄，兼服安宫牛黄丸。出现痰蒙神窍、神志昏乱证候时，已不适宜进行康复医疗，应送医院相关科室就诊。

4) 肺肾气虚型

治法：补肺纳肾，降气平喘。

方药：平喘固本汤(《中医内科学》)合补肺汤(《备急千金要方》)加减，药用人参、熟地、冬虫夏草、山萸肉、山药、紫河车、胡桃肉、补骨脂、鹿角片、肉桂、附子、五味子。

若呼多吸少者，加紫石英、沉香、磁石、五味子、冬虫夏草；喘甚加服参蛤散；喘咳眩悸，肢体浮肿，小便不利，加茯苓、白术、白芍；面赤如妆，虚烦，加龙骨、牡蛎，平时常服紫河车粉。

5) 阳虚水泛型

治法：温肾健脾，化饮利水。

方药：真武汤合五苓散(《伤寒论》)加减，药用附子、桂枝、黄芪、白术、茯苓、防己、葶苈子、川椒、车前子。

若畏寒肢冷，加淫羊藿、鹿角片；舌红苔少，加熟地、山萸肉；神疲气怯，潮热盗汗，加人参、生地、沙参；水肿势重，加沉香、黑白丑、万年青根；水肿伴紫绀明显，颈脉怒张，上腹胀痛，加北五加皮、泽兰、红花；喘促心悸出汗，脉虚浮而数，重用人参、蛤蚧、五味子、山萸肉、牡蛎，或吞服黑锡丹，以防喘脱之变。

(2) 中药外治法：白芥子、延胡索各 20 g，甘遂、细辛各 10 g 共为末，加麝香 0.6 g，和匀。在夏季三伏分三次用姜汁调敷肺俞、膏肓、百劳等穴，1～2 h 后除去。每 10 日敷 1 次。

3. 针灸康复法

(1) 毫针疗法：选取肺俞、脾俞、肾俞、膏肓、气海、足三里、太渊、太溪、命门为主。风热者加鱼际、大椎；风寒者加外关、大椎。每次选 3～5 穴，常规方法针刺上述穴位，用补法，隔日 1 次。

(2) 艾灸疗法：取大椎、风门、肺俞、膻中、肾俞、气海。用麦粒灸，每穴每次灸 3～5 壮，10 d 灸 1 次，3 次为 1 个疗程。

(3) 其他针灸疗法

1) 耳针疗法：取肺、脾、肾、心、气管、咽喉、神门、三焦、内分泌等。每周 1 次，每次埋针 3～5 穴，每日按压 3～5 次，每次 5 min。

2) 头针疗法：取额旁 1 线。将毫针由后向前平刺 1.2 寸，快速小幅度捻转，留针 10～15 min。

3) 穴位注射疗法：取第一至第六胸夹脊穴，每次选穴 1 对，每穴注射胎盘注射液 0.5～1 ml，由上而下，逐日更换。亦可取肺俞、天突、定喘穴等，方法如上。

4) 皮肤针疗法：取尺泽至鱼际手太阴肺经循行部、第一至第十二胸椎两侧足太阳膀胱经循行部、颈前两侧足阳明胃经循行部，分部轻叩，以皮肤微红为度，隔日 1 次。

4. 推拿康复法

(1) 按天突穴：适用于阵咳不止或喉中痰不易咳出，或感觉气短不能平卧者。用拇指按压胸骨柄上的天突穴,注意拇指要从天突穴向胸骨柄内面按压,以有酸胀感为宜,按压10次。

(2) 叩定喘穴:即大杼穴,适用于剧咳不出、气喘明显者。在该部用指尖叩打,症状常可缓解。

(3) 捶丰隆穴:用手握成拳状,用指骨间关节背侧捶打该穴。有助于化痰止咳。

(4) 捶足三里穴:手法同捶丰隆穴。有调理脾胃功能。

(5) 宽胸按摩:常用于呼吸烦闷不畅时。

1) 抹胸:两手交替由一侧肩部由上至下呈斜线抹至另一侧肋下角部,各重复10次。

2) 拍肺:两手自两侧肺尖部开始沿胸廓自上而下拍打,各10次(自上至下拍打为1次)。

3) 捶背:两手握空拳,置后背部,呼气时由里向外拍打,同时背稍前屈,吸气时由外向里拍打,同时挺胸,重复10次。

4) 按摩膻中穴:于前胸两乳之间,用手掌按于膻中穴,做正反时钟方向按摩各36次。

5. 气功康复法　纳气功对本病有一定疗效,功法如下。

放松:呼吸自然,意念从头到足依次放松,重复3次。

贯气:分三条线,即吸气时,意念气从百会穴进,呼气时则分别按:①百会→印堂→水沟→天突→膻中→丹田→会阴→两腿内侧→涌泉。②百会→五脏六腑→会阴→两腿内侧→涌泉。③百会→大椎→命门→两侧臀部→两腿外侧→涌泉。这三条线意念气下贯,并意念排除体内浊气,重复3次。注意贯气时,不一定一次呼吸从百会直至涌泉,可以中途换气,但换气应在某一穴位上进行。吸气时意念停留该部,呼气时再继续下行。

纳气:仍自然呼吸或做腹式呼吸,切忌用力,意念集中在丹田,默默念"心想丹田"、"耳听丹田"、"眼内视丹田"。重复9次后,养功片刻,再进行第二遍。反复进行,直至丹田有发热感。然后,采用纳气呼吸,吸气时意念将丹田之气送入命门穴,用腹式呼吸,重复9次。

收功:闭目,将手掌放丹田处(男左手在下,右手掌劳宫穴贴在左手背外劳宫穴上,女子相反),做回旋按摩,男先顺时针后逆时针方向按摩各9次,女则反之。再于命门穴做如上按摩,然后两臂自然放下,两眼缓缓睁开,轻轻活动一下躯体,练功完毕。

每次练功约20 min,每日1次。此外,除纳气功外,强壮功亦可练习。

6. 饮食康复法　慢性阻塞性肺病患者忌食油腻、辛辣,以清淡食物为宜,如瘦肉、蔬菜、豆制品、白木耳、海带、肺脏(猪、牛、羊)。常用食疗药膳方有:

(1) 四仁鸡子粥:白果仁、甜杏仁、核桃仁、花生仁各200 g。捣碎,每日取20 g,加水一小碗,煮数次沸腾,打鸡蛋1个,加冰糖适量服。有止咳润肺之功。

(2) 燕窝炖白及:燕窝、白及各10 g。小火炖烂,每日早晚各服1次。有滋阴润肺、益气补中的作用。

(3) 蜜酒蛤参散:蛤蚧1对,涂以米酒,火上烤脆,研末;人参研末。混匀。每日早晚各1次,每次3 g,温开水服。有补肺温肾纳气之功。

7. 自然康复法

(1) 海水浴:海水压力、海水冲击及游泳动作可使呼吸加深,从而提高呼吸功能。条件许可的季节,每日1次或隔日1次。每次以不超过30 min为宜。

(2) 洞穴浴:洞穴内空气清新,含有大量的负离子,可使鼻咽部黏膜保持湿润,支气管得到松弛,改善肺的换气功能,提高血氧含量。

(3) 日光疗法：采用全身日光浴，时间不宜长。可提高免疫力，增强机体防御机制。

8. **娱乐康复法** 以欣赏音乐、观赏书画、种花养鸟等静态娱乐活动为主，增加生活情趣，消除不良情绪反应。在选择音乐时，可选用歌咏疗法。

(四) 康复护理

中医康复护理在本病中主要体现为起居、饮食、情志和功能护理等。

1. **起居护理** 室内空气要清新，患者应戒烟，避免呼吸道刺激。预防受凉感冒，做好前后胸保温，避免过度的体力和精神劳作，有意识地进行呼吸锻炼。注意避免胸腹内压过高，保持大便通畅。

2. **饮食护理** 应使患者摄入充足的热能、蛋白质及富含维生素的食品，避免食用过冷、过热、生硬的食物，避免饮用咖啡、茶及可乐等饮料。

3. **情志护理** 对患者进行心理疏导，使患者保持乐观情绪，增强战胜疾病的信心，解除对疾病的忧虑。

4. **功能护理** 绝大多数患者有低氧血症，吸氧可以使患者运动能力提高。夜间氧疗可防止肺动脉高压的发展，以及最终防止肺心病的发生。

(五) 康复预防

平时要慎风寒，适寒温，节饮食，少食黏腻和辛热刺激之品，以免助湿生痰动火；已病则应注意早期治疗，力求根治，尤需防寒保暖，防止受邪而诱发。忌烟酒，远房事，调情志，饮食清淡而富有营养。加强体育锻炼，增强体质，提高机体的免疫能力。

(何光远)

第二节 高 血 压 病

(一) 概述

高血压病是指血压持久、异常升高的原发性高血压。根据高血压病的临床主要证候、病程的转归及并发症，本病属于中医学中"眩晕"、"头疼"的范畴，并与"中风"、"心悸"有一定的关联。其临床表现主要是头痛、头胀、心悸、失眠、眩晕、胸痛、颈强、肢麻、舌强，甚则口眼歪斜和半身不遂。病位在肝、肾，与心脾也有密切联系。

高血压病是一种常见病、多发病，其患病率高，并发症多而严重，是对人类健康危害极大的一种慢性病。据世界卫生组织 MONICA 方案的调查材料，欧美国家成人 (35～64 岁) 本病患病率在 20% 以上，我国高血压病的患病率虽不如西方高，但近年上升的速度不断加快，1959 年为 5.11%，1979 年为 7.73%，1991 年为 11.26%，平均每年增加 300 多万。全国每年约有 150 万人死于高血压病及其相关疾病，危害极其严重。据推测现我国高血压病患者已逾 1 亿，目前社会人群中高血压病仍存在着发病率高、致残率高、病死率高和知晓率低、服药率低、控制率低的"三高"、"三低"特点。

中医学认为高血压病的发生主要由于情志内伤、饮食不节、劳倦虚损等导致脏腑阴阳失调，气血逆乱，痰瘀交阻而发。长期情志不舒，肝气郁滞，日久化为肝火，耗伤肝阴，阴不敛阳，肝火上炎，上扰头目；素体肝阳偏旺之人，长期忧郁恼怒，劳欲失度，而致肝肾阴精亏耗；或年老之体肝肾之阴渐衰,水不涵木,阴亏于下,阳亢于上,而致血压升高;或过食醇酒厚味,损伤脾胃,脾失健运,聚湿生痰,痰浊内生,阻滞气机,气郁化火;或年迈体衰,久病不愈,阴损及阳等,都可导致本病的发生。总之,高血压病的发生与风火痰瘀虚等因素密切相关,是由肝、肾、心等脏腑阴阳失调,风火痰互结而气机逆乱所致。

(二) 辨证要点

高血压病的辨证要点主要包括两个方面:

1. 辨证型　本病临床常见证型有肝火上炎、阴虚阳亢、痰热内盛、阴阳两虚、肝风内动等。血压升高,兼见头痛头晕,耳鸣如潮,面红目赤等,多属肝火上炎;兼见头目胀痛,眩晕耳鸣,腰膝酸软,头重足轻等,多属阴虚阳亢;兼见眩晕头痛,胸闷心悸,心烦不寐,泛泛欲吐者,多属痰热内盛;兼见头晕,耳鸣,健忘,心悸,神疲乏力,畏寒,肢冷,夜尿增多等,多属阴阳两虚。

2. 辨标本虚实　凡病程较长,反复发作,伴两目干涩,腰膝酸软,或面色㿠白,神疲乏力,脉细或弱者,多属虚证;凡病程短,或突然发作,眩晕重,视物旋转,伴呕恶,头痛,面赤,形体壮实者,多属实证。

(三) 康复疗法

本病常见的康复疗法主要有中医心理康复法、中药康复法、针灸康复法、推拿康复法等。

1. 中医心理康复法　通过心理咨询和综合心理治疗,可使患者正确认识高血压病及不良情绪变化对血压的影响,减轻或消除焦虑、恐惧等紧张情绪和不必要的精神压力,增强战胜疾病的信心,建立健康的生活方式和行为习惯,保持良好的心理状态,从而达到控制各种危险因素和降压、稳压的目的。常用的治疗方法有情志引导法、行为疗法等。

2. 中药康复法

(1) 中药内治法

1) 肝火上炎型

治法:清肝泻火,佐以柔肝。

方药:龙胆泻肝汤(《医方集解》)加减,药用龙胆草、白菊花、桑叶、黄芩、山栀、夏枯草、白芍、生地、丹皮、钩藤(后下)、柴胡。

若头晕目眩,胀痛如劈,为肝阳上亢,加珍珠母、石决明、川牛膝以镇肝潜阳;头痛甚,加全蝎(后下);大便燥结,加生大黄(后下)、玄参。

2) 阴虚阳亢型

治法:滋水涵木,育阴潜阳。

方药:天麻钩藤饮(《杂病证治新义》)加减,药用天麻、钩藤、川牛膝、桑寄生、茯神、牡蛎(先煎)、生地、菊花、石决明(先煎)。

若肝阳亢盛明显者,加生白芍、珍珠母;偏于火盛者,加龙胆草、夏枯草;肢麻,加络石藤;大便燥结,加炒决明子;胸闷痛,加丹参、降香,或瓜蒌;颈项板滞不适,加葛根。

3) 痰热内盛型

治法:涤痰,清热,平肝。

方药:黄连温胆汤(《六因条辨》)合半夏天麻白术汤(《医学心悟》)、清气化痰丸(《医方考》)加减,药用黄连、法半夏、茯苓、陈皮、枳实、菊花、全瓜蒌、胆南星、黄芩、车前子、天麻(先煎)、钩藤(后下)。

若心悸、胸闷显著,加郁金、龙齿;腹胀重,加厚朴。

4) 阴阳两虚型

治法:益阴助阳,兼以平肝。

方药:金匮肾气丸(《金匮要略》)加减,药用山萸肉、熟地、生牡蛎(先煎)、炒杜仲、桑寄生、淫羊藿、怀牛膝、淡附片。

若更年期高血压可考虑用二仙汤化裁,药用仙茅、淫羊藿、巴戟天、当归、知母、黄柏、熟地、杜仲、桑寄生、山茱萸、牛膝、龟版、鳖甲、龙骨、牡蛎等。

5) 肝风内动型

实风

治法:宜清肝凉血,平肝熄风。

方药:羚角钩藤汤(《通俗伤寒论》)加减,药用羚羊角粉(冲服)、钩藤、桑叶、菊花、白芍、川贝母、茯神、生地、生牡蛎。

虚风

治法:宜滋阴平肝,潜阳熄风。

方药:三甲复脉汤(《温病条辨》)加减,药用生地、麦冬、白芍、炙甘草、炙龟版(先煎)、生牡蛎、炙鳖甲(先煎)、火麻仁、五味子、阿胶珠(烊化)、山萸肉、枸杞子。

(2) 中药外治法

1) 外敷降压膏:白花蛇、蜈蚣、土鳖虫、地龙、蝉蜕、葛根、黄连、甘遂、白芥子、细辛、元胡、三七、麝香各适量。粉剂,外敷于心俞、肝俞、肾俞及关元穴。隔日1次,15次为1个疗程。

2) 药枕:野菊花、淡竹叶、冬桑叶、生石膏、白芍、川芎、磁石、蔓荆子、青木香、晚蚕砂各适量制枕,每日枕时不少于6 h。

3. 针灸康复法

(1) 毫针疗法:选取曲池、合谷、内关、足三里、三阴交。肝火上炎、肝阳上亢,加太阳、风府、风池、行间、阳陵泉;阴虚阳亢,加阳陵泉、悬钟、通里、神门、百会、太冲、人迎;阴阳两虚,加太溪、复溜、阴陵泉、血海、关元;痰热内盛者,加丰隆、中脘、解溪。

常规方法针刺上述穴位,用提插捻转之泻法或平补平泻法,每日1次或隔日1次,留针20~30 min,10次为1个疗程。人迎穴避开动脉直刺,轻度捻入约1寸深,以见针柄随动脉跳动为佳,针5 min。

(2) 艾灸疗法:灸足三里、绝骨,每灸3~7壮,灸至穴上能见到小泡为度,灸毕覆以小胶布,促使发灸疮,待灸疮愈合后再灸。艾灸涌泉、石门也有调节血压作用。

(3) 其他针灸疗法

1) 耳针疗法:取神门、肝、肾、内分泌,肝阳上亢再配降压沟。每次2穴,留针30 min,每日或隔日1次,10次为1个疗程。亦可用埋针法或用王不留行籽代替埋针,每日按压2~3次。

2) 穴位埋线疗法:取曲池、风池、足三里、血压点及太冲等穴,每次2~3个穴位,常规皮肤消毒后穴位埋线,2 d更换穴位1次。

3) 皮肤针疗法:用梅花针轻叩头部、脊柱两侧,隔日1次,每次15 min,7次为1个疗程。

4. 推拿康复法

(1) 推头法:患者坐位,医者左手按在患者前额部,用右手拇指平推或侧推,先推督脉,从前发际推至后发际,然后推头部两侧足少阳胆经,各从前发际推到后发际,并指推太阳和风池,最后从印堂至太阳用拇指推抹法。

(2) 推背法:继上体位,用拇指平推背部膀胱经线,由上而下,先推左侧两条,后推右侧两条。

(3) 揉腹法:患者仰卧位,先沿顺时针方向揉摩整个腹部。用拿法、掐法或振法,施术于肩井、少海、内关、神门、合谷、足三里、三阴交、委中、承山、复溜、行间等穴。

5. 气功康复法　高血压病可采用下面的功法进行康复。

(1) 姿势

1) 自然盘膝坐:两小腿交叉,足掌向后外,臀部着垫,两大腿置于两小腿上。头颈躯干端正,臀部稍向后,以便于含胸。颈部肌肉放松,头微前倾,两眼轻闭,两上肢自然下垂,两手四指上下互握,也可将一手置于另一手心上,放在小腹前的大腿上。

2) 单盘膝坐:两腿盘坐,左小腿置于右小腿上,左足背贴于右大腿上,足心向上;或右小腿置于左小腿上,右足背贴于左大腿上,足心向上。

3) 双盘膝坐:右小腿置于左小腿上,再把左小腿搬起置于右大腿上,两小腿交叉,两足心向上,置于两侧大腿上。

(2) 呼吸:要求用鼻呼吸,舌头轻抵上腭,鼻通气不良者口微张开辅助呼吸。

1) 静呼吸法:不要求练功者改变原来的呼吸形式,不用意识注意呼吸,任其自然。这种呼吸法对年老体弱患者较适合。

2) 深呼吸法:吸气时胸腹均隆起。练习时呼吸逐渐达到深长、静细、均匀的程度。

3) 逆呼吸法:吸气时胸部扩张,腹部往里回缩,呼气时胸部回缩,腹部往外凸,由浅入深,逐步锻炼掌握。

(3) 意收:采取意收丹田,借以集中精神,排除杂念达到入静降压的效果。

6. 饮食康复法　高血压病患者平时要注意饮食中钠的摄入量和戒酒烟、清淡饮食等。

(1) 药茶

1) 茶叶 9 g,红糖 9 g,高粱穗 9 g,茜草 9 g。水煎代茶饮。具有清肝降压作用。

2) 菊花 10 g,芹菜 30 g。加适量水煮 3~5 min,代茶饮。具有平肝降压之功。

3) 草决明 15 g。加适量水煮 3~5 min,代茶饮。可平肝潜阳。

4) 玉米须 150 g。加适量水,煎后加冰糖代茶饮。有平肝、利尿降压的作用。

(2) 药粥

1) 车前子粥:车前子 15 g,水煎去渣后加粳米 60 g,加玉米粉适量煮粥,每日早晚餐服。具有利尿降压的功效。

2) 芹菜粥:芹菜(连根切为碎片)60 g,粳米 60 g,加适量水煮粥,每日早晚餐服。具有平肝降压的作用。

3) 菊花粥:甘菊(新鲜嫩芽)30 g,粳米 60 g,冰糖适量。煮粥每日早晚餐服。具有清肝降压的作用。

7. 自然康复法　可选用氡泉浴,水温 37~38 ℃。每日 1 次,每次 15 min,15 次为 1 个疗程。

8. 娱乐康复法　鼓励患者多参加有利于调养情志的娱乐活动,如园艺、钓鱼、书画、弹琴赏乐等,以移情易性,保持心情舒畅、精神愉快,消除影响血压稳定的有关因素。也可选用音乐疗法,交替选听舒展轻松和宁静安详的乐曲。实验证明,认真欣赏一首旋律优雅、曲调柔和的小提琴协奏曲,可使血压下降 10～20 mmHg。

(四) 康复护理

高血压病的中医康复护理主要包括起居、饮食、情志、功能护理等。

1. 起居护理　起居有常,注意劳逸结合,适当体育锻炼,医护人员及家属要密切观察患者心率、血压和呼吸的变化。

2. 饮食护理　避免油腻厚味,多吃低盐、低热量食品,禁止吃零食,限制食入动物脂肪和高胆固醇的食品。

3. 情志护理　保持良好的心绪和心境,避免情绪紧张、急躁等引起血压升高的因素。

4. 功能护理　观察患者情绪变化,做好情志和心理护理,必要时要做到 24 h 安全监护。

康复期所有康复措施都应在医护人员指导下循序渐进,避免急躁和间断康复两种倾向。积极控制血压,定时服用降压药,不得随意停服,防止血压反跳。服药中要注意预防体位性低血压。

(五) 康复预防

1. 通过各种途径加强高血压病知识的健康教育和宣传,提高医务人员和大众对高血压病的认识。

2. 控制体重,改善膳食结构,限盐,多吃青菜、水果和薯类,常吃奶类和豆类制品,戒烟酒。

3. 保持良好的情绪,避免急躁,心情舒畅,使气机条达,气血调和,脏腑气血功能旺盛,并经常参加体力劳动和体育锻炼。

(何光远)

第三节　冠　心　病

(一) 概述

冠心病是指冠状动脉粥样硬化导致心肌缺血、缺氧而引起的心脏病。临床一般分为无症状性心肌缺血、心绞痛、心肌梗死、缺血性心肌病和猝死五型,其中无症状性心肌缺血临床无症状,为西医检查发现,而中医以症状命名疾病,故无相应病名;心绞痛和心肌梗死型属于中医学"厥心痛"、"真心痛"、"胸痹"的范畴,现多以"胸痹"称之,其表现主要是胸部憋闷疼痛,甚则胸痛彻背,气短喘息,不得安卧;缺血性心肌病,临床表现为心力衰竭、心律失常等症状,一般应归属于"心悸"、"水肿"、"虚劳"等范畴讨论。病位主要在心,与肝、脾、肾也有一定关系。

冠心病是严重危害人民健康的常见病,多发生在 40 岁以后,男性多于女性,且以脑力劳动者居多,常以隆冬为好发季节,是欧美发达国家最常见的疾病之一。在我国,本病虽不如欧美多见,但近年来呈增长趋势,20 世纪 90 年代我国城市男性本病病死率为 49.2/10 万,女性为 32.2/10 万。此外,在住院心脏病患者中本病所占比例,也随年代不断增加,以我国上海两所综合性医院的资料为例,20 世纪 50 年代为 6.78%、60 年代 15.71%、70 年代为 26.03%,80 年代为 26.80%、90 年代为 39.18%。由此可见,冠心病对人们的身心健康危害的严重性。

中医学认为冠心病的发生主要与寒邪内侵、饮食失调、情志失节、劳倦内伤、年迈体虚等因素有关。感受寒邪,寒主收引,既可抑遏阳气,又可使血行瘀滞,发为本病。饮食不节,或过食肥甘厚味，或过嗜烟酒成癖，以至脾胃损伤，运化失调，聚湿生痰，上犯心胸清旷之区，阻遏心阳，胸阳失展，气机不畅，心脉闭阻，而成本病。情志失调，忧思伤脾，脾运失健，津液不布，遂聚为痰；或郁怒伤肝，肝失条达，肝郁气滞，甚则气郁化火，灼津成痰，无论气滞或痰阻，均可使血行失畅，脉络失利，而致痰瘀交阻，胸阳不运，心脉闭阻，不通则痛，引发本病。劳倦伤脾，脾虚转输失能，气血生化乏源，无以濡养心脉，拘急而痛；积劳伤阳，心肾阳微，鼓动无力，胸阳失展，阴寒内浸，血行涩滞而发本病。中老年人肾阳虚衰，则不能鼓舞五脏之阳，可致心气不足或心阳不振，血运失于温运，闭阻不畅，发为本病；肾阴亏虚，不能濡养五脏之阴，心肝火旺，心阴耗伤，心脉失于濡养，而发本病。

总之，本病临床主要表现为本虚标实、虚实夹杂。本虚有气虚、气阴两虚及阳气虚衰；标实有血瘀、寒凝、痰浊、气滞，且可相间为病，如气滞血瘀、寒凝气滞、痰瘀交阻等。其发展趋势，由标及本，由轻转剧，轻者多为胸阳不振，阴寒之邪上乘，阻滞气机，临床表现胸中气塞、短气；重者则为痰瘀交阻，壅塞胸中，气机闭阻，临床表现不得卧，心痛彻背。同时有缓作急发之异，缓作者渐进而为，发作日频；急作者，素无不舒之感或许久不发，因感寒、劳作、七情所伤等诱因而猝然心痛窒息。病情若进一步发展，失治或调理失宜，甚者可"旦发夕死，夕发旦死"。

(二) 辨证要点

冠心病的辨证要点主要包括两个方面：

1. **辨标本虚实**　冠心病需先辨别虚实，分清标本。标实应区别气滞、痰浊、血瘀、寒凝的不同，本虚又应区别阴阳气血亏虚的不同。一般胸部隐痛阵作，气短乏力，神疲自汗，舌质淡或暗，舌边或舌下络脉瘀青者，多属气虚血瘀；胸部窒闷而痛，纳呆脘胀，唾吐痰涎，苔腻，脉弦滑或弦数者，多属痰浊闭阻；胸部刺痛，夜间多发，兼见胸胁胀满，善太息，舌暗或有瘀斑，脉结代或涩，多属气滞血瘀；胸部隐痛时作，心烦失眠，潮热盗汗者，多属心阴亏损；胸部绞痛，胸闷气短，四肢厥冷，神倦自汗，脉微细或沉迟或结代者，多属心阳虚衰。

2. **辨病情轻重**　凡疼痛持续时间短暂，瞬息即逝者多轻；持续时间长，反复发作者多重；若持续数小时至数日不休者常为重证或危候。疼痛遇劳作发，休息或服药后能缓解者为顺证；服药后难以缓解者为危候。因本病临床证候复杂多变，故临证时必须灵活掌握，辨证论治。

(三) 康复疗法

冠心病是中老年人的常见病，目前治疗主要是改善症状，提高生活质量。康复治疗就是目前国际上推荐的最有效方法。

冠心病康复是指通过积极主动的身体、心理、行为和社会活动的训练，帮助患者缓解症状，改善心血管功能，提高生活质量，同时积极干预冠心病危险因素，减少再次发作的危险。本病常见的康复疗法主要有中医心理康复法、中药康复法、针灸康复法、推拿康复法等。

1. **中医心理康复法**　使用情志引导法使患者消除顾虑，振作精神，树立信心。亦可用色彩疗法，使患者处于冷色环境中。抑郁者则可在室内放置具有解郁作用的鲜花。必要时也可结合行为疗法。

2. **中药康复法**

(1) 中药内治法

1) 气虚血瘀型

治法：益气活血，化瘀通络。

方药:补阳还五汤(《医林改错》)加减,药用黄芪、党参(或太子参)、炙甘草、川芎、当归、赤白芍、红花、郁金。

兼纳呆、便溏,加怀山药、白术、茯苓、莲肉;胸痛、胸闷、太息,加枳实、片姜黄、香橼皮、佛手片、失笑散,或间服三七粉;胸闷、苔腻,加苍术、厚朴、半夏、瓜蒌皮、石菖蒲。

2)心阳虚衰型

治法:益气温阳,活血通络。

方药:保元汤(《博爱心鉴》)合右归饮(《景岳全书》)加减,药用黄芪、党参、桂枝、炙甘草、熟地、枸杞子、川芎、姜黄、淫羊藿、巴戟天、杜仲。

若下肢冷、夜尿多,加附片、鹿角片、仙茅;食少、纳呆、便溏,加干姜、白术;脉迟或结代,加人参、细辛,酌用麻黄;舌红、口干,加麦冬、生地、五味子、丹参;胸闷痛明显,加荜茇、高良姜;下肢浮肿、气喘,加附片、白术、赤芍、益母草、葶苈子。

3)心阴亏损型

治法:滋阴养心,活血清热。

方药:左归饮(《景岳全书》)加减,药用熟地、山药、枸杞子、炙甘草、茯苓、山萸肉。

若气短,加太子参、黄精;心悸失眠,加玉竹、酸枣仁、五味子、磁石;腰酸腿软,加女贞子、旱莲草、桑寄生;眩晕、面部烘热、肢麻,加天麻、钩藤、白蒺藜、龟版、珍珠母;心胸烦闷、灼痛,口干口苦,加黄连、瓜蒌、葛根、赤芍、丹皮。

4)痰浊闭阻型

治法:宣痹通阳,祛痰化浊。

方药:瓜蒌薤白半夏汤(《金匮要略》)加减,药用瓜蒌、薤白、半夏、白酒。

若口干口苦、舌红、苔黄腻,去薤白,加黄连、丹参、赤芍、薏苡仁;心前区烧灼样痛,再加寒水石。

5)气滞血瘀型

治法:疏肝理气,活血化瘀。

方药:血府逐瘀汤(《医林改错》)加减,药用当归、赤芍、红花、桃仁、生地黄、川芎、牛膝、桔梗、柴胡、枳壳、甘草。

若痛甚,加延胡索、郁金,酌加乳香;舌有瘀点、瘀斑,加莪术、三棱,酌用水蛭;胸闷较剧,加檀香、香附、片姜黄;胸胁胀满、太息,加川楝子、合欢皮;胸脘胀痛、嗳气,加厚朴、半夏、苏梗、砂仁。

(2)中药外治法:姜黄10份,乌头5份,血竭5份,胡椒1份,三七3份,桂枝5份,麝香0.1份,川芎5份,薤白10份。按比例制成每张重1.5 g的小膏药。敷贴心俞和膻中穴。隔日1次,15次为1个疗程。

3. 针灸康复法

(1)毫针疗法:取内关、心俞、膻中、通里、巨阙、足三里。心血瘀阻,配膈俞、阴郄;气阴不足,配阴郄、太溪、三阴交;心阳不振,配命门(灸)、巨阙;痰浊壅盛,配中脘、丰隆;阳气暴脱,配关元(灸)、气海(灸)。

常规方法针刺上述穴位,每次选用4~5穴,轮流使用,连续治疗10次后可停针数日,再行治疗。巨阙穴宜沿皮刺。在针刺背部腧穴的同时可注意寻找敏感点进行针刺。对心阳不振、寒凝心脉者可用灸法。

(2) 艾灸疗法:取血海、膈俞、曲池,每穴每次 5～10 壮,每日 1 次。

(3) 其他针灸疗法

1) 耳针疗法:主穴为心、神门、皮质下、交感,配内分泌、肾、胃。每次 3～5 穴,左右耳轮换,针刺留针 30 min,每日或隔日 1 次。或用王不留行籽自行按压刺激,每日 2～3 次,每次 5 min。

2) 穴位注射疗法:取心俞、厥阴俞、内关。用丹参注射液或毛冬青注射液,每次选 1～2 穴,每穴注射 0.5～1 ml。两药交替使用。每日或隔日 1 次,10 次为 1 个疗程。

3) 穴位敷药疗法:用丹参、红花加入载体药物制成贴膏,每次 2 帖,贴敷心前区,24 h 更换 1 次;或用黄芪、丹参、川芎、红花、冰片等研末,加入 1% 促渗剂氮酮,制成软膏,敷贴于胸骨的左缘及左第二肋间以下 6 cm×6 cm 的范围,每次 5 g,每日 2 次,15 d 为 1 个疗程。

4. 推拿康复法

(1) 按揉法:以拇指或手掌按揉心俞、膈俞、厥阴俞、内关、间使、三阴交、心前区阿是穴,每次 10 min。

(2) 按压法

1) 按压至阳穴:患者坐位(或侧卧位),垂臂低头,操作者左手扶住患者肩部,右手拇、示二指持 5 分硬币 1 枚,硬币边缘横放于至阳穴,适当用力按压。心绞痛发作时,按压该穴能迅速缓解疼痛,起效时间多在 5～10 s,有效作用持续时间为 20～25 min。预防按压 3～6 min,可防止心绞痛。

2) 按压灵道穴:以拇指轻揉按压该穴 1 min,再重压 2 min,最后以轻揉 1.5 min 结束。每日 1 次,15 d 为 1 个疗程。

5. 气功康复法　选用气功疗法时,应根据患者具体情况。心绞痛发作频繁,或心功能较差者,应选择静功;病情稳定后可选用动功。目前运用的功法有放松功、站桩功、保健气功等。

6. 饮食康复法　冠心病患者饮食时应减少胆固醇的摄取,忌肥甘厚味,少吃糖等简单的碳水化合物;多吃新鲜蔬菜和水果,豆制品及植物油;限制钠的摄入,避免过饱,控制热量。常用食疗药膳方有:

(1) 山楂糖水:山楂片 15～30 g,水煎去渣,或与薄荷同煎水,加糖适量,代茶饮。具有活血降脂之功。

(2) 干姜粥:干姜、高良姜各 3 g,粳米 100 g,煮粥,早、晚温热分服。具有温补心脾之功。

(3) 红花酒:红花 100 g,白酒 500 g,浸泡。每次饭前饮服 10 ml,每日 2～3 次。具有活血通脉之功。

(4) 丹参酒:丹参 30 g,白酒 500 g,浸泡,用法同红花酒,亦有活血通脉之功。

7. 自然康复法　可采用矿泉浴。如硫酸盐泉浴,水温 38～39 ℃,每日 1 次,每次 10～15 min,15～20 次为 1 个疗程。此外,硫化氢泉、碘泉浴等亦可选用。但应注意沐浴温度不宜过高,时间必须适当,心功能不良者需要谨慎。

8. 娱乐康复法　冠心病的娱乐康复以欣赏音乐、观赏书画、种花养鸟、游园钓鱼等静态娱乐活动为主,可以增加生活乐趣,消除不良情志反应。在选择音乐时,如患者以精神焦虑为主,可选"宁心安神"类乐曲;若患者以抑郁为主,则可选"抒情开郁"类乐曲。

(四) 康复护理

护理工作对于疾病的康复是相当重要的。所谓"三分医疗、七分护理",冠心病也不例外,其护理的好坏直接关系到疾病的发展和预后。中医康复护理在本病中主要体现为起居、饮食、情志护理等。

1. **起居护理** 中医认为人与环境是一个统一不可分割的整体,人必须与自然环境相适应,故冠心病患者要充分重视环境因素。生活环境要安静、舒适、整齐、清洁、美观、幽雅,光线要充足,空气要清新流通,温度要适宜,避免噪声。生活要有规律,睡眠要充分,注意保暖,预防上呼吸道感染,戒烟,少饮酒,注意充足吸氧,忌过劳。心肌梗死多骤然发生,且于睡眠中,故对老年患者不宜独宿,应定期检查。

2. **饮食护理** 忌肥甘厚味、辛辣刺激食品。合理膳食,要选择清淡、易消化、低脂低盐饮食。多食富含不饱和脂肪酸的食品,如鱼类。多食富含维生素C和粗纤维的食品以及新鲜水果。严禁暴饮暴食,过饱,要少食多餐。多饮水,保持大便通畅,大便时忌用力。

3. **情志护理** 关心体贴患者,了解患者的痛痒所在,帮助患者正确对待疾病。重视语言修养,避免生硬不当的语言而引起病情加剧,应采用温和开导性的言语,使患者保持乐观、轻松的精神状态,避免紧张、焦虑、情绪激动或发怒,以减轻病情。

4. **功能护理** 冠心病发作时可含硝酸甘油片或麝香保心丸,并按压左手内关穴可缓解。若仅有早搏,可以苦参、炙甘草各15 g煎水代茶饮,久服有较好疗效。或用老茶树根30 g煎水当茶饮,每日1剂直至心律正常。若发生心肌梗死,则应急呼医生抢救,医生到来之前,可指压患者水沟、内关穴,以镇痛、降压、防休克。切忌乱搬动患者,应让其就地躺下。

(五) 康复预防

1. **注意调摄精神,避免情绪波动** 《灵枢·口问》说:"心者,五藏六府之大主也,故悲哀愁忧则心动。"说明精神情志变化可直接影响于心,导致心脏损伤,后世进而认为"七情之由作心痛"。故防治本病必须高度重视精神调摄,避免过于激动或喜怒忧思无度,保持心情平静愉快。

2. **注意生活起居,寒温适宜** 《诸病源候论·心痛病诸候》记载:"痛者,风凉邪气乘于心也。"《杂病源流犀烛》认为"大寒触犯心君",可发生真心痛。均指出本病的诱发或发生与气候异常变化有关,故要避免寒冷,居处保持安静、通风,还要注意寒温适宜。

3. **注意饮食调节** 中医认为,过食膏粱厚味易于产生痰浊,阻塞经络,"脉道不通,气不往来",影响气的正常运行,而发本病。故饮食宜清淡低盐,食勿过饱。多吃水果及富含维生素食物。保持大便通畅。此外,烟酒等刺激之品,有碍脏腑功能,应禁止。

4. **注意劳逸结合,坚持适当活动** 发作期患者应立即卧床休息,缓解期要注意适当休息,保证充足睡眠,坚持力所能及的活动,做到动中有静,正如朱丹溪所强调的"动而中节"。

5. **加强护理和监护** 发病时应加强巡视,密切观察舌、脉、体温、呼吸、血压及精神情志变化,必要时给予吸氧、心电监护及保持静脉通道通畅,并做好抢救准备。

(何光远)

第四节 糖 尿 病

(一) 概述

糖尿病是一种由遗传基因和环境因子相互作用所造成的全身性慢性代谢性障碍的综合征,

属于中医学"消渴"的范畴。临床常表现为多饮、多食、多尿、乏力、消瘦或尿有甜味等症状。病位主要涉及肺、胃、肾三脏。

糖尿病是常见病、多发病,其患病率随着人们生活水平的提高、人口老龄化和生活方式的改变而迅速增加。据世界卫生组织(WTO)估计,全球目前有超过1.5亿糖尿病患者,到2025年这一数字将增加1倍。1979年至1980年我国调查成人患病率为1％,1994年至1995年第二次调查成人患病率为2.5％,另有糖耐量减低者2.5％。现估计我国糖尿病患者约3千万,居世界第二位(第一位为印度,第三位为美国)。中国随着经济的发展、人口老龄化及饮食、生活习惯变化,糖尿病的患病率还将明显增加。

糖尿病的病因比较复杂,中医学认为其发生主要与禀赋不足、饮食失节、情志失调、劳欲过度等因素有关。先天禀赋不足,或长期过食肥甘,醇酒厚味,辛辣香燥,损伤脾胃,致使脾胃运化失职,积热内蕴,化燥伤津,消谷耗液,发为本病;或郁怒伤肝,肝气郁结,或劳心积虑,营谋强思等,以至郁久化火,火热内燔,消灼肺胃阴津而发为消渴;或房事不节,劳欲过度,肾精亏损,虚火内生,则火因水竭越烈,水因火烈而越干,终致肾虚肺燥胃热俱现,发为消渴。

总之,糖尿病的主要病机为阴津亏损,燥热偏盛,而以阴虚为本,燥热为标。两者互为因果,阴愈虚则燥热愈盛,燥热愈盛则阴愈虚。病变的脏腑主要在肺、胃、肾,尤以肾最为关键。三脏之中,虽有所偏重,但往往又相互影响。如肺燥津伤,津液失于敷布,则脾胃不得濡养,肾精不得资助;脾胃燥热偏盛,上可灼伤胃津,下可耗伤肾阴;肾阴不足则阴虚火旺,亦可上灼肺胃,终致肺燥胃热肾虚,故"三多"之症常可相互并见。《临证指南医案·三消》邹滋久按语说:"三消一证,虽有上中下之分,其实不越阴亏阳亢,津涸热淫而已。"

(二) 辨证要点

糖尿病的辨证要点分为三方面:

1. 辨病位 消渴病的"三多"症状往往同时存在,但根据其程度的轻重不同,而有上、中、下三消之分,及肺燥、胃热、肾虚之别。以肺燥为主,多饮症状较突出者,称为上消;以胃热为主,多食症状较突出者,称为中消;以肾虚为主,多尿症状较为突出者,称为下消。

2. 辨标本 本病以阴虚为主,燥热为标,两者互为因果。常因病情长短及病情轻重的不同,而阴虚和燥热的表现各有侧重。

3. 辨本症与并发症 多饮、多食、多尿和乏力、消瘦为糖尿病的本症,而眼疾、痈疽、心血管疾病则为糖尿病的并发症。本症与并发症的关系,一般以本症为主,并发症为次。

(三) 康复疗法

本病常见的康复疗法主要有中医心理康复法、中药康复法、针灸康复法、推拿康复法等。

1. 中医心理康复法 情绪因素在糖尿病的病程中所起的作用非常重要,紧张、激动、压抑、恐惧等不良情绪均可使生长激素、去甲肾上腺素、胰高血糖素、肾上腺素和肾上腺皮质激素的分泌大量增加。这些激素不仅升高血糖,更能与胰岛素对抗。因此,改善患者的情绪状态,是糖尿病康复的重点之一。心理康复要求患者做到心胸宜宽,不宜窄;情绪宜稳,不宜急;心情宜乐,不宜悲;精神宜松,不宜紧。

(1) 情志引导法:通过解释、说理、疏导、安慰等,进行支持性心理治疗,以帮助患者消除各种消极情绪。同时,应该让患者对糖尿病基本知识有所了解,消除不适当的预测、误解和错误信念,以提高治愈疾病的信心。

(2) 行为疗法:某些行为疗法可帮助患者遵从药物治疗和饮食控制计划,包括血糖自我监测、行为强化、行为塑造疗法等。

2. 中药康复法

(1) 中药内治法:糖尿病的中药内治法采用上消、中消、下消分型施治,具体如下。

1) 上消:肺热津伤型

治法:清热润肺,生津止渴。

方药:消渴方(《丹溪心法》)加减,药用天花粉、葛根、麦冬、生地、藕汁、黄连、黄芩、知母。

若烦渴不止,小便频数而脉数乏力者,为肺热津亏、气阴两伤,可选用二冬汤(《医学心悟》),药用人参益气生津,天冬、麦冬、天花粉、黄芩、知母以清热生津止渴。

2) 中消

胃热炽盛型

治法:宜清胃泻火,养阴增液。

方药:玉女煎(《景岳全书》)加减,药用生石膏、知母、黄连、栀子、玄参、生地黄、麦冬、川牛膝。

若大便秘结不行,可用增液承气汤(《温病条辨》)以润燥通腑,"增水行舟",待大便通后,再转上方治疗。本证亦可选用白虎加人参汤(《伤寒论》),方中以生石膏、知母清肺胃,除烦热,人参益气扶正,甘草、粳米益胃护津,共奏益气养胃、清热生津之效。

气阴亏虚型

治法:益气健脾,生津止渴。

方药:七味白术散(《小儿药证直诀》)加减,药用黄芪、党参、白术、茯苓、怀山药、甘草、木香、藿香、葛根、天冬、麦冬。

若肺有燥热,加地骨皮、知母、黄芩以清肺;口渴明显,加天花粉、生地以养阴生津;气短汗多,加五味子、山萸肉以敛气生津;食少腹胀,加砂仁、鸡内金以健脾助运。

3) 下消

肾阴亏虚型

治法:滋阴固肾。

方药:六味地黄丸(《小儿药证直诀》)加减,药用熟地黄、山萸肉、枸杞子、五味子、怀山药、茯苓、泽泻、丹皮。

若阴虚火旺而烦躁,五心烦热,盗汗,失眠者,可加知母、黄柏以滋阴泻火;尿量多而混浊者,加益智仁、桑螵蛸等以益肾缩尿;气阴两虚而伴困倦,气短乏力,舌质淡红者,可加党参、黄芪、黄精以益气;若烦渴,头痛,唇红舌干,呼吸深快,阴伤阳浮者,用生脉散(《内外伤辨惑论》)加天门冬、鳖甲、龟版等以育阴潜阳。

阴阳两虚型

治法:宜滋阴温阳,补肾固涩。

方药:金匮肾气丸(《金匮要略》)加减,药用熟地黄、山萸肉、枸杞子、五味子、怀山药、茯苓、附子、肉桂。

若尿量多而混浊者,加益智仁、桑螵蛸、覆盆子、金樱子等以益肾收摄;身体困倦,气短乏力者,可加党参、黄芪、黄精以补益正气;阳痿者,加巴戟天、淫羊藿、肉苁蓉;阳虚畏寒者,可酌加鹿茸粉 0.5 g 冲服,以启动元阳,助全身阳气之生化。

(2) 中药外治法

药物敷脐:取石膏 5 g,知母 2 g,生地 0.6 g,党参 0.6 g,炙甘草 1 g,玄参 1 g,天花粉 0.2 g,黄连 0.3 g,粳米少许。制成粉剂,放阴凉处保存备用。每次取药粉 250 mg,加盐酸二甲双胍 40 mg,混合敷脐,上盖以药棉,外用胶布固定。每 5~7 d 换药 1 次,每 6 次为 1 个疗程。

3. 针灸康复法

(1) 毫针疗法

1) 肺热津伤型:选取少府、心俞、太渊、肺俞、脾俞、胰俞、尺泽、曲池、廉泉、承浆、足三里、三阴交。烦渴口干,加金津、玉液。常规方法针刺上述穴位,除曲池、尺泽用泻法外,余穴用平补平泻手法,隔日或每日 1 次,留针 20~30 min,5~10 次为 1 个疗程。

2) 胃热炽盛型:选取脾俞、胃俞、胰俞、足三里、三阴交、内庭、中脘、阴凌泉、曲池、合谷。大便秘结,加天枢、支沟。常规方法针刺上述穴位,除内庭、曲池、合谷用泻法外,余穴用平补平泻法。隔日或每日 1 次,留针 30 min,5~10 次为 1 个疗程。

3) 肾阴亏虚型:选取肾俞、胰俞、关元、三阴交、太溪、肝俞。视物模糊,加太冲、光明。常规方法针刺上述穴位,用补法或灸法,隔日或每日 1 次,留针 20~30 min,5~10 次为 1 个疗程。

4) 阴阳两虚型:选取气海、关元、肾俞、胰俞、命门、三阴交、太溪、复溜。小便频数,加中极。常规方法针刺上述穴位,用补法或灸法,隔日或每日 1 次,留针 20~30 min,5~10 次为 1 个疗程。

(2) 艾灸疗法

1) 取承浆、意舍、关冲、然谷(《普济方》)。每穴每次 5~10 壮,每日 1 次。

2) 取水沟、承浆、金津、玉液、曲池、劳宫、中冲、行间、商丘、然谷(《神应经》)。每穴每次 5~10 壮,每日 1 次。

3) 取承浆、太溪、支正、阳池、照海、肾俞、小肠俞、手足小指尖(《神灸经论》)。每穴每次 5~10 壮,每日 1 次。

注意本病有合并皮肤感染、溃疡者和孕妇糖尿病患者不宜施灸。

(3) 其他针灸疗法

1) 耳针疗法:①主穴取胰、内分泌、肾、三焦、耳迷根、神门、心、肝。轻刺激。每次取 3~5 穴,针 20 min,隔日 1 次,10 次为 1 个疗程。②主穴取胰、胆、肝、肾、缘中、屏间、交感、下屏尖,配穴为三焦、渴点、饥点。根据主症及分型,每次选穴 5~6 个。捻转法运针 1 min,留针 1~2 min,留针期间 30 min 行针 1 次。隔日 1 次,两耳交替,10 次为 1 个疗程。

2) 皮肤针疗法:用梅花针叩刺脊柱两侧的华佗夹脊穴,或叩刺肺俞、脾俞、胰俞、胃俞、肾俞,隔日或每日 1 次,5~10 次为 1 个疗程。

4. 推拿康复法 一般可推脊椎两侧,并由上而下摩擦背部,揉背部腧穴,捏捻脚趾。并发眼疾者,则可按、推、摩上丹田,点按双眼内眦部,轻揉上、下眼睑。

有条件做自我按摩者,可嘱其经常按摩承浆、中脘、关元、期门及肾俞穴,每穴按摩 18~36 次,并配合腹式呼吸。

5. 气功康复法 气功对糖尿病有较满意的康复作用,尤其对老年糖尿病效果更好。多种功法对内分泌系统有直接或间接的影响,对改善临床症状、降低血糖和尿糖均有一定作用。常用功法有放松功、内养功两种,前者对伴有高血压病、冠心病者较适用,后者则不宜用于糖尿病合并冠心病的患者。

6. **饮食康复法** 饮食治疗是糖尿病最重要和首选的一种康复疗法,其原则为:主食宜精,不宜细;品种宜杂,不宜单;副食宜素,不宜荤;肉蛋宜少,不宜多;蔬菜宜多,不宜少;口味宜淡,不宜咸;吃饭宜慢,不宜急;嚼食宜细,不宜粗;吞咽宜慢,不宜快;饭量宜少,不宜多;喝水宜多,不宜少。

(1) 饮食控制和饮食种类

1) 主食和食物成分:主食为,休息者每日 200～300 g,轻体力劳动者每日 250～350 g,中等体力劳动者每日 300～400 g,重体力劳动者每日 350～500 g。食物成分比例为:碳水化合物 55%～65%;蛋白质 15%～20%,每日 0.8～1.2 g/kg;脂肪 25%～30%,每日 0.6～1.0 g/kg,饱和脂肪酸/不饱和脂肪酸的比值<1,胆固醇<300 mg;纤维素成分>35 g。少吃或不吃薯类食品,适当吃一些燕麦、荞麦、苦荞麦等粗粮。

2) 定时、定量:病情稳定者,按早餐 1/5,午、晚餐各 2/5,或各餐 1/3;病情不稳定者,除三餐外,可在中间加餐,睡觉前可食用一些含蛋白质的食品。

3) 食品交换:可分为米谷类、蔬菜类、水果类、瘦肉类、乳制品类、油脂类共六大类进行等热量的交换食用。如大米 50 g 相当于咸面包 75 g、生切面 60 g、玉米面 50 g、绿豆或红豆 75 g;牛奶 250 ml 相当于奶粉 30 g、豆浆 350 ml;瘦肉 50 g 相当于鸡蛋 1 个、豆腐干 50 g;烹调油 9 ml 相当于花生米 15 g、芝麻酱 15 g、瓜子 30 g。

4) 微量元素:糖尿病患者普遍缺铬,2 型糖尿病患者低镁,应针对性地补充微量元素。

5) 瓜果蔬菜:轻型及病情稳定者可进食少量水果。宜选用含糖量较少、维生素及纤维素较多的新鲜水果,不吃含糖高的水果,多吃黄瓜、菜瓜、西红柿等瓜果。所有水果类一次进食量都不宜过多,一般水果在 50 g 以下,瓜果不宜超过 150 g。绿色蔬菜不作严格限制,每日 0.75 kg 左右比较适宜。

(2) 常用食疗药膳方

1) 生芦根粥:鲜芦根 30 g,粳米 50 g。以水 1 500 ml 煎芦根,芦根汁煎至 1 000 ml,煮粳米粥食之。适用于糖尿病口渴多饮较重者。

2) 竹叶粥:石膏 50 g,竹叶 20 g,粳米 50 g。竹叶与石膏加水煮约 30 min,澄清放凉,取上清液加水煮成粥。适用于糖尿病烦渴、失眠、大便秘结者。

3) 猪胰汤:猪胰子加薏苡仁 30 g,黄芪 60 g,怀山药 120 g,水煎服。适用于糖尿病脾肾不足者。

7. **自然康复法**

(1) 泉浴:硫化氢泉浴对基础代谢有调节作用,能使血糖下降。一般适宜温度是 34～36 ℃,每次 10～20 min,每日或隔日 1 次,12～15 次为 1 个疗程。进行硫化氢泉浴时,室内应通风良好,采用必要的防护措施,以免发生中毒。

(2) 空气浴、森林浴、日光浴:根据患者具体情况选用之。

8. **传统物理康复法** 病情较轻者可予以 37～38 ℃温水擦浴或进行全身性温水浴,前者 3～5 min,后者 15～20 min。其目的在于调整自主神经功能,促进碳水化合物的代谢过程而使全身情况得到改善。

9. 娱乐康复法 可根据患者的病情、兴趣、特长，选择合适的娱乐疗法，如音乐、弈棋、垂钓等。

(四) 康复护理

中医康复护理在本病中主要体现为起居、饮食、情志、功能护理等。

1. 起居护理 室内要整洁安静、阳光充足、空气清新、温度适宜，患者入院后应测身高、体重，以便计算饮食和药量，以后每周测体重1次，密切注意尿液数量及色味变化，观察患者神志、视力、血压、舌象、脉象和皮肤情况，并做好记录。注意防寒保暖，加强皮肤、口腔及外阴护理，勤剪指甲，勤换洗衣服、被褥、鞋袜。

2. 情志护理 要关心体贴患者，使其正确对待疾病，增强治疗信心，并积极疏导患者紧张、恐惧、焦急等情绪。

3. 饮食护理 饮食宜清淡、凉性、有营养，忌吃肥甘厚味和醇酒、辛辣刺激之品，禁食含糖较高之物。平衡膳食结构，以低脂肪高纤维饮食为主，少吃盐，适当增加蛋白质、高碳水化合物的摄入。坚持少量多餐，定时定量定餐。

4. 功能护理 密切注意患者病情变化，防止并发症的发生。定时为患者测血糖，并做好记录。建立患者档案卡，嘱其随身携带，以防发生意外便于救治。且要嘱咐患者如病情变化随时复诊。

(五) 康复预防

生活调摄对糖尿病患者具有十分重要意义，《儒门事亲》说："不减滋味，不戒嗜欲，不节喜怒，并已而复作。能从此三者，消渴亦不足忧矣。"其中，尤其是节制饮食，具有基础治疗的重要作用。在保证机体合理需要的情况下，应限制粮食、油脂的摄入，忌食糖类，饮食宜以适量米、麦、杂粮，配以蔬菜、豆类、瘦肉、鸡蛋等，定时定量进餐。此外，平时应戒烟酒、浓茶及咖啡，保持情志平和，制订并实施有规律的生活起居制度。

(何光远)

第五节 高脂血症

(一) 概述

由于脂肪代谢或运转异常使血浆中一种或几种脂质高于正常者称为高脂血症。根据其临床表现，高脂血症属于中医学"眩晕"、"痰证"、"胸痹"等病范畴。

血脂异常与心血管疾病，尤其与冠心病的发生和发展密切相关，是代谢综合征的组成部分之一，我国人群血脂平均水平低于发达国家，但其升高幅度却是很惊人的。我国对不同地区9组人群，从20世纪80年代初至90年代末的20年间进行了3次可比性调查，结果表明血清总胆固醇(TC)＞5.2 mmol/L，男性患病率由17%连续上升至33%，女性患病率由9%连续上升至32%。因此，积极检出、预防和控制血脂异常成为经济发达地区心血管病预防工作的主要内容之一。

中医学认为本病与素体禀赋、饮食习惯、精神状态、起居等密切相关。由于长期过食肥甘厚味，损伤脾胃，脾失健运，水谷运化失司，水湿内停，凝聚为痰，痰从浊化，酿成脂膏；或素体热盛，或过食辛热,以至湿热食积,内阻肠胃,水谷不化,化为膏脂;或情志失调,肝郁克脾,脾失健运,痰湿内停;或年老久病伤阴,阴虚内热,聚湿为痰;或肾阳亏虚不能温煦脾阳,中土不运,痰浊内生,蕴酿而成脂膏。总之,本病属本虚标实之证,本虚为脾、肾、肝三脏虚损,标实为痰浊和瘀血内阻。脂质留而为弊是本病的基本病机。

(二)辨证要点

高脂血症的辨证要点分为三方面:

1. **辨体质** 体质因素对本病的发生发展有重要作用,常见体质类型主要有肾虚多寒、脾弱多湿、肝强多火、胃热多食四种。

2. **度病势** 本病常与胸痹、痰饮、消渴相关,在辨治过程中,应时刻注意有无这些疾病的先兆表现,以求早期发现,截断扭转。

3. **分证型** 本病临床常见脾虚湿盛、胃腑燥热、肝脾湿热、肝肾阴虚、气滞血瘀、肾阳亏虚六种证型。若肢倦,头晕,胸闷气短,腹胀纳呆,大便时溏,苔白腻,脉缓滑者,为脾虚湿盛型;体胖,口苦口臭,多食易饥,便燥溲黄,舌苔黄燥,脉细数或洪数者,为胃腑燥热型;口苦口黏,渴不欲饮,胸闷胁满,脘胀欲呕,便硬溲黄,苔黄腻,脉弦滑数者,为肝脾湿热型;腰酸腿软,眩晕耳鸣,少寐多梦,舌红脉细者,为肝肾阴虚型;面色晦暗,胸胁胀闷,肌肤甲错,肢端麻木,舌暗红或有瘀点,脉沉弦或涩者,为气滞血瘀型;体倦乏力,腰膝酸软,四肢欠温,舌淡苔白,脉沉细或细弱者,为肾阳亏虚型。

(三)康复疗法

本病常见的康复疗法主要有中医心理康复法、中药康复法、针灸康复法、推拿康复法等。

1. **中医心理康复法** 以说理开导的方式使患者消除思想顾虑,保持心情愉快舒畅,往往在高脂血症的康复治疗中起到非常重要的作用。可采用情志引导法中的移情疗法、语言疏导法等,通过与患者谈心,使患者保持心情舒畅、情绪稳定、开朗乐观豁达,并要嘱患者少思虑、防止用脑过度伤神。

2. **中药康复法**

(1)中药内治法:任何血脂异常的患者只有经过6~12个月的严格饮食治疗和运动疗法,而未能达到理想的血脂测定结果时,才加用药物治疗。

1)脾虚湿盛型

治法:健脾化湿。

方药:苓桂术甘汤(《伤寒论》)合二陈汤(《太平惠民和剂局方》)加减,药用半夏、陈皮、白术、茯苓、桂枝、炙甘草。

若食积不化腹胀者,加焦三仙、莱菔子等;肢体困重者,加羌活、川芎等;泻泄便溏者,加薏苡仁、白扁豆等。

2)胃腑燥热型

治法:清胃通腑。

方药:白虎汤合小承气汤(《伤寒论》)加减,药用石膏、知母、甘草、粳米、大黄、枳实、厚朴。

若口渴者,可加石斛、天花粉等;津伤便秘者,可加玄参、生地、麦冬、制首乌等。

3)肝脾湿热型

治法:疏肝健脾,清热化湿。

方药:茵陈蒿汤(《伤寒论》)加减,药用茵陈、栀子、大黄。

若胁腹胀满者,可加柴胡、青皮、佛手、炒枳壳等;湿热内蕴便秘者,可加枳实、厚朴、龙胆草等。

4) 肝肾阴虚型

治法:滋养肝肾,化浊降脂。

方药:二至丸(《证治准绳》)加减,药用女贞子、旱莲草。

若肝肾阴虚较甚者,可加枸杞子、生地、制首乌、山楂、决明子等;潮热盗汗者,可用知柏地黄丸;心烦失眠者,可加酸枣仁、合欢皮等。

5) 气滞血瘀型

治法:活血祛瘀,行气散结。

方药:血府逐瘀汤(《医林改错》)加减,药用当归、桃仁、红花、生地、柴胡、枳壳、赤芍、桔梗、川芎、牛膝、炙甘草。

若手足麻木者,可加姜黄、桂枝、水蛭等;若气短懒言、神疲乏力者,可加黄芪、当归、地龙等。

6) 肾阳亏虚型

治法:补肾壮阳。

方药:右归丸(《景岳全书》)加减,药用熟地、山药、山萸肉、附片、肉桂、菟丝子、枸杞子、鹿角胶、杜仲、当归。

若畏寒肢冷较重,可加补骨脂、仙茅、淫羊藿;食少痰多者,可加半夏、陈皮、茯苓等。

3. 针灸康复法

(1) 毫针疗法:选取百会、四神聪、风池、肩髃、曲池、足三里、悬钟、太冲。虚证,加脾俞、肾俞、肝俞、三阴交;实证,加丰隆、外关。

常规方法针刺上述穴位,平补平泻,虚证可酌情采用温针灸或温灸器灸。留针 20～30 min,隔日 1 次,15 次为 1 个疗程。

(2) 艾灸疗法

1) 隔姜灸:选阳池、三焦俞为主穴,地机、命门、三阴交、大椎为配穴。每次选主穴、配穴各一,用中号艾炷,隔姜灸。每穴 5～7 壮,每日 1 次,1 个月为 1 个疗程。疗程间隔 3～5 d。

2) 药灸:以决明子、红花、公丁香、硫黄等药物加艾绒制成药物灸条,取关元、丰隆穴进行温和灸。每穴 15 min,每日 1 次,连续 35 d 为 1 个疗程。具有健脾益气、祛痰化湿之效,适用于脾肾阳虚型高脂血症。

3) 温和灸:取神阙、双侧足三里温和灸,每穴每次 10 min,隔日 1 次。具有温补脾肾、活血化瘀之效,适用于老年人高脂血症。

(3) 其他针灸疗法

1) 耳针疗法:①选取肺、内分泌、胰、胆、肾上腺为主穴,配以肝、脾、胃。用王不留行籽贴压上穴,每 3 d 1 次,两耳交替,10 次为 1 个疗程。②根据病机分别选取三组穴位,交感、胃、肺、神门,或脾、饥点、胃、交感,或肺、饥点、交感、内分泌。将制备好嵌有王不留行籽的耳穴压片贴敷于一侧耳穴,1～2 d 后再换贴对侧耳穴,交替刺激两耳。患者每次就餐前,自己用手按压耳穴压片 5 min 左右。

2) 皮肤针疗法:梅花针叩刺足三里、三阴交、内关、大椎、阳性物处。中度刺激,每穴 5～

10 min。每日 1 次。7 次后隔日 1 次,15 次为 1 个疗程。疗程间隔 15 d。

4. 推拿康复法 涌泉穴是足少阴肾经的井穴,推摩涌泉穴适应于各型高脂血症的康复治疗,尤其对于肾虚导致的高脂血症疗效显著。一般患者取坐位,每日早晚将足心向上,找准位置,用两手拇指指腹分别推擦左右脚的涌泉穴 60 次以上,力量由小到大,使涌泉穴有热感为止。

5. 传统体育康复法 八段锦、太极拳、五禽戏等均可。根据个人爱好长期坚持,运动量应循序渐进,以能耐受为度。运动强度应掌握在最大心率的 50%~70%,持续时间在 30 min 以上,因为少于 10 min 的运动不利于体内脂肪的燃烧。运动频率为每周 3~5 次。运动前后应做些准备活动和放松运动,防止出现心血管意外和骨关节、肌肉的损伤。

6. 气功康复法 气功能够把人体的精神、呼吸、形体有机地结合,对人体各种功能活动都有很强的良性改善作用。其中内养功和保健功等对高脂血症有一定的疗效。

7. 饮食康复法

(1) 饮食宜忌:高脂血症饮食疗法的主要内容是逐步减少饱和脂肪酸和胆固醇的摄入,减少过多的总热量和增加需氧的体力活动以减轻体重。推荐日常饮食中脂肪不超过总热量的 30%(甚至 20%);饱和脂肪酸摄入量必须低于总热量的 10%(甚至 6%~8%);不饱和脂肪酸为总热量的 10%,但不能超过 10%;胆固醇摄入量限制在每天 250~300 mg;主食应以谷类为主,粗细搭配,减少精制米、面和糖果的摄入,增加玉米、莜面、燕麦等粗粮的成分,多食海带、紫菜、木耳、金针菇、香菇、大蒜、洋葱;蛋白质、维生素和无机物应在要求范围内。

高甘油三脂血症患者需忌食一切脂肪及甜食,可补充短、中链脂肪酸。由于膳食中脂肪和脂肪酸含量低,可造成铁、维生素 E 和其他脂溶性维生素的吸收不足,应注意适量给予补充。

高胆固醇血症患者忌食动物脂肪、人造奶油、蛋黄、巧克力、少数鱼类(如墨鱼、鱿鱼等)和贝壳类(如蚌、螺、蛏、蚬、蟹黄等)、鱼子,以及动物的脑及脊髓、内脏。甜食、咸食、高脂肪的奶制品等也应适当限制。

混合型高脂血症患者应限制脂肪,控制碳水化合物,中度限制胆固醇。避免吃甜食和饮酒。因这种膳食可能出现缺铁,应注意补充。

此外,高脂血症饮食还要注意以下禁忌。忌就餐次数少;忌晚餐时间太晚;忌晚餐过量;忌偏食,提倡混合饮食;忌盲目节食;忌多食牛肉;忌烟酒;忌多饮咖啡;忌过饮浓茶;忌不合理用药。

(2) 常用食疗药膳方

1) 降脂减肥茶:草决明子 5 g,菊花 5 g。先将菊花洗净备用,草决明子先洗净炒至微膨带有香味后捣碎,纱布包好,用清水煮沸,煎至微黄色,再倒入菊花同煎几分钟即可。代茶饮,一次饮完后再加入水冲泡,直至无味即可弃之。具有平肝清热,降脂减肥的作用。

2) 山楂益母茶:山楂 30 g,益母草 10 g,茶叶 5 g。沸水冲沏,每日饮用。有清热化痰、活血降脂作用。

3) 菊花山楂茶:菊花 10 g,山楂 30 g,茶叶 10 g。沸水冲沏代茶饮,每日 1 剂。有清热化痰、消食健胃、降脂的功效。

4) 山楂荷叶饮:山楂 15 g,荷叶 12 g,煎水代茶饮。具有健脾消食降脂之功。

5) 玉米粉粥:玉米粉 60 g,粳米 100 g。将玉米粉加适量冷水调和,粳米煮沸后加入玉米粉,同煮为粥食用。有调中开胃、降脂利水功效,适用于脾胃不健、消化不良、高脂血症、高血压病、冠心病等。

6) 胡萝卜粥：胡萝卜150 g，粳米100 g。将新鲜胡萝卜切丁，与粳米同煮成粥食用。具有健脾化滞、降脂润肠之效，适用于脾虚食欲不振、肠燥便秘、高脂血症、高血压病、糖尿病等。

7) 绿豆粥：绿豆适量，粳米100 g。先将绿豆洗净，用温水浸泡2 h，再与粳米同入砂锅内，加水1 000 ml，煮至豆烂、米开、汤稠。可治疗高脂血症、中暑、冠心病等，特别适用于高脂血症伴有肥胖或糖尿病的患者食用。

8) 素烩三菇：冬菇25 g，蘑菇25 g，草菇25 g，冬瓜200 g，鲜汤适量，粉芡，调料各少许。先将冬菇、蘑菇、草菇入清水泡发洗净，入油锅煸炒，之后加入鲜汤、冬瓜同煮，待熟后再加入粉芡和调料（盐、味精等），翻炒片刻即可。能补脾气，利小便，降脂减肥，抗肿瘤。

9) 三鲜素海参：水发黑木耳100 g，水发冬菇50 g，熟竹笋50 g，熟菜花50 g，甜椒50 g，素鸡50 g。先将水发黑木耳洗净沥干，同玉米粉、盐、味精、水拌成面糊，用刀把面糊刮成手指形。逐条下到油锅中，氽成海参形。将冬菇洗净去蒂，切成片状，熟笋、素鸡切成滚刀块，熟菜花切成栗子大小的块，甜椒洗净后去籽，切成片待用。炒锅置于旺火上，放油烧到七成熟，将全部配料放入锅内，煸炒后，即加姜末、酒、酱油、白糖。烧沸后，加素海参、味精，用湿淀粉勾芡，起锅装盘即成。用于高脂血症、高血压病、动脉硬化、消化不良等。

8. 自然康复法　可选用矿泉疗法中的矿泉浴，一般采用全身浸浴，浴时水温为36～38 ℃为宜，每日1次，每次20～30 min，15～20次为1个疗程。

9. 传统物理康复法　可选用冷浴、热浴法等，冷浴时水温应控制在20 ℃以下，洗浴时间以20～30 min为宜。热浴时一般以全身浸浴为主以微汗出为度。

10. 娱乐康复法　可选用音乐疗法、舞蹈疗法、琴棋书画疗法、游戏疗法等，通过增加生活情趣，转移生活注意点，消除不良情志，来达到康复治疗的效果。

（四）康复护理

中医康复护理在本病中主要体现为起居、饮食、情志护理等。

1. 起居护理　协助患者建立规律的生活制度，慎起居，节房事，适应四时寒温的变化，避免外邪侵袭。要保证患者居室环境安静、舒适，充足睡眠。鼓励督促患者积极参加体育锻炼，并坚持不懈。

2. 饮食护理　过食肥甘醇酒厚味是本病主要的发病因素，故在康复过程中要节制饮食，具体内容可参见本节饮食康复法。

3. 情志护理　高脂血症患者随着病情发展会产生两种不同的心理反应。开始时因高脂血症没有明显症状，且对工作生活影响不大，容易产生忽视心理。当患者随着病情的发展，出现血脂增高而引发的一系列症状时，患者会恐惧、焦虑不安；而当出现并发症时，患者又为治疗进行饮食控制和服用药物而带来的心理压力，产生烦躁心理。这两种心理反应均是因为缺乏高脂血症的知识所致，应多与患者谈心，通过交谈确认患者对疾病的顾虑，针对其顾虑给予指导解释，同时使用各种方式提供高脂血症的信息和有关知识。关心鼓励患者，使其在了解一定疾病常识的基础上自觉配合控制饮食、坚持运动疗法，使血脂得到控制并恢复正常。并为患者制订一个康复计划，使之饮食及生活方式合理化，身体达到最佳健康状态。

此外，应注意各种疗法的反应，一般医生根据患者的年龄、性别、血脂水平、饮食运动、吸烟史及既往病史等因素制订的康复治疗方法是适合患者的，但某些方法在执行的过程中可能受到多种因素的干扰,使患者出现某些不适,这些不适症状在调整或停止执行该方法后可自行减轻或消失。因此,护理过程中必须积极与患者沟通,了解施行治疗的反应,及时调整治疗方案。

(五) 康复预防

可采用健康讲座、健康教育读物、电子媒介宣传等方式改变人们的生活方式、调整饮食结构、增加运动量;如有条件可进行大面积的血脂筛查以发现高危人群,并对高危人群运用饮食干预、运动干预等手段以预防高脂血症的发生。

(朱天民)

第六节 肥 胖 症

(一) 概述

肥胖症是指形盛大、体肥腴、有痰湿内聚为主要表现的疾病。常因素体形盛,或肥甘厚味,或久坐久卧,或情志不遂,脾气虚弱,输布失调,水湿痰浊壅滞,而使膏脂积内,发为本病。病位主要在脾,与肝肾有关。

近20年来,肥胖的患病率上升很快,在美国约一半的成人其体重指数(BMI)$\geqslant$25,每4个成年人中就有一个肥胖者。在英国1994年的调查发现肥胖的患病率是1980年的2倍。随着人民生活水平的提高,我国肥胖问题也日趋严峻,超重和肥胖的人群增长很快,20世纪90年代数据汇总分析表明我国成人超重者为24.4%,肥胖者占3.01%,超重与肥胖之比为8:1,其增长的潜在速度较快。高血压、高血糖、高血脂、高血黏度等是与肥胖直接相关的生理改变,在此基础上可引发糖尿病、冠心病、脂肪肝、胆结石和一些感染性疾病。由于肥胖本身及其相关疾病对健康的危害,肥胖症可损害患者的身心健康,导致患者生活质量下降、预期寿命缩短等,故肥胖症已逐渐成为重要的世界性健康问题之一。

中医学认为本病的发生是由素禀体丰,平素嗜食肥甘厚味,或贪饮酒浆,或思虑过度,或缺乏锻炼、过度安逸等因素使脾胃功能受损,水液输布失常,水不化津,津不化气,阻滞体内,为湿为痰,痰湿积累而成。或由于饮食不节,肆食肥甘厚味,不能运化,郁积脾胃,日久聚湿化热;或七情失调,肝气郁结,郁而化火,肝胃热盛,食欲亢进,摄入过多,导致肥胖。或长期情志不舒,肝气郁结,气机不畅,津液运行受阻,聚湿为痰,发为肥胖。亦有年老体衰、久病迁延,肾阳虚衰,不能温化寒水,温煦脾胃,而致脾肾阳虚,精微不布,痰湿滋生,发为肥胖者。总之,脾运失常、聚湿生痰是本病发生的关键,同时本病亦与肝、肾密切相关。痰湿既可寒化又可热化,还可损伤阳气、灼耗阴液,病久不复,则易并发消渴、中风、胸痹、痿厥诸疾。

(二) 辨证要点

肥胖症的辨证要点要从辨虚实和分证型两方面着手:

1. 辨虚实 肥胖多系虚实夹杂,虚为脾肺气虚、肝肾阴亏、脾肾阳虚,实为寒湿(痰)内停和湿(痰)热内蕴,辨证当主要从虚实着手,分清其主次。同时虚证中当辨清所及脏腑的不同,实证中又应区别寒化和热化。

2. 分证型 本病临床常见证型有脾虚湿盛、脾胃积热、气滞血瘀、脾肾阳虚等。一般形体肥胖,面目浮胀,腹部松软肥厚,肌肉无力下坠,四肢沉重,身困懒动,苔白厚腻,脉濡缓者,为脾虚湿盛型;形体肥胖健壮,面色红润,精神饱满,食欲亢进,大便秘结,小便黄赤,口疮口臭,舌红苔黄,脉象有力者,为脾胃积热型;身体肥胖,常有头痛、胸痛、胁痛等,性情急躁易怒,舌质瘀暗或有瘀斑瘀点,脉涩者,为气滞血瘀型;形体肥胖,面色㿠白,精神委靡,形寒怕冷,腰膝冷痛,小便清长,大便稀溏,舌苔润白,脉沉迟者,为脾肾阳虚型。

(三)康复方法

单纯性肥胖症的康复当以蠲除痰湿为主,并注意扶助正气,增强机体自我调节功能。患者的主动积极参与,是取得疗效的关键。其中饮食康复和传统体育相结合是基本措施,同时还可配以沐浴、针灸推拿及药物康复法等。并发高血压病和糖尿病者,则可与本书有关内容互参。

1. 中医心理康复法　情志因素与肥胖症有极为密切的关系,近年来的研究发现,2/3 以上的肥胖症患者有不同程度的心理障碍。严重的心理障碍,需要专业心理医师的治疗。一般的心理问题,可以通过移情疗法、语言疏导法、行为疗法等,转移其进食的欲望,改善其心理状态。

2. 中药康复法

(1)中药内治法

1)脾虚湿盛型

治法:健脾利湿。

方药:参苓白术散(《太平惠民和剂局方》)加减,药用人参、白术、茯苓、白扁豆、陈皮、山药、莲子、甘草、砂仁、薏苡仁、桔梗。

兼痰湿较甚者,可加苍术、厚朴等以加强燥湿化痰作用;面目浮胀者,可加木香、大腹皮、桑白皮等;倦怠胸闷者,可加瓜蒌、枳壳、法夏等。

2)脾胃积热型

治法:宜清热泻火。

方药:防风通圣丸(《宣明方论》)加减,药用防风、荆芥、麻黄、大黄、芒硝、栀子、赤芍、连翘、甘草、桔梗、川芎、当归、石膏、滑石、薄荷、黄芩、白术。

兼口干苦者,可加生地、天花粉等;便秘溲赤者,可加通草、淡竹叶、萹蓄等;胃脘胀满灼热者,可加黄连、枳壳、玫瑰花等。

3)气滞血瘀型

治法:活血化瘀。

方药:血府逐瘀汤(《医林改错》)加减,药用柴胡、当归、生地、桃仁、红花、枳壳、赤芍、川芎、桔梗、牛膝、甘草。

兼胁痛者,可加川芎、延胡索、川楝子等;易怒口干者,可加丹皮、郁金、夏枯草等;刺痛较重,入夜尤甚者,可加三棱、莪术等。

4)脾肾阳虚型

治法:温肾健脾。

方药:右归丸(《景岳全书》)加减,药用熟地、山药、山茱萸、制附子、肉桂、枸杞子、菟丝子、鹿角胶、杜仲、当归。

兼水肿者,可加茯苓、防己、黄芪等;便溏者,可加赤石脂、禹余粮、茯苓等;腰膝酸冷者,可加仙茅、桑寄生、牛膝等。

(2)中药外治法:用药物贴敷穴位,配合其他减肥措施,对本病能收到内外兼顾的效果。常用贴敷法如下。

1) 脾虚湿盛型:取脾俞、中脘、带脉、神阙穴。用茯苓 60 g,苍术 60 g,半夏 30 g,藿香 20 g,苦参 20 g。共研细末,麻油调和,敷在穴位上,3 d 换药 1 次,连治 10 次。如有皮肤过敏即停止使用。

2) 脾胃积热型:取胃俞、神阙、天枢、足三里穴。用大黄 100 g,泽泻 100 g,丹皮 100 g,广木香 20 g,苦参 20 g,配制和敷贴方法同上。

3) 气滞血瘀型:取穴同脾虚湿盛型。用大黄 60 g,丹参 60 g,益母草 60 g,广木香 30 g,丹皮 60 g,苦参 30 g。余法同上。

4) 脾肾阳虚型:取脾俞、肾俞、神阙穴。用附子 15 g,小茴香 15 g,炮姜 15 g,泽泻 15 g,研细末,加少许盐,用蜂蜜调和。余法同上。

3. 针灸康复法

(1) 毫针疗法:选取脾俞、胃俞。脾胃积热型,加曲池、合谷、内庭、三阴交、天枢;脾虚湿盛型,加足三里、中脘、阴陵泉、丰隆;气滞血瘀型,加血海、阴陵泉、胆囊、太冲;脾肾阳虚型,加肾俞、命门、三阴交、太溪、关元、阳陵泉。

常规方法针刺上述穴位,脾胃积热型、气滞血瘀型施强刺激泻法,留针 20~30 min,留针期间反复加强刺激;脾虚湿盛型、脾肾阳虚型均用中等刺激补法,并可加灸,每日或隔日 1 次。

(2) 其他针灸疗法

1) 耳针疗法:是针灸减肥疗法中最常用的方法。①脾虚湿盛型:取肺、脾、肾、三焦、膀胱、内分泌、皮质下。②脾胃积热型:取胃、大肠、三焦、外鼻(饥点)、口、食道、内分泌。③气滞血瘀型:耳尖放血;取肝、脾、内分泌、饥点、皮质下、交感、内生殖器。④脾肾阳虚型:取脾、肾、三焦、肾上腺、皮质下、内分泌。

以上各组穴位,每次取 3~5 穴。针法:①消毒局麻后植入不锈钢"U"形针或小银环,连用抗生素 3 d,待局部无疼痛或其他反应时,于每次进食前用手指轻压或用振动器刺激 10~30 s。每周换 1 次,连续 1~3 个月。②埋皮内针,每周换 1 次,进食前按压刺激 2~3 min。③贴王不留行籽,每周换 1 次,每日按压 2~3 次。

2) 皮肤针疗法:常选用梅花针以较重或重度刺激叩脊柱两侧、上下腹部及小腿前部和内侧。配足三里、三阴交、中脘、内关、大椎、阳性物处。若性腺功能不足为主者,加胸部、腰部、小腿内侧;肝脏疾患引起者,加后颈、骶部、肝区、上腹部;妇科病引起者,加腰、骶部、腹股沟、带脉区。叩打腹部时,应让患者站立,做深吸气动作。

3) 刮痧疗法:刮痧疗法对肥胖症有较好疗效,可随证选用。

脾虚湿盛型:穴位分为三组:一为肺俞、脾俞、肾俞;二为中脘、关元、腹结;三为足三里、三阴交、丰隆。先刮一组,再刮三组,均刮至出现痧痕。然后点揉二组,每穴 3~5 min,以酸重胀得气为度。3~5 d 操作 1 次,10 次为 1 个疗程,连续 3 个疗程。

脾胃积热型:中脘至中极,双侧天枢至水道。用刮痧加拔罐法。先刮中线,再刮侧线,均刮至出现痧痕为止。刮后在中脘、中极、天枢、水道、腹结拔罐 10~15 min,3~5 d 1 次,10 次为 1 个疗程。一般宜连续治疗 3 个疗程。

气滞血瘀型:第一组:期门、京门、章门、带脉;第二组:肝俞、胆俞、膈俞;第三组:血海、三阴交、太冲。隔日取一组穴位,刮至出现痧痕。15 d 为 1 个疗程。

4. 推拿康复法

(1) 脾虚湿盛型:常选足太阳膀胱经背俞穴(脾俞→膀胱俞),下肢脾经、任脉(中脘→中极),以按摩膏作为按摩介质,顺时针方向以脐部为中心按摩腹部 10~15 min。

(2) 脾虚积热型:背部足太阳膀胱经从肺俞至膀胱俞,用按、推、提捏的方法循经按摩,其中重点揉按肺俞、胆俞、胃俞、三焦俞、大肠俞、膀胱俞;循经按摩胃经、大肠经、三焦经。腹部按摩同"脾虚湿盛型"。

(3) 气滞血瘀型:推按脚部,下肢肝经、胆经。同时配合腹部按摩以及擦胁。

(4) 脾肾阳虚型:推擦督脉(大椎→命门);推擦任脉(膻中→中极);循经按摩下肢脾经、肾经。

此外,腰腹部特别肥厚者,可于就寝时平卧床上进行自我按摩,对局部进行推、揉、按、拍等手法。

5. **传统体育康复法** 缺少运动是肥胖的主要原因之一。肥胖症的康复治疗,运动锻炼的重要性仅次于饮食控制。对于轻度肥胖而又不愿意接受严格饮食控制的患者来说,可作为主要康复方法;对于生长发育中的儿童、青少年肥胖者,单纯饮食控制,如掌握不好,会影响正常生长发育,故运动减肥是其首选疗法。

儿童、青少年可选择速度快、较为激烈的活动项目,如长拳、长跑、球类、健美操、跳绳、游泳等;中老年可选择节奏慢、强度较小的全身性运动项目,如太极拳、八段锦等;有心脑血管疾病的中老年肥胖病患者,不宜参加竞争性强、活动剧烈的运动。

进行运动之前,应做全面的身体检查,主要项目有脉搏、血压、心电图、血糖、血脂、肝功能、肺功能等。通过体检明确有无肥胖并发症,如高血压病、糖尿病、高脂血症、心脑血管疾病,以及不适合运动的其他疾病。依照体检的结果制订减肥运动计划。

运动减肥提倡有氧代谢运动,这是一种稳定持续的、使肌肉需氧量不超过心脏和血液可供给量的运动。有氧代谢运动要求运动时心率保持在一定的水平上,即维持在人体最高心率的 80% 左右,超过或不及均达不到预期效果。但由于运动中计算心率非常不便,可用中医常用的理想运动量——"微似汗出"、"稍觉温热"、"小乏即止",这样的运动量与理想心率非常相似。

运动的方式和强度因人而异,根据患者的肥胖程度、体力和心血管系统情况,可分为 A、B 两类。轻、中度肥胖,体力较好,无心血管器质性病变者,为 A 类;重度肥胖,体力较差,或合并冠心病、高血压病者,为 B 类。①耐力性运动:有步行、爬坡步行、慢跑、骑自行车、游泳、划船等。A 类肥胖者可采用快速步行和慢跑,每小时 5 km 逐渐延长至 7 km 左右;B 类肥胖者则采用一般步行,距离逐渐延长,一日可达数公里,可分几次完成。②力量性运动:适宜 A 类肥胖者的有仰卧位腹肌运动,如双直腿上抬运动、直腿上下打水式运动、仰卧起坐等;有俯卧位的腰背肌和臀肌运动,如双直腿后上抬运动、上身和腿同时向后抬起的"船形"运动等;有不同重量的哑铃操等。B 类肥胖症则采用缓和的医疗体操和广播操等,并配合呼吸运动。③球类运动:球类运动结合了耐力和力量的特点,运动量比较大,常用的有乒乓球、羽毛球、排球、篮球、网球等。A 类肥胖者可参加不太剧烈的球类友谊比赛;B 类肥胖者只能采取非比赛形式的球类运动。

6. **气功康复法** 这是适合所有肥胖患者锻炼的运动方式,但运动量也要根据个体特点随时变化。常用气功康复法有：

减肥内养功：两脚与肩同宽，两膝微屈，全身放松，舌抵上腭，两眼微闭，排除杂念，用鼻吸气要缓、匀、细、长，意念随吸气贯入丹田，腹部同时尽量向外凸起，不能再凸时，用口把气呼出，同时腹部尽量向内凹陷。以上称为加强自然腹式呼吸法，重复 36 次。然后再用逆腹式呼吸法，即吸气时尽量使腹部向内凹回，不能再凹时呼气，呼气时尽量向外凸起，重复 36 次。收功之后，双拳击打腹部 100 次。早、晚各 1 次，每次 30 min。

7. 饮食康复法

（1）饮食控制和食物选择：主要是通过限制能量的摄入量，使总热量低于消耗量以减轻体重。应注意减肥并非是简单地减轻体重，而是去除体内过多的脂肪，并防止其再积聚。合理膳食包括改变膳食结构和食量，减重膳食的主要含义为低能量、低脂肪、适量优质蛋白质、复杂碳水化合物（如谷类），并吃足够的新鲜蔬菜（每日 400～500 g）和水果（每日 100～200 g），在膳食营养素平衡的基础上减少每日摄入的总热量，即在满足人体对营养素需要的基础上，使热量的摄入低于机体能量消耗，使身体内一部分脂肪氧化以供机体能量消耗。注意饮食的能量密度，选择体积较大而能量密度相对低一些的食物，如黄瓜、冬瓜、大白菜、芹菜、莴苣、豆芽、海带、赤小豆、草莓、葫芦、豆芽、魔芋、白萝卜、海带、海蜇、荸荠、雪梨、玉米、山楂、西红柿、薏苡仁、黄鱼、豆腐、茶、兔肉、全麸谷类、糙米、粗面等，这些食物多富含维生素和矿物质，食入后有饱腹感而不致摄入过多能量。注意限食并非单纯限制谷类主食量，不鼓励也不能长期采用极低热量饮食。在平衡膳食中，碳水化合物、蛋白质和脂肪提供能量的比例，分别占总热量的 60%～65%、15%～20% 和 25% 左右，适量摄入维生素和微量营养素，应避免油煎食品、方便食品、快餐、零食、巧克力等食品，少吃甜食，少吃盐。

合理的烹调能使食物有充足的饱胀感，营养素损失少，热量增加不多；不恰当的烹调则可使食物热量增加。蔬菜应以凉拌为主，减少烧、炒、炸、拔丝、挂霜等制法；动物性食品应多采用清蒸、水煮、炖、酱、焖、余、涮等，少用煎、炒、油炸；主食应以蒸、煮为主，不宜油炸或加入糖、油、奶油、动物脂肪等。

应注意，若热量过低可引起衰弱、脱发、抑郁，甚至心律失常，应严密观察并及时处理。

（2）常用食疗药膳方

1）荷叶茯苓粥：荷叶 60 g，茯苓 15 g，炒莱菔子 8 g，粳米 30 g。将茯苓先煎取汁，用汁与荷叶、炒莱菔子、粳米同煮为粥食用。具有健脾渗湿之功，适用于肥胖属脾虚湿盛型者。

2）鲤鱼汤：鲤鱼 400 g，白术 15 g，陈皮 6 g，生姜 9 g。四者同放在砂锅内，加水 500 ml，盐、黄酒、味精适量，小火炖熟食用。具有健脾理气化痰之功，适用于肥胖痰湿较重者。

3）鸡丝冬瓜汤：鸡脯肉 100 g 切丝，党参 3 g，冬瓜片 200 g。前两者同放在砂锅内，加水 500 ml，以小火炖八成熟，余入冬瓜片，加盐、黄酒、味精适量，冬瓜熟透即可食用。具有益气健脾之功，适用于肥胖脾气亏虚较重者。

4）盐渍三皮：西瓜皮 200 g，冬瓜 300 g，黄瓜 400 g。将西瓜皮刮去蜡质外衣，冬瓜削去绒毛外皮，黄瓜去瓤，均洗干净，以不同火候略微煮熟，待凉后切成条块，置于容器中，用盐、味精适量腌渍 12 h 后食用。具有清热利湿之功，适用于肥胖属脾胃热盛者。

5）荷叶粥：荷叶 30 g，车前草 10 g，粳米 100 g，冬瓜连皮 50 g。前三者同放在砂锅内，加水 500 ml，文火炖八成熟，余入冬瓜片，冬瓜熟透即可食用。具有清热健脾利湿之功，适用于肥胖脾胃湿热积滞者。

6）附片鲤鱼汤：制附片 6 g,鲤鱼 1 条（约 500 g）。将鲤鱼开膛，洗干净待用。用清水煎煮附片 1～2 h,去渣取汁，再用药汁煮鲤鱼，待鱼熟时，加入姜末、葱花、盐、味精后食用。具有温肾健脾之功，适用于肥胖属脾肾阳虚者。

7）韭菜粥：韭菜 20 g,粳米 100 g,杜仲 10 g,薏苡仁 20 g,调料适量。将杜仲水煎 3 次去渣取汁，将粳米、薏苡仁放入汁中煮粥，粥成后放入韭菜，调味食之。具有温肾健脾利湿之功，适用于肥胖属脾肾阳虚兼有湿滞者。

8）降脂饮：枸杞子 10 g,何首乌 15 g,草决明 15 g,山楂 15 g,丹参 20 g,陈皮 7 g。文火水煎，取汁约 500 ml,代茶频饮。具有活血降脂之功，适用于肥胖属气滞血瘀者。

8. 自然康复法

（1）矿泉疗法

氡泉浴：水温以 34～37 ℃为宜，每日 1 次，每次 10～20 min,15～25 次为 1 个疗程。为了使氡与皮肤更多地接触，可用手轻微划动池水，但动作不宜剧烈，以免氡气逸散。同时可适量饮用氡泉，通过对内分泌特别是垂体产生作用而减肥。

氯化钠泉：可增进全身的新陈代谢，增加尿量及尿素和碳酸的排泄量。强氯化钠泉尚有调整自主神经及内分泌的作用，故对肥胖症有较好效果。

（2）海水浴：能调节代谢，消耗机体热量，达到减肥目的，适宜于体质较好者。开始时间宜短，以后逐渐增加，但一般不宜超过 1 h。每日 1～2 次,20～30 次为 1 个疗程。

9. 传统物理康复法　研究发现水温高于 42 ℃时有较好的减肥作用。因此，肥胖的康复治疗可选用热浴法，但应严格遵守注意事项和把握禁忌证。每日 1 次，每次 15 min,15～20 次为 1 个疗程。

10. 娱乐康复法

多种娱乐方法可用于肥胖症的康复，但必须注意不断变换，不断给以新的刺激形式。以音乐疗法为例，宜在餐前播放情绪热烈、节奏稍快、激动人心的音乐。例如，在饭前 10～20 min,播放二胡齐奏曲《赛马》，可调动患者的情绪，使之兴奋，特别是富有内蒙古"长调"和马头琴特点的表演风格，能把人们引入辽阔的草原，充满激情又妙趣横生，可使胃酸和酶类分泌减慢，使亢进的食欲受到抑制，可以消除一些饥饿感。而在两顿正餐之间，尤其是下午茶时间，感到想吃东西的时候，可以欣赏一些舒缓轻快的音乐，以传统或古典音乐为主，如我国民间乐曲《彩云追月》，可转移对美味食品的注意力，排除想吃甜食时的那种紧张和烦躁的情绪。

（四）康复护理

护理对于肥胖的康复较为重要，在肥胖的中医康复护理中应注意以下三个方面。

1. 起居护理　要根据患者的体重指数、腰围大小、血压、血脂、血糖数值、是否有睡眠呼吸障碍和饮食、运动等生活方式及心理社会因素等情况进行评估，根据评估结果提出康复护理措施。协助患者建立有规律的生活起居制度，慎起居，节房事，适应天气的寒温变化。鼓励患者参加适当的体育活动和体力劳动。

2. 饮食护理　过食肥甘、醇酒、炙煿厚味是导致肥胖的重要因素，在康复阶段应督促患者严格按照饮食康复法进食，忌食肥甘厚味、醇酒炙煿。

3. 情志护理　努力为肥胖患者提供更多的预防肥胖和控制体重的信息，加强对肥胖患者认知和思维模式的干预。在护理中要培养肥胖者的自我监控、抵御美食等外界诱惑的能力,改变思维模式,使患者丢弃对于减肥不切实际的幻想,并尽量求得家庭和周围环境的支持。

(五)康复预防

要加强普及教育,宣讲肥胖症的危害性。肥胖症的预防应从幼年开始,正确理解现代健康概念应包括身心和社会适应上的完好状态,坚持体力劳动和运动锻炼,合理安排饮食,防止中国饮食西方化。通过改善生活方式,包括健康饮食、适当体力活动、减少饮酒,减少与肥胖相关的疾病;对具有高危因子的人群进行教育,使其能有效地处理这些危险因素;对那些已经超重而未达肥胖症的个体,应防止其的体重继续增加,减少体重相关性疾病;在制订城市建设、交通及住宅规划的政策时要充分考虑自发性体育活动的需求,并要求公共卫生专家及卫生部门的大力推广。

(朱天民)

第七节　血管性痴呆

(一)概述

血管性痴呆是由于脑血管的广泛梗死,引起大脑细胞广泛而散在的缺血,最终导致脑功能不全,临床表现以痴呆为主的一组疾病。血管性痴呆属中医"中风痴呆"范畴,常由于气血不足,肾精亏耗,脑髓失养,复因中风,风痰上扰,痰浊瘀血痹阻脑脉而成。

血管性痴呆多见于50～60岁以上的老人,男性多于女性。据世界各国流行病学调查资料,65岁以上老人中严重痴呆约占5%,轻至中度约占10%。美国血管性痴呆占全部痴呆的30%～40%。根据我国城市和农村的普查结果,60岁以上老年人中,城市血管性痴呆的患病率为324/10万,农村血管性痴呆的患病率为478/10万,并有逐渐增多的趋势。

中医学认为本病的发生系因年老体弱,肝肾精血亏耗或脾胃虚损,气血不足,脑髓失养;或因中风、癫痫等疾病迁延日久或跌仆撞击,伤及头部,以至痰浊、瘀血留而不去,阻塞清窍;或酒食不节、嗜食肥甘,脾胃受损,痰浊内生,上蒙脑神;或情志不畅,气机郁结,髓海气血运行不畅,气滞血瘀,髓海失养;或肝郁日久,横逆犯脾,脾失运化,痰浊内生,上蒙清窍而成。其病位在脑,与心、肝、脾、肾功能失调密切相关。常由于痰浊、瘀血痹阻脑脉,浊毒内生,脑气与脏气不相顺接,神机失用而成。本病临床多见虚实夹杂之证,虚为肝肾亏虚或脾肾不足,实为痰气交阻或气滞血瘀。在疾病发生发展过程中,其病机可相互转化,互为影响。

(二)辨证要点

血管性痴呆辨证需注意以下三个方面。

1. **抓主症**　根据患者智力减退、人格改变和舌苔、脉象等表现进行辨证。

2. **分证型**　本病常见证型有肝肾亏虚、脾肾不足、痰气交阻、气滞血瘀等。神情淡漠,反应迟钝,健忘失眠,甚至发音不清,语无伦次,丧失生活自理能力,舌红少苔,脉细者,为肝肾亏虚证;表情呆板,行动迟缓,甚或终日寡言不动,傻哭傻笑,兼见心悸,气短,腰膝酸冷,舌淡苔薄白,脉沉细者,为脾肾不足证;终日不言语,忽笑忽愁,忽歌忽哭,衣被不敛,伴见胸闷不舒,身重喜睡,苔白腻,脉弦滑者,为痰气交阻证;表情淡漠,善惊善恐,妄言离奇,舌质紫暗或有瘀点瘀斑,脉细弦或涩者,为气滞血瘀证。

3. 测预后　凡新病因情志之变、外伤所致者,康复希望较大;若病久缠绵,则多属痼疾难疗。

(三) 康复疗法

血管性痴呆常用的中医康复疗法有中药、针灸、心理康复法等。

1. 中医心理康复法　对患者尤其是其家属要做好解释教育工作,使其了解痴呆的有关知识以及各种康复方法的作用,并增强信心,积极配合康复医疗。对抑郁寡欢和急躁易怒的患者,可予以移情疗法、语言疏导法等使其保持情绪稳定。

2. 中药康复法

(1) 中药内治法

1) 肝肾亏虚型

治法:滋补肝肾,填髓健脑。

方药:七福饮(《景岳全书》)加减,药用人参、熟地、当归、白术、炙甘草、枣仁、远志。

兼言语不清者,可加菖蒲、郁金等;小便失禁者,加山药、益智仁、桑螵蛸等;伴见头晕眼花等肝血不足征象者,可加川芎、黄精、枸杞子等。

2) 脾肾不足型

治法:补肾益脾,生髓充脑。

方药:还少丹(《医方集解》)加减,药用熟地、枸杞、山茱萸、肉苁蓉、巴戟天、小茴香、杜仲、牛膝、楮实子、人参、茯苓、山药、大枣、石菖蒲、远志、五味子。

兼情感脆弱、情绪异常者,可加郁金、生龙牡、莲子心;梦寐不安者,可加夜交藤、合欢皮等;纳差者,可加苍术、陈皮、砂仁等。

3) 痰气交阻型

治法:理气健脾,化痰开窍。

方药:指迷茯苓丸(《全生指迷方》)加减,药用茯苓、枳壳、风化硝、半夏、生姜。

兼便秘尿赤者,可加生大黄等;脾虚较甚者,可加人参、白术等;痰浊郁而化热者,可用温胆汤加味;若见神思迷茫、表情呆钝、言语错乱者,可先用苏合香丸,继用上方加菖蒲、郁金、远志等;疾病恢复期可常服香砂六君子丸。

4) 气滞血瘀型

治法:活血行气,开窍益智。

方药:通窍活血汤(《医林改错》)加减,药用赤芍、川芎、桃仁、红花、老葱、红枣、麝香、黄酒。

兼肾虚遗溺者,可加淮山药、益智仁、桑螵蛸等;若患病日久见气虚征象者,可加黄芪、党参、白术等;伴血虚征象者,可加当归、阿胶。

3. 针灸康复法　主要以醒脑开窍为主,结合辨证,辅以滋补肝肾、平肝潜阳、化痰祛瘀、行气活血等方法。

(1) 毫针疗法:选取大椎、安眠、足三里,或哑门、安眠、内关为主穴,配以肾俞、血海、丰隆。常规方法针刺上述穴位,强刺激,每日1次,两组交替使用。10 d为1个疗程,疗程间休息3~4 d,共治7个疗程。

(2) 其他针灸疗法

1) 耳针疗法:选脑点、神门、皮质下、肾、心、枕等穴。用0.5寸毫针,每次选用2~3穴,

20次为1个疗程。亦可将王不留行籽用胶布固定,每日按压数次。

2) 头针疗法:选额中线、额旁1线、顶中线。髓海不足者,加额旁3线、顶颞前斜线;肝肾亏虚者,加额旁1线、额旁3线;痰浊阻窍者,加额旁2线。平针刺。顶中线可用扬刺法,集中向顶中线透刺。虚证为主用进气法,实证为主用抽气法。隔日1次,10次为1个疗程。疗程间隔1周。

3) 穴位注射疗法:取肾俞、足三里、哑门、风池。将当归注射液或丹参注射液按每穴1 ml注射入肾俞、足三里;记忆明显减退,甚至人格障碍、脑萎缩者,用乙酰谷酰胺注射液注射哑门、风池、肾俞。

4) 皮肤针疗法:梅花针循经叩刺督脉(长强→大椎)、任脉(曲骨→天突)及足阳明胃经(髀关→内庭)。隔日1次。10次为1个疗程。疗程间隔1周。

5) 刺血疗法:取中冲或大椎穴,用三棱针直刺皮下1分深,出血4~5滴即可。

6) 音乐穴位电刺激:在聆听音乐的同时,将音乐声波转换成电信号,对穴位进行刺激,是一种简单有效的治疗方法。

参照体针取穴,选择合适的音乐,将音乐治疗仪的电极固定于穴位上,刺激量以患者能耐受为度。治疗中,用音乐电流高低起伏的变化刺激穴位,不仅毫无疼痛感,而且能够达到与针灸相同的治疗效果。让大脑和穴位同时"听音乐",是一种享受性的治疗方法。

4. **推拿康复法** 以自我推拿为主,可选用抹额、抹颞、按揉脑后、鸣天鼓、搓手浴面、揉内关、拍头顶等方法。

5. **传统体育康复法**

(1) 健身球:手部的运动对本病有特殊意义。双手在大脑的投射面积很大,手部运动可以给大脑更多的刺激。在中医理论中,四肢末端的穴位与人体所有重要脏器都有紧密的联系。手指与大脑的关系更为密切,所谓"十指连心"、"心灵手巧",就说明了手指与大脑的关系。

健身球锻炼的方法可以由正反旋转等基本动作向双球双手旋转、里外跳跃旋转、多球互绕旋转、三带一旋转等高难动作发展,由易到难,由简到繁,使玩球的花样不断翻新,以达到得心应手、随手所欲、自由多变的境界。这样便会更有效地延缓大脑细胞的衰老,防止大脑活动的迟钝。此外,左右手锻炼健身球要注意平衡,交替使用,尤其不要忽视左手玩球,以保证大脑两个半球的功能水平得到均衡发展。

(2) 太极拳:能延缓体力及智能的衰老,强化心、肺及消化功能,增加脑部血液循环,有助于血管性痴呆的康复。

(3) 气功康复法:可根据患者情况选练属于强壮功范畴的益智功。具体功法主要有二:

1) 站、坐、卧均可,不限姿势,以自然舒适为度。两眼微闭,舌抵上腭,用意念引导及眼内视和耳听引导(三位一体),从上而下,再由下而上让全身各关节肌肉放松(即意念每到一部位,用意念想像放松,用眼内视放松,用耳听该部放松)。做3~5 min,采用自然呼吸。然后两手手指展开,手心放丹田两侧,用自然腹式呼吸。吸气时,腹部隆起,两手手指向上翘起;呼气时,腹部内收,两手手指落下贴腹,反复100次。

2) 姿势不限,两眼微闭,排除杂念,全身放松。当呼气气沉丹田时,稍停,然后配合舌抵上腭及腹式呼吸动作。眼内视,用追加吸气法,使腹部内气鼓荡,并驱其做波浪式运动。即提摄肛门,使内气沿督脉上行,再做舌抵上腭,双眼略紧闭,双目上视,等待内气到达"玉枕"关时,再追加一次吸气,旋即以意领气,使内气对准大脑额叶做波浪式灌注,反复36次。

其他常规体育锻炼方法均可选用,但必须制订出合理的训练计划,循序渐进,长期坚持。

6. **饮食康复法** 防治血管性痴呆的常用食物有芝麻、莲子、大枣、蘑菇、薏苡仁、胡桃仁、松子、桂圆肉、荔枝、桑椹、黄花菜、山楂、陈皮。常用的药膳原料有人参、枸杞子、石菖蒲、刺五加、肉苁蓉、熟地黄、何首乌、五味子、灵芝、鹿茸、麦冬、茯苓、远志、红花、丹参、川芎、紫河车、冬虫夏草、杜仲、黄精、女贞子等。常用食疗药膳方有:

(1) 花生粥:花生米45 g,粳米60 g,冰糖适量。同入砂锅内,加水煮至米烂汤稠为度。每晨空腹温热食之。可益髓健脑。

(2) 健脑粥:核桃仁、莲子、枸杞子、杏仁、桃仁、柏子仁、枣仁、菖蒲等研碎,与麦片一起熬成粥,作为早、晚主食服用。具有健脑开窍之功。

(3) 心髓汤:用猪心、猪脊骨熬汤,加适量生地黄,也可以加少量西洋参。佐餐用。具有养心益髓之功。

(4) 桂枣汤:桂圆10个,红枣10个。放适量水煎汤,每晚睡前服。具有养血安神之功,尤适用于痴呆患者夜间失眠易惊、烦躁不宁。

(5) 健脑茶:荷梗5 g,何首乌10 g,淡豆豉5 g,花椒3 g,枸杞子10 g,大枣2枚,冰糖15 g。平时作为饮料服用。可补益肝肾、健脑宁神。

(6) 灵芝茶:灵芝10 g切薄片,沸水冲泡,加盖焖30 min。代茶饮。可益精气,补肝肾,健脑安神。

(7) 菖蒲醒脑茶:石菖蒲250 g,郁金200 g,普洱茶150 g。上药焙干,制成粗末,滤纸袋分装,每袋重20 g,备用。每日泡饮1~2剂。可化痰涤浊、开窍醒脑。

(8) 丹参通窍茶:丹参20 g,红花100 g,菊花50 g。上药焙干,研碎,滤纸袋分装,每袋重15 g,备用。每日泡饮1~2剂。可行气活血、通窍健脑。

(9) 苍术川芎三宝茶:苍术30 g,川芎150 g,红茶20 g。制法及服法同上。能燥湿化痰、开郁醒神。

(10) 山楂荷叶茶:鲜山楂500 g,鲜荷叶750 g。制法及服法同上。能健脾化痰、升清醒脑。

此外,按照中医"肾主骨,生髓,通于脑"和"齿为骨之余"的理论,加强牙齿的咀嚼运动,提高口腔的咀嚼能力,是改善大脑供血、促进大脑功能的辅助措施,应鼓励老人多吃、常吃粗粮。

7. **自然康复法** 矿泉浴法。宜全身浸浴,每次15~20 min,每日1次,15~20次为1个疗程。由于患者有智力障碍故需有专人陪护,以确保安全。

8. **传统物理康复法**

(1) 磁疗法

1) 磁针法:取穴参考针刺疗法,每次选用4~6穴,治疗20~30 min,每日1次,15次为1个疗程。

2) 贴敷法:取穴参考针刺疗法,用表面磁通密度50~150mT的磁片贴敷在所选穴位上,5 d取下,隔2 d再敷,连续贴敷2~3个月。

3) 头磁法:采用旋磁法或电磁法,选运动区和运用区,每次每区治疗10 min,10次为1个疗程。

4) 磁枕法:将磁疗枕垫置于枕巾之下,北极向上靠近头部,每日睡觉时枕用。初用时应注意观察反应,以免发生对磁敏感所致的不良后果。

(2) 芳香疗法:花的颜色、形态和香气能使人神清气爽,身心愉悦。不同的花有不同的作用。血管性痴呆患者可据病情需要,在室内设置数盆所选之花,或指定患者去相应的香花园,在室内或园内鼓励患者读书看报,复述所读内容,以及讲故事、背诵短文,逐步增加其识别、记忆、判断能力。痴呆康复中常用的香花处方有:

1) 定志方:菊花、梅花、山楂花、迎春花、水仙花等。
2) 增智方:玫瑰花、薄荷花、菊花、茉莉花、紫罗兰等。
3) 宁神方:兰花、水仙花、茉莉花、百合花、莲花、丁香花等。
4) 解郁方:黄花、郁金花、牡丹、芍药、桃花、紫罗兰、茉莉花、山栀花、兰花、桂花、木芙蓉、迎春花等。

9. **娱乐康复法** 各种健康、安全、合理的娱乐疗法都可以用于痴呆患者。

(1) 音乐疗法:音调和旋律的变化能引起人的组织细胞发生和谐的共振,对机体组织起到一种微妙的细胞按摩作用,能提高大脑皮质细胞的兴奋性,有利于改善人的情绪,消除外界环境造成的心理紧张。针对血管性痴呆患者的不同症状,选择适宜的音乐,可起到辅助治疗的作用。如患者有精神抑郁、悲伤,则选用节奏鲜明、活泼欢快、情绪激昂的乐曲。如患者有精神狂躁郁怒,宜选用旋律优美、恬静悦耳、频率和节奏变化缓慢的乐曲。

(2) 戏曲疗法:好的戏曲剧目有音乐舞蹈,还有情节、角色,能感人肺腑、引人思考,从而能调节患者情绪,延缓大脑功能的衰退,故有条件者可选择使用。

(3) 书画弹琴:书画弹琴,务必全神贯注,集中发挥大脑的思维创造能力,追求美的意境,能促进智力发展,还能锻炼手的精细动作,有助于本病患者的康复。血管性痴呆的发病初期,书画、琴曲都宜选用明亮、轻快性质的乐曲;如患者伴有精神障碍,可让其使用黑色或灰色作画,演奏节奏规律或风格宁静的乐曲;随着病情好转,再加些明亮、欢快的暖色。如患者伴有精神分裂,一般都难以作画、演奏,可让其画些房子或人物,弹奏一些有变化的节律(如鼓点似的单音)。

(4) 弈棋:患者通过弈棋训练,可延缓智力衰减。不过,弈棋时要求患者做到不计较输赢,不耗神过度,否则反会于身体康复不利。

(四) 康复护理

血管性痴呆患者的中医护理主要包括起居、饮食、情志、功能四个方面,要将四者有机的结合起来才能取得较好疗效。

1. **起居护理** 要尽量使环境安静,以利养神。注意调节情志,避免精神刺激。重症患者的饮食、洗漱、二便需有人护理,防止褥疮及感染。痴呆患者的认知功能受损严重,但运动功能保持完好,可能出现无目的的日夜闲荡,要注意门窗安全,可设置一个"安全区",让其在里面自由走动,防止外出后迷途难返。

2. **饮食护理** 痴呆患者饮食宜清淡,但应保证基本的营养摄入,要注意防止食物或药物中毒。

3. **情志护理** 对病情较轻者,要进行耐心细致的教育,进行适当的智能训练,以促进智能的恢复。

4. **功能护理** 对痴呆患者应尽早加强神经功能训练,促进肢体功能康复,并同时进行智能、言语训练和生活工作技能的训练。

(五)康复预防

痴呆的预防除了进行适当的脑力活动,加强运动,保持健康情绪之外。在生活中还应注意要保持足够的睡眠,排除焦虑情绪,限制吸烟、饮酒和咖啡因,及时治疗其他疾病,少看电视。

[附]阿尔茨海默病

阿尔茨海默病是一组原因未明的原发性大脑皮质变性疾病。其主要临床表现为进行性痴呆,有的还出现精神症状。病理改变以大脑弥漫性萎缩和神经细胞变性为主。

西方国家阿尔茨海默病患病率达2.5%,且患病率随年龄的增高而上升。日本报道阿尔茨海默病发病率达1.2%。根据在北京、西安、上海和成都所进行的一项大规模65岁以上老年人的患病率研究,1997年中国约有500万痴呆患者,其中50%以上为阿尔茨海默病患者。

阿尔茨海默病属中医学"痴呆"范畴,中医学认为本病为情志失调、饮食不节、久病体虚及年老摄护不当等,以至肝脾肾亏虚,阴血精气衰惫,髓海不足;或痰气交阻,蒙蔽清灵之窍,使神明不清;或气滞血瘀,脉络不畅,气血不能上荣于脑所致。上述病理既可单独出现,也可相兼为患。病位在脑,与肝脾肾密切相关。

阿尔茨海默病临床起病隐匿缓慢,持续进展,早期可表现出情感、兴趣、人格方面的改变,近期记忆减退,患者对周围环境的兴趣减少,对家庭内部事物、社会活动漠不关心,对人缺乏热情,严重者甚至对自己的兴趣、爱好也缺乏热情与关心,患者常常产生各种妄想,夜间骚动不安,白天委靡不振。随着病情的进展,患者远期记忆力减退,忘记发病前所记住的词语、人名及各种知识、能力,失去已拥有的信息等。

目前对阿尔茨海默病的临床诊断尚无优于脑组织活检的方法。确诊主要靠尸检脑组织的神经病理学和神经生化方法,尚无一明确的临床诊断手段。临床诊断主要依据详细的病史、精神检查、脑影像学检查等综合分析。其诊断要点为:①符合脑器质性精神障碍的标准。②起病缓慢,以逐渐加重的痴呆为主要临床症状,病情发展可暂时停顿,但不可逆。③需排除可导致痴呆的其他疾病,如脑血管性痴呆、甲状腺功能低下症、胶原系统疾病、恶性贫血、帕金森病等。

本病患者的中医康复治疗当以扶正为主,辅以祛邪,以益智醒脑。扶正应予养肝、益脾、补肾,尤重补肾填精。祛邪当理气、化痰、逐瘀。常用康复方法有:

1. 行为疗法　应尽量发现患者尚存智力的因素,采用行为疗法,反复予以强化,以延缓智力衰退。

2. 音乐疗法　对抑郁为主的患者可选听开郁方、激昂方乐曲,对急躁易怒的患者则选听安神方、制怒方乐曲,并可重点选听中老年益智方等乐曲。

3. 针灸康复法

(1)毫针疗法:第一组穴位选大椎、安眠、神门、足三里,第二组穴位选哑门、百会、安眠、内关,备用穴选肾俞、心俞、丰隆、太冲。每日1次,两组交替强刺激,10 d为1个疗程,疗程间隔3~4 d。

(2)耳针疗法:取神门、皮质下、肾、脑点、枕、心等穴,每日1次,每次选2~3穴,20次为1个疗程。亦可在两耳神门穴分别接上正负极,连通电针机(可用直流电脉冲发生器,最大电压50 V,频率3次/s,正弦波),除晚上睡眠时将刺激器取下外,平时让患者或其家属控制通电。开始时,白天每次通电 10 min,间隙 10 min。1 周后一天通电 4 次,每次 30 min。

(3) 头针疗法:取运动区、感觉区、晕听区。缓慢进针,出现针感后少捻转片刻,留针 30 min。

(4) 穴位注射:取 75% 复方当归注射液 4 ml,分别注入双侧肾俞(配穴为足三里、三阴交、合谷);或取哑门、百会、神庭、角孙等穴,每次 2 穴,交替使用,每穴注入乙酰谷酰胺注射液和呋喃硫胺注射液各 0.5 ml。均隔日 1 次,10 次为 1 个疗程,疗程间隔 3 d。

(5) 皮肤针:取脊柱两侧夹脊穴、骶部、头部眼区、踝关节周围皮部。以轻、中度手法叩刺,见局部轻度充血为度。隔日 1 次,10~15 次为 1 个疗程。

(6) 刺血:主穴为中冲、天枢,配穴为涌泉、劳宫。用三棱针直刺皮下 1 分深,放出 4~5 滴血,主配穴隔日放血 1 次。

其他康复疗法可参考血管性痴呆。

(朱天民)

第八节 类风湿关节炎

(一) 概述

类风湿关节炎是一个累及周围关节为主的多系统性炎症性的自身免疫病,属于中医学中"顽痹"、"历节病"、"尪痹"的范畴。临床常表现为受累关节疼痛、肿胀、功能下降,其特征性的症状为对称性、多个周围性关节慢性炎症病变。病程常反复发作,迁延不愈。

本病呈全球性分布,我国的患病率为 0.32%~0.36%,低于欧美白人的 1%,是造成我国人群丧失劳动力和致残的主要病因之一。

中医学认为类风湿关节炎的发生是由于居处潮湿、涉水冒雨、气候突变、冷暖交错等原因,致使风寒湿邪乘虚侵袭人体,注于经络,留于关节,使气血痹阻而成。由于感邪偏盛的不同,其临床表现有所差别。以风邪为主者,因风善行而数变,故疼痛游走不定;以寒邪为主者,因寒邪凝滞,故其疼痛剧烈;以湿邪为主者,因湿性黏腻重着,故其肌肤关节麻木、重着,痛有定处。此外,感受风热之邪,与湿相并,致使风湿热合而为患;或素体阳盛或阴虚有热,感受外邪之后从热而化;或风寒湿痹久不愈,邪留经络关节,郁而化热,致使关节红肿热痛发为热痹。若风寒湿或热痹日久不愈,气血运行不畅日甚,致使血停为瘀,湿凝为痰,痰瘀互结,停留于关节骨骱,阻闭经络,可出现关节周围结节、关节肿大、屈伸不利等症;亦可致阴血耗伤,肝肾不足,或因复感于邪,由经络病及脏腑,而出现脏腑痹的证候。总之,正气不足、外感六淫、痰浊瘀血是类风湿关节炎的三大致病因素。其基本病变为经络、肌肤、血脉、筋骨甚则脏腑气血痹阻,失于濡养。病位一般初起在肢体皮肉经络,久病则深入筋骨,甚则客舍脏腑。病情初起往往以邪实为主,但本虚标实亦属常见。久病则正虚邪恋,虚实相夹,寒热错杂,使其缠绵难愈,变证丛生。

(二) 辨证要点

在类风湿关节炎的康复治疗中要从以下三方面进行辨证。

1. 辨虚实 病情反复发作,或渐进发展,由于经络长期为邪气壅阻,营卫不行,湿聚为痰,络脉瘀阻,痰瘀互结,多为正虚邪实;病久入深,气血亏耗,肝肾虚损,筋骨失养,多为正虚邪恋之证,以正虚为主。

2. **辨病邪** 关节痛处固定、拘引、疼痛剧烈,因寒而剧,得温则减,舌苔白,脉紧者,多以寒邪为主;酸痛重着,关节濡肿,苔白腻,脉濡者,多以湿邪为主;关节疼痛、麻木、肿胀,甚至骨节变形,活动受限者,或病程日久,用一般常法止痛效果不明显者,多为痰瘀。

3. **辨证型** 四肢关节肿胀疼痛、晨僵、屈伸不利,遇寒则痛剧,得热则痛减,局部畏寒怕冷,皮肤不红、触之不热者,多为风寒湿阻证;关节红肿、疼痛如燎,按之痛甚,晨僵,活动受限,得冷稍舒,兼有发热、口渴、烦闷不安者,多为风湿热郁证;关节肿大、僵硬变形,屈伸受限,疼痛固定,痛如锥刺,昼轻夜重,舌紫暗者,多为痰瘀互结证;关节肿胀变形僵直,屈伸不利,头晕目眩,形瘦,腰膝酸软者,多为肝肾亏虚证。

(三) 康复疗法

类风湿关节炎的中医康复治疗主要包括心理、中药、针灸、推拿康复法等方面。

1. **中医心理康复法** 加强宣教,让患者保持健康的心态,是类风湿疾病治疗成功的保证。因病程迁延及反复性,有些患者在治疗过程中会失去信心,经常会表现为情绪低落、抑郁,有时甚至会有轻生的念头,康复医生可采用情志引导法做好解释、安慰、说服、开导工作,指导患者正确对待疾病,鼓励患者保持平和心态、乐观精神。通过与患者交谈,了解其忧虑为其解郁答疑,让其从忧虑、抑郁的状态中解脱出来,要鼓励和促进患者间的联系交流,以互相吸取经验教训。同时,要正确处理好社会、单位、亲友间的关系,并取得理解支持。

2. **中药康复法**

(1) 中药内治法

1) 风寒湿阻型

治法:祛风散寒除湿。

方药:蠲痹汤(《医学心悟》)加减,药用羌活、独活、桂枝、秦艽、当归、川芎、海风藤、桑枝、乳香、木香、炙甘草等。

若风盛,加防风、白芷;寒甚,加附子、川乌、细辛;湿盛,加防己、萆薢、薏苡仁等。

2) 风湿热郁型

治法:清热通络,祛风除湿。

方药:白虎桂枝汤(《金匮要略》)加减,药用石膏、知母、甘草、粳米、桂枝。

若关节红肿较甚者,可加银花藤、黄柏、栀子;皮肤有红斑者,可加丹皮、生地、赤芍等。

3) 痰瘀互结型

治法:化痰逐瘀。

方药:桃红饮(《类证治裁》)加减,药用桃仁、红花、川芎、当归尾、威灵仙。

若瘀血较重者,可加穿山甲、地龙等;痰浊较重者,可加白芥子、胆南星等。此外,可加乌梢蛇、全蝎等以搜风通络。

4) 肝肾亏虚型

治法:补益肝肾。

方药:独活寄生汤(《备急千金要方》)加减,药用独活、桑寄生、秦艽、防风、细辛、川芎、白芍、当归、桂枝、熟地、茯苓、杜仲、牛膝、人参、甘草。

若面色萎黄不华,心悸、怔忡者,可加黄芪、鸡血藤等;若久病阴损及阳见畏寒、小便清长者,可加鹿角片、补骨脂、巴戟天等。

(2) 中药外治法

1) 熏洗法：风寒湿阻型用草乌、肉桂、细辛各 30 g,水煎成 1 000 ml;痰瘀互结型用瓜蒌、肉桂、细辛各 30 g,水煎成 1 000 ml;风湿热郁型用金钱草、车前草、木通各 30 g,水煎成 1 000 ml;肝肾阴虚型用丹参、枸杞子、艾叶各 30 g,水煎成 1 000 ml。每天晨起、睡前熏洗浸泡患处 20 min 左右。

2) 膏贴法：用御寒膏敷贴患处后用熨斗熨之。膝关节肿大,形如鹤膝者,可用鹤膝膏外贴膝。

3) 外涂法：川乌、草乌、松节、生南星、生半夏各 30 g,研末,酒浸,擦患处(不可内服)。

4) 热熨法：可用棉花籽或蚕砂 500 g,炒热,加入适量白酒,装入布袋,热熨患处;或用石菖蒲 120 g,小茴香 60 g,食盐 500 g,同炒热,布包外熨患处;或用保元熨风方。

3. 针灸康复法

(1) 毫针疗法：选穴以督脉、阳经为主;行痹,取合谷、血海、外关;痛痹,取合谷、足三里、曲池;着痹,取足三里、阴陵泉、丰隆;热痹,取大椎、曲池;久痹,取肾俞、命门、关元。上肢肩、肘、腕关节痛甚者,取风池、肩髃、曲池、外关、虎口透后溪;下肢关节痛甚者,取肾俞、环跳、阳陵泉、足三里、悬钟、丘墟、太冲、三阴交等;指关节痛剧变形者,加合谷透后溪;腕关节痛甚者,加阳池;肩关节者,加肩髎、肩贞;膝关节疼痛屈伸不利者,加鹤顶、膝眼;踝关节肿痛变形者,加解溪、昆仑;脊椎病变者加相应节段的夹脊穴。

根据病机结合发病部位,可在上述穴位中选用 4～6 穴,常规方法针刺,并根据痹证性质,采用不同的刺激手法。寒湿偏重者,以针为主,针灸并用,针宜深刺久留。热邪盛者,则应以多刺、浅刺、疾刺,或刺络出血;久痹肝肾气血亏虚者,针用补法。

(2) 电针疗法：取穴以关节邻近穴位为主。一般选用疏密波或变频连续波,刺激强度中等,时间一般应在 30 min 以上,可在毫针针刺的基础上使用。湿热型的治疗尤宜加用电针,电针能起到清热消炎镇痛作用,通过针刺和电刺激,增强针感,使气至病所,效应于病变关节,加速炎症的吸收,这也是解决关节红肿热痛行之有效的治疗方法。

(3) 艾灸疗法：适用于风寒湿阻型和肝肾亏虚型,一般采用温针灸。以大椎、至阳、命门、腰阳关、华佗夹脊为主穴,配以肩髃、合谷、曲池、足三里、阳陵泉、解溪、外关。先取华佗夹脊穴第一至第十二胸椎排刺,左右间隔交替取穴及大椎等,后取四肢穴位。采用 0.3 mm 粗、40 mm 长的毫针,速刺进针,捻转得气后,针柄上插入 1.5～2 cm 长艾条,将艾条点燃,待艾条燃尽后取针。四肢穴操作法同"毫针疗法"。

(4) 其他针灸疗法

1) 耳针疗法：取穴为相应区压痛点、交感、神门。针刺或用王不留行籽外贴耳穴法。

2) 穴位注射疗法：根据辨证选穴,多采用原穴、郄穴、合穴等特定穴及一些经验穴。穴位注射治疗本病,主要是发挥其较强和持久的止痛作用。一般情况下,轻度疼痛可选用中草药活血化瘀类药物;中、重度疼痛则应采用作用强烈的具有消炎止痛的中药和激素类制剂、蜂毒制品。注射剂量不宜过大,但宜多针,即每次治疗可选用 4 个注射点以上。一般隔日注射 1 次,但如果用激素类药物,宜 1 周治疗 1 次。目前多用正清风痛宁、追风速注射液等。

4. 推拿康复法

(1) 穴位按摩：用拇指尖推穴位,或用中指掐穴位,或用手指、手掌搓摩穴位。常用穴位可参考针灸康复法。还可根据症状，选穴按摩。

（2）摇动关节：如有不同程度的关节功能障碍，可采用适当弧度的被动按摩手法。在施治部位，一般需先用揉、滚、推等手法使肌肉放松，然后做被动手法。如在腰部一般可用弹动性的按压法；如在上肢可牵伸有活动障碍的关节，扳拔有畸形的关节；如在下肢，可摇动有活动障碍的关节或做引伸手法。做被动手法时，要用轻巧、快速而带有弹性的动作，切不可用暴力。推拿不能急于求成，特别是病程越长，一般骨节僵硬越重，身体也越虚弱，必须注意循序渐进。

（3）自我按摩：当推拿已取得成效，在活动功能已有好转的基础上，可教会患者自我按摩动作，如两手搓颈、两拳擦腰、两手交替捻摇手指各关节、两手揉大小腿等。

5. 传统体育康复法

（1）太极拳：可以从练单个动作开始，如揽雀尾、单鞭、云手、下式、左右蹬脚等，逐步过渡到练全套。练习的次数不限，可因人因病情不同灵活掌握。

（2）五禽戏：要根据病情和功能的可能性，练整套或单练一禽之戏，或选练某些动作。如发展肢体关节活动以练虎戏和鹿戏为好，发展肢体灵活性可练猿戏。

6. 气功康复法　以强壮功、内养功、站桩功为宜，可选练松静气功、太极拳等功法。每日练1～3次。

7. 饮食康复法　适宜的饮食调补，对类风湿关节炎的治疗有益，具体调补应结合患者的形质及痹邪的偏盛予以实施。一般来说，形瘦相火偏旺者，宜食清凉之品如莲子心、百合等；形胖气虚多痰者，宜食薏苡仁、山药、扁豆等；风邪偏盛者，宜食豆豉、荠菜；寒邪偏盛者宜以茴香、桂枝、花椒佐菜；湿邪偏盛者，宜食薏苡仁、赤小豆、炒白扁豆；热邪偏盛者宜食马兰头、通心草、青菜、水果等。以下食疗药膳配方可供选择应用。

（1）辣椒猪肉汤：瘦猪肉100 g，辣椒根90 g。将瘦猪肉洗净切块，辣椒根水洗后用纱布包好，封口。再把猪肉、辣椒根、葱段、姜片、花椒一起放入砂锅内，加水适量，先用武火烧沸，改用文火炖煮30 min至肉烂，去辣椒根，食肉饮汤，每日1剂。本方具有温经散寒、祛湿止痛的功能，适用于关节疼痛较剧者，风湿热郁型忌服。

（2）桂浆粥：肉桂10 g，粳米50 g，红糖适量。将肉桂研成细末，粳米洗净，常法煮粥，待粥将熟时，加入肉桂末、红糖，再煮沸1～2次即成。趁热空腹吃下，每日1剂，3～5 d为1个疗程，有效者再服1～2个疗程。本方具有温经散寒、暖肾止痛的作用，适用于风寒湿阻、寒邪较重者，热证及阴虚火旺者禁用。

（3）黄花菜根酒：黄花菜根、黄酒各50 g。将黄花菜根洗净，放入锅内，加水适量，先用武火煮沸，改用文火煎煮30 min，去渣取汁，冲黄酒内服。每日2次，连服数天。本方具有清热通络的作用，适用于风湿热郁、关节红肿疼痛明显者，关节无红热者忌服。

（4）茄根酒：茄子根（或白茄根）90 g，白酒500 ml。将茄子根洗净，切碎，用白纱布包好，封口，再将茄子根放入白酒中浸泡3 d，启封即可饮用。每次饮15 ml，每日2～3次，连服7～10 d。本方具有清热祛风、除湿通络的作用，适用于关节红肿热痛、口渴、便干、发热等症，关节无红热者忌服。

（5）蚂蚁药蛋：蚂蚁50 g，人参、白术各1g，当归4 g，黄芪、鸡血藤、丹参各7.5 g，淫羊藿、巴戟天、薏苡仁、威灵仙各5 g，蜈蚣2条，制川乌、牛膝各2.5 g。将上药共研细末，炼蜜为丸，每丸重12 g，每次1丸。服用时将核桃1个去皮夹，大枣1枚去核，药1丸切细，盛入碗中，加鸡蛋

1个搅匀,蒸熟服食,用小米粥空腹送服。本方具有化痰祛瘀、搜风通络的作用,适用于痰瘀互结者。

(6)独活当归酒:独活、杜仲、当归、川芎、熟地黄、丹参各30 g,白酒1 000 ml。先将上述6种药物研细,分别用纱布包好,放入白酒中,加盖密封,放火旁煨24 h,候冷即可,不拘时饮之。本方具有补肝肾、强筋骨、祛风湿的作用,适用于肝肾亏虚者,本病早期及热痹者禁服。

8. 自然康复法

(1)矿泉浴:水温应在39～42 ℃,采用全身浸浴,可结合水下按摩、水中运动,每次约20 min,每日1次。

(2)砂浴疗法:每日进行1次,一般10～15 d为1个疗程。有效或体力佳者,可做3～4个疗程。

此外,日光浴、空气浴、森林浴等均可酌情选用。

9. 传统物理康复法

(1)热浴法:一般以全身或半身长时浴法为宜,水温应保持40 ℃。并可配合水下按摩或水中运动,每次15～30 min,每日1次。

(2)磁疗法:可采用耳穴磁疗法,将少量磁粉或小块磁片用胶布贴于耳穴上,与耳针选穴相同。

10. 娱乐康复法

(1)音乐疗法:以节奏明快、旋律优美的乐曲为宜。如情绪忧郁者可选开郁方,疼痛明显者可选减轻疼痛方。

(2)舞蹈疗法:根据体力及关节活动的具体情况,可选一些动作轻快、活动关节较多的舞蹈。其他如风筝、钓鱼、文艺等疗法亦可选用,共奏调身、娱神之效。

(四)康复护理

类风湿关节炎的护理主要有起居、饮食、情志护理三个方面。

1. 起居护理　患者不但要照顾好已残损的肢体,更要注意整体。医者在必要的情况下可给予协助,并引导患者充分发挥健全肢体的作用以替代残损部分。此外,房间应干燥、温暖,要注意防寒、防湿,阴雨天不要外出,不要直接吹风,注意保暖多晒太阳,生活有规律。要清心寡欲,注意养生,以增强体质,防止病情加重。

2. 饮食护理　要多食蔬菜、瘦肉等食品。以热食为主,副食中可加适量姜、辣椒、茴香、桂皮类调料,以开胃口,帮助驱散风寒湿邪。禁生冷,忌食肥厚油腻食品。

3. 情志护理　护理人员接触患者时,要仪表端庄、举止稳重、言语亲切、态度要和蔼,以取得患者的信任,并争取亲属积极配合。因和谐美满的家庭及护理人员和家属无微不至的关怀、周到的照料,能给患者带来心灵上的抚爱和对康复的希望,从而使患者情绪稳定,有利于病情缓解。

(五)康复预防

遏制病情进展、降低致残率的关键在于早期的诊断并施于合理的治疗。因此,医务人员有责任加强对患者的宣传和教育,让患者认识到早期治疗的意义重大。目前国际公认的类风湿关节炎治疗窗口期为3个月,即发病后3个月内是类风湿关节炎治疗的关键时期,早期正确、合理的治疗,可使大多数患者病情得到控制和缓解。

良好的姿势和适量的锻炼及保持最佳功能位置是类风湿关节炎患者保障生活质量的前提和基础。因此,要使患者经常更换体位和姿势。指导患者做任何事情时,要使用最强壮的关节,如患者起床时应手掌或前臂用力,手指不能负重。长期用激素的患者,皮肤脆弱要注意意外伤害,防止皮肤撕裂。

(朱天民)

第九节　强直性脊柱炎

（一）概述

强直性脊柱炎是以中轴关节慢性炎症为主,也可累及内脏及其他组织的慢性进展性风湿性疾病。中医学中无强直性脊柱炎的病名,根据其临床表现归属"骨痹"、"肾痹"的范畴。

强直性脊柱炎多见于青少年,为常见的风湿性疾病之一。初步调查,在我国患病率约为0.25%。90%患者HLA-B27阳性,而普通人群HLA-B27阳性率仅4%~8%,提示本病与HLA-B27强相关。家族调查结果,HLA-B27阳性的强直性脊柱炎患者一级亲属,近半数HLA-B27阳性,其中又有近半数罹患本病;同卵双生子HLA-B27和强直性脊柱炎的一致率则超过50%。提示遗传因素和环境因素在本病发病机制中都起作用。

中医学认为本病是由先天禀赋不足,加之劳累太过,或久病体虚,或房室不节,肾中精气亏虚,督脉亦虚,致使腰脊筋脉失养所致;或外感寒湿之邪,或寒湿蕴久,化为湿热,或感受湿热之邪,侵入肌表,继而内侵经络、血脉、筋骨,邪阻经络;或肾虚督空,阳气不足,水液代谢失常,气血运行不畅,则体内痰浊内生,瘀血停留。痰、瘀、湿、浊,着于督脉,阻于孙络,流注脊柱,充塞关节,由浅入深,终致脊柱强直。此外,扭挫、坠堕、跌仆等外伤损伤腰肌脊柱,使气血运行不畅,经络阻塞,可诱致本病发生。总之,本病在体为骨,在脏为肾,肾虚是本病发生的关键,且与肾经、膀胱经、督脉关系密切。为先天肾气不足或后天失养,肾虚督空,外邪乘虚而入,直中伏脊之脉,气血凝滞,拘挛不用,病邪阻于骨而发病,且与气血失调亦有一定关系。正如《证治准绳·腰痛》所言:"有风,有湿,有寒,有挫闪,有瘀血,有滞气,有痰积,皆标也。肾虚,其本也。"

（二）辨证要点

强直性脊柱炎的辨证要点主要有以下两个方面。

1. **辨表里虚实**　强直性脊柱炎的辨证宜首分虚实。大抵感受外邪所致者,多发病急骤,其证多属表、属实;由肾精亏损所致者,常见慢性反复发作,其证多属里、属虚;若客邪久羁,损伤正气,则成实中夹虚证;若肾气久亏,卫阳不固,新感外邪,亦形成虚实夹杂证。

2. **辨证型**　强直性脊柱炎临床辨证主要有气血虚弱、肝肾阴虚、寒湿痹阻、湿热痹阻、瘀阻经脉五种主要证型。腰背酸痛,胸闷气短,四肢乏力,颜面苍白,舌淡白,脉细者,多属气血虚弱;腰背酸痛,僵硬难直,潮热盗汗,足跟疼痛,筋脉拘急,舌红苔薄黄,脉细数者,多属肝肾阴虚;腰骶疼痛,俯仰不利,腰膝酸软,肢体沉重,得温则舒,遇寒则剧,舌淡苔厚,脉沉滑,多属寒湿痹阻;腰骶及关节疼痛,扪之发热,屈伸不利,遇热加重,得冷减轻,小便短赤,舌红,苔薄黄或黄腻,脉滑数者,多为湿热痹阻;腰背酸痛,痛如锥刺,固定不移,局部肌肤甲错,日轻夜重,日久腰呈板状畸形、僵硬，舌质紫暗、有瘀斑，苔薄白，脉弦涩者，多为瘀阻经脉。

（三）康复疗法

强制性脊柱炎患者常用的中医康复疗法主要有中医心理康复法、中药康复法、针灸康复法、推拿康复法、传统体育康复法等。

1. 中医心理康复法　强制性脊柱炎患者往往出现抑郁、焦虑等异常的情志反应。因此，医者可采用情志引导法多与患者交流，向其解释病情，使其提高对疾病的认识水平，端正对疾病的态度，解除顾虑，树立战胜疾病的信心。此外，情志相胜法、行为疗法等亦可选用。

2. 中药康复法

（1）中药内治法

1）气血虚弱型

治法：益气养血，活络舒筋。

方药：八珍汤（《瑞竹堂经验方》）加减，药用熟地、川芎、当归、白芍、人参、白术、茯苓、炙甘草。

若腰背酸痛者，可加伸筋草、木瓜、狗脊等；纳呆腹胀者，可加木香、砂仁、陈皮等；不寐者，可加酸枣仁、五味子等。

2）肝肾阴虚型

治法：滋补肝肾，舒筋活络。

方药：左归丸（《景岳全书》）加减，药用熟地、山药、山茱萸、菟丝子、枸杞子、阿胶、鹿角胶、牛膝。

若腰脊酸痛者，可加狗脊、防风、银花藤等；夜热骨蒸者，可加地骨皮等；气虚者，可加人参；虚烦不寐者，可加柏子仁、酸枣仁、丹参等。

3）寒湿痹阻型

治法：散寒行湿，温经通络。

方药：肾着汤（《金匮要略》）加减，药用甘草、干姜、茯苓、白术。

若腰骶疼痛甚者，可加桂枝、杜仲、牛膝、桑寄生等；肢体沉重者，可加薏苡仁、苍术、制附片、羌活、独活等。

4）湿热痹阻型

治法：清热利湿，舒筋止痛。

方药：四妙丸（《成方便读》）加减，药用苍术、黄柏、薏苡仁、牛膝。

若腰脊热痛口渴者，可加玄参、生地、麦冬等；小便短赤者，可加赤小豆、泽泻等。

5）瘀阻经脉型

治法：活血化瘀，通经止痛。

方药：身痛逐瘀汤（《医林改错》）加减，药用秦艽、桃仁、红花、当归、川芎、五灵脂、羌活、没药、香附、牛膝、地龙、甘草。

若腰背疼痛较剧者，可加三棱、莪术、独活、桑寄生等；腰脊强直、屈伸不利者，可加穿山甲、地鳖虫、白芥子等。

（2）中药外治法

1）干敷法：取武力拔寒散（白花菜子、花椒、丹参、红花等）半袋，用鸡蛋清调成糊状，摊在厚纸上,做成 10 cm×10 cm 大小(可根据不同患者调整),然后把摊好的药纸贴在患处,用布包严,贴 30 min 左右后取下,5~7 d 贴 1 次,每次贴药前后在患处涂一层绿药膏,以防皮肤烫伤,待皮肤恢复正常后,贴第二遍,3 个月为 1 个疗程。

2) 湿敷法:取湿敷方(青风藤 150 g,寻骨风 200 g,透骨草 80 g,仙灵脾 80 g,乳香 30 g,没药 30 g,丹参 20 g,红花 20 g)一帖,加武力拔寒散一袋,一起装入相应大小布袋中,加水 3 000 ml,食盐 250 g,浸泡 2 h 后将药煮沸,先熏洗患处,等药温降到 40 ℃左右,将药袋敷在患处,每次 1 h,每日 1 次,每贴药连用 5~7 d,3 个月为 1 个疗程。本法适用于皮肤不能适应武力拔寒散干敷的患者。

3. 针灸康复法

(1) 毫针疗法:选取大椎、至阳、命门、曲池、合谷、秩边、环跳、风市、足三里。若风邪盛,则加风池、风府;寒邪甚,加肾俞、关元;痰浊甚,加间使、丰隆、太冲;血瘀明显,加血海、地机、膈俞;肾虚明显,加曲泉、照海;阴虚明显,加太溪;阳虚明显,加复溜;心肾阳虚,加大陵、神门。

常规方法针刺上述穴位,得气后采用平补平泻法,针刺隔日 1 次,每次留针 30 min,留针期间每隔 10 min 行针 1 次。

(2) 艾灸疗法

1) 督灸:将生姜、葱白捣如泥,混匀后备用。同时备用纱布,宽 15 cm,长度根据患者脊柱而定。操作时令患者俯卧位,姿势尽量舒适,暴露脊柱,把备好的纱布置于大椎穴至腰俞穴,将生姜、葱白泥铺于纱布上,厚约 2 cm,宽约 6 cm,压平,把艾炷置于其上,分段点燃,自大椎穴沿脊柱至腰俞穴进行督脉经灸疗,每次 1~2 h,隔日 1 次,7 次为 1 个疗程。每次灸完,再用手法沿脊柱督脉按摩 10 min。

2) 隔姜灸:取胸、腰段夹脊穴及督脉上阿是穴,先涂上万花油,用多汁老姜切成厚薄适中的片覆盖于穴位上,用细柔艾绒捻成手指大小的艾柱,置于姜片上灸 7~10 壮,每日 1 次,10 次为 1 个疗程。

(3) 其他针灸方法

1) 穴位埋线疗法:取肾俞、白环俞,均双侧。患者俯卧位,先用龙胆紫在穴位处做一进针标记,以 0.5％碘伏常规消毒后,用 2％利多卡因局部麻醉,医者右手持针,针头顶压于所埋穴位,左手将一段已消毒的 0 号羊肠线(将 0 号羊肠线剪成 1.5 cm 的小段,使用前浸泡于 75％乙醇中 30 min)套于埋线针尖端的凹槽内,然后左手拇指绷紧穴位皮肤,右手持续缓慢进针,针尖缺口向下以 15°~40°角刺入,直至肠线头完全埋入皮下,再进针 0.5 cm,将肠线埋于穴内肌层,随后出针,针孔用碘伏再次消毒,外敷无菌纱布。15~20 d 埋线 1 次,3 次为 1 个疗程,埋线后 5 d 内嘱患者切勿洗澡,以避免针孔感染。

2) 蜂针疗法:以病变脊柱及其附近的夹脊穴为主穴,配合大杼、膈俞、肾俞、秩边、阳陵泉等穴交替进行,平均每次取 10 个穴左右。皮试:初诊患者均首先在一侧肾俞穴做蜂毒试验。方法是用乙醇进行穴位消毒后,用镊子取一只中华蜜蜂直接蜇刺在穴位上,并立即将蜂针拔出,15 min 后观察其反应情况,局部红肿半径<5 cm,无全身其他不适反应者可接受本法治疗。治疗方法:穴位皮肤常规消毒后,医者用镊子轻夹活蜂的腰部,使其尾部接触穴位,蜂刺将自动刺入穴位。让蜂针仍留于穴位,10~20 min 后拔出蜂针刺。这时穴位处可见黄豆大小的丘疹出现,有的患者会感到局部发热。一般一只蜂蜇一个穴位,用蜂数目由初期的小量到量多,逐日增

加。隔日治疗1次,15次为1个疗程,连续观察3个疗程。

3) 挑筋疗法:取颈、背、腰部的膀胱经背俞穴、华佗夹脊和督脉穴、阿是穴。穴位挑点常规消毒,用2%普鲁卡因在相应穴位下注射皮丘,用特制针具挑断表皮后,把穴位皮内的白色纤维缓慢拉出,直至把针孔(直径为0.2～0.3 cm)周围的纤维挑完为止。针挑后涂上碘酊,外贴无菌小纱垫。每日针挑1次,每次取4个穴位(左右对称),10 d为1个疗程。

4) 刮痧疗法:刮痧部位近取患者背部以脊柱为中心的病变区域,即以X线摄片提示的脊柱病变最高位置为上限,以骶部为下限,两侧腋后线之间的范围;远取双侧涌泉穴。操作方法:患者俯卧在治疗床上,显露背部,全身放松。医者确定刮痧范围,在相应部位涂上一层舒筋活络油,并轻松按摩穴位,放松有关肌肉组织。医者用消毒刮板在皮肤上以45°的倾斜角,沿着一定方向进行刮摩,一般自上而下,由内到外,依次顺刮;其接触面应尽可能拉大、拉长,非平面部位可用棱角刮摩;操作中依据病情、病变特点,灵活运用点、线、面的结合,针对性刮摩重点部位。刮摩力度以患者体质、胖瘦、病程及对疼痛的耐受程度而确定;一般胖者、病程长者重刮,反之则轻刮,但用力应均匀,始终如一。医者应全神贯注,意念作用于手指,将自身正气通过刮具传达到皮肤,并与刮摩力相合,借助刮具快慢节奏变化,实施补泻手法。刮摩背部同时,交替对双侧涌泉穴者进行强力刮拭。每个部位刮拭3～5 min,30～50次为宜,直至出现紫红色斑块,示体表出痧。刮摩完毕,嘱患者饮用大量热茵陈赤小豆汤,而使其周身汗出。7 d治疗1次,治疗4次为1个疗程,3个疗程结束,观察疗效。

4. 推拿康复法

(1) 松凝正骨法

预备手法:患者俯卧位,解除腰带,全身放松,医者立于床边,用揉法自颈肩、胸背腰、臀、股、小腿至足跟,主要放松和温通足太阳膀胱经脉,反复6次。再以左右拇指分别置于脊柱两侧,顺足太阳膀胱经的大杼、肺俞、心俞直至膀胱俞等穴位进行点按,又顺双下肢膀胱经和少阳胆经自臀至足,重点点按环跳、承扶、殷门、委中、阳陵泉、承山、昆仑等穴位,每穴点按3～5息,一呼一吸为一息。

松凝分筋:医者立于患者一侧,双手拇指并拢,首先触摸到第一腰椎横突,指腹用力顶住横突处,将横突间韧带、竖脊肌、横突间肌和腰背筋膜等组织向内后方向进行弹拨,反复进行3～5次。每次弹拨时要配合患者的呼吸,力量轻重以患者能耐受为度。然后拇指顺势下移至第二、第三、第四、第五腰椎及臀部进行同样手法操作,直至触及的腰背肌腱、韧带等出现一定的松弛感。一侧手法治疗结束后,医者再移至患者另一侧进行治疗。

掌推正骨:医者侧身立于患者一侧,一手掌置于第七颈椎棘突,另一手掌置于其上协同用力。医者前臂和掌根的用力方向与患者身体呈45°,着力点在医者掌根部,自颈胸段开始,沿棘突由上向下顺势推按,每次按压时注意配合患者呼吸(呼气时向下按,吸气时放松),按压力量由轻到重,并随时询问、观察患者的反应,每次推按至骶尾部结束。如此往返3～5次。

以上松凝正骨手法每周进行3次。

(2) 推拿整脊平衡疗法

预备手法:同松凝正骨法。

推拿整脊平衡法:①脊柱前后运动法:令患者俯卧或侧卧位,医者双手拇指按压两棘突间做前后运动200次。②棘突左右侧运动法:令患者俯卧位,医者双手拇指放置于棘突左右旁侧,向对侧推动 200 次。③棘突左、右斜 45°运动法：医者双手拇指置于棘突旁侧，用力向对侧呈 45°推动 200 次。④脊柱小关节前后运动法：医者双手拇指按压棘突旁小关节，用力的方向向腹侧直线进行，起伏按压 200 次。治疗顺序为自上而下，上自环椎下止骶椎，每个运动节进行手法调整平衡运动频率以每分钟 60 次为宜。手法中应肩、肘、腕关节放松空虚，进行起浮性局部按压，动作要柔和、轻巧，手到心会，由轻到重，逐渐用力，达到局部力学平衡的治疗作用，每 20 次为 1 个疗程。

5. 传统体育康复法　强直性脊柱炎可采用体操疗法，体操疗法共分八节，具体内容如下。

第一节深呼吸运动：取坐位或立位，挺胸收腹，以最大力量吸气后，再以最大力量呼气。

第二节颈部运动：头颈部做前曲、后仰、左右侧弯、旋转、圆形运动。

第三节扩胸运动：双脚并齐或单脚向前迈一步，双前臂内屈平胸左右运动（两次），然后双前臂做外展运动（两次）。

第四节转体运动：双脚分开与肩同宽，双前臂内屈于胸前，分别向左、右做转体运动。

第五节腰部运动：双脚分开与肩同宽，双手叉腰，腰部做前曲、后仰、左右侧弯、旋转、圆形运动。

第六节后踢腿运动：双臂上举，左右腿分别尽力向后踢。

第七节波浪起立：双手支撑床栏杆，双足尖着地，身体由下而上呈波浪运动。

第八节两头翘：俯卧于床上，双手臂平放于身体两侧，头部与双足同时尽力上翘。

每日训练 3 次，时间安排在起床后、午睡前、晚饭后各 1 次，每次训练 20～30 min，训练强度以患者感觉轻度疲劳为宜。根据患者对疼痛的耐受性，采用循序渐进、坚持不懈的方法。宜选择在疾病的恢复期，即在活动期基本控制（ESR 或 CRP 基本正常）后，就开始医疗体操训练，并注意保暖、防寒和防潮。

此外，八段锦、五禽戏、易筋经等亦可选用。

6. 气功康复法　可选择练习内养功、强壮功、站桩功等功法。

7. 饮食康复法　由于强直性脊柱炎内因为肾督两虚，外因与风寒湿关系密切，故可常食辣椒、葱、花椒、大蔥、茴香、大蒜等辛热食品，大豆、黑豆、黄豆等豆类食品，栗子、青梅、乌梅、桑椹、樱桃等果实食品。此外，以下食疗药膳方可供选择应用。

（1）白芷羊肉汤：白芷 20 g，羊肉 100 g。白芷洗净备用，羊腿肉洗净，切小块，开水浸泡 2 h，捞起再洗净，置锅中，加黄酒、姜、葱、精盐，开水煮开，去浮沫；再加白芷，急火煮开 5 min，改文火煮 30 min，分次食用。本方具有温阳补血、祛寒通络的功效，适用于寒湿痹阻型和腰部疼痛、遇寒复发者。

（2）鲜虾炖黄酒：鲜河虾 500 g，黄酒 500 g。河虾洗净后浸于黄酒 15 min，捞起，隔水炖服，分次食用，黄酒与河虾可同食。本方具有温肾壮阳、舒筋止痛之功，适用于寒湿痹阻型者。

（3）双鞭壮阳汤：牛鞭 500 g，狗鞭 200 g，姜、葱、黄酒、精盐等。牛鞭（最好是黄牛鞭），入开水中浸泡 5 h，然后顺尿道对剖成两半，刮洗干净。将狗鞭洗净，同入温油中浸泡，以微火炸酥，捞起，再放入开水锅中泡洗干净。将牛鞭、狗鞭放入锅内，加入姜、葱、料酒等，并加清水 500 ml，上锅蒸煮约 2 h，分次食用。具有暖肾壮阳、散寒止痛的功效，适用于寒湿痹阻、腰部疼痛、四肢不温者。

（4）蟹爪茴香酒：蟹爪 100 g，小茴香 20 g，白酒 50 g。将蟹爪、小茴香分别洗净，置瓶中，加白酒,密封2个月,分次饮用,每日2次,每次10~20 g。具有补肾助阳、散寒通络的功效,适用于寒湿痹阻、腰部僵直、转身不利、膝软无力、四肢不温者。

(5) 韭菜桃仁汤:韭菜子20 g,桃仁20 g。韭菜子、桃仁分别洗净,置锅中,加清水200 ml,急火煮开3 min,文火煮30 min,分次饮用。具有壮阳暖肾、活血化瘀的功效,适用于寒湿痹阻兼有血瘀者。

8. 自然康复法　可采用矿泉浴、日光浴、砂浴等方法。

9. 传统物理康复法

(1) 热熏法:将熏蒸方药(黄藤200 g,忍冬藤100 g,鸡血藤100 g,当归100 g,红花100 g,生川乌100 g,生草乌100 g,杜仲100 g,牛膝100 g,枸杞子100 g)放入熏蒸箱内的盆中,加水煮开,保持箱内温度40 ℃左右,加醋250 g。令患者穿裤坐入箱中,头伸出箱外,熏蒸20~30 min,每日1次,15次为1个疗程。每剂药熏5次。

(2) 热浴法:常用药浴基本方为洋金花、黄芪、桃仁、红花、牛膝、木瓜、川续断、骨碎补、桂枝、独活、白芍、威灵仙、地龙、羌活、薏苡仁、附子、雷公藤、青风藤、伸筋草、透骨草、防己、银花藤各50 g。将上述药物制成粗粉装入布袋,用120 L温水浸泡24 h,煮沸20 min。用时取药浴液60 L放入浴盆内,加水60 L,待水温降至40 ℃时全身入盆浸泡,轻轻活动四肢,水温维持在37~40 ℃。浴时轻微汗出,药浴后用干毛巾拭干汗液及药液。每日1次,每次45 min,15次为1个疗程。

10. 娱乐康复法　可选用音乐疗法和舞蹈疗法。

(四) 康复护理

强制性脊柱炎的中医康复护理主要包括起居、功能、饮食、情志护理四个方面。

1. 起居护理　中医认为骨痹患者多为肝肾不足,风寒湿热侵袭,为正虚邪实之体,易感风寒之邪,应嘱患者随气候变化增减衣服,慎避风寒,以防感冒。患者必须睡硬板床,并在可以忍受的情况下尽量保持去枕、仰卧睡姿,以防止脊柱畸形。由于患者关节僵直,卧床时间较长,必须创造适宜休养的环境,保持病房安静、整洁,空气流通、阳光充足、温度适宜,使患者保持睡眠充足,情绪稳定,以增强抗病能力。避免劳倦、风寒,同时要节制房事。久卧病床,要勤翻身,防止褥疮发生。搬运患者时要轻柔,防止病理性骨折发生。

2. 功能护理　除要督促患者长期进行颈、胸、腰、肩、肘、腕、髋、膝、踝部的功能锻炼外,尚要对患者日常姿势进行训练,要求患者站立时头要保持中位,下颌微收,肩下垂自然放松;腹略内收、双脚与肩等宽,踝、膝、髋等关节保持自然位,重心居中不要偏移。坐位时应坐直角硬木椅,腰背挺直,劳累时可将臀部后靠,腰背紧贴在椅背上休息。卧位时宜仰卧、侧卧轮流交替,避免长时间保持一种姿势,每日晨起或睡前可俯卧5 min。

3. 饮食护理　以清淡为主,五味不偏,饮食适量,如绿色新鲜蔬菜、水果、瘦肉、牛奶、鸡蛋等。待病情稳定,可进滋补食品,并注意烹调技术,使色、味适宜,增加食欲。嗜食肥甘、烟酒可助湿生痰,加重病情。宜少食辛辣油腻食物,忌烟酒。

4. 情志护理　在护理时,应做耐心细致的开导、安慰、解释工作,向患者解释紧张、恐惧的心理会影响五脏六腑的功能,对疾病的康复非常不利,使患者主动控制情绪,保持乐观地与疾病斗争的勇气。寒湿痹阻型患者一般病程较长,病情进展缓慢,多悲观失望,护理时要精心,工作主动热情,态度和蔼可亲。

(五) 康复预防

因肠道、泌尿生殖系统感染，潮湿与寒冷的生活环境，固定的工作姿势及刻板式局部训练等可诱发强直性脊柱炎。因此，要积极预防肠道、泌尿系统等感染，注意饮食、泌尿生殖系统卫生。出现肠道、泌尿系统等感染时应积极抗感染治疗，生活中要慎起居、防受凉，注意关节保暖，加强锻炼，增强体质，保持良好的心态。

(朱天民)

第十节　恶性肿瘤

(一) 概述

恶性肿瘤又称癌症，是人体内的正常细胞在各种致癌因素作用下，其遗传基因受到影响，使生长脱离正常生理的控制，且在不正常的繁衍过程中，发生基因突变，而变为恶性癌细胞，属于中医学"岩证"的范畴。"癌"字源于"岩"字，与"岩"字通用，指肿块高低不平、坚硬如石、不能移动、溃烂后如岩洞状。

恶性肿瘤是常见病、多发病，具有发病率高、病死率高、治疗费用高等特点。据统计，我国2000年癌症新发病人数为180万～210万。2001年城市居民恶性肿瘤病死率占死因第一位，为135.59/10万，农村居民恶性肿瘤的病死率占死因第三位，为105.36/10万。我国常见肿瘤死因顺序为肝癌、肺癌、胃癌、食管癌、大肠癌、鼻咽癌、乳腺癌、宫颈癌、白血病、淋巴瘤等。我国每年用于癌症患者的医疗费用约800亿，占卫生总费用的20%，人均约2万元。近年来的研究认识到，癌症是一类可以预防的疾病，癌症的三级预防，可以有效防止病情恶化、防止残疾，治愈那些可治愈的患者，为无法治愈的患者提供姑息和临终治疗，以减轻痛苦、延长寿命、提高生活质量。

中医学认为本病病因主要为人体正气亏虚，七情郁结（即精神和情绪方面的刺激），气化受阻，气机不畅，影响脏腑的正常生理功能，导致脏腑功能障碍，使六淫邪毒循经入里内侵，机体阴阳失调，引起气滞血瘀、液凝为痰、痰火固结、化热积毒（热毒）等，进而互相交结造成癌症的发生；或饮食起居不当，如饮食偏嗜，过食辛辣香燥之品，或不洁霉腐之物，渐成积滞内停，蕴久化毒，使黏膜受损，津液渐亏，日久而气血瘀结，进而诱发癌症。

(二) 辨证要点

恶性肿瘤是一类病因复杂，症状变化多端，表现不一，可以在人体全身各系统各部位发病的严重疾病。根据其病情演变和临床表现，其发病总体上是正虚和邪实，其虚多为气、血、阴、阳亏虚，其实多为毒邪浊气（主要是热毒）、气滞血瘀、痰凝湿阻。

根据癌症全身临床表现，癌症临床常见证型包括气滞型、血瘀型、痰凝型、湿聚型、热毒型、气虚型、血虚型、阴虚型、阳虚型等。在一个患者身上，常常会有正虚邪实或几种病机同时存在，常见气滞血瘀型、气阴两虚型、气血不足型、湿热内蕴型、痰瘀互结型、阳气亏虚型。

(三) 康复疗法

常用中医康复疗法包括中医心理康复法、中药康复法、针灸康复法、推拿康复法、气功康复法等。

1. **中医心理康复法**　良好的心理状态，可通过神经、内分泌的积极协调活动，影响机体的新陈代谢,使癌症对体内生理过程造成的恶性循环发生逆转,从而增强自身的抗病能力。由于患癌症后患者均有不同程度的心理障碍,如焦虑、恐惧、孤独、绝望等,故康复医生应利用心理学技巧,在访谈时了解肿瘤患者的性格特征、心理反应、对疾病的态度,根据不同类型的患者采用以下不同的干预方法。

(1) 语言疏导法:通过语言疏导纠正患者及家属对肿瘤及手术的错误观点,帮助患者正确认识癌症的性质,了解在病程中可能发生的变化及如何面对,以避免发生变化时产生惊慌、紧张、焦虑等情绪。对患者诉说的种种心理障碍症状和躯体行为障碍表示信任、理解并耐心疏导,随时解除其消极、悲观、紧张、抑郁、焦虑的情绪,以缓解身心痛苦。建立正确的心理防御机制,使患者振作精神,树立战胜疾病的信心。

(2) 行为疗法:指导患者放松术、深呼吸术和冥想术等,以放松全身肌肉,消除焦虑、抑郁等不良情绪。

2. 中药康复法

(1) 中药内治法

1) 气滞血瘀型

治法:理气活血化瘀。

方药:血府逐瘀汤(《医林改错》)加减,药用当归、生地、桃仁、红花、枳壳、赤芍、柴胡、甘草、川芎、牛膝、桔梗。

若气滞较甚,加郁金、全瓜蒌、木香、砂仁壳;瘀血较著,疼痛较甚,加地鳖虫、蜣螂虫、五灵脂、乳香、没药、血竭、丹参。

2) 气阴两虚型

治法:益气养阴。

方药:百合固金汤(《医方集解》)合生脉散加减,药用生地黄、熟地黄、麦冬、百合、白芍(炒)、当归、贝母、生甘草、玄参、桔梗、党参、麦冬、五味子。

若阴虚甚,加玉竹、北沙参、枸杞子;心中烦热而夜寐不安,加夜交藤、酸枣仁、合欢皮、莲心;兼盗汗,加乌梅、五倍子、浮小麦;气虚甚,加茯苓、白术、黄芪、人参。

3) 气血不足型

治法:补益气血。

方药:八珍汤(《正体类要》)加减,药用人参、白术、白茯苓、当归、川芎、白芍药、熟地黄、炙甘草、生姜、大枣。

若脾胃虚弱、不思饮食,加白扁豆、炒谷麦芽、陈皮。

4) 湿热内蕴型

治法:清热燥湿。

方药:黄连解毒汤(《外台秘要》)加减,药用黄连、黄柏、黄芩、栀子。

若恶心呕吐,加半夏、旋覆花、竹茹、代赭石、川朴;热毒甚,加龙胆草、蒲公英、败酱草;湿甚于热,加秦皮、白头翁、皂角刺。

5) 痰瘀互结型

治法:化痰逐瘀。

方药:海藻玉壶汤(《外科正宗》)加减,药用海藻、昆布、半夏、陈皮、青皮、连翘、贝母、当归、川芎、独活、甘草。

若扪及包块,或痰核累累,加龙葵、肿节风、铁树叶;泛吐痰涎较甚,加全瓜蒌、法半夏、白芥子;食管梗阻较甚,加地鳖虫、紫草根、蜂房、徐长卿、桃仁。

6)阳气亏虚型

治法:温阳益气。

方药:附子理中汤(《和剂局方》)加减,药用附子、人参、白术、炙甘草、干姜。

若胃中发冷,时泛清涎,加吴茱萸、良姜、法夏;肾阳耗衰,加鹿角胶、肉桂、杜仲。

上述辨证处方中无论何种情况,要将清热解毒贯穿始终,并以辨证与辨病相结合。每方均可选用1～3味抗癌中草药,如半枝莲、半边莲、白花蛇舌草、山慈菇、白英、龙葵。

(2)中药外治法:中药外治方剂能透过皮肤或黏膜,使具有祛风寒、和气血、消痰结和活血通络药物的药效直达肿瘤部位,以止痛和(或)抑制、杀死肿瘤细胞的生长。

1)加减如意金黄散:大黄、生姜、朴硝、芙蓉叶、黄柏各50 g,天花粉100 g,冰片、生南星、乳香、没药各20 g,雄黄30 g。上述药物共研细末,加饴糖调成厚糊状,摊于油纸上,厚3～5 mm,周径略大于肿块。敷贴于肿块或疼痛处。主治肝癌疼痛。

2)三生散加味:生川乌、生南星、生半夏、冰片各等份,生马钱子末为上4味药总量的1/8,生芙蓉叶适量。上述药物捣烂混合,调成糊状(贮于冰箱)。用时摊于油纸上,敷贴疼痛部位体表区域,纱布固定。主治肝、肺、胃肠癌性疼痛。

3)蟾酥膏:蟾酥、雄黄、冰片、铅丹、皮硝各30 g,乳香、没药、血竭各50 g,硇砂10 g,麝香1 g,大黄100 g。上述药物共研细末,用米醋或猪胆汁调糊状,摊在油纸上,贴敷患处。主治多种癌性疼痛。

4)止痛擦剂:延胡索、丹参、蚤休、乌药各30 g,土鳖虫10 g,血竭、冰片各3 g,75%乙醇1 000 ml。将诸药捣碎,装入乙醇中密封。用时以棉签蘸药液,随时涂于痛处皮肤。主治原发性肝癌、胰头癌、胆管细胞癌等。

5)三虫膏:鲜马陆、鲜斑蝥、埋葬虫、皂角刺、威灵仙、硫黄、红砒、冰片、麝香。上述药物研细,水调糊状,摊在油纸上,贴敷患处。主治体表恶性肿瘤。

3. 针灸康复法

(1)毫针疗法:气滞型选取期门、膻中、膈俞、肝俞、太冲;血瘀型选取膈俞、血海、章门、肝俞、脾俞、肾俞、丘墟、行间;痰凝型选取阿是穴、臑会、合谷、天鼎、扶突、百劳、天井、肩井、臂臑;湿聚型选取阴陵泉、三阴交、脾俞、中脘、合谷;热毒型选取大椎、尺泽、曲池、劳宫、阳陵泉、太冲;气虚型选取足三里、照海、大椎、心俞、脾俞、肾俞;血虚型选取膈俞、脾俞、气海、三阴交、足三里;阴虚型选取三阴交、太溪、复溜、肾俞、厥阴俞;阳虚型选取肾俞、命门、志室、关元、太溪、足三里。

肺癌胸部剧烈疼痛,配孔最;肺癌胸痛,发热,痰多,配足三里、合谷、内关、曲池;肺癌发热实热者,配肺俞、心俞、尺泽、曲池;肺癌证属阴虚内热盗汗者,配尺泽、肺俞、膏肓、足三里、阴郄、复溜;潮热,配大椎、太溪;肺癌晚期肺肾两虚哮喘,配肺俞、膏肓、气海、肾俞、足三里、太渊、太溪;肺癌放化疗后呕吐和呃逆者,配膈俞、脾俞、内关、足三里;肺癌放化疗后白细胞减少者,配大椎、足三里、血海、关元。胃癌,配中脘、章门及其相应的背俞穴。肝癌,配足三里、百会、内关、三阴交、肝俞、肾俞、命门、阿是穴、阳陵泉、期门、章门。防治放化疗所致骨髓抑制,配足三里、三阴交、脾俞、曲池、合谷等。防治化疗所致胃肠道反应,配中脘、内关、足三里。

常规方法针刺上述穴位,平补平泻,虚证可酌情采用温针灸或温灸器灸。留针 20～30 min,隔日 1 次,15 次为 1 个疗程。

(2) 艾灸疗法:可防治放化疗所致的骨髓抑制。

1) 艾灸:足三里、三阴交、合谷、大椎、神阙、关元。

2) 隔姜灸:大椎、膈俞、脾俞、胃俞、肾俞、神阙、关元、足三里。

(3) 其他针灸疗法

1) 穴位敷贴疗法:①人参、补骨脂、当归、红花、附子、干姜、血竭,共研末,用生理盐水调敷于双脾俞、胃俞、肾俞。②升白散(由麝香、血竭、肉桂、冰片等组成)0.5 g 敷于神阙穴,防治放化疗所致骨髓抑制。③斑蝥膏(由斑蝥、牛膝、川芎等组成)敷贴于大椎、肾俞、脾俞、足三里、三阴交,膏面直径 1 cm,每次取 3～5 穴,贴敷 6～12 h,起疱后去膏药,用创可贴保护水疱,自然吸收,左右交替用穴。以上三方均可升高白细胞,防治放化疗所致骨髓抑制。

2) 穴位激光照射疗法:取内关、三阴交、章门、血海、足三里、脾俞。采用氦-氖激光器隔日交替照射,激光输出功率 3～10 mV,照射距离 1 m,每穴每次 3 min。

4. 推拿康复法　推拿手法康复既可以放松或解除肌肉的紧张,提高疼痛阈值,使癌性疼痛减轻;又可通过对经络腧穴气血的刺激提高患者机体免疫功能,建立患者机体良性内环境,减轻相关临床症状。

(1) 针对各种癌痛,先点按远离病变部位的相关疼痛敏感点及周围腧穴各 1～2 min,如疼痛过于剧烈不能缓解者,可对症按压手足相关反射区的敏感点 5～10 min 后,再用单或双手推、揉、搓、拿下肢数遍,按揉环跳、委中、承山、足三里,以进一步使肌体放松,以镇静止痛。

(2) 用单或双手拇指轻按两侧竖脊肌数遍,再重点按压揉华佗夹脊穴和肺俞、肝俞、胃俞、肾俞、大肠俞穴各半分钟,以疏经通络,减轻相关临床症状。

推拿时应注意,癌瘤局部如胃癌根除术前的胃脘部位、肠癌转移后的腹部等部位均不宜进行各种手法推拿康复。

5. 传统体育康复法　鼓励患者进行力所能及的体育锻炼,通过锻炼,既可增加人际交往,从中得到各种信息,增加生活的乐趣,充实生活内容;又可增加机体的抵抗能力,促进身心健康,巩固疗效。为了使锻炼得法,不出偏差,要选择合适的锻炼项目,如散步、打太极拳、上下楼梯等,并坚持有意识地进行心理锻炼。注意掌握最佳的运动负荷量,如运动负荷量过大,吸入的氧气不能满足运动的需求,此时为无氧代谢,此种状况对病患的保健训练是有害的。所以,必须按照有氧代谢的原则,掌握适度的运动负荷量,量力而行,循序渐进,持之以恒。

(1) 化疗后康复锻炼:化疗后患者可适当做些轻微活动,如散步、气功、太极拳、体操等。循序渐进,每天定时定量,至稍感疲劳为止。散步选择温度适宜,阳光充足的时间,散步时要身体放松,神情安定,避免烦恼,排除杂念,散步后可少卧片刻,以利精神体力恢复。

(2) 放疗后康复锻炼:因放疗后剧烈的放射反应,故功能锻炼以气功为宜。通过气功锻炼使机体脏腑经络及气血运行活跃,预防血象下降,增强脾胃功能,减轻消化道的不良反应,以利疾病恢复。

(3) 手术后康复锻炼:术后要鼓励患者尽早活动,定时做保健操。根据患者的体质,动作从小到大,循序渐进,以不感到太累为宜。冬天可在室内散步,做肢体伸展运动,定时晒太阳,早期活动有助于身体各种功能恢复,也使患者看到自己的生活能力,对生命的延续增强了信心。

6. 气功康复法　癌症患者主要通过站桩功、静养功等各种气功锻炼,使人体意(意识)、身(姿势)、气(呼吸)相结合,从而达到疏通经络、调和气血、化瘀通络、安定心神、增加免疫功能的目的,使机体阴阳平衡。研究提示,长期气功锻炼可调节情绪紧张度,提高心情舒畅度、心胸开阔度、情绪控制能力及环境适应能力,从而使原来不稳定的情绪逐渐变得稳定,对抑制癌细胞生长具有良性作用。下面介绍简易六式气功法。

预备式:双腿与肩同宽,两手自然下垂。

第一式:膝盖略为弯曲,双手举到肩部的位置,掌心朝上,慢慢向上推,直到两手伸直。

第二式:两手的动作回归到肩部的位置,右手掌心朝上,慢慢往上推;左手掌心朝下,慢慢往下推,直到两手伸直。

第三式:两手的动作再回到肩部的位置。换左手掌心朝上,慢慢往上推;右手掌心朝下,慢慢往下推,直到两手伸直。

第四式:两手的动作再回到肩部的位置。两手掌心朝下,慢慢往下推,直到两手伸直。

第五式:两手的动作再回到肩部的位置。右手掌心朝右方向,慢慢往右推;同时,左手掌心朝左方向,慢慢往左推,直到两手伸直。

第六式:接第五式的动作,两手掌心翻掌向上像抱球一般,上至百会穴上方。然后观想宇宙良好的微粒子进入我们的身体内,接着两手掌心朝内、向下,同时吸一口气,经眉心轮、心轮直到下丹田,再回到原来预备式。

7. 饮食康复法　防治肿瘤除药物外,人们生活饮食也很重要。研究证实,摄取过多的脂肪,以及肥胖的女性,很容易增加卵巢癌、子宫内膜癌和膀胱癌罹患的机率;进食多量的高纤维食物,如蔬菜、水果、全谷类等,不但可以预防大肠癌,还可减少乳癌、食管癌、胃癌、乳腺癌、子宫内膜癌和卵巢癌的发生,而食用足量的蔬菜水果,已证实可以减少包括口腔癌、咽癌、食管癌、肺癌、胃癌、大肠癌等的发生。所以,平素可多摄取西红柿、芹菜、甘蓝、花椰菜、芥菜、萝卜、各类豆制品、柑桔类水果、麦芽、麦片、葱、蒜、姜、酸奶及番薯、木瓜、金枪鱼等食品。常用药膳方主要有:

(1) 花生粥:花生、黑芝麻、黄豆各 25 g,糯米 50 g。将上料洗净,黄豆研粗末。锅内加水适量,下入花生、芝麻、黄豆煮熟软,加入糯米煮稠,即可随意服食,或当点心服食。具有益气养血之功,适用于气血两虚型胃癌患者食用。

(2) 银耳粥:银耳 10 g,大米 100 g。银耳泡软沫净,待粥半熟时加入共煮至粥熟可食,喜甜者加少许冰糖食之。具有润肺生津、滋阴养胃之功,适用于放化疗后阴虚诸证。

(3) 枣糯山药粥:糯米 200 g,红枣 10 枚,鲜山药 100 g 或山药饮片 70 g。上料洗净共置锅中,加入适量水共熬成粥,调味食之。具有健脾和胃补虚之功,适用于放化疗后脾胃虚弱、气短乏力、腰腹坠胀、纳差或腹泻者。

(4) 薏米粥:苡仁 30 g,赤小豆 30 g,粳米 50 g。将薏米、赤小豆干燥研末,同粳米共煮成粥食用。常服可抗癌防癌。

(5) 阿胶粥:阿胶珠 10 g,糯米 100 g。将糯米粥熬至九成熟时加入阿胶珠,至粥熟食之。具有补血生血之功,适用于放化疗后贫血。

(6) 童子甲鱼砂锅:童仔鸡、甲鱼各 1 只,冬笋 100 g,香菇 50 g。将鸡宰杀去毛,开膛洗净,去内脏,切片;甲鱼宰杀,用开水浸泡 5 min,用刷子擦去甲鱼背上的黑膜,用小刀剥出四周裙边上的白膜,剖开甲鱼肚,取出内脏,洗净,剁块;冬笋洗净切片;香菇切丝待用。砂锅置旺火上,下甲鱼、鸡、冬笋、香菇,加入鲜汤、料酒和姜汁上火烧沸,用小火炖 30 min,撒入精盐、鸡精、姜米可食用。汤清味鲜,肉质滑嫩,味美可口。具有补气养血之功,适用于胃癌化疗后气血两虚、细胞减少症及贫血者。

(7) 虫龟火腿汤:虫草 10 g,龟 1 只,火腿 50 g。将乌龟宰杀后去内脏洗净,敲破龟版,虫草洗净,火腿切片备用。火锅入清汤、龟肉、虫草煮熟,放入火腿、精盐、料酒、姜末、鸡精烧沸,淋入芝麻油,即可吃各料。具有滋补脾肾、养阴生津,适用于胃癌脾肾两虚型出现的脾肾不足、阴虚津少、口干烦热等症。

(8) 丝瓜鸭血汤:丝瓜 100 g,鸭血块 100 g。将丝瓜洗净刮去皮、切块,与鸭血一起加调料煮熟食之。具有清热利湿解毒之功,适用于防治膀胱癌。

(9) 石斛二参汤:石斛、沙参各 50 g,西洋参 15 g,女贞子 25 g,水鱼 1 条。将水鱼洗净去内脏加入上述药材与水煮至水鱼酥熟,饮汤食肉。具有益气健脾、养阴生津之功,适用于癌症放、化疗出现口干咽燥或潮热盗汗、心烦不眠等阴虚诸证。

(10) 沙梨百合汤:沙参 20 g,雪梨 50 g,百合 30 g。先将沙参及百合浸软后共煎约 30 min 取汁,加入雪梨共煮汤开约 10 min,吃梨饮汤。具有滋阴润肺之功,适用于肺部放疗后患者肺燥咳嗽、痰少质黏或痰中带血、口干舌燥。

(11) 八珍鸡汤:母鸡 500 g,当归 10 g,白芍 12 g,熟地 15 g,川芎 10 g,党参 15 g,白术 12 g,茯苓 12 g,甘草 6 g,家常调料适量。将干净鸡肉切成小块,入锅加水适量,诸药用布包好一同下锅炖,先用武火,去掉浮沫,改用文火,直至鸡肉熟透,去药袋,加入适量盐、味精、白胡椒粉即成。具有气血双补、提高机体免疫的功能,适用于放化疗后气血亏虚不足的患者。

(12) 醋浸生姜乌梅茶:生姜片 100 g,米醋 2 茶匙,红糖 4 茶匙。将姜片洗净后浸入米醋一昼夜备用。用时取水 600 ml 加入姜片、加乌梅 1 枚、米醋煮,沸腾后续煮 5 min,再加入红糖搅拌待其溶解后即可倒出,趁热饮用。此热饮可减缓放化疗后恶心、呕吐不适诸症。

(13) 药蒸排骨:猪排 250 g,五香粉 50 g,人参 3 g,当归、党参、枸杞子、淮山药各 20 g,龙眼肉 10 枚。猪排斩 4 cm 的方块,用料酒、酱油、盐、味精腌 10 min,加入葱花、姜末、白糖、五香粉和匀。盘内放五药垫底,上面摆入猪排,上笼蒸熟即可食用。具有清润开胃、益气健脾之功,适用于胃癌手术后脾气亏损、食少乏力、心悸气短者。

(14) 苡莲枣糯羹:苡米、莲子各 25 g,大枣 10 枚,糯米 100 g,红糖适量。苡米、莲子洗净,大枣洗净去核,糯米淘洗干净。锅内加水适量,置旺火上,煮沸,下苡米、莲子煮熟软,再加入糯米煮稠,撒入红糖和匀即可服用。具有益气养血、健脾利湿、强体抗癌之功,适用于胃癌、面色少华、纳呆食少、神疲乏力、便溏者食用。

(15) 蜜炙萝卜:鲜萝卜 100 g,白蜜 50 g。萝卜切片,用白蜜腌一会,放铁板上炙干,再蘸蜜反复炙,至 50 g 白蜜炙尽。细嚼慢咽,再喝两口淡盐水。适用于膀胱癌尿痛。

8. 自然康复法 空气浴疗法比较适合本病康复,尤其是森林空气浴,因森林内含有大量的负离子,既能提高机体免疫力,又可以帮助癌症患者消除抑郁情绪。

9. 娱乐康复法 音乐是一种特殊语言,通过音乐的熏陶和感染可以调节癌症患者情绪,优化情感效应,使其产生愉悦感情,改善躯体症状,增强免疫功能,调动体内积极因素,提高机体自我调解力。因此,对癌症患者可运用音乐疗法,并应依据癌症患者临床表现,针对性地选择与病情相吻合的音乐,如西方古典音乐《命运交响曲》,其雄壮激昂的旋律使人感到热血沸腾,能够唤起患者战胜癌症的力量和信心；在旋律优美的《田园交响曲》里，焦虑患者可寻找温馨愉悦的情感和希望，激起对美好生活的追求和向往；聆听《沉思曲》，可使抑郁患者触景生情，产生共鸣，以此来缓解和疏泄忧伤、抑郁之情。总之，适宜的音乐能有效地抑制癌症患者各种压力反应，促进情绪镇静，改善睡眠、营养及缓解疼痛，在提高癌症患者生活质量方面具有积极意义。

此外，其他如观赏书画、种花养鸟、游园钓鱼等静态娱乐活动和舞蹈、打门球、钓鱼、放风筝等动态娱乐活动，均可以增加生活乐趣，消除不良情志反应，提高癌症患者的生活质量。

(四)康复护理

恶性肿瘤的康复护理主要包括起居、饮食、情志、功能护理等。

1. 起居护理　居室内要阳光充足，空气流通，床铺整洁。丰富患者的精神生活，在病情允许情况下适当安排文娱生活、体育活动。预防感冒，按时服用药物，戒烟酒。定期到医院复查，密切观察病情变化。协助患者维持好个人卫生，保持皮肤清洁。

2. 饮食护理　在饮食护理中应注意食物的性味归属与患者的病情、体质、年龄、季节和生活习惯的关系等因素，正确辨证配膳，合理补充营养，扶助患者正气。

(1) 放疗患者：放疗后可引起口腔、咽喉、食管等处的放射性炎症，故饮食上宜选用高蛋白质、高热量的低脂、无刺激、易咀嚼的软食或半流质食物为主，以补充因治疗而损耗的能量，多选择瘦肉、鸡肉、鱼肉、鸡蛋、豆腐等含优质蛋白质丰富的食物。为刺激食欲，可稍微多放点食盐以缓和口中乏味的感觉，肉类可切细或炖烂，蔬菜或水果若无法咽下可以榨汁。避免过冷、过热及辛辣刺激性食品。多饮水，少量多餐。少食牛奶、甜食和蜂蜜，以防肠道不适。

(2) 化疗患者：几乎所有的化疗药物都会引起患者不同程度的食欲不振、恶心、呕吐等，从而影响患者的营养状况。针对化疗的不良反应，如食欲不振者可根据患者平时的喜好选用一些开胃的食物(如酸梅汤、果汁)，给少油或无油食物以避免恶心，吃粗纤维食物如韭菜、芹菜等以促进肠蠕动。口腔炎者吃少渣、易消化、无刺激的软食或半流质，同时多吃动物肝和蛋黄，及维生素A、维生素C、维生素E、胡萝卜素等。总之，饮食宜清淡、富营养、易消化，避免同时摄入过冷或过热的食物，并鼓励用餐前做少量的运动，烹饪上以煮、炖、蒸等方法为佳。

(3) 手术后患者饮食：手术后患者气血亏虚，有效的营养补给对机体早日康复有积极作用。饮食要选择富含蛋白质、B族维生素及维生素A的食物，如鱼肉、瘦肉、鸡肉、豆腐、鸡蛋、牛奶、猪肝。多吃山药、红枣、桂圆、莲子以补气养血。宜少量多餐，同时进食时，创造一个愉快舒适的环境，尽可能与家人共同进餐，经常改变食谱，充分利用食物的外形、色泽及调料等，烹制各种色、香、味俱佳的菜肴，根据患者口味调配食物来增加患者的食欲。

3. 情志护理　通过语言交流或文字资料耐心向患者及家属宣传有关癌症正确知识，帮助患者及其家属调整心态，使其认识到癌症并非不治之症，以消除患者的恐惧心理，建立治疗信心，积极配合康复治疗。并通过如唱歌、听音乐、放松活动和意念训练等情志护理，转移患者的注意力，消除负性情绪，达到认识自我、接纳自我的目的，从而提高患者的生活质量，延长患者的生存期。

4. 功能护理　"生命在于运动"，这是生命科学的基本规律。癌症患者经过多种方法的治疗后一般身体比较虚弱，还有各种放化疗的毒副作用出现，除饮食、情志护理注意外，还应选择适合的活动方式和运动量，进行以不感疲劳为度的功能锻炼，如太极拳、太极剑、五禽戏、八段锦、工体操、慢跑、散步等锻炼。

(五)康复预防

通过科学合理的三级预防,可防止肿瘤细胞的转移,并尽可能减轻患者痛苦,延长生命,尤其是通过选择适宜、多样化的营养平衡膳食,再加上适度的体力活动和维持适宜的体重,并持之以恒,则可使当前人类的癌症减少30%～40%。

1. 癌症的一级预防 避免或减少与致癌物质的接触,从癌病变过程的起始点加以防制,建立安全健康的生活方式,可行办法有:

(1)合理安排饮食,包括维持理想体重,避免肥胖;限制高脂食物,特别是动物性脂肪的摄入,少吃烧烤、煎炸、腌熏、发霉或太冷、太热、太咸及加工处理的食物;选择以植物性食物为主的膳食,多吃谷类、蔬果等富含纤维质、矿物质及维生素A、C、E的食物;增加含钙且低脂类乳品、鱼肉的摄取;不吸烟、不提倡饮酒,保护食用水的卫生。

(2)调整生活形态,坚持体育锻炼,每日应进行1h的快走或类似的运动量,每星期至少还要进行1h出汗的剧烈运动;劳逸结合,保持充足的睡眠;避免有毒物质及毒化物的污染,少接触染发剂及农药喷洒,防止不必要的X线照射,避免阳光下过度曝晒。

(3)培养正确用药观念,强化身体免疫功能。

2. 癌症的二级预防 早期发现、早期诊治,熟悉并警惕癌症的早期"危险信号",包括体表或表浅可触及的肿块逐渐增大;长期消化不良、进行性食欲减退、消瘦,又未找出明确原因者;吞咽食物时胸骨不适感,或进行性加重的吞咽不顺;久治不愈的干咳或痰中带血;耳鸣、听力减退、鼻衄、鼻咽分泌物带血;月经期外或绝经期后的不规则阴道出血,特别是接触性出血;耳、膀胱或肠道不明原因的出血;身体任何部位,如舌头、颊黏膜、皮肤等处没有外伤而发生的溃疡,特别是经久不愈者;黑痣、疣短期内增大、色泽加深、脱毛、痒、破溃等观象;原因不明的体重减轻。

3. 癌症的三级预防 有计划的防癌保健门诊及医疗咨询,已成为防癌保健的重要策略。提倡每3～6个月查体1次,以及时发现病变、及时治疗、控制发展。

(李 宁)

第十一节 颈 椎 病

(一)概述

颈椎病是指颈椎椎间盘组织退变性改变及其继发病理改变累及其周围组织结构,并出现相应临床表现者,属于中医学中"骨痹"、"筋痹"、"眩晕"、"头痛"、"心悸"等范畴。

目前多个研究报道显示,颈椎病的发病率为17.3%,其发病率随年龄的增长呈现不断上升的趋势。国内报道,20～29岁年龄组的发病率仅为3.6%,30～39岁年龄组上升到14.63%,40～49岁年龄组为20%,而50～59岁年龄组则急剧上升到42.48%。

中医学认为本病病因病机主要为风寒湿邪侵袭颈部,致使邪客经络,督脉痹阻,经络瘀滞,不能荣养颈椎,导致颈椎病。正如《素问·至真要大论篇》说:"诸痉项强,皆属于湿。""湿淫所胜……病冲头痛,目似脱,项似拔。"《灵枢·大惑论》说:"故邪中于项,因逢其身之虚……人于脑则脑转,脑转则引目系急,目系急则目眩以转矣。"或由于闪挫、久坐、落枕、颈部姿势不良等慢性劳损因素引起颈部气机阻遏,气滞血瘀痰阻,导致颈项疼痛,清窍失养,形成颈椎病,此即《证治准绳》所说"颈痛头晕非是风邪,即是气挫,亦有落枕而成痛者"。或由于颈部外伤后遗留关节错位,椎体失稳,引发颈椎病。总之,本病乃是本虚标实之证,多由虚实兼杂合而为病。其本为肝肾亏虚,标为风、寒、湿邪侵袭及瘀血阻滞,同时劳损、外伤等亦是发病的重要因素。

(二)辨证要点

本病的康复关键在于祛风散寒,调和气血,疏经通络,活血化瘀。如果只重本虚,而忽视了外邪、气滞血瘀等内结之实,或只重外邪、气滞血瘀之实,而忽视了肝肾不足,气血亏虚,则不能正确辨识标本虚实的关系,给康复医疗带来困难。因此,辨证需辨清虚实的轻重缓急。

临床根据受累组织和结构的不同,常见证型分为颈型(又称软组织型)、神经根型、椎动脉型、脊髓型、交感型、其他型(目前主要指食管压迫型)。如果两种以上类型同时存在,称为混合型。颈项僵硬不适者,多属颈型;颈枕部及颈肩部有阵发性或持续性隐痛或剧痛者,多属神经根型;发作性眩晕、恶心、呕吐等,症状每于头后伸或转动头部到某一方位时出现,而当头部转离该方位时症状消失者,多属椎动脉型;颈部肌张力增高,肢体麻木、酸胀、烧灼感、发僵、无力,胸腹有束带感者,多属脊髓型。

(三)康复疗法

颈椎病的康复方法主要包括中医心理康复法、中药康复法、针灸康复法、推拿康复法等。

1. **中医心理康复法** 通过情志疗法,可使患者正确认识颈椎病,减轻或消除焦虑、恐惧等紧张情绪和不必要的精神压力,以及由此而产生的各种躯体症状,增强战胜疾病的信心,建立健康的生活方式和行为习惯,保持良好的心理状态。常用情志疏导法,并在倾听患者主诉、详细询问病史和体检之后,结合病情宣传颈椎病知识,采用解释、安慰、鼓励等方法,调动患者的自我调节能力,消除患者的悲观和对疾病的恐惧心理,树立战胜疾病的信念。

2. **中药康复法**

(1) 中药内治法

1) 颈型

治法:疏风解表,散寒通络。

方药:桂枝加葛根汤(《伤寒论》)加减,药用桂枝、芍药、甘草、生姜、大枣、葛根。

若咽喉炎症者,可加大元参、板蓝根、金银花等。

2) 神经根型

治法:祛瘀通络。

方药:身痛逐瘀汤(《医林改错》)加减,药用当归、川芎、没药、桃仁、羌活、红花、五灵脂、秦艽、香附、牛膝、地龙、炙甘草。

若偏湿热,宜清热利湿,用当归拈痛汤(《医学启源》)(当归、党参、苦参、苍术、白术、升麻、防己、羌活、葛根、知母、猪苓、茵陈、黄芩、泽泻、甘草、大枣);如伴有麻木,在上述方中加蜈蚣、全蝎;以麻木为主,伴有肌肉萎缩,取益气化瘀通络法,常用补阳还五汤(《医林改错》)(黄芪、当归、川芎、芍药、桃仁、红花、地龙)加蜈蚣、全蝎等。

3) 椎动脉型

治法:祛瘀通络,化湿平肝。

方药:血府逐瘀汤(《医林改错》)加减,药用当归、川芎、赤芍、生地、桃仁、红花、牛膝、柴胡、枳壳、桔梗、甘草。

若偏痰湿,宜用半夏白术天麻汤(《医学心悟》)(半夏、白术、天麻、茯苓、陈皮、甘草、大枣)等;头晕头胀如裹、胁痛、口苦、失眠者,属胆胃不和、痰热内扰,宜理气化痰、清胆和胃,常用温胆汤(《三因极一病证方论》)(半夏、茯苓、陈皮、竹茹、枳实、甘草);头晕神疲乏力、面色少华者,取益气和营化湿法,常用益气聪明汤(黄芪、党参、白芍、黄柏、升麻、葛根、蔓荆子、甘草)。

4) 脊髓型

治法:祛瘀通腑。

方药:复元活血汤(《医学发明》)加减,药用大黄、柴胡、红花、桃仁、当归、天花粉、穿山甲、炙甘草。

若下肢无力、肌肉萎缩者,宜补中益气,调养脾肾,用地黄饮子(《皇帝素问宣明论方》)(附子、桂枝、肉苁蓉、山茱萸、熟地、巴戟天、石菖蒲、远志、石斛、茯苓、麦冬、五味子)合圣愈汤(《医宗金鉴》)(黄芪、党参、当归、赤芍、川芎、熟地、柴胡)。

5) 交感型:该型颈椎病症状较多,宜根据病情辨证施治。

(2) 中药外治法

1) 敷贴法:干姜5 g,附片50 g,蟾酥1 g,麝香2 g。碾成细末,加食醋100 ml调成糊状。治疗时再随证候加其他药物,如偏寒加肉桂3 g,偏热加珍珠、雄黄各5 g,偏湿加苍术、滑石各10 g。各药相兑调匀,外敷患处,每日1~2次,每次保留1~3 h。

2) 薄贴法:红花、秦艽、独活、川芎、川草乌、当归、蒲公英、透骨草、伸筋草各30 g,羌活10 g,威灵仙60 g,植物油500 g。按传统熬膏药法加热,去渣炼油加铅丹成膏,等温度低于100 ℃时,将细辛、白芥子、花椒、穿山甲、沉香各20 g,乳香、没药、煅磁石各25 g,研为细末,加入膏内即成。将膏药贴穴位或患处,3 d换1次。

3. **针灸康复法** 针灸具有止痛、调节神经功能,能够解除肌肉和血管痉挛,改善局部血液循环,增加局部营养,防止肌肉萎缩,促进功能恢复的作用。

(1) 毫针疗法

1) 颈型:风池、风府、百会、太阳、大椎、天柱、外关、列缺、后溪、后顶等,每次取6~8穴位。

2) 神经根型:风池、翳风、百会、太阳、大椎、合谷穴,适用于第一至第四颈神经受累;风府、大椎、神柱、曲池、阳溪、合谷穴,适用于第五、第六颈神经根受累;肩贞、天宗、天井、陶道、后溪、阳溪、支正等穴,适用于第七、第八颈神经根受累;大椎、肩井、天宗、外关、列缺、委中、昆仑等穴,适用于第八颈神经、第一胸神经根受累。

3) 椎动脉型:风池、太阳、头维、中渚、商阳和前顶、四白、颔厌、本神、太冲、合谷、至阴,两组穴位轮流进行。

4) 交感神经型:风池、风府、足三里、三阴交、百会、曲池、内关、神门、劳宫等,每次取3~6穴位,轮流使用。

5) 脊髓型:承浆、上巨虚、足三里、悬钟、太冲、支沟,用于偏瘫。百会、风府、环跳、委阳、白环俞,多用于截瘫。

常规方法针刺上述穴位,平补平泻,虚证可酌情采用温针灸或温灸器灸。留针20~30 min,隔日1次,15次为1个疗程。

(2) 电针疗法:取第一至第七颈夹脊穴、阿是穴。毫针针刺斜向脊柱方向,得气后,接电针仪,频率每分钟60次,留针30 min,隔日1次,10次为1个疗程。

(3) 其他针灸疗法

1) 耳针疗法:常取脑、颈椎、枕、颈、神门、肝、肾等,每次选取耳穴 4～6 个。采用王不留行籽或磁珠,两耳交替贴压。贴压期间嘱患者每日按揉 4～5 次,每次贴压 5～7 d,间隔 2～3 d,4 次为 1 个疗程。

2) 穴位注射疗法:取阿是穴、华佗夹脊穴、肩井、风池等穴,常用药物维生素 B_{12}、地塞米松、2%利多卡因、丹参注射液、当归注射液、盐酸川芎嗪注射液等。

3) 皮肤针疗法:选取局部患处阿是穴,用七星针叩刺颈部患处后,在其上拔罐令其出血,待皮肤基本恢复后,进行下一次治疗,7 次为 1 个疗程。

4. **推拿康复法** 可用于各种类型的颈椎病,具有疏通脉络、平衡阴阳的功效,能够缓解肌肉紧张与痉挛,减轻疼痛和肢体麻木,改善疼痛——肌紧张——疼痛的恶循环;调整颈椎应力分布,加宽椎间隙与扩大椎间孔,减少对神经血管的压迫和刺激;理筋复位,整复滑膜嵌顿和关节突关节半脱位;改善关节活动范围松解神经根粘连等作用。

目前有较多证据证明推拿对本病具有较好的临床疗效,临床常用中医传统手法包括松解手法,如一指禅推法、滚法、按揉法等;调整手法,如拔伸、板法、抖法、旋转摇晃等;整理手法,如拿法、搓法、理筋、拨筋、分推法等。

对存在椎间盘突出的患者应提供特殊的预防措施,颈部肌肉一定程度的紧张可稳定椎间盘,对此类患者不能进行深层推拿康复,手法应轻柔,通过降低肌张力而使椎间盘减压。特别强调的是,颈椎病推拿康复手法宜柔和,切忌暴力。实施选择推拿治疗时应考虑患者的职业、年龄和机体状况对推拿的耐受性,以及患者对推拿的态度。难以排除椎管内肿瘤病变者、椎管发育性狭窄者、脊髓受压症状者、椎体及附件有骨性破坏者、后纵韧带骨化或颈椎畸形者和咽、喉、颈、枕部有急性炎症者及有明显神经症者、诊断不明的情况下,禁止使用任何推拿康复手法。

5. **传统体育康复法** 根据患者具体情况可建议学习二十四式简易太极拳、五禽戏、八段锦等,并针对性选择以下方法。

(1) 颈椎病康复操:以活动颈肩部和放松功为主,步骤包括左右旋转、环绕颈项、缩头松肩、伸颈拔背、回头望月、云手、双手上举、挺胸伸肘、与项争力等。颈椎操每个动作重复 5～10 次,并逐步增加,整套操每日进行 1～2 次,每次至少 10 min,注意运动要缓和,用力要充分,共坚持运动 3 个月。

(2) 运动康复疗法:①左手掌置于头左侧,头缓慢用力向左旋转至最大限度,同时左手用力对抗,然后手放下头还原。②右手掌置于头右侧,头缓慢用力向右旋转至最大限度,同时右手用力对抗,然后手放下头还原。③双手交叉掌面托后枕部,头缓慢用力向后伸至最大限度。同时双手用力对抗,然后手放下头还原。④双手掌托下颌部,头缓慢用力向前屈至最大限度,同时双手用力对抗,然后手放下头还原。⑤左手掌置于头左侧,头缓慢用力向左侧屈至最大限度,同时左手用力对抗,然后手放下头还原。⑥右手掌置于头右侧,头缓慢用力向右侧屈至最大限度,同时右手用力对抗,然后手放下头还原。以上各节连续完成,可重复做 4～8 次。每日锻炼 2～3 次,1 个月为 1 个疗程,至少锻炼 3 个疗程。

颈椎病患者在锻炼时应注意:①急性发作期,应以休息为主,不宜进行体育锻炼。②锻炼动作应和缓有力,不可过快或过猛,以免加重病情、增加患者痛苦。③要注意动作准确,不正确的锻炼疗效欠佳。④若遇某一动作造成病情加重者,应暂停该动作的锻炼。如椎动脉型颈椎病,部分患者做旋转动作时,可诱发眩晕,则颈椎旋转动作应暂停锻炼。⑤锻炼要持之以恒,若半途而废,将会前功尽弃。

6. 气功康复法 临床证明,气功锻炼能使颈椎间隙增宽,减轻或消除对颈神经根、颈椎动脉和其他组织的压迫,改善头、颈部血液循环,松解颈部肌肉痉挛,从而起到舒筋活血、解痉止痛的作用。选用气功疗法时,应根据患者具体情况,以动功为主,辅以静功,目前运用的功法有颈椎气功医疗操、养生站桩功、五禽戏导引等。

7. 饮食康复法 颈椎病患者饮食摄入应保持营养平衡,特别是含有钙、蛋白质、B族维生素、维生素C和E的食物。蛋白质含量多的食品有猪肉、鸡肉、牛肉、肝脏、鱼类、贝类、干酪、鸡蛋、大豆、大豆制品;钙含量多的食品有鱼、牛奶、干酪、酸奶、芝麻、浓绿蔬菜、虾皮、海藻类等;B族维生素含量多的食品有粗米、精米、大豆、花生米、芝麻、浓绿蔬菜;维生素C含量多的食品有红薯、马铃薯、油菜花、青椒、青白萝卜叶、油菜、菜花、卷心菜、芹菜、草莓、甜柿子、柠檬、橘子、大枣;维生素E含量多的食品有鳝鱼、大豆、花生米、芝麻、杏仁、粗米、植物油。常用食疗药膳方有:

(1) 葛根赤小豆粥:葛根 15 g,水煎去渣取汁,赤小豆 20 g,粳米 30 g,煮粥服食。适用于预防颈项僵硬者。

(2) 芎归蚕蛹粥:川芎 10 g,当归、蚕蛹各 15 g,粳米 50 g。原料洗净,加水适量,先煎川芎、当归,去渣取汁,再加蚕蛹、粳米,武火熬成粥。适用于颈型颈椎病。

(3) 莲子粥:莲子 50 g,粳米 50 g,冰糖适量。将莲子浸泡在温水中,剥皮去芯,和粳米一起放入锅中,加水适量,用大火烧沸后,再改用小火煮透,莲子酥烂、粥稠时加入冰糖,再煮数分钟,至冰糖融化即可。每日 2 次,每次 1 碗,于早、晚温热食用。适用于椎动脉型颈椎病脾胃虚弱者。

(4) 苁蓉羊肉羹:肉苁蓉 15 g,羊肉 60 g,葱、姜、酒、食盐各适量。肉苁蓉洗净,刮去鳞片,再用酒洗,去黑汁,切成薄片;羊肉洗净,用沸水煮去血水,切成小块,羊肉与肉苁蓉加水共煮成羹,加食盐、葱、姜调味即成。佐餐服食,食肉喝汤。适用于椎动脉型颈椎病肝肾亏虚者。

(5) 清炖乌梢蛇:乌梢蛇 1 条,葱、姜、黄酒、盐各适量。将乌梢蛇去皮和内脏,洗净,切成段,放入砂锅中,加入适量的葱、姜、黄酒和水,大火上烧沸后,改用小火炖至熟透,再入盐即可,分次佐餐服用。适用于神经根型颈椎病引起的风湿痹痛。

(6) 黑木耳红枣煲瘦肉:猪瘦肉 300 g,黑木耳 20 g,红枣 10 枚,调料适量。黑木耳用清水浸发,洗净,红枣去核,洗净;猪瘦肉洗净,切片,用调味品腌 10 min。将黑木耳、红枣放入锅内,加清水适量,小火煲沸 20 min 后,放入猪瘦肉片煲至熟,调味后即可,佐餐服食。适用于脊髓型颈椎病引起的肌肉萎缩。

(7) 归芪鸡血藤蜜汁:当归 20 g,炙黄芪 30 g,鸡血藤 60 g,酒浸干地龙 20 g,蜂蜜 30 g。将当归尾、黄芪、鸡血藤、地龙用水浸泡 30 min,放入锅内,加水浓煎 1 h,去渣取汁,趁热兑入蜂蜜,搅拌混匀。每日分早、晚 2 次服用,每次 10 ml。适用于脊髓型颈椎病引起的手足麻木、肢体瘫痪。

(8) 五加皮酒:五加皮 200 g,当归 150 g,川牛膝 120 g,红花 50 g,白酒 200 ml。将上述四药浸入白酒中,1 个月后饮用。每日 3 次,每次适量。适用于神经根型颈椎病引起的风湿痹痛、四肢拘挛。

8. **自然康复法**　一般以矿泉浴为主，如硫酸盐钙镁泉，其生理作用为可以加快血液循环、促进全身代谢、祛寒除湿、舒筋通络。温热引起血管扩张，维持充血反应时间长，并可到达深层组织，促进炎症吸收，用于颈椎病及颈肩痛治疗颇有疗效。但应注意沐浴温度不宜过高，时间必须适当，心功能不良者需要谨慎。此外，海水浴亦可采用。

9. **传统物理康复法**　物理因子因具有扩张血管，改善局部血液循环，解除肌肉和血管的痉挛，消除神经根、脊髓及其周围软组织的炎症、水肿，减轻粘连，调节自主神经功能，促进神经和肌肉功能恢复等治疗作用，而被广泛运用于临床康复中。常用热敷方选用威灵仙50 g，五加皮、木瓜、苍术、乳香、没药、白芷、防己、羌活、当归、黄柏、川椒、香附各30 g，红花20 g，樟树叶40 g，冰片3 g，研为细末，食盐100 g，黄酒适量，调成糊状，装入2个棉布袋内，置锅内蒸10～20 min。取出稍凉后，外敷患处，热度以能够承受为宜。两袋交替使用，每次30～60 min，每日早、晚各1次，药物可反复使用3次。

此外，磁疗法亦可选用。

10. **娱乐康复法**　颈椎的娱乐治疗是指采用合适的娱乐运动方式对颈部等相关部位以至于全身进行锻炼。长期坚持娱乐运动疗法可促进机体的适应代偿过程，从而达到巩固疗效，减少复发的目的。常用的娱乐方式有徒手操、棍操、哑铃操等，而音乐疗法、舞蹈疗法等也是颈椎疾患常用的娱乐康复方式。

（四）康复护理

颈椎病的康复护理主要包括起居、饮食、情志、功能护理四个方面。

1. **起居护理**　教育患者平时注意站、走、行姿势正确，纠正颈部不良睡眠姿势，切忌无枕、高枕和俯卧位；枕头的外形宜选用中间低两端略高平的元宝形状，以适合人体平卧及侧卧时颈椎的正常曲度，平卧睡眠时枕头高低应适中，侧卧时枕头高度以颈部侧缘与上臂外缘间距为宜；床铺不可太软，选用硬度合适的席梦思或木板床垫，以利于维持及恢复颈椎的生理曲度。

在日常生活劳动中应避免不良姿势，如单手提重物、长时间固定姿势、不平衡用力等，避免长时间侧头看电视，避免过屈颈部和过仰头部的工作（如打字、缝纫、书写等）。

2. **饮食护理**　颈椎病是一种慢性病，患者以中老年居多，要注意保护脾胃功能，不能饥饱失常或暴饮暴食。饮食宜富含钙、蛋白质、B族维生素、维生素C和维生素E的饮食为主。钙是骨的主要成分，以牛奶、鱼、猪尾骨、黄豆、黑豆等含量为多；蛋白质是形成韧带、骨骼、肌肉所不可缺少的营养素，B族维生素、维生素E可缓解疼痛，解除疲劳。此外，食物宜清淡，过度进食滋补、膏粱厚味之物，易助湿生痰，损伤脾胃。饮食应全面吸取营养，不可偏嗜，不可认为鸡、鸭、鱼、肉才有营养，而忽视蔬菜瓜果的摄入，《素问·生气通天论篇》就已强调"谨和五味，骨正筋柔，气血以流，腠理以密"，"五谷为养，五果为助，五畜为益，五菜为充，气味合而服之，以补益精气"。

3. **情志护理**　颈椎病病程长，反复发作，影响工作、学习和日常生活，常使患者产生焦虑、忧郁心情，应耐心听取患者的各种疑问，以通俗易懂的语言讲解，使其了解颈椎退行性改变是不以人的意志为转移的自然规律，鼓励患者努力提高自我控制能力，善于自我调节，科学调理，消除紧张、焦虑等不良情绪，增强患者战胜疾病的信心。

4. **功能护理**　鼓励患者进行适当的体力劳动或体育活动，以疏通经络。颈椎病的预防保健操对预防颈椎病有一定的疗效，对于年轻患者，尤其要注意颈椎的保健，做操时姿势要端正，开始时颈部活动范围要小些,用力不要过猛,要循序渐进,这样才有助于促进血液循环,增强肩部肌力,保持颈椎的稳定性。如有椎管狭窄或已出现脊髓压迫症状者不宜用力做颈部后伸及大幅度旋转活动。

(五) 康复预防

1. 预防生活工作中的不良体位　要避免长时间低头,保持正确的工作姿势;在坐姿上要尽可能保持自然的端坐法,头部保持略前倾,避免头颈部过度后仰或过度前倾前屈;需头部常向某一方向转动或相对固定,一般在工作1～2h后,要有目地让头颈部向另一相反方向转动,转动时宜轻柔、缓慢、重复数次。要合理安排工作,将运动量较大和较少的工作交替进行,不可长时间低头,防止颈背劳损,有助于颈椎病的防治和降低其发生率。

2. 预防睡眠时的不良体位　睡眠时应使头颈部保持自然仰伸位,胸、腰部保持自然屈度,双髋及双膝略屈曲为主。避免采用俯卧位,因俯卧位时颈部呈扭曲状,不利于呼吸,尤其对脊髓型颈椎病更为不利。平卧时枕头不可过高,以免颈部过屈;侧卧时枕头不可过低,高度宜与一侧肩宽持平。睡觉时,不要躺着看书。

3. 避免和减少急性颈椎损伤　如避免猛抬重物、紧急刹车等。一旦发生损伤,应及早诊治。

4. 防寒防湿,注意颈部保暖　应避免长时间在空调房活动,不要对着头颈部吹冷风。避免长时间暴露颈部,冬季外出应戴围巾或穿高领毛衫等,防止颈部受风、受寒。

5. 预防感染　积极预防和治疗感冒、呼吸道感染和其他颈部疾病。

(李　宁)

第十二节　肩关节周围炎

(一) 概述

肩关节周围炎简称肩周炎,又称肩凝症、冻结肩,为中老年常见病之一,属于中医学中"漏肩风"的范畴。目前认为,肩周炎是一组表现为肩痛及运动功能障碍的综合征。广义的概念包括肩峰下滑囊炎、冈上肌腱炎、肩袖破裂、肱二头肌长头腱及其腱鞘炎、喙突炎、冻结肩、肩锁关节病变等多种疾患;狭义的概念仅指冻结肩(或称五十肩),即中年以后突发性的肩关节疼痛,患肩局部常畏寒怕冷,关节挛缩症,且功能活动明显受限,形同冰冷而固结。本节重点介绍后者,前者可参考治疗。

本病尚缺乏权威的发病及患病率的相关知识,但是由于肩关节是人体中稳定性差、活动度大的关节,故肩部和肩胛带的疼痛在一般人群中是常见的,在40～50岁的年龄组中发病率为15%～25%。

本病在中医学中称为"漏肩风",最早见于清代高秉均《疡科心得集·辨历节风漏肩风论》,曰:"《金匮》云:风寒湿三气杂至,合为痹也……漏肩风,肩髃酸楚,或疼痛漫肿。"多因年老体弱,肝肾功能下降,气血津液不足,造成经筋失濡养、关节失滑利,使机体抵抗力及修复功能下降,加之过度疲劳,夜卧露肩或汗出当风,或久居寒湿之地,或外伤闪挫,风寒湿邪乘虚侵袭客于肩部,经络受邪阻滞,运行气血受阻,经筋与关节进一步失于津液濡养,进而诱发本病。

(二) 辨证要点

1. 抓主症　根据患者单侧肩部持续性疼痛、肩关节活动受限和舌苔、脉象等表现进行辨证。

2. 分证型　临床需结合不同的致病因素、损伤的体表部位、相关的脏腑组织等,对肩周炎进行系统的分类。一般肩部串痛,遇风寒痛增,得温痛缓,畏风恶寒,或肩部有沉重感者,为风寒湿型;肩部肿胀,疼痛拒按,以夜间为甚,舌质暗或有瘀斑者,为瘀滞型;肩部酸痛,劳累后疼痛加重,伴头晕目眩,气短懒言,心悸失眠,四肢乏力,舌淡者,为气血虚型。

(三)康复疗法

肩周炎的康复疗法主要包括中医心理康复法、中药康复法、针灸康复法、推拿康复法等。

1. 中医心理康复法　晋代皇甫谧《针灸甲乙经》卷一指出,肩为手三阳经交会处,又属肺脏分域。就脏腑辨证而言,肩部为肺脏所管,故肩周炎应主要责之于肺。所以,本病重在通过语言疏导、暗示引导等方法,消除患者急躁、焦虑情绪,增加喜悦心情,提高锻炼热情,并在锻炼康复过程中,不断给予正面引导鼓励,影响情感,转移情志,陶冶性情,以增强信心。

2. 中药康复法

(1)中药内治法

1)风寒湿型

治法:祛风散寒,通络止痛。

方药:蠲痹汤(《百一选方》)加减,药用当归、羌活、姜黄、黄芪、白芍、防风、甘草。

若寒重痛甚者,可加制附片、川乌等;苔腻兼黄、邪有化热征象者,可加知母、黄芩等。

2)瘀滞型

治法:活血化瘀,通络止痛。

方药:活络效灵丹(《医学衷中参西录》)合桃红四物汤(《医宗金鉴》)加减,药用当归、丹参、生乳香、生没药、桃仁、红花、地黄、当归、赤芍、川芎。

若疼痛甚者,可加细辛;血瘀表现明显久治不愈者,可加蜈蚣、全蝎等。

3)气血虚型

治法:益气养血,祛风通络。

方药:秦桂四物汤(《太平惠民和剂局方》)加减,药用秦艽、桂枝、当归、川芎、白芍、生地、黄芪。

若气短懒言者,可加党参、白术、陈皮等;心悸失眠者,可加酸枣仁、柏子仁、远志、茯苓等。

(2)中药外治法

1)淋洗法:柳树枝250 g,桑枝250 g,艾蒿枝250 g。均用鲜品,切细后放锅中,加水煮取汁洗患处。每日洗2次,连洗5 d。如用干品,药量减半用。

2)敷贴法:雄黄30 g,急性子30 g,乌梢蛇30 g,樟脑10 g,公丁香10 g,生半夏10 g,蜈蚣3条。分别研成细粉,过筛后拌匀,用瓷瓶盛贮。每次取1匙,用凡士林调成药膏,将药膏摊于敷料上,贴患处。具有温经通络、散寒止痛之功,主治肩周炎之风寒侵袭兼瘀阻者。

3. 针灸康复法　对肩周炎康复治疗、康复干预的目的和作用在于减轻病痛、缩短病程。不同方法的共同作用都是终止肩周炎"炎症渗出——粘连形成——疼痛加剧——活动减少——肌肉萎缩"的恶性循环,建立"疼痛缓解——活动改善——粘连解除——渗出吸收——功能恢复——组织复原"的良性循环。

(1)毫针疗法

1)选取肩髃、肩髎、肩贞、阿是穴;配以曲池、外关、条口透承山、阳陵泉、膈俞、气海、足三里等。

常规方法针刺上述穴位,针刺肩髃、肩髎穴时,可令患者抬肩,向极泉方向透刺,进针2寸左右,使患者局部产生酸胀感,肩贞向前直刺1.5～2寸,局部酸胀,阿是穴直刺、深刺,使局部酸胀或向肩关节放射。余穴依症给予补泻手法。

2) 选取肩贞、臑俞、天宗、秉风、曲垣、肩外俞、肩中俞、肩髃、大椎;发病时间短加条口穴,发病时间长加养老穴。

常规方法针刺上述穴位,主穴采用短针点刺,使用苍龟探穴手法。肩髃根据病变部位的特点使用手法,若病变部位主要在肩关节则针向关节刺入,但留针时要将针从关节中抽出留在三角肌中,不要留在关节中;若主要在肩关节周围则向三角肌部位刺入,使用合谷刺。大椎刺入1.2寸,加灸。

(2) 其他针灸疗法

1) 耳针疗法:取肩、肩关节、锁骨、肾上腺、压痛点,每次取2～3穴。强刺激,刺时频频捻转,并嘱患者适当活动患肢。留针10～20 min,隔日1次。

2) 皮肤针疗法:取阿是穴,皮肤针叩刺压痛点及病变局部,使少量出血,加拔火罐。

3) 全息针法:取第二掌骨桡侧穴位,肩部穴以针尾垂直在头穴和肺穴之间仔细寻找明显的压痛点,若出现明显的酸胀重痛感觉即是;或取三间穴、眼上焦区穴。毫针在压痛点上沿着第二掌骨桡侧边缘进针,刺入约8分,进针后如无较强的针感,则稍变针尖方向,以寻找针感最强点,留针45 min,每隔10 min行针,以保持针感。一般在针后5 min内,患者病变局部出现发热,汗出或舒服感,以热感多见。

4) 皮内针疗法:取肺俞穴。患侧穴区皮肤常规消毒后,用镊子夹取一枚颗粒型皮内针,沿皮下将针刺入皮内,深度以针身三分之二为宜,继而用一小块胶布固定针柄。3 d换1次,5次为1个疗程,疗程间间隔5 d后继续治疗,3个疗程后观察疗效。

4. 推拿康复法

(1) 医疗按摩:根据患者的体质及病情的严重程度,采用卧位或坐位,让患者放松,患肢自然下垂,进行手法治疗。

1) 患者俯卧位,医者立于患侧,用拇指指腹或掌根点揉、推按第一至第七胸椎患侧的夹脊穴与肩胛部膀胱经脉,重点点按大杼、风门、肺俞、天宗、肩贞等穴,用小鱼际擦揉以上部位。

2) 患者侧卧位,医者立于患者后面,拇指与四指相对拿、揉三角肌,用小鱼际擦揉上臂外侧。医者一手握患肢肘部,使患臂上举,反复数次,同时使上举患臂的肩关节做收、展运动。

3) 患者坐位,医者立其患侧,用双拇指按压点肩井、肩髃、天宗等穴和肩部肌肉,点按压痛点,掌揉肩胛骨及周围肌肉,多指拿揉颈项部,搓、拿、揉肩井穴一带,多指拿揉上肢,点曲池、合谷、阳溪穴。再根据患者活动受限的程度采用不同的用动方法,如摇法、和内收外展、后背运动等,最后再配合搓法和双掌拍、敲,放松结束。目的是达到放松骨肉、促进血液循环,加强新陈代谢,起加快炎症吸收的作用。

此疗法每次20～30 min,10次为1个疗程。治疗过程中注意观察患者的反应,手法应由轻至重,速度由弱到强,角度由小到大。

(2) 自我按摩:如果肩周炎患者关节活动障碍仅累及一侧,可以用健侧上肢对患侧进行自我按摩。第一步用健侧的拇指或手掌自上而下按揉患侧肩关节的前部及外侧,时间1～2 min,在局部痛点处可以用拇指点按片刻。第二步用健侧手的第二至第四指的指腹按揉肩关节后部的各个部位,时间1~2 min,按揉过程中发现有局部痛点亦可用手指点按片刻。第三步用健侧拇指及其余手指的联合动作揉捏患侧上肢的上臂肌肉,由下至上揉捏至肩部,时间1~2 min。还可在患肩外展等功能位置的情况下,用上述方法进行按摩,一边按摩一边进行肩关节各方向的活动。第四步用手掌自上而下地掌揉1~2 min,对于肩后部按摩不到的部位,可用拍打法进行治疗。自我按摩每日可1次,坚持1~2个月,会有较好的效果。

5. 传统体育康复法

(1) 练功疗法:适用于肩关节疼痛、臂不能上举、活动受限的症状。①熊步晃肩:体前屈,双膝微屈,上肢自然下垂。踏左步,两上肢向左晃肩,再踏右步,两上肢向右晃肩。交替晃动,重复10次后稍休息,做2~3遍。②原地云手:做太极拳的云手动作,幅度由小到大,连续10次后稍休息,重复2~3次。③耸肩环绕:双手搭于肩部由前向后连续环绕10圈,还原稍休息,再由后向前环绕10圈。环绕动作要慢,幅度由小到大,重复2~3遍。④双手托天:两手交叉,自腹前慢慢抬起,举平后翻掌向外,上抬到最大限度,保持片刻后再两手分开,两上肢向两侧划弧落于体侧。重复5~10次。⑤转体松肩:腰向左右转动时,带动肩部向前向后摆动。

(2) 运动疗法:①屈肘甩手:背部靠墙站立,或仰卧于床上,上臂贴身、屈肘,以肘点作为支点进行外旋活动。②手指爬墙:面对墙壁站立,用患侧手指沿墙缓缓向上爬动,使上肢尽量高举,到最大限度,在墙上作一个记号,然后再徐徐向下回到原处,反复进行,逐渐增加高度。③体后拉手:自然站立,在患侧上肢内旋并向后伸姿势下,健侧手拉患肢手或腕部,逐渐拉向健侧并向上牵拉。④展翅:站立,上肢自然下垂,双臂伸直,手心向下缓缓外展,逐步向上抬起,到最大限度后停10 s左右,然后回到原处,反复进行。⑤后伸摸棘:自然站立,在患侧上肢内旋并后仰姿势下,屈肘、屈腕,中指指腹触摸棘突,由下逐渐向上至最大限度后呆住不动,2 min后再缓缓向下回到原处,反复进行,逐渐增加高度。⑥梳头:站立或仰卧位均可,患侧肘关节屈曲,前臂向前向上,掌心向下,患侧的手经额前,对侧耳部,枕部绕头一周,即梳头动作。⑦头枕双手:仰卧位,两手十指交叉,掌心向上放于头后部(枕部),先使两肘尽量内收,然后再尽量外展。⑧旋肩:站立,患肢自然下垂,肘部伸直,患臂由前向上向后划圈,幅度由小到大,反复数遍。

注意对以上动作不必每次都做完,可交替进行锻炼,根据自己的情况,适当进行功能锻炼。每日3~5次,每个动作做30~50次,多者不限,只要持之以恒,对防治肩周炎会有益处。

6. 气功康复法 针对患者肩部疼痛、活动不利及由此引起的焦虑、烦躁的心情,建议选用动静结合的功法,目前运用的功法有放松功、内养功、保健功等。

7. 饮食康复法 肩周炎常用的药膳方有:

(1) 当归煮蛋:当归15 g,赤芍15 g,鸡血藤30 g,桑枝30 g,木香5 g,陈皮5 g,鸡蛋2个,黄酒、盐、味精适量。将当归、鸡血藤等中药放锅中,加水浸1 h,煎取汁。鸡蛋洗净,放药汁中,用小火炖煮,30 min后,取出鸡蛋,剥去皮,再将鸡蛋放回锅中,放黄酒、盐、味精,用小火炖煮10 min,食蛋饮汤。每次1个,每日3次,连续5~7 d。可养血通络、舒筋止痛。

(2) 归参羊肉汤:当归、党参、川芎、白芍各10 g,桑枝、羌活各15 g,甘草5 g,羊肉500 g,调料适量。将羊肉洗净,切块,诸药布包,加水同炖至羊肉熟后,去药包,加适量食盐、味精、葱、姜、椒等调料,煮沸服食。可养血散寒、通络止痛。

(3) 桃红四物汤:桃仁、当归、川芎、白芍、生地各10 g,红花5 g,大枣10 枚,大米100 g。将诸药水煎取汁,加大米煮粥服食,每日2次。可活血化瘀、通络止痛。

(4) 附桂猪蹄汤:附片、桂枝各10 g,桑枝30 g,羌活15 g,猪蹄1对,调料适量。将猪蹄去杂毛,洗净,剁块;诸药布包加水同炖至猪蹄爪熟后,去药渣,加适量食盐、味精、川椒、胡椒等调味,煮沸服食。可温阳散寒、通筋活络。

(5) 桑枝炖鸡:老桑枝60 g,老母鸡1只,盐、味精适量。将桑枝切成小段,加水浸1 h;宰鸡,去毛及内杂,用温水洗净。将鸡、桑枝连同所浸的水一并倒锅中,放盐,加水足量,先用旺火煮沸,再改用小火炖2 h,弃桑枝,加佐料调味,佐餐食用。具有通络止痛之功。

(6) 当归二枝粥:当归、桂枝各10 g,桑枝30 g,大米100 g。将诸药水煎取汁,加大米煮为稀粥服食,每日2次。可养血通络、散寒止痛。

(7) 羌桂血藤粥:羌活、桂枝各10 g,鸡血藤30 g,大米50 g。将诸药水煎取汁,加大米煮稀粥服食,每日2次。可祛风除湿、通络止痛。

(8) 桂枝苡仁粥:葛根30 g,桂枝15 g,薏苡仁30 g,粳米60 g,盐、味精适量。将葛根、桂枝加水浸1 h后,煮沸30 min,去渣取汁;苡仁加水浸半天,放汽锅中,煮至鸣响3 min;粳米淘洗净,将苡仁、粳米放锅中,加入药汁,并加水至足量,煮至米烂粥熟,放盐、味精调味,作点心食用。具有祛风通络止痛之功。

(9) 仙茅五加粥:仙茅、淫羊藿各120 g,五加皮90 g,粳米60 g,冰糖适量。将上药加水浸2 h,煎取汁备用;粳米放锅中,放入药汁,加水足量,煮至粥成,加冰糖调味,作点心食用。具有温阳通络之功。

(10) 桑枝大枣粥:桑枝30 g,大枣10枚,大米50 g。将桑枝水煎取汁,加大枣、大米煮粥。每日2次,可通络止痛。

(11) 姜黄威灵酒:片姜黄50 g,威灵仙、炙黄芪、熟地、徐长卿各30 g,制川草乌、三七、全虫各15 g,细辛12 g,白酒1 500 g。将上列药置于白酒中,密封浸泡2周后饮用。每次饮30~50 ml,每日2次。可养肝肾、补气血、祛风湿、止痹痛。

8. 自然康复法 针对经脉不通、气血凝滞而疼痛的肩周炎,宜采用矿泉浴、局部砂浴、砂袋敷法等,通过"血得热则行",使气血流通则不痛。

9. 传统物理康复法 旨在通过物理疗法改善肩周围组织的炎症、粘连及疼痛。

(1) 热熨法:用食用粗盐500 g,生姜3片,小茴香15 g。炒热(不要太烫),用棉布包好,每晚睡前敷患处至盐凉为止。每料可连反复用3 d。可于肩周炎发作时配合使用,连用3料。

(2) 磁疗法:常用温热磁场治疗仪借助于磁场、温热和微震三种效应治疗疾病,使血管血流速度加快,促进血液循环,改善细胞营养,加强新陈代谢,改善局部肌肉的缺血缺氧状态,有利于肌肉功能的恢复。温热提高产生热效应,微震能起到局部的按摩作用,温热和微震可增强磁场的特殊磁场效应。

此外,还可采用热水浴、热熏法等。

以上物理疗法均为每日1次,每次为20~30 min,10次为1个疗程。治疗前充分掌握适应证、禁忌证及注意事项,治疗中让患者取坐位或卧位,放松患处,以其感觉舒适耐受为宜。

10. 娱乐疗法 各种健康、安全、合理的娱乐疗法也都可以用于肩周炎患者。如音乐治疗,能调节大脑边缘系统和脑干网状结构的功能,通过这些神经结构和人体内脏及躯体功能的调节作用,从而起到镇静、镇痛、调整心率、降低血压、改善肌肉紧张程度的作用。患者在轻松欢快的音乐中可以消除紧张情绪,分散注意力,达到减轻焦虑的目的。音乐治疗对患者还能起到催眠作用,从而减轻心理负担。此外,放风筝、投掷游戏、扫地、插花等及活动肩臂部动作较多的舞蹈动作均可运用。

(四)康复护理

对肩周炎患者的康复护理主要包括起居护理和情志两个方面。

1. **起居护理** 协助患者穿衣、梳头、系腰带等。关心、体贴患者,协助患者解决生活中的困难。鼓励患者主动进行锻炼,尽快恢复生活自理能力。

2. **情志护理** 积极对患者进行卫生知识的宣传,提高患者对疾病的认识,告知其护理、治疗的方法和可能的预后,消除其怀疑心理和精神压力,增强战胜疾病的信心,变被动为主动,从心理上配合治疗与护理。

(五)康复预防

1. **健康教育** 包括肩周炎知识的宣传、预防等。经常地适当运动,可做柔软体操、太极拳、八段锦等,不仅使局部血液循环畅通,还可以加强肩部关节囊及关节周围软组织的功能,从而预防肩周炎的发生。

2. **功能锻炼** 肩周炎发生后,最重要的是及早定期按摩上肢及肩部肌肉,进行患侧主动的和被动的肩关节功能锻炼,如肩关节的锻炼方法为:①站立位,前、后、内、外摆动,一日可进行数次,每次活动50~100次。活动范围由小到大,坚持锻炼,忌强力被动活动,以免损伤或撕裂组织。②肩关节环转活动(即划圈法),体位呈向前弯腰位,使上臂自然下垂,与地面相垂直,然后活动上肢,使肩关节做顺时针或逆时针的环转运动(划圈),或做钟摆样前后、左右运动。从而减轻肩周炎的病情。

3. **自我放松** 休息或劳作时要保持肢体功能位使患肩处于松垂舒展状态,避免耸肩和收臂状态。

4. **肩部要注意保暖** 局部可用毛线织一个护肩,以棉布衬里贴身穿戴,不要受凉。

5. **预防肌肉萎缩与关节粘连** 鼓励患者做手指关节的各种活动,如捏橡皮球或健身球,并做主动性的肩关节功能锻炼,以防止肌肉萎缩及关节粘连。

(李　宁)

第十三节　腰椎间盘突出症

(一)概述

腰椎间盘突出症又称髓核突出(或脱出)症,或腰椎间盘纤维环破裂症,属于中医学中"腰痛"、"腰腿痛"、"肾痹"的范畴。临床常表现为腰部疼痛、下肢麻木疼痛,甚至下肢无力、行动不便、小便困难、便秘等一系列症状。

据流行病学统计,人群中60%~80%者一生中曾发生过下腰痛,大约有39%的腰痛与椎间盘突出有直接关系,椎间盘突出是下腰痛及坐骨神经痛的主要因素之一。本病多发于青壮年,20~40岁间占80%左右,青少年少见,约占手术证实椎间盘突出症患者的3%以下。体型肥胖者发生机率大于瘦人。男性与女性之比为(7~12):1,这与男性劳动强度大及外伤机会多有关。椎间盘突出在腰椎各节段均可发生,尤以第四、第五腰椎及第五腰椎、第一骶椎的椎间盘发生率最高,可占90%以上。高位腰椎间盘突出症占3%～5%,两处同时突出者占5%～10%,三处以上同时突出者较少见。

中医学认为腰椎间盘突出症的发生主要为感受风寒湿邪,邪客腰部经脉,致使经脉痹阻,气血运行不畅;或过度劳累或扭挫、跌仆外伤,致使腰部经脉筋肉受损,瘀血阻滞而发病;或年老体弱,久病体虚或禀赋不足,肾精亏少,腰府失养,而发疾病。总之,中医学认为,跌仆扭挫或受风寒湿邪为腰椎间盘突出症发生的诱发因素,经脉阻滞、气血运行不畅是疼痛出现的病机。当然,也有少数单纯因严重跌仆损伤而致者,则与损伤筋肉、瘀血留滞有关,如《景岳全书·腰痛》曰"跌仆伤而腰痛者,此伤在筋骨而血脉凝滞"。

(二)辨证要点

本病辨证以"表里虚实"为纲目,凡起病缓慢,病程长,呈慢性反复发作,痛势绵绵而喜按揉,多为里证、虚证;感受外邪、跌仆损伤所致者,病程短,发病急骤,疼痛剧烈拒按,多属表、属实。同时,应注意辨别疾病寒热阴阳属性,腰部重痛无力,卧时不能转侧者,属湿;腰部冷痛,得热则舒者,属寒;腰部热痛,遇冷痛减者,属湿热;刺痛拒按,痛处固定者,属瘀血。

该病临床常见证型有寒湿、湿热、瘀血、肾虚四型。

(三)康复方法

腰椎间盘突出症的中医康复方法主要有中医心理康复法、中药康复法、针灸康复法、推拿康复法等。

1. **中医心理康复法** 疼痛是腰椎间盘突出症常见症状,疼痛除可增加患者的恐惧或不安,又可影响饮食、睡眠及精神状态。故中医情志康复应以"心身统一,治神为先"的思想出发,掌握语言交流和非语言交流,如态度、姿势、行为表现等。医者要具有同情心,语言亲切,态度诚恳,努力创造一种良好的氛围,倾听患者主诉,注意七情调整,采用情志引导法,给予患者心理安慰,帮助建立积极的情绪。而良好的情绪,能够使气血流畅,增强脾肾功能,从而使食欲增进,减轻患者的紧张焦虑,增加战胜疾病信心,提高康复效果。

2. **中药康复法** 腰椎间盘突出症患者经过积极、适宜的中医药治疗均可获得满意的恢复,实践证实中医药在治疗腰椎间盘突出症中显示出独特的疗效和作用。

(1)中药内治法

1)瘀血型

治法:活血化瘀,行气通络止痛。

方药:桃红四物汤(《医宗金鉴》)加减,药用当归、赤药、川芎、鸡血藤、丹参、桃仁、灵脂、制香附、元胡、郁金、泽泻、全虫、川牛膝、木瓜。

若因闪腰岔气、跌仆损伤或过度屈曲所致,伤后腰部疼痛难忍,走窜作胀,不能屈伸俯仰,转侧困难、咳嗽、深呼吸时有剧烈牵扯痛,疼痛可向臀部、大腿放射,舌质紫,脉弦涩,加枳实、厚朴、木香、苏木、地龙、土鳖虫等。

2)寒湿型

治法:祛风除湿,温经通络,散寒止痛。

方药:独活寄生汤(《备急千金要方》)加减,药用独活、秦艽、防己、白芷、桑寄生、茯苓、肉桂、制附子、当归、细辛、杜仲、玄胡、川牛膝、木瓜。

若寒邪偏盛以冷痛为主,拘急不舒者,可加制附片;湿邪偏盛,痛而沉重为著,苔厚腻者,可加苍术。

3) 湿热型

治法:清热利湿,理筋通络。

方药:四妙散(《丹溪心法》)加减,药用苍术、黄柏、牛膝、薏苡仁、忍冬藤、木瓜、地龙、虎杖、防己、海桐皮、蚕砂。

若见腰酸口干、手足心热者,可加女贞子、旱莲草等;热象偏重,可加栀子、泽泻、木通。

4) 肾虚(阴虚)型

治法:滋补肾阴,柔筋通络。

方药:左归丸(《景岳全书》)加减,药用当归、山药、黄精、山萸肉、白芍、阿胶(烊)、女贞子、旱莲草、鹿角胶(烊)、龟版胶(烊)、怀牛膝、炙甘草、鸡血藤。

若虚火甚者,可加知母、黄柏、龟版。

5) 肾虚(阳虚)型

治法:温补肾阳,舒筋养络。

方药:右归丸(《景岳全书》)加减,药用熟地黄、山茱萸、枸杞子、鹿角胶、菟丝子、杜仲、当归、肉桂、制附子、补骨脂、淫阳藿、牛膝、白花蛇。

若病程日久舌暗有瘀斑者,可加桃仁、红花、鸡血藤等。

(2) 中药外治法:常选用艾叶熏蒸法,将艾叶 500 g 加入水 2 500 ml,煮沸,倒入药盆,患者平卧于床上,下置药盆,以药蒸气熏蒸患处。每日 1 次。

3. 针灸康复法　针灸在腰椎间盘突出症的康复过程中有广泛且重要的应用,并取得了较好的疗效。

(1) 毫针疗法:以突出椎间盘所在华佗夹脊穴及其上下相邻夹脊穴、腰阳关、环跳、阳陵泉、委中为主穴。

急性期配阿是穴、大肠俞、秩边、昆仑。行针使得气感下传至足为佳。一般用泻法,不留针,每日 1 次,至病缓解或消失为止。缓解与恢复期配肝俞、肾俞、膈俞、风市、大肠俞、血海、悬钟、解溪。毫针刺法,以补为主或平补平泻,得气后留针 30 min。每日 1 次,至症状消失为止。

若腰痛明显,病痛在督脉,配腰眼、悬枢、命门、长强、肾俞、气海俞、大肠俞、上髎、次髎。毫针捻转行针,不做提插,使局部有放散针感,一般针感不向下肢传导。若臀部肌肉、股后肌紧张,小腿麻疼,病痛在足太阳膀胱经,配肾俞、大肠俞、秩边、殷门、承扶、承山、昆仑。毫针强刺激,使针感传导足部。若股外侧麻木、足部麻木,病痛在足少阳胆经,配风市、悬钟、太溪、解溪、侠溪、丘墟。毫针可提插捻转行针,使针感传导致足部。常规方法针刺上述穴位,平补平泻。留针 20～30 min,隔日 1 次,15 次为 1 个疗程。

(2) 艾灸疗法

1) 艾条灸:以督脉、足太阳膀胱经穴、足少阳胆经穴三阳经穴为主,包括肾俞、腰阳关、命门、膈俞、大肠俞、关元俞、气海俞、次髎、阿是穴、环跳、秩边、阴陵泉、委中、阳陵泉、足三里、承山、三阴交、昆仑等。每次取上穴 3～5 个,以患者感到温热而不烫为度。每穴灸 10 min,阿是穴可灸 20 min,每日 1 次。

2) 隔姜灸:取上穴 3～5 个,上垫切薄扎孔姜片,置中等大小艾炷于姜片上,点燃施灸。每日

1次或隔日1次,每穴灸10壮。

3) 隔蒜灸:取大椎至长强一线,施术方法同隔姜灸,每半月施治1次。

4) 瘢痕灸:取上穴2～4个,灸用小号艾炷,灸至皮破。灸后以消毒干纱布覆盖穴位。并嘱患者吃羊肉、鱼类、豆腐等,促使灸疮透发。一般于1周内施灸部位化脓,此时可用创可贴外敷,4～5 d疮面即可痊愈。

(3) 其他针灸疗法

1) 耳针疗法:选取肾上腺、神门、交感、压痛区等刺激穴位,用王不留行籽或磁珠粘贴刺激,使得感痛区发热。

2) 皮肤针疗法:选择压痛区域和委中等穴位,用皮肤针重叩出血,加拔火罐,起到疏通经络、活血化瘀的作用。

3) 穴位注射疗法:用维生素B_{12}注射液、复方当归注射液等注射入腰部压痛点或相应穴位,隔日1次。

4. 推拿康复法　推拿康复腰椎间盘突出症,中医学已积累了丰富的临床经验,主要通过按揉、震颤、滚动、斜扳、摇抖、旋转、复位等综合手法,以疏经通络、行气活血、解痉止痛,达到整复腰椎畸形、改善突出髓核与神经根的关系、解除神经根压迫和有利于神经根水肿消除的康复目的。腰椎间盘突出症分为急性发作期、缓解与恢复期,采取的推拿方法也有所不同。

(1) 急性发作期:此期神经根水肿和无菌性炎症明显,推拿康复宜舒经通络、解痉止痛为法,以理筋手法为主,重点在腰部、臀部及患肢。沿督脉和膀胱经从上至下分别实施揉、滚、扳、点、推、按拿等手法,按摩3～5遍,使患者肌肉得到放松,但操作时间不宜过长。

(2) 缓解与恢复期:以滑利关节、整复错缝、补肾壮腰为法,用理筋与整复手法相结合,如选用斜扳法、后伸扳法以纠正后关节紊乱,减轻突出物对神经根的刺激或压迫;选用拇指或肘尖点按腰部阿是穴、大肠俞、肾俞、环跳,以舒筋通络、活血止痛;选用具有温通作用的平推理筋手法补肾壮腰。

临床上,推拿康复腰椎间盘突出的手法很多,但应根据病情轻重、病程长短和神经根受压症状的特点等具体情况而辨证施治、灵活运用。如对腰椎间盘突出症伴骨质疏松者,治疗以柔和的理筋手法为主,不做按压类及扳动类手法;如伴骶髂关节损伤者,应先纠正骶髂关节位置,常选用单髋后伸复位法和屈膝屈髋按压复位法;如伴有腰椎不稳定者,不做后伸类手法,以免加重腰椎失稳。总之,推拿康复手法要求轻、柔、稳、准,准确把握力度,切忌生、硬、猛。

5. 传统体育康复法　我国劳动人民在长期防病治病过程中,总结了许多腰椎间盘突出的康复操,主要以增加腰背肌和腹肌的训练来强化腰背肌力量、促进腰部肌肉及筋膜的血液循环、恢复功能和防止复发为原则。

(1) 康复操

1) 急性发作期:①挺腰晃臀。侧卧位,患腿在上(如两腿痛,则以剧痛的腿在上)。患者以上身挺胸来带动挺腰,臀部随着晃动而一挺一晃,往返各3～5次。②撑腿壮腰。仰卧位,两腿随意放置,或微收或竖撑膝,以腰脊为支点,使臀部做向左、右沿床摆动,再挺腹向上、向下而一起一伏,往返各3～5次。③拳抬挺腰。仰卧位,患者以两手握拳放在腰骶部两侧,用劲稍抬挺起腰骶部,往返3～5次。④抵腰往后瞧。患者以两手握拳,以两拳峰抵压顶住腰部疼痛处或两肾俞,然后向左右转体(缓慢的小幅度),并往后瞧。

2)缓解与恢复期:①扭腰往后瞧。左弓步,右手向胸前轻甩,左手向身后轻甩,眼望身侧左下方,然后上右脚成右弓步(或左脚向后一步),两手动作轻便交换,眼望身的右侧下方。往返向前(或能向后)各3~5次。②握脚起撑功。坐床上,身前俯,两手握两脚前掌,以脚外侧着床,身略起,再前俯,然后身体抬起,复再俯,使脚帮着床,往返1~3次。③叉腰提足跟。两足跟靠拢,两足尖外分(或两足分开与肩宽,或两足并拢),提起足跟,以脚的前掌着地,两手叉腰,虎口朝下,目须平视,少腹提气,自然呼吸9次后,足跟放平。如能站稳,可逐步增至呼吸81次。④丁步健腰。左脚尖朝前,右脚尖对左脚凹,以臀部由右向左旋转8~16次,左右同之,此为导引疗法。⑤拍腰打膝。两腿分站与肩同宽,身向左侧前俯,左手背拍腰,右手拍左膝外侧(如年老、体弱、多病者,两手可交替做一手拍腰,另一手拍腹,身体徐缓微转,往返各8~16次),左右同之。往返各1~5次。⑥倒退走路。选择较宽敞的地方,自然地倒退走路,要求全身放松,两手自然摆动,双下肢交替摆动,以髋关节运动为主,膝关节尽量伸直。

体育锻炼时,根据腰椎间盘突出的部位、类型和病程,选择上述4~6项锻炼项目交替进行。锻炼时动作要柔和轻缓,运动强度和运动量要循序渐进。如在运动疗法结束后配合适当手法按摩,可增强运动后的康复效果。

6.气功康复法

(1)吐纳归原:坐、卧、站位均可。吸气时轻轻鼓腹、挺腰,呼气时微微收腹、松腰还原,一吸一呼,往返8~32次。

(2)风摆荷叶:两脚分站与肩同宽,两手虎口朝下扶撑两腰侧,以中指按于痛点。然后,腰部做向左、右轻微缓转,继向前、后稍微俯仰,再向两侧交替微微晃摆,往返各3~5次。

(3)运气牵引:两脚分站,吸气时,头往上虚灵顶劲,意使各脊椎得以按顺序排直,同时两手握拳运劲往下撑按,呼气时还原。当吸气时,身体稍微有点增高,但两脚要求踏实站稳。如此呼吸,一上一下,往返8~16次。

7.饮食康复法　腰椎间盘突出症的患者应少食多餐,多吃蔬菜、水果及豆类食品,使机体得到必需的、均衡的营养素,以维持机体的营养平衡。

(1)常用食疗药物

1)血瘀型:进食易消化、营养丰富如木耳、鳝鱼等食物,多食水果及韭菜、醋、酒、油菜苔等具有活血化瘀作用的食品,忌肥甘厚味食物。可在食物中加入三七、红花、鸡血藤等中药。

2)寒湿型:饮食应温热清淡易消化、营养丰富,宜进温经通络食物,如酒、黄鳝、樱桃、蛇肉等。忌肥甘厚腻、生冷食物,以免损伤脾胃,加重病情。可在食物中加入桑寄生、独活、木瓜、五加皮等中药。

3)湿热型:饮食以清淡爽口为主,多食豆浆、藕汁、番茄、冬瓜、赤小豆、薏苡仁、绿豆等蔬菜水果,多饮茶水或清凉饮料,忌辛温燥热及煎炸之品。可在食物中加入茵陈、泽泻、车前子等中药。

4)肾虚型:肾阴虚型患者平时宜食如柿子、银耳、芝麻、冰糖、乌骨鸡、鸭肉等清淡食物,忌辛辣醇酒炙煿及肥甘厚味等热性食物,以免生痰化热或生痈疡,可在食物中加入沙参、麦冬、天冬、枸杞等中药。肾阳虚型患者饮食应忌生冷瓜果等凉性食物,宜食温补暖性食物,如羊肉、狗肉、鲫鱼、牛奶、韭菜、山楂、胡桃仁、饴糖等以补益肾精,可在食物中加入鹿茸、肉苁蓉、虫草、杜仲等中药。平时还应多食富含纤维素类食物,如竹笋、芹菜、苹果、香蕉等,以保持大便通畅。

(2) 常用药膳

1) 三七丹参粥:三七 10~15 g,丹参 15~20 g。洗净,加入适量清水煎煮取浓汁,再把米 300 g 加水煮粥,待粥将成时加入药汁,共煮片刻即成。每次随意食用。适于血瘀型。

2) 樱桃酒:樱桃 500 g,五加皮 50 g,白酒约 2 500 ml。将樱桃洗净晾干,加入五加皮,再添加 60 度白酒,瓶满后密封瓶口,每日振摇 1 次,1 周后可以服用。每日 20~30 ml,每日 2 次。适于寒湿型。

3) 冬瓜薏仁汤:冬瓜 500 g 切片,与薏苡仁 30 g 加适量水共煮,小火煮至冬瓜烂熟为度,食时酌加食盐调味。每日 1 剂,分 3 次食用。适于湿热型。

4) 银耳羹:银耳 100 g,炙杜仲 10 g,冰糖 50 g。将炙杜仲放入锅内,加水煎熬,取药液 1 000 g。将药液倒入锅内,加银耳和清水适量,置武火烧沸,再用文火熬 3~4 h,使银耳稀烂,再冲入冰糖溶液,每次随意食用。适于肾虚(阴虚)型。

5) 猪肾煲杜仲:猪肾 2 个,杜仲 15 g,核桃肉 30 g。先将猪肾切开洗净,与杜仲、核桃一起炖熟后,去杜仲、核桃肉,加入少许食盐食用。适于肾虚(阳虚)型。

8. 自然康复法

(1) 矿泉浴:地下热冷泉调和成 38~40 ℃,患者仰卧位浸泡 15 min,具有促进血液循环作用。对腰椎间盘突出症伴发的下肢肌肉萎缩,通过水中的抵抗训练,促进代谢过程,增强肌肉的强度,而使症状得到改善。

(2) 泥浴:除头、胸及足外全身埋敷 15 min,具有变换环境、缓解紧张效果。

此外,空气浴、森林浴、日光浴可根据患者具体情况选择运用。

9. 传统物理康复法　具有镇痛、消炎、促进组织再生、兴奋神经肌肉和松解粘连等作用,在腰椎间盘突出症的康复过程中是不可缺少的手段。

(1) 皂荚熨法:取皂荚碾碎,与食盐各 500 g 同炒热。趁热装入袋中,熨腰腿痛疼部位,冷却后更换。每日 1 次。

(2) 热熨法:①川椒、干姜、桂心各 0.5 kg,浸于 3.5 kg 黄酒中,另将棉布袋 1 只亦浸于酒中,药浸 10 d,布袋浸 1 d。取出药物,装入布袋,覆于腰部,以烙铁熨布袋,使药力借热力透入,每日 1 次,10 次为 1 个疗程。②生川乌、细辛、牛膝、杜仲、狗脊、独活、川芎、乳香、没药、千年健,将上述诸药混合烘干,研末备用。治疗前先嘱患者取相应的舒适体位,暴露患部皮肤,每次取药末 20~30 g,用 40%乙醇(内溶冰片适量)调成充分潮湿状,放纱布袋内,置于患处,外加热源 TDP 灯照射,以患者感温热舒适为度。

10. 娱乐康复法　可指导患者参加多种娱乐活动,如听一些旋律优美的乐曲,或根据体力及关节活动的具体情况,选择一些动作轻快、活动关节较多的舞蹈娱乐康复。如此既可以调摄情志,又可有助于肢体功能的恢复。其他如风筝、钓鱼等疗法亦可选用,以共奏调身、娱神之效。

(四) 康复护理

腰椎间盘突出症的康复护理主要包括起居、饮食、情志、功能护理等方面。

1. 起居护理　做好腰部起居护理是防止腰椎间盘突出症反复发作的重要基础。急性期患者需卧硬板床休息 1~3 周,使腰部软组织得到充分的松弛和休息,以缓解肌肉痉挛,促进血液循环,清除致痛物,减轻疼痛,恢复功能。患者仰卧位时可在腰部加一薄垫或令膝、髋关节保持一定的屈曲,使肌肉充分放松,以降低腰椎间隙压力,减轻腰椎间盘后突,这是腰椎间盘突出症患者的最佳体位;侧卧位时一般认为以右侧卧位最好,并在双上肢和双下肢之间各放置一软枕,在其后背放置硬枕,以稳定脊柱的受力,同时右侧卧位不会压迫心脏和影响胃肠蠕动。患者忌在床上坐起大便,因为这时腰部过度前屈,椎间盘更易后突。卧床休息期间应注意个人卫生,保持皮肤清洁干燥,多喝水,以利小便通畅、防止尿路结石;对痰多不易咳出者,可轻拍背部或做扩胸运动,以利排痰。

缓解期应教育患者注意日常生活、学习、劳动时腰部的姿势和体位,保持正确的站立、坐位、步行、提物等姿势。避免久坐办公、看电视等,防止加重腰椎间盘突出症。注重腰部的保暖、防寒、防潮,尤其是秋、冬两季,应多穿衣物,注意腰部及下肢保暖。夏季合理使用空调,控制室温在 26 ℃较适宜,切忌空调的风对着腰部及后背直吹。

2. 饮食护理　寒湿型患者宜温热饮食,忌食生冷、瓜果等刺激食品;湿热型患者宜清淡饮食,忌食辛辣、煎炒、油炸之品,以免助湿生火;血瘀型患者宜清淡、易消化食物,多食蔬菜、水果;肾虚型患者宜温性暖性饮食,常食核桃、牛筋炖黑豆、羊肉炖黑豆,以补肾强筋、益气养血。如患者需卧床疗养,因肠道蠕动减慢,消化功能明显降低,易引起便秘而加重症状,故进食量要适当减少,宜多食血肉有情之品及粗纤维蔬菜、水果,保持大便通畅。忌辛辣刺激食物,每晚可建议饮牛奶 250 ml 左右,多食豆类富含钙质的食物,并根据血脂情况适当食用动物肝脏、骨头汤、大枣等。

3. 情志护理　由于患者腰腿经常疼痛,活动受限,且病程长,疗效较慢,加之需长期平卧板床,生活不能自理,多数患者往往易产生悲观、焦虑情绪,易失去治疗信心。中医认为,"七情内伤,思则气结,恐则气下,忧思悲恐皆伤与人",故应首先做好情志护理工作。

对于初次发病的患者,由于其对疾病往往不知所措,焦虑不安,护理上应适时进行疏导,加强对疾病知识的宣教,使其认识到腰椎间盘突出症是一种常见病、多发病,是可以治愈的,从而消除患者不良的心理负担,增加信心,以最好的心理状态接受治疗。

对于反复发作的患者,由于其因长期受痛苦折磨,不同程度地丧失劳动能力及影响经济条件等因素,往往产生焦虑绝望的心理,对此宜向其讲解"七情"与疾病的关系,积极安慰患者,并与之建立良好关系,向患者介绍目前该疾病的治疗进展情况,说明有多种治疗方法可选择。同时,了解患者生活习惯,耐心细致地做好患者思想工作,增强安全感,从而唤起患者治疗信心,使其积极主动配合治疗。

4. 功能护理　主要教会患者劳逸结合,避免使原有症状加重。指导患者加强腰背肌功能锻炼,可采用以下的锻炼方法。

(1) 仰卧位,双膝屈曲,以足部和背部作支点,抬起骨盆,然后慢慢落下,反复 20 次。该动作能矫正骨盆前倾,增加腰椎屈曲度。

(2) 仰卧位,双膝屈曲,手抱膝使其尽量靠近胸部,但注意不要将背部弓起离开床面。

(3) 侧卧位,上侧腿可伸直,下侧膝微屈。上侧腿抬起,然后慢慢放下,反复数十次。

(4) 仰卧位,将双手压在臀下,慢慢抬起双下肢,膝关节可微屈,然后放下,重复 15 次。

(5) 坐在床上,一膝微屈,另一下肢伸直,躯干前倾压向伸直的下肢,然后换另一下肢。

(6) 仰卧位,双膝屈曲,收腹使躯干抬起,双手触膝。

通过功能护理,能够增强腰椎活动度和腰背部肌力,增加腰和脊柱的稳定性,促进康复。

(五) 康复预防

由于腰椎间盘突出症患者大多是因为生活起居方式不当、劳累所致,故除积极采取各种各样的康复方法外,最为重要的措施是通过积极开展科普宣传,提高人们的保护意识来预防腰椎间盘突出症的发生。

1. **合理体位姿势**　为了避免因不良姿势引起腰椎间盘突出症,应注意以下几点。

（1）选择合适坐、卧具,以尽可能减少腰骶部劳损。较为合理的坐具要求高低适中,原则应保持人体坐位视线与被观看物品高度如电视机高度相平,并有一定后倾角的靠背。可采取些辅助性的措施,如腰部加靠垫,脚凳垫着下肢,有扶手更佳。过高或过低的坐位都会导致人体的脊柱曲度发生改变,并造成肌肉紧张。选择合适的床,以平而坚实的床垫为理想,床面宜宽。睡姿以侧睡、双手交于体前,屈膝、屈髋为佳。平躺时,宜置放一枕头在双膝下,使下肢抬高,下背部呈平的状态,双手不可高举过头。

（2）注意通过腰背部适当活动调整身体姿势,以调节椎间盘内压,改善局部血液循环,增加腰椎稳定性,避免因一种姿势维持时间过长而引起腰椎间盘突出症。

（3）开车时应调整座位与方向盘距离与高度,在方向盘不影响转向的情况下尽量靠近胸前,同时靠背后倾角度以100°为宜,不要使后倾角度太大。如需长时间行车,中途宜停车休息5～10 min,活动腰部并做适宜的腰部保健操。

（4）日常生活或劳动中应注意避免某些不良弯腰姿势,如提起重物时应屈髋屈膝,身体重心下移,将重物和上肢负荷落到两脚间,避免做直腰取物,同时用力宜均匀,避免突用猛力,以使腰椎关节突关节负荷增加,造成腰部损伤,甚至腰椎间盘突出症。

2. **科学锻炼**　腰背肌适当的锻炼能改善肌肉血液循环,促进新陈代谢,增加肌肉的反应性和强度,松解软组织的粘连,纠正脊柱内在平衡的失调,提高腰椎的稳定性、灵活性和耐久性,对预防椎间盘突出症具有较好的远期效果。为避免不良锻炼损伤腰部,一般要求做好以下几个方面。

（1）进行锻炼之前,要做充分的准备活动。无论何种锻炼,在正式开始前均对脊椎、四肢进行由小幅度到大幅度、由慢到快的准备活动,以腰部充分活动、四肢关节灵活为度。

（2）在锻炼中,应合理安排腰部运动量,运动量应由小到大,循序渐进,并在运动中有一定时间的间歇,以避免腰部过度疲劳。

（3）注意锻炼姿势。所有锻炼均涉及脊柱姿势是否正确,尤其应注意的是锻炼中的腰部状态,应尽力保持其自然体位。

（4）在腰部负荷较大的锻炼中,应加强腰部保护措施。如进行举重等锻炼时,应佩带宽腰带或弹性的腰围,其不仅能够起到加强腰部肌肉力量作用,而且可适当限制腰椎的过伸或过屈活动,从而起到一定的保护作用。

（5）腰部有损伤未愈的情况下切不可继续锻炼,以免反复损伤,迁延难愈。

（李　宁）

第十四节　退行性骨关节病

（一）概述

退行性骨关节病是可活动关节的疾病,其特征是关节软骨发生原发性或继发性退行性改变或破坏,软骨下骨质硬化,关节边缘有骨赘(骨刺)形成,进而出现不同程度的关节变形、活动受限(晨起为重)、疼痛等症状和体征,又称骨性关节炎、增生性骨关节炎、肥大性关节炎。本病好发于膝关节、髋关节、颈椎、腰椎、手指、足趾关节等部位,是常见的老年病之一,根据其临床表现归属于中医学中"痹证"的范畴。

骨关节病是造成50岁以上人群丧失劳动力的主要原因之一。随着人口老龄化,本病的发病率逐年上升。国家"十五"攻关计划课题调查结果证实,40岁以上人群原发性骨关节病患病率为46.3%,其中男性患病率41.6%,女性患病率50.4%;城市男性患病率低于农村男性,城市女性患病率高于农村女性;60岁人群比40岁人群的患病率高出1倍多。

中医学认为退行性骨关节病的发生主要为外感风寒湿邪,或寒湿蕴久,化为湿热,或感受湿热之邪,内犯经络、血脉、筋骨。或劳欲过度,将息失宜,精气亏损,卫外不固;或激烈活动后体力下降,防御功能降低,汗出腠疏,外邪乘袭。或老年体虚,肝肾不足,肢体筋脉失养;或病后、产后气血不足,腠理空疏,外邪乘虚而入而成。其病位在筋骨,与肝、肾二脏关系密切,肝肾渐虚、筋骨失养是本病发病的病理基础;风、寒、湿是发病的常见诱因;肾虚血瘀贯穿骨关节病整个病理过程;反复发作则津液凝聚而成痰浊,痰瘀交阻于骨节之间,遂致畸形肿痛。

(二) 辨证要点

中医认为退行性骨关节病辨证要点要从辨表里虚实和辨证型两方面着手。

1. **辨表里虚实** 退行性骨关节病的辨证宜首分虚实。感邪新发,风寒湿热之邪明显者,一般为实证;病证日久,耗伤气血,损及脏腑,肝肾不足,一般为虚证;病程缠绵,日久不愈,常表现为虚实夹杂之证。

2. **辨证型** 该病临床常见证型有阳虚寒凝、湿热痹阻、肝肾亏虚、痰瘀阻络。

(三) 康复疗法

退行性骨关节病的康复主要包括中药康复法、针灸康复法、推拿康复法、饮食康复法等。

1. 中药康复法

(1) 中药内治法

1) 阳虚寒凝型

治法:温补肾阳,散寒除湿,舒筋活络。

方药:乌头汤(《金匮要略》)合薏苡仁汤(《类证治裁》)加减,药用川乌、麻黄、芍药、黄芪、甘草,及薏苡仁、瓜蒌仁、丹皮、桃仁;慢性缓解期亦可服用金匮肾气丸。

若以肩、肘痛为主者,加姜黄;膝、踝部痛为主,加牛膝、木瓜;腰脊痛为主,加杜仲、寄生;肌肤麻木不仁者,加海桐皮、豨莶草。

2) 湿热痹阻型

治法:祛风清热,除湿通痹。

方药:白虎加桂枝汤(《金匮要略》)加减,药用石膏、知母、粳米、桂枝、甘草等;或加味苍柏散(《医宗金鉴》)加减,药用苍术、白术、独活、羌活、生地、知母、黄柏、赤芍、当归、牛膝、甘草、木通、防己、木瓜、槟榔。

若湿热痿软,可加豨莶草、木瓜、萆薢等以祛湿热强筋骨;若湿热甚者,宜加薏苡仁、车前草等以渗湿降浊。

3) 肝肾阴虚型

治法:补益肝肾,舒筋活络,强健筋肉。

方药:六味地黄汤(《小儿药证直诀》)加减,药用熟地、山萸肉、山药、茯苓、泽泻、丹皮等;或选用独活寄生汤(《备急千金要方》)加减,药用独活、桑寄生、杜仲、牛膝、细辛、秦艽、茯苓、肉桂、防风、川芎、人参、甘草、当归、芍药、干地黄。

若疼痛较剧者,可酌加制川乌、制草乌、白花蛇等以助搜风通络、活血止痛之效;寒邪偏盛者,酌加附子、干姜,以温阳散寒;湿邪偏盛者,去地黄,酌加防己、薏苡仁、苍术以祛湿消肿;正虚不重者,可减地黄、人参。

4) 痰瘀阻络型

治法:化痰逐瘀通络。

方药:身痛逐瘀汤(《医林改错》)加减,药用秦艽、川芎、桃仁、红花、甘草、羌活、没药、当归、五灵脂、香附、牛膝、地龙;或用活络效灵丹(《医学衷中参西录》)加减,药用当归、丹参、乳香、没药。

(2) 中药外治法

1) 浸浴(熏洗)法:①独活寄生汤(《备急千金要方》),药用独活、秦艽、防风、艾叶、透骨草、刘寄奴、苏木、赤芍、红花、威灵仙、乌梅、木瓜各9 g。适用于气滞血瘀型骨关节病。②乌头汤(《金匮要略》),药用乌头、麻黄、芍药、甘草、黄芪、白蜜各15 g。具有散寒除湿、疏筋通络的功效,适用于治寒湿侵袭之证,主治关节剧痛,喜暖恶寒者。③小活络丹(《太平惠民和剂局方》),药用制川乌、制草乌、地龙、天南星各6 g,乳香、没药各5 g。主治寒凝湿痹之骨关节炎。④海桐皮汤(《医宗金鉴》),药用海桐皮、伸筋草、透骨草、桂枝、川乌、艾叶、五加皮、威灵仙、当归、泽兰、芒硝、红花、乳香、没药。适用于关节僵硬、软组织肿胀、疼痛不止者。⑤五加皮汤(《医宗金鉴》),药用当归(酒洗)、没药、五加皮、皮硝、青皮、川椒、香附子、丁香、麝香、老葱、地骨皮、丹皮各10 g。具有舒筋和血、定痛消瘀的功效,适用于骨关节炎之瘀血疼痛。

对疼痛较剧者,可酌加制川乌、制草乌、白花蛇、乳香、没药等助搜风通络、活血止痛;寒邪偏盛者,酌加生麻黄、细辛、白芷以辛温散寒;热邪偏盛者,加生大黄、赤芍、忍冬藤;湿邪偏盛者,酌加防己、薏苡仁、苍术以祛湿消肿;瘀血阻络症重者加土鳖虫、红花、泽兰、苏木;手指肿胀明显者,加茯苓、防己、萆薢;肌肤麻木者,加豨莶草、路路通;关节酸胀者,加晚蚕砂、海风藤;筋脉活动不利者加木鳖子、生半夏、葱根、花椒枝;上肢关节疼痛明显者,加桂枝、羌活;下肢关节疼痛明显者,加肉桂、独活、川牛膝;病在肩部加白芷,在颈部加葛根,在脊柱加威灵仙;另外可加芳香温通之品,如艾叶、菖蒲。亦可就地取材,用五枝汤(松枝、柏枝、桑枝、桃枝、柳枝),分量不拘,大锅熬水,泡浴。南方可加桂枝,北方可加花椒枝。

用时,上药水煎,趁热先熏后洗患处,手足关节病可以浸泡,而全身骨关节病则宜于浴泡。每日1~2次,每次30~40 min。15 d为1个疗程。一般使用1~2个疗程即可明显收效。若配合辨证用药内服,内外同治疗效会更佳。

2) 药熨法:药用麻黄、桂枝、细辛、白芷、苏木、川乌、乳香、没药、羌活、红花、刘寄奴。本方具有散寒止痛、舒筋活络之效,适用于关节疼痛为主,多属寒伏筋骨者。

用时,将中药打成粗末,装入布袋中,加热熨烫患处以散寒止痛。可分为干湿两种方法,一种是将打碎的药物干炒热,装入布袋中,用于药熨;另一种是将中药粗末装入布袋中,用酒或醋泡透,将布袋提出至不滴浸泡液为度,用盘盛托,置于蒸锅笼屉上蒸20~30 min然后趁热外用。

湿热熨时要在患处垫上毛巾 2~3 层,防止烫伤。不可在一处停留太久,以感觉微烫即移别处。此法对骨关节病的肩、肘、髋、膝部和脊柱等大关节尤为适用,每日 1~2 次,每剂可用 5~7 d。一般热熨 3~4 次症状即有明显改善。如关节活动障碍者,热熨之后,在关节生理活动范围内可做各种活动,对改善关节功能效果更为显著。

3) 膏贴法:选用一定的膏贴剂型,贴敷于关节病变处。此类多有市售,如狗皮膏、奇正止痛贴、跌打镇痛膏、麝香壮骨膏等。亦可自行调配处方,以一定赋形剂制成膏药外敷。常用方有:①如意金黄散(《外科正宗》),药用片姜黄、白芷、生南星、大黄、花粉、陈皮、厚朴、苍术、甘草、黄柏。研为细末,用凡士林或蜂蜜调敷。适用于关节红肿疼痛者。②二乌膏(《永类方》),药用生川乌、生草乌各等分。研细末,蜂蜜调敷。适用于关节寒痛者。③冲和膏(《外科正宗》),药用紫荆皮、独活、赤芍、白芷、菖蒲。研末,以凡士林或蜂蜜调膏外敷。适用于陈旧性损伤所致的骨关节疼痛。

4) 中药离子导入法:这是将现代康复脉冲电疗仪与中药外治法相结合的产物,对于治疗退行性骨关节病的疗效颇为满意,尤以对改善膝关节活动度、缓解疼痛、减轻肿胀、缩短晨僵时间有显著疗效。

2. 针灸康复法

(1) 毫针疗法:针刺对退行性骨关节病的康复有较好的疗效,可不同程度地改善症状。根据辨证分型和发病部位的不同,遵循循经取穴与辨证取穴相结合的原则,以疏调局部经络气血、调和营卫。

颈椎部取颈百劳、风池、天髎、肩中俞、肩井、风门等;上肢肩部取肩髃、肩髎、臑俞、天宗、肩井等;肘部取曲池、少海、手三里、外关等;腕部取阳溪、阳池、阳谷、腕骨等;手指关节部取八邪、中渚、合谷、后溪、支沟等;腰部取肾俞、气海俞、夹脊、阿是穴、命门、腰阳关等;下肢髋部取环跳、居髎、秩边、髀关、殷门、白环俞等;膝部取犊鼻、膝阳关、膝眼、鹤顶、阳陵泉、足三里、委中等;踝部取解溪、昆仑、跗阳、丘墟、中封等;跟骨取太溪、昆仑、申脉、仆参、照海等;趾关节取八风、太冲、地五会。风邪偏盛者,取膈俞、血海以养血活血,含治风先活血、血行风自灭之意;寒邪偏盛者,取关元、肾俞、命门以益火之源,振奋阳气而去寒邪;湿邪偏盛者,取阴陵泉、脾俞、三阴交以健脾利湿;气血虚者,取脾俞、膈俞、足三里、公孙以助后天气血生化之源。

常规方法针刺上述穴位,每日或隔日针刺 1 次,一般 15 d 为 1 个疗程,每次留针 20~30 min,适用于慢性骨关节病而能耐受针刺者。

(2) 艾灸疗法:适用于寒性关节疼痛者,此类关节病变有遇寒加重、得热减轻的特点,应温灸祛寒以止其痛。常用方法有:

1) 艾条灸:取上述针刺的穴位施灸,每次 5~10 壮,每次 3~5 穴,每日 1 次。

2) 隔盐灸:每次灸神阙 3~5 壮,每日或隔日 1 次。用于阳虚寒凝之证。

此外,患者还可自己常灸足三里、神阙和病变局部,可起到一定的缓解症状、改善骨关节功能的作用。

(3) 其他针灸疗法

1) 耳针疗法:选取与病变相应的耳穴,如肾上腺、内分泌、肾、脾、神门等。针刺或用耳穴压丸的方法。

2) 穴位注射疗法:常用药物有:①维生素 B_1、维生素 B_6、维生素 B_{12}、维生素 E。②当归、黄芪、川芎、丹参、红花、雷公藤等注射液。③其他如生理盐水、山莨菪碱注射液等。按穴位注射常规操作。

3) 皮肤针疗法：多用于关节肿胀局部和某些穴位。对于热证关节肿胀者在肿胀局部用皮肤针叩刺出血，有泻热消肿、活血化瘀的作用。

4) 拔罐疗法：可在病变附近或背部腧穴拔罐，采用传统火罐，或现代冷罐（负压吸引）均可，有留罐、走罐之分。具有活血行气、通络止痛之效，适用于肌肉丰厚处。

3. 推拿康复法　推拿可使僵硬或萎缩的关节和肌肉症状得以缓解，达到在一定程度上恢复功能的目的，应用时以局部治疗为主配合点穴治疗，以舒筋活络、行气止痛、通利关节为基本原则，针对患者的病情、年龄、体质和医生的经验灵活运用，多采用推、滚、摩、擦、搓、拿、捏、揉、按、摇、扳、拔伸等手法。腰椎部位一般用推、揉、按等手法，酌情施行牵抖、推扳等手法；髋关节部位选用揉、按、滚等手法松解肌肉和关节，然后辅以髋关节屈伸、外展、外旋、内收、内旋等被动活动；膝关节一般先仰卧位放松股四头肌及点、揉、弹、拨膝关节周围各肌肉起止点及相关韧带等软组织，然后点按双膝眼及髌骨缘关节间隙并被动屈伸膝关节；再变为俯卧位，点揉委中、承山等穴。一般操作程序如下。

(1) 捏拿、掌揉病变关节局部及周围组织约 5 min，以放松该处肌筋组织。

(2) 摩擦病变关节，使被操作部位有温热感，操作 3～5 min。腰背部可用推法、滚法、按揉法等大面积放松手法，操作约 10 min。使气血温通，疼痛缓解。

(3) 点按揉病变局部腧穴，每穴约 30 s。

(4) 摇动和拔伸关节，还可配合适当的扳法，使关节被动活动，以缓解关节的功能障碍。

自我按摩适用于患者手法能及的部位，多采用捏拿、按揉、点穴、摩擦等手法，可起到一定缓解症状、恢复关节功能活动的作用，如两手搓颈、两拳擦腰、两手交替捻摇手指各关节、两手揉大小腿等。

4. 传统体育康复法　练习八段锦中五劳七伤往后瞧、双手攀足固肾腰、攒拳怒目增气力、背后七颠百病消，各 30 遍左右；颈、腰椎骨关节病患者，还可练习洗髓易筋经，重点练三、四、六、七、九、十、十一各势，可明显改善脊椎关节功能，加强周围肌肉的保护支撑能力，增加韧带的柔韧与弹性。

5. 饮食康复法　常用食疗药膳方有：

(1) 当归 10 g，黄芪 50 g，乌鸡肉 1 kg。将鸡肉洗净，当归、黄芪洗净切段，同时放入水中炖 2～3 h，放精盐调味。每日服食 2 次。适合于肝肾阴虚型。

(2) 桑寄生 30 g，当归 20 g，猪脚 1 只。加水共炖至猪脚烂熟，去药渣饮汤食肉。适于肝肾阴虚型。

(3) 黑大豆 1 kg，松节 200～300 g，黄酒 250 g。用小火将黑豆煮至酥烂，收水晒干。每次 50 粒黑大豆，随时嚼食，每日 3 次。本品具有补脾肾、强筋骨、通血脉、祛风湿、除骨寒等功能，适用于寒痹。

(4) 薏苡仁 30 g，桂枝 5 g，生姜 10 g，粳米 100 g。将桂枝、生姜水煎取汁，与薏苡仁、粳米同煮粥食，日服 2 次。适于寒湿痹阻型。

(5) 老桑枝 60 g，老鸭 1 只。将鸭去内脏洗净，加适量水熬汤，调味后饮汤食肉。适于湿热痹阻型。

(6) 童子鳝 0.5 kg,用绳系尾,悬于窗口处阴干,泡入 1 kg 白酒中,1 个月后饮用。每次 50 ml,每日 2 次,2 个月为 1 个疗程。童子鳝性温善窜,有活血舒筋、祛风除湿之功,对肩肘痛不能上举的顽痹患者效果尤佳。

6. 自然康复法　可选矿泉浴,多用全身浸浴法,水温 40~43 ℃。采用卧式,头颈及前胸部露出水面,水面高度不宜超过胸乳以上,以减少水压压迫心脏。每次 20~30 mim,每日 1 次,30 次为 1 个疗程,疗程间隔 5 d。

矿泉的温热作用也可扩张血管皮肤末梢血管,增强皮肤的通透性,改善局部营养、代谢,促进炎性产物及废物的吸收,同时热作用可使肌肉、韧带紧张性降低,缓解痉挛,减轻疼痛。矿泉中离子状态的化学成分通过血管淋巴管进入到体内,起到治疗作用。患者可配合水中运动,以加强功能锻炼。

此外,热砂疗法、日光浴也有一定的康复治疗作用,可酌情选用。

(四) 康复护理

退行性骨关节病的康复护理主要包括起居、饮食、功能护理三个方面。

1. 起居护理　由于关节疼痛,活动受限,患者主要表现为下蹲困难和不能完成上下楼梯等运动。因此,需要为患者提供方便的环境,协助其完成下蹲用厕,避免上下楼梯(可乘电梯)。

2. 饮食护理　本病患者的饮食要根据体质和疾病的寒热属性来选择。一般而言,风邪偏盛者,宜用葱、姜等辛温发散之品;寒邪偏盛者,宜用胡椒、干姜等温热之品,而禁忌生冷;湿邪偏盛者,宜用茯苓、薏苡仁、豆腐、芹菜、山药、扁豆等食物,以健脾利湿,可缓解肿胀症状;湿热者,宜选用苦瓜、丝瓜、苦菜、绿豆芽、马齿苋等食物,以清热解毒,可缓解局部热痛之感,而不宜用羊肉及辛辣刺激性食物。

3. 功能护理　骨关节病主要表现为膝、髋等负重关节疼痛,与活动有关,休息后可缓解,上下楼梯时疼痛加剧。急性发作期间或症状较重时应卧床休息,并将患肢置于关节最松弛状态,受累关节应在不负重状态下做适当的关节功能锻炼,如床上体操等。但同时应注意不要过分限制活动,以免发生关节强直与软骨、肌肉萎缩,应休息与锻炼相结合,并积极采取综合康复治疗措施。为了减轻负重关节的负担,下肢活动时可使用手杖或用支架等局部支持来减轻压力。如病变在上肢,则不应过多地使用患臂搬提重物。

(五) 康复预防

1. 宣传预防性保健知识　由于一些患者未接受过有关退行性骨关节病的健康知识教育,而出现乱求医、乱用药现象。为了使患者对病情的发生和发展及预防有一定的认识及防病意识,应向其宣教该病的发生发展过程,并提供有关书面材料。指导患者发生疼痛时要制动,缓解后要进行适当的活动,如转颈、挺胸、伸腰、摆腿、摇动各小关节等,方法要正确;保持标准体重;按医嘱用药等。

2. 要增强信心、消除疑虑、勇敢地战胜疾病　平时注意避免不良刺激,以使病情长期稳定在缓解期。

3. 增加运动　要适当增加户外活动、锻炼,尽量避免长期卧床休息。

4. 保持骨质代谢正常　进食高钙食品,多晒太阳,以确保老年骨质代谢的正常需要。老年人钙的摄取量应较一般成年人多,宜多食牛奶、蛋类、豆制品、蔬菜和水果。必要时补充钙剂。

5. 控制体重　超重患者的承重部位疼痛更加剧烈,特别是膝关节和腰背部,故减轻体重是很重要的。超体重者宜控制饮食,增加多种维生素的摄入,如维生素 A、维生素 B_1、维生素 B_6、维生素 B_{12}、维生素 C 和维生素 D 等。

6. 避免不利因素 消除关节劳损因素,积极纠正不良姿势,对一些不利于关节损伤修复的职业、工种应考虑予以调换。

（金红姝）

第十五节 原发性骨质疏松症

（一）概述

骨质疏松症是以骨强度下降、骨脆性增加、极易发生骨折为特征的一组全身性代谢性骨病。骨痛和易于骨折是骨质疏松症的主要症状,根据其临床表现归属于中医学中"骨痿"、"骨痹"、"腰背痛"的范畴。

目前我国有原发性骨质疏松症患者约 9 000 万人,总患病率为 12.4%,其中男性 8.5%,女性 15.7%,这一数字正呈上升趋势。骨质疏松症的发病率随年龄的增高而增加,60～70 岁老人中约 1/3 有骨质疏松症,80 岁以上老人半数以上患有本病。种族、性别、地区、饮食习惯等因素对其亦有很大的影响,白种人比黑种人与黄种人更易发生骨质疏松;在所有种族中女性骨质疏松患病率均远高于男性,两者的发病率之比为 2∶1～6∶1,女性绝经年龄愈早骨质疏松发生愈早而程度愈重。有骨质疏松症家族史者发病率明显增高,发病年龄也较低。其他如酗酒、吸烟、长期饮用咖啡因饮料等均是骨质疏松症发病的危险因素。

中医学认为原发性骨质疏松症的病因病机主要为久处湿地或涉水冒雨,感受外来湿邪,湿热浸淫经脉或郁遏生热,或痰热内停,蕴湿积热,导致湿热相蒸,浸淫筋脉,气血运行不畅,致筋脉失于濡养而发病。或先天不足,或久病体虚,或房劳太过,伤及肝肾,精损难复;或劳役太过而伤肾,耗损阴精,肾水亏虚,筋脉失于灌溉濡养而发病。或跌打损伤,瘀血阻络新血不生,经气运行不利,气血经脉受损,以致脉道不畅,筋脉骨髓失其濡养发为本病。总之,本病多因年老肾亏、后天失养、少动过逸或久病卧床所致。中医理论认为"肾主骨"、"肝主筋"、"脾主肌肉",骨质疏松症主要的发病病机在于肾虚而髓减骨枯,所谓"精足则髓足,髓在骨内,髓足则骨强"（《医经精义》）,"肾气热,则腰脊不举,骨枯而髓减,发为骨痿"（《素问·痿论篇》）;脾精不足,必使肾精生化乏源,精亏骨骼失养;气滞血瘀是加速形成骨质疏松症的重要因素。骨质疏松症的形成早期一般以肾阴虚为主,随着年龄的增长肾阳虚与瘀血阻络之证日增,后期则肾之阴阳俱虚。

（二）辨证要点

该病临床常见肾阴亏虚、肾阳不足、肾精亏损、气血两虚、瘀血阻络等证型。一般腰背酸痛,两膝酸软,面部烘热,五心烦热者,多属肾阴亏虚;腰背酸痛,两膝酸软,畏寒肢冷,尿频便溏者,多属肾阳不足;腰背酸痛,两膝酸软,耳鸣健忘,性欲减退者,多属肾精亏损;腰背酸痛,两膝酸软,倦怠短气,面白无华者,多属气血两虚;腰背或两膝刺痛,入夜尤甚,舌暗有瘀斑者,多属瘀血阻络。

（三）康复疗法

骨质疏松症的常用中医康复疗法主要有中药康复法、针灸康复法、推拿康复法、饮食康复法等。

1. 中药康复法

(1) 中药内治法

1) 肾阴亏虚型

治法:滋阴补肾。

方药:六味地黄丸(《小儿药证直诀》)或用左归丸(《景岳全书》)加减,药用熟地、山药、山萸肉、枸杞、川牛膝、菟丝子、鹿角胶、龟版胶。

若肝肾阴虚者,可合用二至丸(《医方集解》),即女贞子、旱莲草以滋肾养肝;若虚火上炎,则配以知母、黄柏、丹皮,或用大补阴丸(《丹溪心法》)骤补真阴,以制相火;若腰背酸痛、两膝酸软明显者,还可加服虎潜丸(《丹溪心法》)。

2) 肾阳不足型

治法:补益肾阳。

方药:肾气丸(《金匮要略》),或用右归丸(《景岳全书》)加减,药用熟地黄、山药、山茱萸、枸杞子、菟丝子、鹿角胶、杜仲、肉桂、当归、制附子。

若见脾肾阳虚之证,则合用附子理中丸(《阎氏小儿方论》)以温阳祛寒、健脾益气,或用无比山药丸(《千金要方》)滋补脾肾、填精益髓、强壮筋骨。

3) 肾精亏损型

治法:填精补髓,双补肾中阴阳。

方药:七宝美髯丹(《医方集解》)加减,药用何首乌、茯苓、牛膝、当归、枸杞子、菟丝子、补骨脂等;或用河车大造丸(《医方集解》)加减,药用紫河车、龟版、黄柏、杜仲、牛膝、天冬、麦冬、人参、熟地黄、茯苓;或用龟鹿二仙胶(《医方考》)加减,鹿角、龟版、人参、枸杞子。

4) 气血两虚型

治法:温补气血。

方药:八珍汤(《正体类要》)加减,药用人参、白术、茯苓、当归、川芎、白芍、熟地、甘草;或用十全大补汤(《太平惠民和剂局方》)加减,药用人参、川芎、茯苓、白术、白芍、当归、地黄、黄芪、肉桂、甘草。

5) 瘀血阻络型

治法:活血行气,通络止痛。

方药:身痛逐瘀汤(《医林改错》)加减,药用秦艽、川芎、桃仁、红花、甘草、羌活、没药、当归、五灵脂、香附、牛膝、地龙。

(2) 中药外治法:①滋阴壮水膏(《理瀹骈文》),旧名坎济膏。上贴心背,中贴脐眼,下贴丹田,久贴见效。此方补肾而兼五脏,主治阴虚火旺。②扶阳益火膏(《理瀹骈文》),旧名离济膏、温肾固真膏。此方专补命门之火,主治元阳衰耗,火不生土。③神应膏药(《普济方》),川乌、马蔺子、官桂、干姜、杜仲、木鳖子(去壳丝油另研)各15 g,没药15 g(另研),乳香9 g(另研),破故纸(炒)15 g。上药研细末,醋糊调药末,敷贴腰上,纸盖绵帛拴住,每日更换2~3次。治腰痛肾冷,用芥子和生姜研,微暖涂贴。

2. 针灸康复法

(1) 毫针疗法:选取足太阳膀胱经、足少阴肾经、督脉的穴位为主,针刺肾俞、志室、太溪穴,施以补法,调补肾气;循经远取委中,以通调足太阳经气。若腰背酸痛明显者,取夹脊、身柱、阿是穴等,可疏通局部经筋、脉络之气血,缓解腰背酸痛;两膝酸软者,则配以犊鼻、梁丘、阳陵泉、膝阳关等穴;偏阴虚者,加三阴交、肝俞、血海,以补养阴血;偏阳虚者,灸命门、腰阳关以补肾中真阳。

常规方法针刺上述穴位,每日或间日针刺,一般15 d为1个疗程,每次留针20~30 min。对于瘀血阻络,疼痛症状严重者,可用泻法针刺期门、太冲、阳陵泉,以疏泄肝胆经气,行气活血止痛;针气海、血海、膈俞,以益气、活血、化瘀;针补脾俞、足三里,以运化水谷,资生气血。

(2) 其他针灸疗法

1) 耳针疗法:常选用皮质下、三焦、内分泌、肾、脾、胃、神门、大肠、小肠、腰、膝、颈等耳穴。亦可用压籽方法刺激上述耳穴。每次选2~3穴,留针1 h,隔日1次,或用胶布将王不留行籽贴于耳穴上,每日轻轻揉压数次。

2) 头针疗法:常用头穴有感觉区上部、足运感区、胃区、生殖区,并可根据患者实际情况加减刺激区。

3) 穴位注射疗法:可选择上述毫针疗法的穴位,每次取1~2穴,用复方当归、丹皮酚、威灵仙等注射液行穴位注射,每穴0.5~1 ml,隔1~3 d注射1次,10次为1个疗程。

4) 皮肤针疗法:对肾阳不足证可选择压痛部位和委中穴等,用皮肤针重叩出血,加拔火罐。

3. 推拿康复法

(1) 腰背部保健按摩:腰部是带脉通过之处,也是肾脏所居之府;背部是膀胱经通过之处,是心、肺等主要脏器之所在。保健按摩腰背部,具有疏筋通络、壮腰健肾之功效。操作如下:①用轻柔㨰法施予患者的两侧竖脊肌,并配合腰部后伸等被动活动;②点按肾俞、大肠俞、腰阳关各1 min;③揉委中、合阳各半分钟;④直擦背部两侧膀胱经,横擦腰骶部,均以透热为度;⑤拍打腰背部两侧竖脊肌,以皮肤微红为度。

(2) 腹部保健按摩:腹部居人体中部,是连结上下的枢纽、中焦脾胃之所处,脾胃乃后天之本、气血生化之源,冲、任、带三脉均在腹部循行,并为人体气血循环、阴阳升降的道路。腹部保健按摩具有固本培元、健脾益骨的作用。操作如下:①患者仰卧位,术者两拇指按住两肋弓下缘、腹直肌上端,在幽门穴处,向下用力缓缓推到水分穴,连续推3~5次;接着,用左手四指按着左肋弓下缘,用右手拇指顺腹直肌的外缘向下缓推至天枢穴外侧为止。连续推3~5次,用同法推另一侧。②双拇指点穴,先点幽门、梁门、关门、滑肉门穴各1 min,反复3~5遍;点三脘穴,依次为上脘、中脘、下脘穴,再点章门穴,各1 min。点穴时注意呼吸起落,呼气加压,吸气减压,接着用双拇指点气海穴。两手分别点按天枢穴各1 min,然后用手根按住关元穴,并向上推。

(3) 自我保健按摩:《韩氏医通》提出"肾虚腰痛,令少阴掌心摩擦,每至万余,或令进气于肾俞之穴。丹田冷者,亦摩擦而进于脐轮,其功尤烈"。即掌擦足心涌泉5~10 min,揉腰眼穴5~10 min,进而摩脐腹3~5 min,效果更好。

《遵生八笺》根据"导引乃宣畅要求"的理论,强调"每日早晨五点跪坐,伸手叉指屈指,脚换踏,左右各五七次,叩齿,纳清吐浊,咽液"。可以治疗骨质疏松症的腰背痛、身重等症。

常用上述推拿疗法时应注意手法要以轻柔、温和的补法为主,不宜用力过大或过猛;严重的骨质疏松症、肿瘤、结核、骨折、有自发性骨折或倾向、按摩部位皮肤损伤者禁用推拿疗法。

4. 传统体育康复法

(1) 五禽戏：对本病患者较为适合。当以外功型为主，即主要模仿"五禽"动作，着重练"外"形。根据体质可练整套，亦可选练某一式，运动量的掌握以身体微微出汗为宜。每日练2~3次，每次约20 min。若病情较重者，可由人搀扶或在平行杆内进行锻炼。

(2) 洗髓易筋经：本法是站立练功，若能在练习之前跑步10 min，则更是有益。根据各人情况不同，可练整套十二式，或选练某几式，运动量通过逐渐增加每式动作的重复次数来调节。其中以摘星换斗、倒拖九牛尾、九鬼拔马刀、三盘落地、饿虎扑食、打躬等式作用较为明显。

考虑到老年人容易疲劳、无耐久力和容易骨折等情况，各种锻炼应从轻量运动开始，缓慢地增加负荷。必须避免一开始就伴有急剧肌肉收缩负荷的运动，以防骨折等损伤。

5. 气功康复法

可常用食玉泉法，以舌舔上腭，漱口中唾液，使其渐盈满口，灌至舌根，然后分三次咽下。如此三度九咽，吞津的时间以在朝旦未起身时为宜。陶弘景《养性延命录》指出，每餐前后漱玉泉满口咽之，可疗"齿骨之劣"。现代研究也认为，本法可增加腮腺素的分泌，进而有助于恢复软骨弹性，消除关节疼痛。

6. 饮食康复法

原发性骨质疏松症总属肾虚之证，基本治则是补肾壮骨，但要辨证施膳。药膳以选用具有滋补肾阴、温补肾阳、益肝健脾作用的药食为主。同时要重视营养成分的补充，保护或改善脾胃的运化及吸收功能。常用食疗药膳方有：

(1) 怀杞甲鱼汤：怀山药10~15 g，枸杞子5~10 g，甲鱼1只(约500 g)。甲鱼处理干净，与各用料一起炖熟，加入姜、盐、酒少许调味，即可享用。具有滋阴补肾、益气健脾之功效，适用于阴偏虚的骨质疏松症患者。

(2) 核桃补肾粥：核桃仁、粳米各30 g，莲子、怀山药、黑豆各15 g，巴戟天10 g，锁阳6 g。上述用料洗净，黑豆可先行泡软，莲子去芯，核桃仁捣碎，巴戟天与锁阳用纱布包裹，同入砂锅中，加水煮至米烂粥成，捞出巴戟天、锁阳药包，调味咸甜不拘，酌量吃用。具有补肾壮阳、健脾益气的功效，适用于脾肾两亏的骨质疏松症患者。

7. 自然康复法

(1) 矿泉浴：可选择硫化氢泉、氡泉、碳酸钙泉、硫黄泉。

(2) 日光浴：以局部日光浴为主，多照射腰背部位，有条件者可与砂浴结合运用。

(3) 泥浴：一般可先行矿泉浴，待适应后再行泥浴。每次时间为8~20 min，以后逐渐延长，隔日或隔两日1次，10~18次为1个疗程。以半身浴为主。

8. 传统物理康复法

可采用热水浴水温应在40~42 ℃，不宜过热，以放松肌肉、减轻疼痛为旨。

(四) 康复护理

原发性骨质疏松的护理主要包括起居、饮食、情志、功能护理四个方面。

1. 起居护理

坚持体育锻炼，增加户外活动；对于已发生骨折的患者要卧床休息，但卧床不宜过久，一般为2周以内，提倡在不影响骨折愈合的前提下尽早活动。

2. 饮食护理

从营养学角度来看，骨质疏松症患者宜摄取充足的钙质和维生素D，因后者在骨骼代谢上起着重要的调节作用；同时宜摄取适量的蛋白质。牛乳是首选之品。宋代陈直认为，牛乳性平，"补血脉，益心气，长肌肉，令人身体康强润泽。面目光悦，志不衰"，故"最宜老人"(《养老奉亲书》)。现代医学也认为，牛乳富含钙和蛋白质，有利于骨质疏松症患者的康复。当然,是否可饮用牛乳以及饮用量的多少,应视患者的具体情况而定。如伴高血压病、高脂血症的患者,在饮用牛乳方面将受到一些限制。

3. **情志护理** 积极调节心理状态,保持乐观豁达情绪,消除心理负担。如看电视、听音乐、轻松交谈、下棋、散步等,分散注意力。并采用深呼吸、静息休养等方式放松肌肉,以使不良情绪缓解。如果患者伴有明显焦虑、抑郁,还应配合镇静安定剂或抗抑郁剂,以促进疼痛减轻和消除焦虑、抑郁症状,增强治疗和生活的信心。

4. **功能护理** 疼痛加重时要适时采取有效止痛措施。有条件时去医院在医师指导下行推拿、理疗、局部痛点封闭或冷热敷等以止痛。如果行动不便或去医院不方便,可先在家中采用局部外贴止痛膏药、搽剂,并选择有效止痛药口服,如对乙酰氨基酚、芬必得等。

(五) 康复预防

从疾病的整个过程来看,骨质疏松症大体包括骨量减少、骨质疏松症和骨质疏松性骨折三个阶段。从骨量减少阶段入手康复是有效预防骨质疏松症的重要环节;骨质疏松性骨折则因给老年人带来了巨大的痛苦,甚至致残、致死,其防治具有更重要的临床意义。

1. **早期骨量减少阶段**

(1) 改变吸烟、酗酒、饮浓茶、咖啡等不良生活习惯。

(2) 运动时肌肉收缩是增加骨质的重要因素,负重运动对发展和维持骨质量和骨密度很重要,故要加强体育锻炼如跳绳等。

(3) 多晒太阳可促进肠钙吸收及肾小管对钙、磷的重吸收,故应增加户外活动、多晒太阳以生成更多可利用的维生素 D,而有利防止骨质疏松症。

(4) 指导患者多吃含钙、蛋白质丰富的食物,如牛奶、虾皮、芝麻、豆制品等,以助于矫正负氮平衡,防止骨质疏松和促进骨折愈合。

2. **晚期骨质疏松症骨折阶段**

骨质疏松症最大的危害不是它本身骨量的减少,而是与之相关的骨质疏松性骨折。骨质疏松性骨折的年发病率几乎是心肌梗死的 3 倍,50 岁左右的男性和女性在一生中患骨质疏松性骨折的可能性分别为 13.1% 和 39.7%。尽管男性的发病率低于女性,但是其髋部骨折后的病死率为 21%,高于女性的 8%,在美国每年用于治疗髋部骨折的医疗费用可高达 100 亿美元。因此,预防骨质疏松症骨折具有重要的医疗、社会以及经济意义,具体措施如下。

(1) 地面要防滑,地毯不要松脱,不要在地面上洒水。

(2) 保持浴室和厨房地面干燥不滑。

(3) 家具不能经常变换位置,以免扰乱老人在家中的行走习惯。

(4) 室内和走廊灯光必须明亮,以免老年人不慎碰撞和跌倒。

(金红姝)

第八章 其 他

> **导学**
>
> 本章介绍临床康复中亚健康状态、慢性疲劳综合征、睡眠障碍、抑郁症等病证的中医康复。学习本章节应重点掌握上述病证的辨证要点、中医康复疗法，熟悉各病证的基本概念、康复护理，了解康复预防的方法。

第一节 亚健康状态

（一）概述

亚健康状态是指无临床特异性症状和体征，或者出现非特异性主观感觉而无临床检查证据，但已有潜在疾病倾向信息的一种机体结构退化和生理功能减退的体质和心理失衡状态。虽无明确的疾病诊断，却过早表现出活力降低、适应性减退，是介于健康和疾病之间的一类生理功能低下状态。

亚健康状态的发生率非常高，据世界卫生组织统计，全球有35%～50%的人处于亚健康状态，其中以35～45岁的脑力劳动者居多。有资料显示我国目前有70%的人不同程度地处于亚健康状态。在不同地域、不同生活和工作背景、不同社会层次、不同年龄阶段、不同气质特点的人群中，亚健康状态的分布、表现和发展结局不尽相同。

目前普遍认为，亚健康状态是由于心理、生理、社会三方面因素导致机体神经系统、内分泌系统、免疫系统的整体协调失衡、功能紊乱而致。

《素问·上古天真论篇》记载："以酒为浆，以妄为常，醉以入房，以欲竭其精，以耗散其真，不知持满，不时御神，务快其心，逆于生乐，起居无节，故半百而衰也。"饮食不节、劳逸失度、七情内伤等患者自身摄养不当是导致亚健康状态的重要原因。饮食饥饱失常，过饥则化源缺乏，气血衰少；过饱则饮食停滞，损害脾胃；偏嗜寒热五味，可破坏五脏平衡协调，导致运化功能紊乱，久则生痰化热或寒湿内生，阻滞气血。劳力过度，外伤形体，内伤脏腑，损害机体之气；劳神过度耗伤心血，损伤脾气，阻滞气机；过度安逸则气血运行缓慢，脾胃呆滞，脏腑功能减退，正气不足。

七情内伤影响脏腑气机,使脏腑气血失调而产生各种临床症状。此外,先天禀赋不足、体质虚弱、起居无常也可导致亚健康状态。

亚健康状态的总病机是多种原因所致的脏腑功能失调,气血运行紊乱,阴阳失衡。病位可涉及各脏腑。

(二) 辨证要点

亚健康状态的主诉症状多样而复杂,躯体、精神心理、社会等三方面的表现均常见,主要特征是体虚困乏、易疲劳、失眠、注意力不易集中、抵抗力差、情绪不稳定等。躯体方面可见乏力气短、多汗、纳差、腰腿酸软、性欲减退、手足发凉或麻木、易感冒、头昏、头沉、头痛、心律不齐、心慌心悸、胸闷等;精神心理方面可见精神不振、情绪低落、抑郁寡欢,或急躁易怒、反应迟钝、失眠多梦,或嗜睡、记忆力减退、注意力不集中、烦躁焦虑等;社会方面可见不能较好地承担相应的社会角色,工作、学习困难,人际关系紧张,家庭关系不和谐等。

由于亚健康状态病因病机和症状的复杂性,临床辨证应根据中医理论结合亚健康状态的表现特点,抓住其正虚、邪实、脏腑气血阴阳失和、痰湿瘀血等病理因素,依据中医整体观念,重视脏与腑、五脏与情志、五脏与形体的密切联系,临床围绕亚健康状态的核心病机辨证论治,其中以脏腑辨证最为关键。

临床根据亚健康状态的症状特点,将其常见证型归为肝郁气滞、痰湿内阻、瘀血内阻、阴虚火旺、气血两虚等。心情郁闷,精神抑郁,情绪不宁,意志消沉者,多属肝郁气滞;头昏沉如裹,身体困倦,胸脘满闷,食欲不佳,苔腻者,多属痰湿内阻;身体四肢、躯干、头颅等部位出现疼痛,痛处固定,疼痛拒按,舌质紫暗有瘀斑瘀点者,多属瘀血内阻;失眠多梦,五心烦热,口燥咽干,头晕目眩,目涩耳鸣,舌红少苔者,多属阴虚火旺;心慌气短,倦怠,自汗,面色萎黄或苍白少华者,多属气血两虚。

(三) 康复疗法

亚健康状态是由人体阴阳、气血、脏腑等失衡所致,要以平衡阴阳及调理脏腑气血为出发点。中医学整体观念和辨证论治在防治亚健康状态中具有明显的优势,康复疗法多种多样,特别是整体治疗和因人而异的个体化治疗更具特色。本病常见的康复疗法主要有中医心理康复法、中药康复法、针灸康复法、推拿康复法等。

1. 中医心理康复法　提供愉快而舒适的环境,让患者远离工作及生活的压力,身心逐渐得到放松。定期组织健康知识讲座及心理卫生讲座,提高患者自体认知能力,并增进患者与周围人的交流。有些患者根据情况尚需心理医生给予个别心理疏导,注意在初期以消除情绪障碍及其对躯体症状感知的不良影响为主,中期以帮助建立健康的自我认知和人际关系为主,后期以提高患者独立性、自信力、主动锻炼意识为主。有些患者伴随有焦虑和抑郁状态,必要时需借助心理治疗。总的来说,改善患者心理素质,缓解压力,树立正确的处事观,使心理尽可能保持一种均衡健康的状态,并增加健康知识,这是防治亚健康状态的重要方法。

2. 中药康复法

(1) 肝郁气滞型

治则:疏肝解郁。

方药:柴胡疏肝散(《医学统旨》)加减,药用柴胡、白芍、川芎、枳实、陈皮、香附、甘草。

若脘闷嗳气,酌加旋覆花、代赭石;若食滞腹胀,酌加神曲、山楂、鸡内金;胸胁胀痛不移,或女子月事不行,脉弦涩者,加当归、丹参、桃仁、红花。郁久化热,见心肝火旺者可用导赤散(《小儿药证直诀》)合龙胆泻肝汤(《医方集解》)加减;若胸闷胁胀,加郁金、香附;若心悸惊惕不安,加珍珠母、朱砂;若大便秘结者,可加当归龙荟丸。

(2) 痰湿内阻型

治则:健脾化湿。

方药:二陈汤(《太平惠民和剂局方》)合平胃散(《简要济众方》)加减,药用半夏、橘红、白茯苓、苍术、厚朴、陈橘皮、炙甘草。

若痰浊内阻,气逆不降,可用旋覆代赭汤;若津伤便秘,可加白蜜;兼有食滞者,可加山楂、神曲;郁久化热,见湿热内蕴者可用三仁汤(《温病条辨》)加减;腹胀重者,加枳实、砂仁、槟榔;兼便秘者,可合用小承气汤;反复发作,易损脾气,可常服香砂六君子汤。

(3) 瘀血内阻型

治则:活血化瘀。

方药:血府逐瘀汤(《医林改错》)加减,药用桃仁、红花、当归、生地黄、川芎、赤芍、牛膝、桔梗、柴胡、枳壳。

若疼痛明显时,可加失笑散或丹参饮,或加虫类搜逐之品;若有明显的体位不当、扭挫伤、外伤史,可加乳香、没药、青皮、香附等。

(4) 阴虚火旺型

治则:滋阴清热。

方药:知柏地黄丸(《医方考》)加减,药用知母、黄柏、熟地黄、山茱肉、干山药、泽泻、牡丹皮、茯苓。

若虚火上炎,心烦不寐者,可用天王补心丹、黄连阿胶汤或珍珠母、柏子仁加减;若大便秘结、口糜,可加玉女煎;若多汗,可用当归六黄汤;潮热者,加秦艽、白薇、银柴胡。

(5) 气血两虚型

治则:益气养血。

方药:八珍汤(《瑞竹堂经验方》)加减,药用人参、白术、白茯苓、当归、川芎、白芍、熟地黄、炙甘草。

若卫阳不固,自汗明显时,加黄芪、防风、浮小麦;若食少便溏,可加炒当归、茯苓、砂仁;血虚甚,可加紫河车。

3. 针灸康复法

(1) 毫针疗法:选取足三里、三阴交、合谷、太冲、中脘。肝郁气滞者,加膻中、期门、肝俞;痰湿内阻者,加丰隆、阴陵泉、天突、脾俞;瘀血内阻者,加膈俞、血海、阿是穴;阴虚火旺者,加大钟、涌泉、太溪、劳宫、行间;气血两虚者,加脾俞、膈俞、关元。

常规方法针刺上述穴位,根据辨证选用相应的补泻手法。

(2) 艾灸疗法:常用穴位同"毫针疗法",根据辨证选穴,每次选用2~3个穴位,以主穴和背俞穴为主,艾条温和灸,每穴每次灸15~20 min,或艾炷隔姜灸每穴灸5~7壮,每日灸治1次。痰湿内阻、瘀血内阻、气血两虚三型更适用于灸法。

(3) 其他针灸疗法

1) 耳针疗法:取神门、交感、皮质下、内分泌、肝、脾、胃、心、肾等穴。根据病位、病性,每次选

3~4穴,毫针刺或王不留行籽贴压。

2)刮痧疗法:取背部督脉、足太阳膀胱经。用力均匀,轻重、快慢适中。每周1次。

4. 推拿康复法 亚健康状态的推拿康复以胸腹部保健和腰背部保健为主,以起到调理脏腑功能、疏通经络、调和阴阳、扶正祛邪的作用。此外,根据患者的不同症状还可加用其他局部治疗,操作如下。

(1)胸腹部保健:中指勾揉天突,中指振天突,分推云门,横擦上胸部,分推上胸部,中指按揉膻中,双手拇指分推肋间,三指拍胸骨部,分推肋弓下缘,摩腹,掌揉腹部,推摩脘腹,掌振脘腹,掌振丹田。其中,以摩腹、掌揉腹部、推摩脘腹为主。共计20~30 min。

(2)腰背部保健:指压肩胛上部,掌根揉冈上窝,掌压冈下窝,斜压肩背,撑压脊柱,掌揉腰背部,指压背部膀胱经第一侧线、第二侧线和肩胛骨内缘,叠掌按脊柱,双手拇指按揉肾俞,双手拇指指按八髎,双手拿腰区,擦背部两侧膀胱经,擦肾俞,横擦八髎,搓腰背部,叩击背部,掌拍腰背部,分推两侧斜方肌,拿两侧斜方肌。其中,以指压背部膀胱经第一侧线、第二侧线和按揉肾俞为主。共计20~30 min。

5. 传统体育康复法 传统的体育疗法如太极拳、太极剑、八段锦、洗髓易筋经等均可帮助亚健康状态患者平衡阴阳、疏通经络、调和气血,从而扶正祛邪。选择1~2种功法,每次运动30~40 min,隔日1次,30 d为1个疗程。

6. 饮食康复法 常用食疗药膳方主要有:

(1)金橘酱:金橘250 g,白糖100 g。将金橘洗净外皮,去除果蒂、果核,放入锅内(忌用铁锅),加水至淹没金橘,用大火煮沸,再改以小火煮熬,待金橘皮肉煮烂,加入白糖,继续用小火煮至酱汁稠黏即可,待凉后盛入罐中备用。每日2次,每次30 g。温开水冲服,或代果酱食用。具有疏肝解郁、行气化痰之功。

(2)鲜笋拌芹菜:鲜嫩竹笋、芹菜各150 g,食油、食盐、味精适量。竹笋煮熟切片,芹菜洗净切段用开水冲泡,沥水,与上述调味品拌,佐餐服食。具有清心平肝之功。

(3)冬瓜粥:带皮鲜冬瓜150 g,糯米、薏苡仁各30 g。冬瓜切小块,与糯米、薏苡仁加水适量,入锅同煮。每日食用1次,佐餐。具有健脾利湿除痰之功。

(4)公英茵陈饮:蒲公英50 g,茵陈100 g,白糖适量。药物洗净,加水600~800 ml煎至300~400 ml,加白糖适量。每日1次,分2次服,可用7~10 d。具有清热解毒除湿之功。

(5)丹参乌鸡汤:丹参9 g,红枣3个,乌鸡250 g,生姜2片,米酒一匙,食盐少许。丹参、红枣洗净,乌鸡去内脏、爪、头,洗净,生姜洗净,将全部用料及米酒同放入锅内,加适量清水,武火煮沸后,捞去汤面泡沫,改用文火再炖2 h,加少许食盐调味即可食用。具有活血化瘀通经之功。

(6)枣竹灯心粥:炒酸枣仁12 g,玉竹12 g,灯心草6 g,糯米100 g。将前三味用布包扎,放入锅内,与糯米同煮成粥后捞出布包。服时可酌加冰糖。具有滋阴清火、养心安神之功。

(7)参精蒸鸡:黄精、党参各10 g,山药30 g,母鸡1只(1 000 g左右),姜、葱、花椒、食盐、味精适量。将母鸡宰杀后去毛及内脏,剁成小块,放入沸水锅内烫3 min捞出,装入汽锅内,加入姜、葱等调料,再将洗净切好的药物放入,上笼蒸3 h即可。空腹适量食之。具有补气健脾、养血充精之功。

7. 自然康复法 矿泉疗法、日光疗法、空气疗法、海水浴等均可据患者实际条件灵活选用。

8. 娱乐康复法 音乐、歌咏、舞蹈、书画、游戏等多种娱乐方式均适用,适当选择1~2种,贵在坚持,并劳逸结合。

(四) 康复护理

亚健康患者无需特殊或过度护理。根据患者的症状表现,按照常规护理即可,并注意体现个性化护理。护理对策主要是通过引导患者实现心理、生理、行为的调节以达到自我保健的目的,帮助患者克服不良生活习惯,戒除烟酒,节制饮食,均衡营养,加强锻炼,调畅情志。

(五) 康复预防

《素问·上古天真论》提出:"法于阴阳,和于术数,食饮有节,起居有常,不妄作劳。"认为健康的生活方式在摄生中不可忽视。由于亚健康状态是介于健康和疾病之间的"第三状态",故要强调以防为主、防治结合的思想,重视摄生。预防亚健康应从纠正病因开始。合理膳食,注意营养搭配,加强维生素和微量元素的摄入,饮食有节;劳逸有度,保持体力和脑力劳动的合理搭配;坚持有规律的适量运动,防治肥胖和机体功能退化;养成良好生活习惯,戒除烟酒等不良生活嗜好;保持健康的心态,营造良好的生活环境和人际关系。此外,还要注意勿乱用药品,避免对机体产生危害。

(马巧琳)

第二节 慢性疲劳综合征

(一) 概述

慢性疲劳综合征是一组以长期持续疲劳为突出表现的全身性综合征,可伴有头晕、头痛、咽喉痛、肌肉关节痛、低热、睡眠障碍、注意力不集中、记忆力下降和抑郁等非特异性躯体或神经精神症状。基本特征为休息后不能缓解,体检和常规实验室检查一般无明显异常或器质性病变。

疲劳是一种常见症状。国外调查显示,人群中有疲劳症状者占 24%,其中症状持续 6 个月以上者占 2%~4%,慢性疲劳综合征在人群的发病率为 0.007%~2.8%,好发于 20~50 岁年龄组,以女性多见。由于该病对患者的工作和生活影响严重,日益受到医学界的高度关注,美国疾病预防与控制中心预测本病将成为影响人类健康的主要疾病之一。

慢性疲劳综合征的病因及发病机制未完全阐明,可能与慢性疲劳、感染、免疫系统的异常、内分泌代谢紊乱、心理因素、环境和遗传等有关,而不良的生活方式、激烈的社会竞争等社会因素对本病的发生也有重要影响。

就病因与临床症状来看,慢性疲劳综合征主要属中医学"虚劳"范畴,虚劳又称虚损,是多种慢性虚弱证候的总称。中医学认为慢性疲劳综合征的发病与劳役过度、情志所伤、外邪侵袭、病后失养、先天不足等有关。《素问·宣明五气篇》指出"久视伤血,久卧伤气,久坐伤肉,久立伤骨,久行伤筋",强调了劳逸失度和起居无节的危害。病位在五脏,尤以脾、肾、肝三脏为主。病机关键为五脏气血阴阳失调。

(二) 辨证要点

中医学对慢性疲劳综合征的辨证论治以气血阴阳为纲,五脏虚损为目。

该病的主症表现为疲劳不解,乏力倦怠。尚应根据兼证区分气血阴阳虚损的主次,以及涉及的脏腑。一般短气自汗,声音低怯,平素易感冒者,多属肺气虚;心悸,气短,劳则尤甚,神疲体倦者,多属心气虚;食少纳呆,胃脘不舒,倦怠乏力,大便溏薄者,多属脾气虚;神疲乏力,腰膝酸软,小便频数而清者,多属肾气虚;心悸怔忡,面色不华,健忘,失眠者,多属心血虚;头晕,目眩,胁痛,肢体麻木,筋脉拘急,面色不华者,多属肝血虚;干咳,咽燥,潮热,盗汗者,多属肺阴虚;心悸,失眠,烦躁,潮热,盗汗者,多属心阴虚;口干唇燥,不思饮食,大便燥结,舌干,苔少或无苔者,多属脾胃阴虚;头痛,眩晕,耳鸣,视物不明,急躁易怒,舌干红者,多属肝阴虚;腰酸,眩晕,耳鸣,甚则耳聋,潮热盗汗者,多属肾阴虚;心悸,自汗,神倦嗜卧,心胸憋闷疼痛,形寒肢冷者,多属心阳虚;面色萎黄,形寒,神倦,大便溏泄者,多属脾阳虚;腰背酸冷,面色苍白,畏寒肢冷,下利清谷或五更泄泻者,多属肾阳虚。

(三) 康复疗法

慢性疲劳综合征的康复治疗应从多方面着手,多种方法可配合使用。本病常见的康复疗法主要有中医心理康复法、中药康复法、针灸康复法、推拿康复法等。

1. **中医心理康复法** 作为身心疾病,慢性疲劳综合征的发生与心理压力和社会因素相关。因此,积极配合情志疗法,对该病康复有重要意义。应给予患者理解、体贴、尊重、温暖,尽可能地向患者进行相关疾病的宣教,使其消除顾虑,增强战胜疾病的信心,阻断"心理因素加重躯体疾病,躯体疾病产生不良的情绪状态,不良情绪加重躯体疾病"这一恶性循环,帮助患者建立一个身心的良性循环,达到身心协调。要调节患者情绪,缓解患者的心理应激,调整患者的角色使其适应社会生活,帮助患者学会劳逸结合,适当放松。

2. **中药康复法** 慢性疲劳综合征发病与五脏,尤其是肝脾肾密切相关。治疗宜疏肝、健脾、补肾,调整机体脏腑功能,疏导气机,使气血阴阳趋向正常与平衡,从而达到康复目的。

(1) 气虚型

1) 肺气虚

治法:补益肺气。

方药:补肺汤(《永类钤方》)加减,药用人参、黄芪、熟地黄、五味子、紫菀、桑白皮。

若无咳嗽者,可去桑白皮、紫菀;自汗较多者,加牡蛎、麻黄根;若气阴两虚兼见潮热、盗汗者,加鳖甲、地骨皮、秦艽等。

2) 心气虚

治法:益气养心。

方药:七福饮(《景岳全书》)加减,药用熟地、当归、人参、白术、炙甘草、酸枣仁、远志。

若自汗多者,可加黄芪、五味子;不思饮食,加砂仁、茯苓以开胃健脾。

3) 脾气虚

治法:健脾益气。

方药:加味四君子汤(《三因方》)加减,药用人参、茯苓、白术、炙甘草、黄芪、白扁豆。

若胃失和降而兼见胃脘胀满、嗳气呕吐者,加陈皮、半夏;食积停滞而兼见脘闷腹胀、嗳气酸腐、苔腻者,加神曲、麦芽、山楂、鸡内金;气虚及阳,脾阳渐虚,而兼见腹痛即泻、手足欠温者,加肉桂、炮姜。

4) 肾气虚

治法:益气补肾。

方药:大补元煎(《景岳全书》)加减,药用人参、炒山药、熟地黄、杜仲、枸杞子、当归、山茱萸、炙甘草。

若神疲乏力甚者,加黄芪益气;尿频较甚及小便失禁者,加菟丝子、五味子、益智仁;脾失健运而兼见大便溏薄者,去熟地黄、当归,加肉豆蔻、补骨脂。

(2) 血虚型

1) 心血虚

治法:养血宁心。

方药:养心汤(《证治准绳》)加减,药用黄芪、茯苓、茯神、当归、川芎、炙甘草、半夏曲、柏子仁、酸枣仁、远志、五味子、人参、肉桂。

若失眠、多梦较甚,可加合欢花、夜交藤。

2) 脾血虚

治法:补脾养血。

方药:归脾汤(《正体类要》)加减,药用白术、当归、白茯苓、黄芪、远志、龙眼肉、酸枣仁、人参、木香、炙甘草。

3) 肝血虚

治法:补血养肝。

方药:四物汤(《仙授理伤续断秘方》)加减,药用当归、川芎、白芍、熟地黄。

若血虚甚者,加制首乌、枸杞子、鸡血藤;胁痛,加丝瓜络、郁金、香附;目失所养,视物模糊,加楮实子、枸杞子、决明子。

(3) 阴虚型

1) 肺阴虚

治法:养阴润肺。

方药:沙参麦冬汤(《温病条辨》)加减,药用沙参、麦冬、玉竹、桑叶、甘草、天花粉、生扁豆。

若咳嗽甚者,加百部、款冬花;咯血,加白及、仙鹤草、小蓟;潮热,加地骨皮、银柴胡、秦艽、鳖甲;盗汗,加牡蛎、浮小麦。

2) 心阴虚

治法:滋阴养心。

方药:天王补心丹(《校注妇人良方》)加减,药用人参、茯苓、玄参、丹参、桔梗、远志、当归、五味子、麦门冬、天门冬、柏子仁、酸枣仁、生地黄。

若火热偏盛而见烦躁不安,口舌生疮者,去当归、远志,加黄连、木通、淡竹叶;潮热,加地骨皮、银柴胡、秦艽;盗汗,加牡蛎、浮小麦。

3) 脾胃阴虚

治法:养阴和胃。

方药:益胃汤(《温病条辨》)加减,药用沙参、麦冬、冰糖、细生地、玉竹。

若口干唇燥甚者,加石斛、天花粉;不思饮食者,加麦芽、扁豆、山药;呃逆,加刀豆、柿蒂、竹茹;大便干结,将原方的冰糖改用蜂蜜。

4) 肝阴虚

治法:滋养肝阴。

方药:补肝汤(《医宗金鉴》)加减,药用当归、白芍、熟地黄、川芎、酸枣仁、木瓜、炙甘草。

若头痛、眩晕、耳鸣较甚,或筋惕肉瞤者,为风阳内盛,加石决明、菊花、钩藤、刺蒺藜;目干涩畏光,或视物不明者,加枸杞子、女贞子、草决明;急躁易怒、尿赤便秘、舌红脉数者,加龙胆草、黄芩、栀子。

5) 肾阴虚

治法:滋补肾阴。

方药:左归丸(《景岳全书》)加减,药用大怀熟地、山药、枸杞、山茱萸、川牛膝、鹿角胶、龟版胶、菟丝子。

若遗精,加牡蛎、金樱子、芡实、莲须以固肾涩精;潮热、口干、咽痛、脉数,去鹿角胶、山茱萸,加知母、黄柏、地骨皮。

(4) 阳虚型

1) 心阳虚

治法:益气温阳。

方药:保元汤(《博爱心鉴》)加减,药用黄芪、人参、炙甘草、肉桂、生姜。

若心胸疼痛者,酌加郁金、川芎、丹参、三七;形寒肢冷,脉迟,酌加附子、巴戟、仙茅、仙灵脾、鹿茸。

2) 脾阳虚

治法:温中健脾。

方药:附子理中汤(《太平惠民和剂局方》)加减,药用制附子、人参、干姜、甘草、白术。

兼腹中冷痛较甚,为寒凝气滞,可加高良姜、香附或丁香、吴茱萸;食后腹胀及呕逆者,加砂仁、半夏、陈皮;腹泻较甚,为阳虚湿甚,加肉豆蔻、补骨脂、薏苡仁。

3) 肾阳虚

治法:温补肾阳。

方药:右归丸(《景岳全书》)加减,药用熟地黄、山药、山茱萸、枸杞子、菟丝子、鹿角胶、杜仲、肉桂、当归、制附子。

若遗精,加金樱子、桑螵蛸、莲须,或金锁固精丸;脾虚湿甚致下利清谷者,去熟地黄、当归等,加党参、白术、薏苡仁;命门火衰以至五更泄泻者,合四神丸;阳虚水泛以至浮肿、尿少者,加茯苓、泽泻、车前子,或合五苓散;肾不纳气而见喘促、短气,动则更甚者,加补骨脂、五味子、蛤蚧补肾纳气。

慢性疲劳综合征临床常有各证型错杂互见的情况,治疗上可互参。

3. 针灸康复法

(1) 毫针疗法:选取足三里、三阴交、关元、百会和相应病变脏腑的背俞穴和原穴为主。疲劳感觉明显者,配气海;心悸者,配内关;潮热者,配照海;头晕者,配风池;头痛者,配神庭;咽喉痛者,配少商;肌肉关节痛者,配局部腧穴;低热者,配大椎、复溜;睡眠障碍者,配申脉、照海;注意力不集中、记忆力下降者,配四神聪。

常规方法针刺上述穴位,足三里、三阴交、关元、百会用补法;配穴根据需要用补法或平补平泻。

(2) 艾灸疗法:常用穴位同"毫针疗法",根据辨证选穴,每次选用 2~3 个穴位,以主穴和背俞穴为主,艾条温和灸,每穴每次灸 15~20 min,或艾炷隔姜灸,每穴灸 5~7 壮,每日灸治

1次。

(3) 其他针灸疗法

1) 耳针疗法:选皮质下、神门、交感、肝、脾、肾等病变脏腑相应耳穴点,每次选用3~4个,王不留行籽贴压。

2) 皮肤针疗法:轻叩督脉、膀胱经和夹脊穴,每次治疗15 min左右,以皮肤潮红为度,隔日1次。

4. 推拿康复法 全身保健推拿可有效地缓解疲劳,有助于帮助慢性疲劳综合征患者改善各种症状,操作方法如下。

(1) 俯卧位:操作时间20~30 min。

1) 项肩部:按揉项部,拿颈后区,揉风池,拿肩井,拿三角肌,叩击肩井部。

2) 腰背部:掌揉腰背部,指压腰背部两侧膀胱经,拇指按揉肾俞,横擦腰区。

3) 下肢后部:掌根按揉臀区,掌按股后部,揉股后部,弹拨股外侧部,拿下肢后部,扳踝关节,叩击脚掌,搓小腿。双侧依次施术。

(2) 仰卧位:操作时间20~30 min。

1) 下肢前部:捏揉趾缝,分推足背,摇踝关节,按揉三阴交、足三里、阳陵泉,掌按股前部,拿股前部,抖下肢。双侧依次施术。

2) 腹部:摩腹,分推上腹部。

3) 上肢部:掌揉肩前部,按揉肱三头肌,弹拨小海,拿肱二头肌,按揉曲池,拿前臂,捏揉内关、外关、合谷,捏揉指缝,分推手掌和手背,抖上肢和腕关节,叩击上肢。双侧依次施术。

4) 头面部:开天门,分抹前额,鱼际揉前额,分抹眼眶,按揉攒竹、迎香、太阳,指按头顶,扫散颞区。

(3) 结束手法:托肩起坐,拿肩井,叩击肩井。共计2~3 min。

5. 饮食康复法 慢性疲劳综合征的常用药膳方主要有:

(1) 百冬灌藕:生百合60 g,山药100 g,天门冬60 g,牛乳100 g,蜂蜜200 g,白茯苓60 g,鲜藕5段。将百合、山药、天门冬研烂,加蜜再研磨极细,如茯苓末,调入牛奶,令稀稠适中,灌入藕孔中令孔皆满,蒸熟即成。佐餐当菜吃,或当点心加餐食用,连吃半年以上。具有益肺气之效。

(2) 人参龙眼汤圆:红参6 g,龙眼肉30 g,红糖20 g,糯米粉100 g。将红参切片,单煎3次成煎液50 ml。剁碎龙眼肉与红糖拌匀成汤圆馅;糯米粉水调做成汤圆面。包好汤圆,煮熟后冲入人参液即成。早、晚佐餐,适量食用,可连吃1周以上。具有养心安神之功。

(3) 白云糕:薏苡仁、山药、莲子、茯苓、芡实各120 g,陈皮、白术各60 g,砂仁30 g,粳米粉200 g,糯米粉150 g。将上药共为细末,与两米粉拌和,再加白砂糖100 g拌匀后上笼蒸熟,用模具压成糕即成。佐餐适量食用,可连吃半年。具有健脾益气、除湿化痰之功。

(4) 山萸肉粥:山萸肉20 g,怀山药30 g,粳米50 g。将山萸肉煎取浓汁,山药打成粉,与粳米煮粥,待粥将熟时加山萸药汁,煮熟。代餐食用。具有健脾补肾之功。

(5) 当归柏仁粥:当归20 g,柏子仁15 g,粳米100 g,冰糖适量。将当归、柏子仁洗净,锅内放水1碗,微火煎至半碗,去渣留汁,备用。粳米淘洗干净,加水适量和药汁同入锅内煮粥。先用大火煮沸,再改用微火熬至粥熟气香时,加冰糖适量继续熬至汁稠黏为度。具有补血养心安神之功。

(6) 花生糯米粥:花生米30 g,糯米30 g。同入锅中,加水适量,用小火煮至花生米软烂即可。1日内分服之。具有补养气血、健脾和胃之功。

(7) 何首乌煲鸡蛋:何首乌50 g,鸡蛋2个。将何首乌与鸡蛋加水同煮,鸡蛋熟后,去壳取蛋再煮片刻,吃蛋饮汤。具有益血养肝之功。

(8) 五汁饮:梨汁30 g,荸荠汁20 g,鲜芦根汁20 g,麦门冬汁10 g,藕汁25 g。将此五种液汁一同放入锅内,加水适量。先用武火烧沸,用文火煮30 min,稍凉,装入罐中每日当茶服用。具养阴润肺之功。

(9) 生脉甲鱼汤:西洋参6 g,麦冬9 g,五味子3 g,酸枣仁9 g,炙甘草3 g,甲鱼500 g。将诸药水煎3次,将3次煎液混合,约1 500 ml;甲鱼去头、脚爪和内脏,连壳和肉与药液煨炖至肉熟烂。每日或隔日1剂,分多次佐餐,吃肉喝汤,甲鱼肉可蘸少许酱油吃。具有补益心阴之功。

(10) 石斛玉竹粥:石斛12 g,玉竹9 g,大枣5枚,粳米60 g。石斛、玉竹水煎后去渣取汁,入大枣、粳米同煮成粥。每日1剂,分次食用。具有益胃生津、养阴清热之功。

(11) 清脑羹:银耳、炙杜仲各10 g,冰糖50 g。银耳洗净,分成片状;冰糖放入锅内,加水溶化并熬至微黄色。炙杜仲放入锅内,加水煎熬3次,取药液1 000 ml,加银耳和清水适量,置武火上烧沸,再用文火烧熬3~4 h至银耳熟烂,冲入冰糖溶液。起锅时,加入少许猪油。每日适量食用2次。具有滋补肝肾、填精益髓之功。

(12) 甲鱼益肾汤:甲鱼1只(300 g以上者),枸杞子30 g,熟地黄15 g。甲鱼宰杀后,去头、爪、内脏、甲壳,洗净,切成小方块,放入砂锅内,再放入洗净的枸杞子、熟地,加水适量,武火烧开,改用文火炖熬至甲鱼肉熟透即成。可常适量食用。具有滋肾补血之功。

(13) 桂术薏苡仁粥:桂枝12 g,白术9 g,炙甘草3 g,薏苡仁60 g。将前三味水煎2次,去渣,取两次煎液合并为500 ml,与薏苡仁煮成稀粥。早、晚代餐食用。具有温补心阳之功。

(14) 砂仁肚条:砂仁末10 g,猪肚1 000 g,胡椒粉3 g,葱、姜、花椒等调料适量。猪肚洗净,下沸水锅内,浸透捞出,刮去内膜。另加清汤,放入猪肚、葱、姜、花椒煮熟,捞出猪肚,冷后切条。将原汤500 g烧开,下入猪肚条、砂仁末、胡椒粉及适量绍兴酒、味精等其他调味,用湿淀粉勾芡拌匀起锅装盘即成。佐餐食用。具有暖脾理气、补中益胃之功。

(15) 锁蓉羊肉面:锁阳、肉苁蓉各5 g,羊肉50 g,面粉200 g,姜、葱、盐适量。水煎锁阳、肉苁蓉,去渣留汁适量,待凉,以药汁和面做面丝;另煮羊肉做汤煮面,放入姜、葱、盐适量,至熟即成。1日内分食之。具有温肾阳之功。

6. 传统体育康复法 传统体育疗法对慢性疲劳综合征是一个比较积极的治疗方法。首先必须确定患者患病程度和体质状况,然后确定运动处方。运动种类方面,根据症状、个人爱好和环境条件来选择适当的传统体育锻炼方式,如太极拳、八段锦、五禽戏等。运动强度方面,针对该病为慢性疲劳和患者不愿运动的特点,宜采用阶梯运动疗法,即先小强度锻炼,然后逐渐加大强度至中等强度。如有难以坚持者,应及时停止运动,待休息后再鼓励其继续完成运动。运动持续时间及频率方面,每次运动20~30 min,隔日1次。此类患者主观上喜欢采取休息的方式,故应制作一个活动记录本来客观地监督和督促患者运动,可采取适当的相互竞争来刺激其多运动。并尽量从积极的一面去诱导其运动,而不要过于强调不运动的后果。

7. 自然康复法 矿泉疗法、日光疗法、空气疗法、海水浴等均可据患者实际条件灵活选用。

8. 传统物理康复法 可用蜡疗法。将黄蜡或石蜡加热到55~65 ℃,令患者取仰卧位,用毛刷蘸取迅速在腹部均匀地薄搽几层,冷却后,将凝结紧缩的软蜡壳剥离,反复 2~3 次。再取俯卧位,在背腰部同上法施术。治疗结束后,嘱患者穿好衣服休息 15~30 min。出汗过多者,应补充盐水饮料和热茶。治疗后避风。可每周治疗 2~3 次。

9. **娱乐康复法** 音乐、弈棋、书画等适当选择 1~2 种。经常听磅礴壮阔、质朴深沉、欢快流畅的音乐可驱除疲劳,振奋精神,如《乐记》中说:"音乐者,流通血脉,动荡精神,以和正心也。"围棋、中国象棋等弈棋活动种类繁多,属于竞技性的娱乐活动,能起到专注精神、消除杂念、寄托精神、调畅情志的作用,但应注意适度,下棋时间不宜过长,不宜在意输赢。习书作画要求集中精力,心正气和,头正身直,臂开足安,悬肘松肩,灵活自若地运用手、腕、肘、臂,以利调畅全身之气。

(四)康复护理

中医康复护理在本病中应注意根据患者的具体情况选择合适护理目标来着重进行相应的护理。

1. **起居护理** 保持病室或居室的安静、整洁、舒适,光线柔和。保证患者的充分睡眠,同时督促患者适当运动,不得过度休息。给予患者生活上的照顾,并督促其料理个人卫生。

2. **饮食护理** 宜进清淡、易消化的食物,忌煎炸、厚味食物。

3. **情志护理** 对于慢性疲劳综合征患者心理护理与躯体护理具有统一性和整体性,对患者进行躯体疾病护理,防止因躯体疾病而产生新的情绪反应。许多慢性疲劳综合征患者均有不同程度的个性问题,故在护理过程中要注意顺应患者个性,稳定其情绪,减少应激,帮助重塑患者个性,从根本上预防疾病发生。强调以患者为中心,在护理上应重视身心护理的个性化,根据患者不同的情况及情绪、个性进行护理。

4. **功能护理** 一方面注重缓解其躯体症状和体征,另一方面要注重解除病因。

此外,还要重视对慢性疲劳综合征患者本人及家属的健康教育,耐心细致地进行解释和指导,对新的治疗方案、检查、饮食变化等及时交待清楚,以消除患者顾虑。

(五)康复预防

对于慢性疲劳综合征,预防胜于治疗。预防的关键就是要学会劳逸结合,自我放松。勇于承担工作并合理安排轻重缓急,面对压力,要把压力看作是生活不可分割的一部分,做好抗压的心理准备,找到合理宣泄压力的途径。睡眠是解除疲劳的重要方法,应着眼于提高睡眠质量并尽量保证充足睡眠。适量运动,选择慢跑、太极拳、游戏等,都是舒缓紧张、放松神经的有效方法。并要求均衡饮食,必要时应当合理补充维生素等营养药物,进行综合治疗。

(马巧琳)

第三节 睡眠障碍

(一)概述

睡眠障碍是指睡眠的始发和维持发生障碍,致使睡眠的质和量不能满足个体的生理需要,引起患者白日不同程度地自感未能充分休息和恢复精力,因而躯体困乏,精神委靡,注意力减退,思考困难,反应迟钝,情绪低落或焦躁等。睡眠障碍不仅可以作为独立的疾病存在,也是除疼痛外最常见的临床症状,在女性和老年人中更为多发。

睡眠障碍属于中医学"不寐"范畴,中医学认为不寐是由于心神失养或不安而引起经常不能获得正常睡眠为特征的一类病证。主要表现为睡眠时间、深度的不足以及不能消除疲劳、恢复体力与精力,轻者入睡困难,或寐而不酣,时寐时醒,或醒后不能再寐,重则彻夜不寐。由于睡眠时间的不足或睡眠不熟,醒后常见神疲乏力、头晕头痛、心悸健忘和心神不宁等。

引起睡眠障碍的原因主要有情志所伤、饮食不节、病后失养、禀赋不足、年迈体虚等。总病机在于阴阳失调,气血失和,以至心神失养或心神不安。其中实证多由心火炽盛,肝郁化火,痰热内扰,引起心神不安所致;虚证多由心脾两虚,心虚胆怯,阴虚火旺,引起心神失养所致;久病可表现为虚实兼夹。病位主要在心,并与肝、脾、肾、胃、胆各脏腑密切相关。

(二) 辨证要点

本病虚证、实证都很常见。辨证首先应当分清是心神失养所致的虚证还是心神不安所致的实证。该病的主症主要有入睡困难,寐而不酣,时寐时醒,醒后不能再寐,重则彻夜不寐等,临床常见证型有心脾两虚、阴虚火旺、心胆气虚、痰热内扰等。一般多梦易醒,心悸健忘,神疲,纳差,头晕目眩,四肢倦怠,面色少华者,多属心脾两虚;心烦不寐,心悸不安,五心烦热,腰膝酸软,头晕耳鸣,健忘者,多属阴虚火旺;心烦不寐,多梦易醒,心悸胆怯,触事易惊,气短自汗者,多属心胆气虚;心烦不寐,胸闷泛恶,嗳气,头重目眩,口苦,舌红苔黄腻者,多属痰热内扰。

(三) 康复疗法

睡眠障碍是临床常见病,虽不属于危重疾病,但严重影响患者生活、工作、学习和健康,可加重或诱发心悸、胸痹、眩晕、头痛、中风等病。顽固性睡眠障碍,更给患者带来长期痛苦。中医康复疗法综合运用对于睡眠障碍的康复有重要意义,本病常见的康复疗法主要有中医心理康复法、中药康复法、针灸康复法、推拿康复法等。

1. **中医心理康复法** 睡眠障碍患者的中医心理康复法关键在于纠正患者对于睡眠和睡眠不足的错误认识,减轻焦虑,改善睡眠。帮助患者分析造成睡眠障碍的原因,缓解患者对躯体不适的过度反应,积极疏导影响患者睡眠的心理因素,引导其合理宣泄不良情绪。改变患者的认知和行为非常关键,一些患者对睡眠有不现实的期望,如强行及人为地规定睡眠时间、过分关注安眠药物的疗效。因此,要重视矫正认知,可采取以下三个步骤:①确定患者存在错误认识;②针对错误的认识采取情志引导法;③讲解睡眠卫生常识,用正确的认识来取代错误的认识。并对患者进行睡眠卫生指导,纠正不良的睡眠习惯如白天打盹、午睡时间过长、睡眠不规律、睡前过度兴奋与过度活动等。

2. **中药康复法**

(1) 心脾两虚型

治法:补益心脾,养心安神。

方药:归脾汤(《正体类要》)加减,药用白术、当归、白茯苓、黄芪、远志、龙眼肉、酸枣仁、人参、木香、炙甘草。

若血虚较甚,加熟地黄、芍药、阿胶;失眠较重,加五味子、夜交藤、合欢皮、柏子仁以养心安神;脘闷纳呆,苔腻,加半夏、陈皮、茯苓、厚朴以健脾理气化痰;若产后虚烦不寐,形体消瘦,面色㿠白,易疲劳,舌淡,脉细弱,或老人夜寐早醒而无虚烦之症,多属气血不足,治宜养血安神,亦可用归脾汤。

(2) 阴虚火旺型

治法:滋阴降火,清心安神。

方药:六味地黄丸(《小儿药证直诀》)合黄连阿胶汤(《伤寒论》)加减,药用熟地黄、山萸肉、干山药、泽泻、牡丹皮、茯苓、黄连、阿胶、黄芩、鸡子黄、芍药。

若心烦心悸,梦遗失精,可加肉桂以引火归元,与黄连共用以交通心肾,而心神可安。此外,朱砂安神丸、天王补心丹也可酌情选用。

(3) 心胆气虚型

治法:益气镇惊,安神定志。

方药:安神定志丸(《医学心悟》)合酸枣仁汤(《金匮要略》)加减,药用茯苓、茯神、远志、人参、石菖蒲、龙齿、酸枣仁、知母、川芎、甘草。

若心悸甚,惊惕不安者,加生龙骨、生牡蛎、朱砂。

(4) 痰热内扰型

治法:清化痰热,和中安神。

方药:温胆汤(《三因极一病证方论》)加减,药用半夏、竹茹、枳实、陈皮、炙甘草、茯苓。

若心悸甚,惊惕不安,加珍珠母、朱砂;若经久不寐,或彻夜不寐,大便秘结者,用礞石滚痰丸;若不寐伴胸闷嗳气,脘腹胀满,大便不爽,苔腻,脉滑,用半夏秫米汤;若宿食积滞较甚,见有嗳腐吞酸,脘腹胀痛,可加保和丸。

此外,病后血虚肝热不寐者,宜用琥珀多寐丸;心肾不交,虚阳上扰不寐者,可用交泰丸。

3. 针灸康复法

(1) 毫针疗法:选取神门、四神聪、安眠、照海、申脉。心脾两虚,加心俞、脾俞、三阴交;阴虚火旺,加太溪、太冲、涌泉;心胆气虚,加心俞、胆俞;痰热内扰,加中脘、丰隆、内庭。

常规方法针刺上述穴位,神门、四神聪、安眠用平补平泻法;照海用补法,申脉用泻法。背俞穴注意针刺的方向、角度和深度。以午后或晚间治疗为佳。

(2) 艾灸疗法:常用穴位同"毫针疗法",根据辨证选穴,每次选穴 2~4 穴,艾条温和灸,每穴每次灸 10~15 min,或艾炷隔姜灸每穴灸 5~7 壮。每日灸治 1 次,临睡前灸治效果较好。

(3) 其他针灸疗法

1) 耳针疗法:选神门、心、脾、肾、脑、皮质下。毫针刺或王不留行籽贴压。

2) 穴位注射疗法:选安眠、心俞。用苯巴比妥 0.01 g 加入生理盐水或 5% 葡萄糖液 2 ml,双侧穴位交替运用,每次取一侧穴位于睡前注射,隔日 1 次。

4. 推拿康复法

(1) 头面及颈部的操作:患者坐位。医者用一指禅推法从印堂穴向上推至神庭穴,往返 5~6 遍;再从印堂穴向两侧沿眉弓推至太阳穴,往返 5~6 遍;然后从印堂穴开始沿眼眶周围治疗,往返 3~4 遍。沿上述部位用双手抹法治疗 5~6 遍;指按揉印堂、攒竹、睛明、鱼腰、太阳、神庭、角孙、百会,每穴 2 min;用扫散法在头两侧胆经循行部位治疗,每侧 20~30 次;拿五经、拿风池、拿肩井,时间约 3 min。

(2) 腹部操作:患者仰卧位。医者用掌摩法先顺时针方向摩腹,再逆时针方向摩腹,时间约 3 min;指按揉中脘、气海、关元穴,每穴 1~2 min。

(3) 腰背部操作:患者俯卧位。医者用擦法在患者背部、腰部施术,重点在心俞、肝俞、脾俞、胃俞、肾俞、命门等部位,时间约 5 min。用掌推法从背部沿脊柱自上而下推至腰骶部,反复操作 3~5 遍。

5. 气功康复法

(1) 虚证气功处方

1) 功法:可选用内养功、保健功。

2) 操作要点:内养功的训练,初学者以侧卧位为主,辅以平坐或站式,随着体质的增强,逐步过渡至坐式或站式。呼吸采用鼻吸口呼为主、鼻吸鼻呼为辅的方法,练功前,先自然呼吸 2~3 min,同时做整体或分段放松,使情绪稳定、思想集中、呼吸平静,接着转入鼻吸口呼,一般保持呼气时间稍长于吸气时间,呼气有声,吸气无声,使之自然而然地形成深、长、细、匀的腹式呼吸,呼吸、意念、形体动作密切配合,具体可分两步进行练习。第一步初习阶段不意守丹田,主要是将意念与呼吸及形体动作密切结合,以改善或消除头部症状,具体做法为,吸气时脚趾抓地,同时,意念诱导头痛、头晕、耳鸣、目眩等头部症状下降至脚,呼气时脚趾伸展,同时意想全身的疾病从口呼出。第二步在头部症状基本消除后,开始意守丹田,并随呼吸注意腹壁的起伏运动变化。行叩齿、搅海、漱口、咽津等保健功,两手搓热,行旋摩脘腹,顺逆各 18 圈,收功。如上练习,每日 1~2 次,30 d 为 1 个疗程。

(2) 实证气功处方

1) 功法:放松功、导引吐纳功、站桩功、少林内功、保健功。

2) 操作要点:①练功姿势取平坐式或站式,按常规调整身体,做到舒适自然。②采用振颤、拍打或三线放松法,放松形体和精神。③继之意守丹田,仔细体会丹田部位的气感,每次由 5 min 开始,渐增至 30 min。④右手五指并拢,掌心内凹,轻拍头顶百会部 3 次,每拍 1 次,以鼻短促喷气 1 次;然后用两掌在头顶前后左右拍击,最后用手指由前向后梳理头皮。⑤丹田升降开合法。双手托气,十指相对,与丹田平,吸气上托至膻中,呼气下按至丹田,再吸气两掌开于腹侧,呼气合至丹田,此为 1 遍,反复 3~9 遍。⑥两手交叠于脐部,顺时针方向摩腹 18 圈,收功。上述练习每日 1~2 次,30 d 为 1 个疗程。

6. 饮食康复法

(1) 甘麦红枣蜜饮:浮小麦 50 g,红枣 10 枚,炙甘草 3 g,蜂蜜 20 g。将浮小麦、红枣、炙甘草同入锅中,加水适量,煎煮 2 次,每次 30 min,合并煎液,趁热调入蜂蜜,搅匀即成。每日 2 次分服。具有补益心脾、养心除烦之功。

(2) 桑椹百合蜜:桑椹 500 g,百合 100 g,蜂蜜 300 g。前二味加水适量煎煮 30 min,取液后再加水再煮 30 min 取液,两次药液合并,以小火煎熬稠时,加蜜至沸停火,待凉装瓶备用。每次 1 汤匙,水冲服。具有滋阴清心安神之效。

(3) 红参炖龟:红参 12 g,龟 500 g。红参洗净切片;将龟宰后去头、内脏,洗净。将红参、龟甲、龟肉一并放入砂锅,加水适量,武火烧开,打去浮沫,再文火煮至肉熟烂即成。分多次吃完,吃肉喝汤,红参也可吃下。具有益心气、安神之功。

(4) 半夏豆腐汤:制半夏 3 g,天麻 10 g,豆腐 150 g。将制半夏、天麻水煎,去渣取汁,加入豆腐,煮熟调味服食。每日 1 次。具有清热熄风化痰之功。

7. 传统体育康复法 传统体育运动能够活动躯体四肢,促进气血的运行,调和气血,调畅气机,平衡阴阳,改善脏腑功能,促进睡眠。八段锦、太极拳、洗髓易筋经、五禽戏等可选择 1~2 种习练。初学者可先练习八段锦、太极拳，随后可循序渐进再习练五禽戏、洗髓易筋经等。运动量可根据各人具体情况而定，一般每次运动 30～50 min，每日 1～2 次，以晨起及午后为佳，避免晚上临睡前过度运动，30 d 为 1 个疗程。

8. 传统物理康复法

（1）热水浴：每日 1 次，每次 30 min 左右，水温不宜过冷、过热，以 35～37 ℃为宜。

（2）芳香疗法：将气味清香和缓的香花放置卧室、起居室周围，可怡神养智，舒缓身心，调节睡眠节律。在行热水浴时，适量添加精油，即芳香康复法合沐浴康复法，也可起到镇静安神、调和营卫、改善睡眠的作用。

9. 娱乐康复法　对该病，音乐、歌咏、舞蹈、书画、游戏等各种娱乐方法均可灵活选用。需要注意的是心神失养所致的虚证更宜选用音乐、歌咏、舞蹈等，心神不安所致的实证更宜选用书画、垂钓等。但无论哪种方法，都应用之有度，劳逸结合，不可过分在意结果和输赢。

（四）康复护理

1. 起居护理　睡眠障碍患者的起居护理非常关键。创造良好睡眠条件，消除环境上的不良刺激，使患者有一个安静的睡眠环境。保持空气清新，温度适宜，要及时处置吵闹的患者，说话、动作要轻，病室内可吊暗灯，使光线暗又便于观察病情。晚间不要让患者进行兴奋性、刺激性活动，避免不良诱因。安排好规律的作息时间，帮助患者按时作息，建立合理睡眠规律。严格巡视，仔细观察，了解患者睡眠规律，及时发现睡眠障碍的患者，及时处理假装入睡的患者。一般佯装入睡者，虽然双目紧闭，但常眉梢紧锁，眼球震颤。

2. 饮食护理　宜进清淡、易消化的食物，忌煎炸、辛辣厚味食物，尤其注意不得食用或饮用兴奋性食物或饮料如咖啡、茶、酒等。

3. 情志护理　向患者解释、说明睡眠障碍的性质、病因，帮助患者查找并规避病因，鼓励其树立战胜疾病的信心。

4. 功能护理　组织患者参加力所能及的劳动、锻炼、娱乐等。

此外，晚间投放安眠药时应及时查对医嘱，了解有无禁忌药物，药物剂量要适宜，以防出现医疗差错，如不合适应及时报告医生。

（五）康复预防

睡眠障碍常属身心疾病范畴，故应注意精神调摄，保持精神舒畅，解除焦虑忧思，喜怒有节；饮食亦应有节，忌肥甘厚味，避免饮用浓茶、咖啡等苦伤心脾之物；睡前避免过度兴奋刺激，睡眠环境宜安静；作息有序、适当参加体育活动等对于睡眠障碍患者的康复、体质和生活质量的改善均有促进作用。

（马巧琳）

第四节　抑　郁　症

（一）概述

抑郁症是由各种原因引起的以抑郁为主要症状的心境障碍或情感性障碍，是一组以抑郁心境自我体验为中心的包括多种精神症状和躯体症状的复杂的情感性精神障碍临床综合征或状态。临床上可见多种类型如反应性抑郁症、躁狂性抑郁症、老年期抑郁症、更年期抑郁症、儿童及青少年抑郁症等。

抑郁症发病率较高,发生发展变化与个体差异密切相关,在各个年龄段均可发病,近几年来发病率呈上升趋势,女性发病率高于男性。《张氏医通·诸气门上·郁》记载"郁证多缘于志虑不伸,而气先受病……然郁多于妇人",符合现代研究抑郁症的发病率男女之比为1∶2的结论。

抑郁症主要属于中医学"郁病"范畴,《内经》首先提出情志内郁致病的思想。元代朱丹溪《丹溪心法·六郁》提出了"气、血、痰、火、湿、食"的六郁学说,并指出"气血冲和,万病不生,一有怫郁,诸病生焉",创立了六郁汤、越鞠丸等相应的治疗方剂。明代张景岳《景岳全书·郁证》中记载"至若情志之郁,则总由乎心,此因郁而病也",提出情志之郁以怒郁、思郁、忧郁三者为主的见解。中医学认为抑郁症的发病主要与情志内伤和脏气虚弱有关。病机主要是肝失疏泄,脾失健运,脏腑阴阳气血失调,而致心神失养、气机失畅。

(二) 辨证要点

该病的辨证常以肝气郁结为核心,郁久伤及五脏,累及心脾肾,兼有郁火、痰湿、瘀血,日久阴伤血虚,气耗阳伤,虚实夹杂。在抑郁症整个病程发展中可表现为不同的证型,反映了不同阶段的病理本质。多数抑郁症患者以慢性躯体症状就诊,临床需仔细诊断,排除器质性病变,以防误诊。

该病主症主要有精神抑郁、忧思、情绪不宁、易怒易哭等,临床常见证型有肝气郁结、气郁化火、气滞痰蕴、心神惑乱、心脾两虚、阴虚内热、阳虚寒湿等。精神抑郁,情绪低落,意志消沉,悲观厌世者,多属肝气郁结;心烦躁扰,夜不安寐,胸胁胀满疼痛或头痛眩晕,目赤耳鸣,口苦咽干,大便秘结,小便黄赤者,多属气郁化火;情绪低落,表情呆板,或惊恐不安,心悸失眠,胸胁胀痛或咽中梗阻咯之不出,吞之不下,苔白腻或黄腻者,多属气滞痰蕴;精神恍惚,心神不宁,多疑易惊,悲忧善哭,喜怒无常者,多属心神惑乱;多思善虑,表情淡漠,多喜独处,善悲欲哭,心悸怔忡,纳食腹胀,倦怠无力者,多属心脾两虚;焦虑,忧郁,五心烦热,盗汗颧红,舌红少苔者,多属阴虚内热;情绪低沉,懒言少动,精神不振,面色㿠白,舌淡胖或有齿痕者,多属阳虚寒湿。

(三) 康复疗法

抑郁症的临床康复方法较多,可以根据实际情况合理选用。中医学对抑郁症的康复治疗多从调理肝、心、脾、肺、肾五脏入手。本病常见的康复疗法主要有中医心理康复法、中药康复法、针灸康复法、推拿康复法等。

1. 中医心理康复法　中医心理康复法对于抑郁症患者的康复具有重要意义,通过各种方式和途径影响抑郁症患者的心理而促进健康,从而达到康复目的,如《灵枢·师传》记载"告之以其败,语之以其善,导之以其所便,开之以其所苦。"

治疗的关键是采用移情疗法,转移患者的注意力,改变其不正确的非现实性认识,使患者感受到被理解、被尊重、被关怀和被需要。帮助排遣负性情绪,借以调整气机,使精神内守、疾病痊愈。

患者的抑郁情绪常继发于不正确的非现实性认识,故治疗的目标在于改变其错误认识,如不将生活中的遗憾当作失败、把个人评价当作最终评价等。要求患者自我监察、自我说理、自我强化,从而通过改变情绪来纠正患者的心理状态,使患者在处理所面临的相关事件中更多地采取积极的应对方式,提高心理防御能力。通过运用语言疏导法,教育患者正确对待疾病,认识个性缺陷,教会患者适应疾病的方法和应对技巧,设法发现自身存在但以往未意识到或未运用的能力和才干,增强自信心,克服自卑感。促使患者改变观点,提高认识,将认识和行为相结合,通过行为改变性格,通过实践陶冶情操,增强社会适应能力,减轻抑郁情绪。

2. 中药康复法

(1) 肝气郁结型

治法:疏肝解郁,理气畅中。

方药:柴胡疏肝散(《太平惠民和剂局方》)加减,药用柴胡、当归、茯苓、白芍药、白术、炙甘草。

若胃脘不适较甚、嗳气少食者,可酌加旋覆花、代赭石、乌药、陈皮等以理气和中;若妇女月经不调者,可配伍当归、川芎、益母草等活血化瘀药以调和气血。

(2) 气郁化火型

治法:疏肝解郁,泻火安神。

方药:丹栀逍遥散(《内科摘要》)加减,药用牡丹皮、炒山栀、炙甘草、当归、茯苓、白芍药、白术、柴胡。

若胃脘嘈杂灼痛者,可酌加吴茱萸、黄连等;若心烦躁扰,夜不安寐,可配伍合欢皮、夜交藤、酸枣仁等。

(3) 气滞痰蕴型

治法:行气开郁,化痰散结。

方药:半夏厚朴汤(《金匮要略》)加减,药用半夏、厚朴、茯苓、生姜、苏叶。

若心悸失眠严重者为痰浊化热,耗伤心血,心阴不足,可酌选天王补心丹。

(4) 心神惑乱型

治法:甘润缓急,养心安神。

方药:甘麦大枣汤(《金匮要略》)加减,药用甘草、小麦、大枣。

若血虚生风而见手足蠕动或抽搐者,加当归、生地、珍珠母、钩藤等;躁扰、夜不安寐者,可配制首乌、柏子仁、酸枣仁、茯神等。

(5) 心脾两虚型

治法:健脾养心,补益气血。

方药:归脾汤(《正体类要》)加减,药用白术、当归、白茯苓、黄芪、远志、龙眼肉、酸枣仁、人参、木香、炙甘草。

若心胸郁闷、情志不舒者,加郁金、佛手片、绿萼梅以理气开郁;头痛者,加川芎、白芷以活血祛风止痛。

(6) 阴虚内热型

治法:滋补肝肾,清热安神。

方药:滋水清肝饮(《医宗己任篇》)加减,药用生地黄、山茱萸、茯苓、当归、白芍、山药、丹皮、泽泻、柴胡、栀子、大枣。

若伴腰酸乏力或遗精,可加牡蛎、龟版、知母。

(7) 阳虚寒湿型

治法:温阳化湿,填精养神。

方药:保元汤(《博爱心鉴》)加减,药用黄芪、人参、炙甘草、肉桂。

若形寒肢冷明显者,为阳虚较甚,可加附子、仙茅、仙灵脾等。

3. 针灸康复法

(1) 毫针疗法:选取百会、印堂、内关、神门。肝气郁结者,加膻中、期门;气郁化火者,加行间、侠溪、外关;气滞痰蕴者,加膻中、阴陵泉、丰隆、天突;心神惑乱者,加通里、心俞、三阴交、太溪;心脾两虚者,加心俞、脾俞、三阴交、足三里;阴虚内热者,加行间、太溪、涌泉、劳宫;阳虚寒湿者,加足三里、关元、大椎。

常规方法针刺上述穴位,内关、太冲用泻法;神门用平补平泻法。

(2) 电针疗法:常用穴位同"毫针疗法",根据辨证选穴,每次选用 3~4 个穴位,得气后接通音乐电针治疗仪,调节电流强度至患者自觉舒适。每日治疗 1 次,每次 30 min。

(3) 其他针灸疗法

1) 耳针疗法:选神门、交感、心、肝、脾。毫针刺或王不留行籽贴压。

2) 头针疗法:取额中线、顶中线、额旁 1~3 线、颞前线及颞后线。毫针沿皮刺,留针 30 min,每日 1 次。用常规手法刺激或电针。

4. 饮食康复法

(1) 双花茶:绿萼梅 3 g,玫瑰花 3 g。将绿萼梅、玫瑰花同入杯中,用沸水冲泡,加盖,焖 10 min 即可。频频饮用,可冲 3~5 次。具有行气、活血、止痛之功。

(2) 丹栀佛手茶:丹皮 3 g,生山栀 3 g,佛手 9 g。三药同入杯中,用沸水冲泡,加盖,焖 10 min 即可。当茶频频饮用,可冲 3~5 次。具有解郁清热之功。

(3) 陈皮茶:陈皮 9 g。陈皮片放入杯中,用沸水冲泡,加盖,焖 10 min 即可。当茶频频饮用,可冲 3~5 次。具有健脾化痰理气之功。

(4) 菖蒲拌猪心:石菖蒲 30 g,猪心 1 个。将石菖蒲研细;猪心切片,放砂锅内煮熟后捞出,放凉切片,放入石菖蒲粉拌匀,适量食之。具有养心安神开窍之功。

(5) 柏子仁花生糯米粥:柏子仁 15 g,花生米 30 g,糯米 30 g。同入锅中,加水适量,用小火煮至花生米软烂即可。1 日内分服之。具有养心安神、健脾和胃之功。

(6) 石斛玉竹粥:石斛 12 g,玉竹 9 g,大枣 5 枚,粳米 60 g。石斛、玉竹水煎后去渣取汁,入大枣、粳米同煮成粥。每日 1 剂,分次食用。具有益胃生津、养阴清热之功。

(7) 桂附鲤鱼汤:桂枝 10 g,附片 10 g,鲤鱼 1 尾(约 500 g),姜、葱适量。先煮附片 1 h 以上,再加入桂枝,小火煎 10 min,滤去药渣,取药液 100 ml。鲤鱼去鳞、鳃、肚肠,切成块;鱼块在油锅中略煎,加水煮沸后加入药液、姜、葱和其他调料,煮鱼肉熟即成。每日 1 剂,佐餐食用。具有温阳利水、散寒祛湿之功。

5. 传统体育康复法 通过传统体育运动,能够活动躯体四肢以练形,锻炼呼吸以练气,促进气血的运行,调畅气机,可选择八段锦、太极拳等。运动量可根据各人具体情况而定,一般每次运动 20~30 min,每日 1~2 次,30 d 为 1 个疗程。

6. 气功康复法 强壮功注重运用姿势、呼吸、意念活动,使周身气机活跃,适合抑郁症患者长期习练。练习方法:站立式,屈膝,屈髋,腹部内收,松肩沉肘,塌腕舒指,两肘弯曲,手放体侧,含胸拔背,下颌内收,两脚开立同肩宽,足跟微虚,脚趾爪地。先练意守丹田或外景,达到一定功夫,则可以意运气。吸气时,意想气从脚跟上行,经两下肢后侧、背部督脉到达百会;呼气时,气由百会沿任脉至少腹丹田,再由丹田向后下方引气,经大腿内侧下行直至涌泉,并感觉丹田和涌泉在运气时发热。注意吸气时加强收腹;行气时,由足跟向上提气至会阴,缩肛收胯,足趾抓地,以助行气,并意领此浩然之气上行;气至百会而下行时,配合吞咽动作,助气直达涌泉。感觉周身腠理通透舒适,方为奏效。完功后用升降开合法进行导引,使气归元。每日练1~2次,每次15~30 min,30 d为1个疗程。

7. 自然康复法　抑郁症患者可根据实际情况选用自然康复法,其中尤以日光疗法为佳。患者或坐或缓缓而行接受阳光照射,以早晨日光为最佳。每日1次,每次15~30 min。

8. 娱乐康复法　本疗法的关键在于培养患者的兴趣,避免单调、乏味。多采取群体游乐活动,以活动身体,提高志趣,相互激励。音乐、弈棋、书画、养花等均可。

(四)康复护理

中医康复护理在本病中主要体现为起居、饮食、情志、功能护理等。

1. 起居护理　抑郁症患者由于常处于抑郁情绪中,少动懒言,应督促其料理个人卫生。督促患者服药时,并仔细观察有无副作用,给予纪录,为医生的治疗提供依据。由于患者心理常处于消极状态中,故病室和居住环境不能太阴暗,应当朝阳,尽量使房间色彩明快。并保证患者的正常睡眠。

2. 饮食护理　督促患者进食富含营养、多样化、易消化的食物。

3. 情志护理　向患者解释、说明抑郁症的性质、病因,鼓励其树立战胜疾病的信心。注意心理护理与躯体护理具有统一性和整体性,对患者进行躯体疾病护理,防止因躯体疾病而产生新的情绪反应,但应注意防止放大躯体不适感及疑病倾向。

4. 功能护理　有计划地安排患者参加轻体力劳动和娱乐活动,对患者的躯体症状进行对症护理。

(五)康复预防

抑郁症是一种易于复发的心理疾病,50%~60%的首次抑郁发作患者可能出现第二次发作,有两次抑郁发作的患者,出现第三次发作的概率为70%左右,而有3次抑郁发作的患者,出现第四次发作的机会高达90%。因此,该病的预防非常重要,应当加强对患者及家属的精神卫生知识宣教,并积极争取家庭、社会的支持。患者康复后要经常参加社会活动、体育锻炼,增强社会适应能力,戒烟限酒,正确治疗躯体疾病,正确对待各种事物,避免忧思郁虑,防止情志内伤,这些都是防治抑郁症的重要措施。

[附]焦虑症

(一)概述

焦虑症又称焦虑性神经症,是以持续性紧张、担心、恐惧或发作性惊恐为特征的情绪障碍,常伴有自主神经系统症状和运动不安等行为特征。

焦虑症是最为常见的精神障碍之一,女性发病多于男性,发病与个体生物学特征和社会心理因素有关,多属中医学"郁证""惊悸""怔忡""百合病"等范畴。中医学认为焦虑症主要与外界环境刺激、七情内伤和个体素质遗传因素有关。病机主要是脏腑功能失调,气血失和。

(二)辨证要点

焦虑症的辨证既要抓住主症明确诊断,又要辨明兼症明确证型。

该病主症主要是多虑、心烦、不寐、多梦等,临床常见证型有心胆气虚、肝郁气滞、痰热上扰、阴虚火旺等。若多虑心烦,多梦易醒,胆怯心悸,触事易惊,气短自汗,倦怠乏力,舌淡,脉弦细者,多属心胆气虚;多虑健忘,喜悲善哭,心悸,胸闷胁胀,善太息,咽中异物感,舌暗苔薄,脉弦者,多属肝郁气滞;多虑烦躁,性急易怒,头痛不寐,嗳气,泛恶,口苦,面红目赤,舌质红,苔黄腻,脉弦滑者,多属痰热上扰;多虑烦躁,入睡困难,头晕耳鸣,五心烦热,两目干涩,咽干咽痛,大便干燥,形体消瘦,舌红少苔或无苔,脉细数者,多属阴虚火旺。

(三)康复疗法

本病常见的康复疗法主要有中医心理康复法、中药康复法、针灸康复法、饮食康复法等。

1. 中医心理康复法 中医心理康复法对焦虑症的康复具有重要意义。治疗的关键是运用情志引导法消除杂念,培精养神。焦虑是由于期待某种事件的发生而产生的不愉快情绪,患者往往无缘无故的担心、忧虑。因此,要耐心地对患者进行疏导、安慰、解释,要使其认识到担心的事是多余的,即使发生也无所谓,人总是有办法来应对的。可以引导患者将自己焦虑及郁闷的情绪与担心的事向医者诉说,医者应表现出耐心、倾听、同情、安慰等,帮助患者缓解焦虑症状,每周1次,每次30~60 min,在治疗的过程中允许患者采取来回踱步、做手工等来缓解紧张不安的心情,鼓励患者自己采取舒适的体位,配合深呼吸,放松全身,之后要仔细体会放松后的舒适感,反复练习。

2. 中药康复法

(1)心胆气虚型

治法:益气镇惊,宁心安神。

方药:安神定志丸(《医学心悟》)合酸枣仁汤(《金匮要略》)加减,药用茯苓、茯神、远志、人参、石菖蒲、龙齿、酸枣仁、知母、川芎、甘草。

若心悸明显,惊惕不安甚,加生龙骨、生牡蛎、朱砂等。

(2)肝郁气滞型

治法:疏肝理气,安神定志。

方药:柴胡疏肝散(《太平惠民和剂局方》)加减,药用柴胡、当归、茯苓、白芍药、白术、炙甘草。

兼月经不调者,可配伍当归、川芎、益母草等以调和气血;咽中异物感明显加半夏厚朴汤;夜不安寐可配伍合欢皮、夜交藤、酸枣仁等;日久气郁化火,用丹栀逍遥散加减。

(3)痰热上扰型

治法:清热化痰,和中安神。

方药:温胆汤(《三因极一病证方论》)加减,药用半夏、竹茹、枳实、陈皮、炙甘草、茯苓。

若经久不寐,或彻夜不寐,大便秘结者,可用礞石滚痰丸;嗳气,泛恶,大便不爽者,可加半夏秫米汤;有食积者,见嗳腐吞酸,脘腹胀痛,可加保和丸。

(4)阴虚火旺型

治法:滋阴降火,清心安神。

方药:六味地黄丸(《小儿药证直诀》)合黄连阿胶汤(《伤寒论》)加减,药用熟地黄、山萸肉、干山药、泽泻、牡丹皮、茯苓、黄连、阿胶、黄芩、鸡子黄、芍药。

若心烦心悸、梦遗失精者,可加肉桂以引火归元。此外,朱砂安神丸、天王补心丹也可酌情选用。

3. 针灸康复法

(1) 毫针疗法:选取神门、劳宫、内关、百会、四神聪。心胆气虚者,加心俞、胆俞、太冲;肝郁气滞者,加膻中、太冲;痰热上扰者,加行间、丰隆、中脘;阴虚火旺者,加肝俞、肾俞、行间、太溪。

常规方法针刺上述穴位,劳宫用泻法;神门、内关、百会、四神聪用平补平泻法。

(2) 电针疗法:常用穴位同"毫针疗法",根据辨证选穴,每次选用 3~4 个穴位,得气后接通电针治疗仪,调节电流强度至患者自觉舒适。每日治疗 1 次,每次 30 min。

(3) 其他针灸疗法:可选用耳针疗法,取交感、神门、心、肝、肾、三焦。毫针刺或王不留行籽贴压。

4. 传统体育康复法　积极参与身心双修的传统体育锻炼是治疗焦虑症的有效途径,太极拳、易筋经、八段锦等均可。结合患者的身体条件,选择 1~2 种进行锻炼,采取中等强度,每次 20~30 min。初期宜每日 1 次以养成良好的锻炼习惯,在心理上形成运动依赖、病情稳定后,可每周 3~5 次,间歇进行。应循序渐进,持之以恒。

5. 饮食康复法　焦虑症常用药膳方主要有:

(1) 人参龙眼汤圆:红参 6 g,龙眼肉 30 g,红糖 20 g,糯米粉 100 g。将红参切片,单煎 3 次成煎液 50 ml。剁碎龙眼肉与红糖拌匀成汤圆馅;糯米粉水调做成汤圆面。包好汤圆,煮熟后冲入人参液即成。早、晚佐餐,适量食用,可连吃 1 周以上。具有益气养血、宁心安神之功。

(2) 梅花粥:白梅花 5 g,粳米 100 g。先煮粳米,待粥煮成时加入白梅花,同煮二三沸即成。每日分 2 次,空腹温热食,以 5 d 为 1 个疗程。具有疏肝理气的功效。

(3) 竹沥地龙粥:鲜竹沥 15 g,地龙 2 g,粳米 50 g。粳米煮粥,粥熟调入竹沥、焙干地龙末,搅匀食用。每日 1 次,1~2 次服。具有清火化痰开窍之功。

(4) 百合五味子龙骨汤:百合 30 g,五味子 30 g,龙骨 15 g。将龙骨加水先煮 1 h 后放入百合、五味子,煮开后饮汤吃百合。每日 1 次。具有养阴清火安神之功。

6. 传统物理康复法　可选用热浴法每日 1 次,每次 30 min 左右,水温不宜过冷、过热,以 35~37 ℃ 为宜。在行热水浴时,添加适量精油,即热浴法结合芳香疗法,效果更好。

7. 娱乐康复法　音乐、书画、垂钓等能有效地调节情绪、陶冶情操,可结合实际情况选择 1~2 种。音乐是一种优雅高尚的娱乐活动,它能通过和缓悠扬的旋律、轻松的节奏、纯净的音色等唤起美感,消除焦虑,安定情绪。习书作画有助于排除不良因素的干扰,达到养心安神、调节平衡的作用。垂钓是一项古老的户外活动,可使各部位关节得以均衡的锻炼,故有人称垂钓是一项"轻体育"活动。垂钓有养性的作用,垂钓者静坐水岸,全神贯注,面对旷野春色,呼吸新鲜空气,有利于消除浮躁情绪。

(四) 康复护理

1. 起居护理　保持病室或居室的安静、整洁、舒适,光线柔和,避免强光、噪声等不良刺激,保证患者的充分睡眠。给予患者生活上的照顾,并督促其料理个人卫生。

2. 饮食护理　饮食障碍的患者,应给予鼓励劝慰,帮助进食,必要时给予易消化的流质或半流质。

3. **情志护理** 适度向患者解释、说明焦虑症的性质,鼓励其树立战胜疾病的信心。组织患者进行一些有意义的活动,分散其注意力,减轻焦虑心理。对焦虑伴自杀企图的患者要严密观察,防止发生意外。

4. **功能护理** 交谈时要观察患者的面部表情、目光、语调、语音,及时评估其焦虑程度、持续时间及与躯体症状的关系。观察患者用药后的病情变化及睡眠情况,对自主神经功能亢进等躯体症状要对症护理。

(五)康复预防

预防焦虑症,平素应当进行精神调摄,保持良好的心态和自信心,学会放松和自我疏导,出现焦虑心情时,通过转移注意力、控制呼吸、放松肢体等方式及时缓解,并保证充分的睡眠。

(马巧琳)